U0522669

商务馆对外汉语教学专题研究书系（第二辑）
总主编　赵金铭
审　订　世界汉语教学学会

汉语作为第二语言教学的语法与语法教学研究

主编　张旺熹

商务印书馆
创于1897　The Commercial Press

2019年·北京

总主编　赵金铭
主　编　张旺熹
编　者　张旺熹　郭晓麟
作　者　（按音序排列）

蔡振光　高顺全　金立鑫　李　泉
李晓琪　刘丹青　卢福波　卢英顺
陆丙甫　陆俭明　吕文华　罗晓英
彭小川　钱旭菁　杉村博文
邵敬敏　石定栩　孙德金　孙嘉铭
孙雁雁　吴勇毅　肖奚强　徐　丹
张　赪　张皓雯　张　黎　张旺熹
章　欣　赵金铭　郑巧斐　周　韧

目 录

总　序 ………………………………………………………… 1
综　述 ………………………………………………………… 1

第一章　汉语语法教学的宏观思考 ………………………… 1
第一节　语法本体研究与对外汉语语法教学关系的思考 …… 1
第二节　对外汉语教学语法体系建构的目的、标准
　　　　和特点 ……………………………………………… 16
第三节　对外汉语教学中的形式与意义 …………………… 40
第四节　新形势下对外汉语语法教学研究 ………………… 54
第五节　当代语言学理论与汉语教学 ……………………… 73
第六节　关于对外汉语语篇教学的新思考 ………………… 87

第二章　汉语语法教学的类型学视野 …………………… 100
第一节　语言类型研究与汉语教学 ………………………… 100
第二节　从语言类型角度看汉语补语问题 ………………… 108
第三节　从语言类型角度看汉泰语量词语义系统 ………… 124
第四节　从语言类型角度看现代汉语"了"的语法意义 …… 143
第五节　从语言类型角度看汉语第一人称施事被动句 …… 161

第三章　汉语语法教学理念与方法探索 ……………182
- 第一节　语法教学的基本原则与操作方法 ………… 182
- 第二节　句法结构在汉语教学中的应用 …………… 197
- 第三节　认知观在汉语教学中的应用 ……………… 218
- 第四节　语块在汉语教学中的应用 ………………… 228
- 第五节　情景教学法在汉语虚词教学中的应用 …… 246

第四章　汉语语法项目的教学研究 ……………………259
- 第一节　"A跟B（不）一样（X）"中X的隐现及其教学研究 …………………………………………… 259
- 第二节　"被"字句和意义被动句的教学研究 …… 272
- 第三节　话语标记语的教学研究 …………………… 289
- 第四节　"了"的语法化及语言点的安排 ………… 300

第五章　服务于二语教学的汉语语法本体研究 ………315
- 第一节　"组块"与语言结构难度 ………………… 315
- 第二节　"连"字句的序位框架及其对条件成分的映现 … 350
- 第三节　汉语中的非话题主语 ……………………… 371
- 第四节　频率副词与概率副词研究 ………………… 408
- 第五节　现实性和非现实性范畴下的汉语副词研究 ……… 430

总 序

赵 金 铭

对外汉语教学专题研究书系是商务印书馆出版的同名书系的延续。主要收录2005—2016年期间，有关学术期刊、集刊、高校学报等所发表的有关对外汉语教学研究论文，涉及学科各分支研究领域。内容全面，质量上乘，搜罗宏富。对观点不同的文章，两方皆收。本书系是对近10年对外汉语教学研究成果的汇总与全面展示，希望能为学界提供近10年来本学科研究的总体全貌。

近10年的对外汉语教学与研究，呈现蓬勃发展的局面，与此同时，各研究分支也出现一些发展不平衡现象。总体看来，孔子学院教学、汉语师资培训、文化与文化教学、专业硕士课程教学等方面，已经成为研究热门，研究成果数量颇丰，但论文质量尚有待提升。由于主管部门的导向，作为第二语言汉语教学的汉语本体研究与汉语教学研究，在一定程度上被淡化。语音、词汇及其教学研究成果较少，语法、汉字及其教学研究成果稍多，汉字教学研究讨论尤为热烈。新汉语水平考试研究还不够成熟，课程与标准和大纲研究略显薄弱。值得提及的是，教学方法研究与教学模式研究、汉语作为第二语言习得研究、现代教育技术研究及其在教学中的应用研究，发展迅速，方兴未艾，成果尤为突出。本书系就是对这 10 年研究状况的展示与总结。

近 10 年来，汉语国际教育大发展的主要标志是：开展汉语教学的国别更加广泛；学汉语的人数呈大规模增长；汉语教学类型和层次多样化；汉语教师、教材、教法研究日益深入，汉语教学本土化程度不断加深；汉语教学正被越来越多的国家纳入其国民教育体系。其中，世界范围内孔子学院的建立既是国际汉语教育事业大发展的重要标志，也是进一步促进国际汉语教学持续发展的一个重要平台，吸引了世界各地众多的汉语学习者。来华外国留学生汉语教学与海外汉语教学，共同打造出汉语教学蓬勃发展的局面。

大发展带来学科研究范围的扩大和研究领域的拓展。本书系共计 24 册，与此前的 22 册书系的卷目设计略有不同。

本书系不再设《对外汉语课堂教学技巧研究》，增设《汉语作为第二语言教学的教学方法研究》和《汉语作为第二语言教学的教学模式研究》两册。汉语作为第二语言教学，既与世界第二语言教学有共同点，也因汉语、汉字的特点，而具有不同于其他语言作为第二语言教学的特色。这就要求对外汉语教学要讲求符合汉语实际的教学方法。几十年以来，对外汉语教学在继承传统和不断吸取各种教学法长处的基础上，结合汉语、汉字特点，以结构和功能相结合为主的教学方法为业内广泛采用，被称为汉语综合教学法。博采众长，为我所用，不独法一家，是其突出特点。这既是对外汉语教学的传统，在教学实践中也证明是符合对外汉语教学实际的有效的教学方法。与此同时，近年来任务型教学模式风行一时，各种各样的教法也各展风采。后方法论被介绍进来后，已不再追求最佳教学法与最有效教学模式，教学法与教学模式研究呈现多样化与多元性发展态势。

进入新世纪后，对外汉语教学学科理论研究的一个重要进展是开拓了第二语言习得理论与实际问题的研究，从重视研究教师怎样教汉语，转向研究学习者如何学习汉语，这是一种研究理念的改变，这种研究近10年来呈现上升趋势。研究除了《汉语第二语言学习者语言系统研究》《汉语作为第二语言的学习者研究》，本书系基于研究领域的扩大，增设了《基于认知视角的汉语第二语言习得研究》和《多视角的汉语第二语言习得研究》，从多个角度开辟了汉语学习研究的新局面。

教育部在2012年取消原本科专业目录里的"对外汉语"，设"汉语国际教育"二级学科。此后，"汉语国际教育"作为在世界范围内开展汉语作为第二语言教学的名称被广泛使用，学科名称的变化，为对外汉语教学带来了无限的机遇与巨大的挑战。随着海外汉语学习者人数的与日俱增，大量汉语教师和汉语教学志愿教师被派往海外，新的矛盾暴露，新的问题随之产生。缺少适应海外汉语教学需求的合格的汉语教师，缺乏适合海外汉语学习者使用的汉语教材，原有的汉语教学方法又难以适应海外汉语教学实际，这三者成为制约提高对外汉语教学质量、提升对外汉语教学水平的瓶颈。

面对世界汉语教学呈现出来的这些现象，在进行深入研究、寻求解决办法的同时，也产生了一种急于求成的情绪，急于解决当前的问题。故而研究所谓"三教"问题，一时成为热门话题。围绕教师、教材和教法问题，结合实际情况，出现一大批对具体问题进行研究的论文。与此同时，在主管部门的导引下，轻视理论研究，淡化学科建设，舍本逐末，视基础理论研究为多余，成为一时倾向。由于没有在根本问题上做深入的理论探讨，将过多的精力用于技法的提升，以至于在社会上对汉语作为一个学科产生了不同认识，某种程度上干扰了学科建设。本书系《汉语作为第二语言教学的学科理论研究》和《汉语作为第二语言教学的教学理论研究》两册集中反映了学科建设与教学理论问题，显示学界对基本理论建设的重视。

2007年国务院学位办设立"汉语国际教育硕士专业学位"，目前已有200余所高等院校招收和培养汉语国际教育专业硕士。10多年来，数千名汉语教师和志愿者在世界各地教授汉语、传播中国文化，这支师资队伍正在共同为向世界推广汉语做出贡献。

一种倾向掩盖着另一种倾向。社会上看轻汉语作为第二语言教学的观点，依然存在。这就是将教授外国人汉语看成一种轻而易举的事，这是一种带有普遍性的错误认知。这种认知导致对汉语作为第二语言教学科学性认识不足。一些人单凭一股热情和使命感，进入了汉语国际教育的教师队伍。一些人在知识储备和教学技能方面并未做好充分的准备，便匆匆走向教坛。故而如何对来自不同专业、知识结构多层次、语言文化背景多有差别的学习者，进行汉语作为第二语言教学的专业培养和培训，如何安排课程内容，将其培养成一个合格的汉语教师，就成为当前迫切需要解决的问题。本书系增设的《汉语作为第二语言教学的教师发展研究》《汉语作为第二语言标准与大纲研究》以及《汉语作为第二语言教学的课程研究》，都专门探讨这些有关问题。

自1985年以来，实行近20年的汉语水平考试（HSK），已构成了一个水平由低到高的较为完整的系统，汉语水平考试（HSK）的实施大大促进了汉语教学的科学化和规范化。废除HSK后研发的"新HSK"，目前正在改进与完善之中。有关考试研究，最近10年来，虽然关于测试理论和技术等方面的研究仍然有一些成果出现，但和以往相比，研究成果的数量有所下降，理论和技术方面尚缺乏明显的突破。汉语测试的新进展主要表现在新测验的开发、新技术的应用和对重大理论问题的探讨等方面。《汉语作为第二语言测试研究》体现了汉语测试的研究现状与新进展。

十几年来，汉语作为第二语言教学史的研究越来越多，也越来越深入。既有宏观的综合性研究，又有微观的个案考察。宏观研究中，从学科建设的角度探讨汉语教学史的研究。重视对外汉语教学历史的发掘与研究，因为这是对外汉语教学学科建设中不可缺少的一部分。宏观研究还包括对某一历史阶段和某一国家或地区汉语教学历史的回顾与描述。微观研究则更关注具体国家和地区的汉语教学历史、现状与发展。为此本书系增设《汉语作为第二语言教学史研究》，以飨读者。

本书系在汉语本体及其教学研究、汉语技能教学研究、文化教学与跨文化交际研究、教育技术研究和教育资源研究等方面，也都将近10年的成果进行汇总，勾勒出研究的大致脉络与发展轨迹，也同时可见其研究的短板，可为今后的深入研究引领方向。

　　本书系由商务印书馆策划，从确定选题，到组织主编队伍，以及在筛选文章、整理分类的过程中，商务印书馆总编辑周洪波先生给予了精心指导，在此深表谢意。

　　本书系由多所大学本专业同人共同合作，大家同心协力，和衷共济，在各册主编初选的基础上，经过全体主编会的多次集体讨论，认真比较，权衡轻重，突出研究特色，注重研究创新，最终确定入选篇章。即便如此，也还可能因水平所及评述失当，容或有漏选或误选之处，对书中的疏漏和失误，敬请读者不吝指教，以便再版时予以修正。

综　述

在第二语言教学中，语法教学一直占据着不可取代的地位，正如李晓琪和章欣（2010）[①]所说：在第二语言教学中，都必须进行有效的语法教学，只有这样，才能卓有成效地提高学习者的语言能力和语言交际能力。语法教学研究也因此成为对外汉语教学研究中的重头戏。2004—2016年间，语法教学研究成果数量浩繁，内容大致包括语法教学的宏观思考、语法教学理念与方法的探索、具体语法项目的教学研究等。此外，对于理论语法研究成果的有益吸收和借鉴也成为这一时期一个重要的研究内容和潮流。

一　语法教学研究的现状

近十几年来，语法教学研究的主要内容基本承袭了前期的研究，但所做的思考更为深入，并在相关领域取得了一些突破。

（一）有关教学语法体系的研究

教学语法体系是语法教学的根本，决定了语法教材的编写、

---

① 参见第一章第四节。

语法教学的内容与方法,也是考试标准确立的依据,是对外汉语教学语法体系研究的一个前提性和根本性问题。[①]现有的语法体系是在1958年出版的《汉语教科书》的教学语法体系的基础上发展起来的,近60年来,虽有调整,但从框架到具体内容改动不大。自20世纪90年代起,对外汉语教学的飞速发展引发了对教学语法体系的大讨论。2004年以前的讨论集中在以下方面:现有教学语法体系存在什么样的问题?针对现有问题,是另起炉灶建立新体系,还是在现有体系上改革修订,抑或持保守态度谨慎行事?

2004年以后,对外汉语教学语法体系的研究出现了两个大的动向:一是对教学语法体系的理论思考。李泉(2016)[②]认为,教学语法体系建构的根本目的是为了更全面、更系统、高质量、高效益地教语言;教学语法体系建立的核心标准是详尽、实用,辅助标准是协调、简单;教学语法体系的特点或属性应该包括内容取向详尽化、理论基础多元化、建构方式多样化、发展方向国别化、体系研究长期化。再如杨德峰和范麾京(2016)[③]认为,对外汉语教学语法体系的构建必须遵循实用性原则、针对性原则、分级原则和语体原则。二是对分语体教学语法体系构建的思考。现有教学语法体系缺乏语体意识,李泉(2003)[④]提出了建立基于语体的对外汉语教学语法体系的构想,即对外汉语教学语法体系应由共核语法、口语语法和书面语语法三部分构成。徐晶凝

---

① 参见第一章第二节。
② 参见第一章第二节。
③ 杨德峰、范麾京《对外汉语教学语法体系反思及构建原则刍议——从三本语法教材谈起》,《国际汉语教学研究》2016年第2期。
④ 李泉《基于语体的对外汉语教学语法体系构建》,《汉语学习》2003年第3期。

(2016)①是对构建对外汉语口语教学语法大纲的尝试。徐文指出,口语语法体系包括结构范畴语法、情态范畴语法和话语范畴语法,并具体论述了三大范畴各自所下辖的语法项目。分语体建立语法体系的呼声和相关研究与理论语法界遥相呼应,②虽然双方对于语体关注的原因和目的不同,但两个领域的研究成果可互为借鉴。

除了以上两个大的研究动向外,还有一些从其他角度针对教学语法体系进行的理论思考,比如孙德金(2011)③专门就教学语法体系的基础进行了探讨,从理论和实践两个层面阐述了传统语法在对外汉语语法教学中的理论基础地位。冯胜利和施春宏(2011)④提出了一种新型的二语教学语法体系——"三一语法"。其基本框架包括句子的形式结构、结构的功能作用、功能的典型语境这三个维度,它们彼此独立而又相互联系,构成一个有机整体。

李泉指出:对外汉语教学语法体系研究尽管达成的共识不多,但已然积累了不少有益的意见和建议。关于语法体系的完善和建设问题还存在分歧,这既是正常现象,同时也说明我们的研究尚不够充分,包括一些根本性、前提性的问题还缺乏深入讨论。

(二)有关语法教学理论的研究

近十几年来,汉语语法教学研究界对于教学理论进行了较为深入的探讨。比如关于语法教学的原则方法问题、语法教学的本

---

① 徐晶凝《对外汉语口语教学语法大纲体系构建》,《语言教学与研究》2016年第4期。
② 语法理论研究成果参见方梅、张伯江、陶红印、冯胜利等人的系列文章。
③ 孙德金《对外汉语教学语法的基础——黎锦熙先生诞辰120周年纪念》,《语言教学与研究》2011年第6期。
④ 冯胜利、施春宏《论汉语教学中的"三一语法"》,《语言科学》2011年第4期。

位观问题、汉语本体研究与对外汉语教学研究的关系问题、语法教学中形式与意义的关系问题、汉语教学语法的层次性问题等。有关语法教学原则的研究以卢福波（2008）[①]为代表。卢文认为，汉语作为第二语言的语法教学与母语语法教学的本质差异归根结底取决于教学对象，根据教学对象的特点，确定语法教学的原则。卢文总结了对外汉语语法教学八项最基本的原则：实用、针对、复式递升、细化、简化、类比、解释、操练。

汉语本体研究与对外汉语教学研究的关系，向来是学界讨论的热点之一，也是很多从事一线对外汉语教学工作的教师们一直思考和探讨的问题。陆俭明（2007）[②]从宏观角度，就汉语作为第二语言教学的本体研究问题进行了论述，并对汉语作为第二语言教学的本体研究和汉语本体研究的区别进行了细致深入的分析。邵敬敏和罗晓英（2005）[③]探讨了语法本体研究与对外汉语语法教学的关系。齐沪扬（2007）[④]也对作为第二语言的汉语语法研究与作为母语的汉语语法研究进行了对比。

孙德金（2007）[⑤]讨论了对外汉语语法教学中形式与意义的关系问题。文章认为，目前的对外汉语教学语法系统存在着过于注重语法形式的现象，没有很好地把形式和意义结合起来，造成语法教学偏离教学目标。同时认为，要解决好这个问题，必须回

[①] 参见第三章第一节。
[②] 陆俭明《汉语作为第二语言教学的本体研究和汉语本体研究》，《世界汉语教学》2007年第3期。
[③] 参见第一章第一节。
[④] 齐沪扬《作为第二语言的汉语语法应该研究什么》，《世界汉语教学》2007年第3期。
[⑤] 参见第一章第三节。

到语法的本质上来，必须充分考虑到教学语法，特别是对外汉语教学语法的应用本质。

（三）有关教学理念方法的研究

近十几年来，出现了一些关于新的语法教学理念与方法的探讨。究其原因，一是语法理论研究的成果为语法教学研究提供了新的思路和理论支持，二是语法教学实践也为语法教学研究提出了新的要求和课题。近年讨论较多的教学理念和方法如语块教学、构式—语块教学、功能情景教学等。

有关语块教学的探讨如钱旭菁（2008）[①]、赵金铭（2010）[②]等，在实际的言语交际中，人们并不总是一个词一个词地说，还往往用上词的固定组合体。语块可以减轻说话人在交际时的加工压力，提高交际效率。语言使用中存在着大量的语块，心理语言学的研究也表明语块是确实存在的语言单位。钱旭菁建议对外汉语教材和教学都应把语块作为教学内容之一，对不同性质的语块实施不同的教学策略。加强语块的研究和教学能大大提高对外汉语教学的效率。

在今天的汉语语法教学研究中，功能情境的教学研究所占的分量越来越大，其直接原因是语用意义在语法教学中的位置越来越得到强化。受到结构主义的影响，当前语法教学大多注重形式的教学，对于语用没有过多的强调，但在教学实践中人们逐渐意识到语用的重要性，认识到对结构形式意义的研究并不能代替对用法的研究。因为语法教学不是单纯为了让学习者了解语法结构的形式和意义，而是希望学习者在合适的时机说出合适的话。因此，不注重语用的教学，"只将汉语处理为一种静态的语言知识

---

① 参见第三章第四节。
② 参见第三章第二节。

的教学,而不是与现实语境、现实交际目的结合的动态的言语教学"[①],就会使语法教学偏离本来的目的。吴勇毅和张皎雯(2015)[②]认为虚词由于其意义的虚化及抽象在对外汉语教学中常常成为难点,传统的虚词教学以意义和规则性解释为主。抽象表征并不能保证它承载的共性能使用于个别、特殊的情形。因此,真实语境和情景下的虚词教学就显得尤为重要。

(四)有关具体语法项目的教学研究

在过去的十几年间,对汉语中某个具体的语法点或语言现象的研究仍是最为集中的领域,研究的重点有两个方面,一是重点句式,如"连"字句、"把"字句、比较句等;二是重要的虚词,如量词、语气副词、助词等。这些语法点或语法现象多是对外汉语语法教学中的重点,也是难点,因此尽管相关研究成果已经颇为丰硕,但仍有进一步挖掘和讨论的空间。同时,关于话语标记和语篇连接成分的研究正逐渐引起越来越多学者的关注,研究成果较为多见。我们择要列举如下:

句式方面。有关"连"字句的研究,以往人们从各自的角度观察问题,得到的语义无法做出概括而统一的解释。张旺熹(2005)[③]将"连"字句的语义总结为对外部事物进行序位化的操作,并对连字句的种种句法语义现象做出统一的解释。解释的统一性能够使其方便地运用于对外汉语语法教学。肖奚强和郑巧斐(2006)[④]

---

① 卢福波《谈谈对外汉语表达语法的教学问题》,《语言教学与研究》2000年第2期。
② 参见第三章第五节。
③ 参见第五章第二节。
④ 参见第四章第一节。

讨论了等比句"A跟B不一样X"中"X"的隐现,指出目前教学中存在的问题,比如未区分实比和虚比,所举的例句及练习都只涉及实比;对"X"的隐现缺乏必要的科学的说明,对否定式后能否带"X"的观点也不一致,文章提出了相应的教学策略。吕文华(2013)[1]区分对外汉语语法教学中的两个基本句式:"被"字句和意义被动句,从结构、语义、语用上界定了两种被动句的典型形式,设计了两个句式在语义、语用和篇章功能等方面的教学内容,并对两个句式在不同阶段的教学分布做出具体安排。

虚词方面。吕文华(2010)[2]分析了由于教材和教学原因造成的"了"(包括"了$_1$"和"了$_2$")难教、难学问题,并提出了在教材编写和教学步骤上的相应对策。张赪(2009)[3]则在类型学背景下,对汉语和泰语中的量词语义系统进行对比,并提出了针对泰国学生的汉语量词教学的对策。周韧(2015)[4]引入现实性和非现实性这对概念来研究副词。周文从"常常"和"往往"的差异谈起,指出后者是一种基于现实性使用的副词。该研究对以往一些副词纷杂的分布做出简单统一的解释,不仅能促进语法本体研究,也有利于对外汉语虚词教学。石定栩和孙嘉铭(2016)[5]则从频率和概率的角度区分"常常"和"往往"。"常常"属于客观副词,"往往"是主观副词。尽管两文的结论有差异,但两者存在共通之处:为副词的研究提供了新的分析方法和角度。

---

[1] 参见第四章第二节。
[2] 吕文华《"了"的教学三题》,《世界汉语教学》2010年第4期。
[3] 参见第二章第三节。
[4] 参见第五章第五节。
[5] 参见第五章第四节。

二 语法教学研究的特点与不足

（一）语法教学研究的类型学视野

在汉语作为第二语言的教学中，教学对象多为已掌握母语的成年人，在学习汉语语法的过程中，很容易受到母语语法的影响而产生负迁移。因而在汉语教学研究中，语言对比一直是一个重要的研究领域。近年来兴起并逐渐成熟的语言类型学为语言对比研究提供了对比分析的新框架，注入了新的活力，也为语法教学研究提供了新的视野。

语言类型学通过跨语言比较，通过大量的语言考察、统计和对比，观察存在于这些语言背后的制约性普遍因素。语言类型学的研究经过几代人的努力，已经从分类走向解释。在这种情况下，类型学在语法教学领域将会发挥极大的作用。金立鑫（2006）[①]认为，在语言共性理论原则的指导下，外语教材的编写和教学采用普遍原理来解释外语或汉语中的所谓特殊现象，将变得更为合理、更为高效。徐丹（2007）[②]也认为，汉语与西方语言在类型上差异比较显著，因此在汉语教学中向母语为印欧语言的学生解释汉语语法，就需要比较汉语与其母语在类型上的特点。张赪（2009）[③]认为，类型学提出了各语言句法描写的统一框架，据此可以对汉语与其他语言句法的异同做更准确、更细致的描写分析，

[①] 金立鑫《语言类型学——当代语言学中的一门显学》，《外国语》2006年第5期。

[②] 参见第二章第一节。

[③] 参见第二章第三节。

为汉语教学提供更具体的参考，对相应的外语教学也很有价值。

目前，已经出现了大量用类型学方法进行研究的汉语语法教学研究成果。比如金立鑫（2011）①认为，汉语补语是一个类型繁多的句子成分，几乎成为一个垃圾桶。应该依据普通语言学中的一般看法，结合语言类型特征来还原一些成分的本来面目，这样汉语语法教学也会变得更具操作性。张赪（2009）②根据具有普遍意义的类型学语义参项，对汉泰语的量词系统进行描写，对比两个语言量词系统的异同，并分析量词系统的异同对泰语学生学习汉语量词的影响。张黎（2010）③从认知类型学的角度探讨语言经验结构与语法结构的关系，认为汉语与英语、日语不同，关注的是从动作过程到动作结果的状态变化。把"了"的基本语义概括为"界变"，认为汉语"了"的问题是关涉汉语动相体系全局的关键问题。该文新颖的研究角度可以为研究界带来更多的思考空间，对于"了"语法意义的统一解释也可以更好地运用于语法教学。杉村博文（2016）④分析认为，汉藏语介词型被动句具有有别于其他语言被动句的叙事功能和语义扩展性，值得从认知类型学的角度去做进一步的探讨。刘丹青（2016）⑤认为汉语主语和话题虽然交叉很多，但仍是两个各自独立的句法成分。文章从跨语言角度探讨了主语和话题的关系，断定汉语在类型上区别于话题优先和主语优先并存的日语、韩国语。该研究对于不同类型语言母语，

---

① 参见第二章第二节。
② 参见第二章第三节。
③ 参见第二章第四节。
④ 参见第二章第五节。
⑤ 参见第五章第三节。

尤其日韩母语学生的汉语学习具有一定的指导意义。

（二）重要语法理论在语法教学研究中的应用

邵敬敏和罗晓英（2005）[①]认为，目前汉语语法本体研究与对外汉语语法教学的适配层次和水平比较低，还是两张皮，没有能够有机地结合起来。陆俭明（2009）[②]也呼吁汉语作为第二语言教学界重视当代语言学理论的学习、了解和运用。不过我们也发现，近十几年来，运用语言学理论进行的语法教学研究数量越来越多，尤其是认知语言学的各种理论。除了上文提到的构式、语块（组块）、类型学以外，还有如下的语言学理论在教学研究中得到了相当多的运用：主观性、句法的象似性等。

卢英顺（2004）[③]以表差比的"没有""不如"等句式为例，说明在对外汉语教学中采用认知观的重要性。卢福波（2007）[④]在系统分析对外汉语语法教学中大量存在的教学模式偏向之利弊，并对其进行理论剖析的基础上，根据汉语重意念、轻形式的特征与规律，提出"认知—强化—创新"的教学模式，"以语法的认知为切入点，在大量的应用性强化训练中渗透语法的认知理念"。沈家煊（2009）[⑤]阐述了主观性理论对对外汉语语法教学的作用。文章指出，"在对外汉语教学中，如果我们能从语言和汉语的主观性着眼，就比较容易把一些以往难以讲清楚的语法现象讲得简单而又清楚"。陆丙甫和蔡振光（2009）[⑥]认为，"7

---

① 参见第一章第一节。
② 参见第一章第五节。
③ 参见第三章第三节。
④ 卢福波《语法教学与认知理念》，《汉语学习》2007年第3期。
⑤ 沈家煊《汉语的主观性和汉语语法教学》，《汉语学习》2009年第1期。
⑥ 参见第五章第一节。

左右"代表了处理语言时大脑中能够容纳的离散块数量的最大限度,"4"代表了一个敏感点。短时记忆和注意力限度的相关研究结果可以很好地应用于汉语教学,只是相关的研究还并不充分。

近年来关于认知语法在对外汉语语法教学中的应用的讨论较多,这一方面是由于认知语言学理论近些年来在汉语语法学界仍然方兴未艾,另一方面,认知语言学理论以解释为目标的研究取向,也符合汉语作为第二语言教学的特点和实际需要。

除了认知语言学的各种理论外,还有研究者就语法化理论在教学中的运用进行了探讨。比如管春林(2008)[1]提出"语法化顺序和二语习得顺序都与人类的认知过程有着密切的联系",指出语法化研究成果可以用于对外汉语教学中语法项目的选择与排序,还可以用于对某些语法点的解释。高顺全(2006)[2]从语法化的角度,探讨语言点"了"的安排。不过也有学者就此提出反对意见。孙德金(2011)[3]认为,语法化理论对语法教学不具有很强的适应性,应用语法化理论进行教学没有充分考虑到教学规律、学习规律。第二语言语法教学的根本目标是语言能力的获得,而不是知识的获得。而语法化理论从内容上来看,属于知识性内容。这种将语言学理论运用于教学研究实践的思考和争论是值得肯定的,不同观点的存在也是正常的。

(三)研究对象与研究维度的扩展

近十几年来,语法教学研究无论在研究对象方面还是在研究

---

[1] 管春林《语法化研究及其在对外汉语教学中的运用——以"所"字为例》,《云南师范大学学报》(对外汉语教学与研究版)2008年第5期。

[2] 参见第四章第四节。

[3] 孙德金《对外汉语语法教学应慎用语法化理论》,《语言文字应用》2011年第4期。

的维度上，都有了很大的扩展。

研究对象方面，除了传统的汉语特殊句式、汉语特殊句法成分以及虚词这些研究热点外，还出现了对于话语标记的教学研究，比如孙雁雁（2014）[①]观察话语标记"看来、看起来"在语篇中的分布，依据形式特征对"看来、看起来"的出现环境进行界定，细化两者能否互换的条件，明晰两者的使用原则，帮助非汉语母语学习者准确掌握并正确输出话语标记。阚明刚和侯敏（2013）[②]对两种语体用话语标记的对比研究，为话语标记的教学提供了参考。白晓红（2008）[③]对插入语教学进行了探讨。温锁林（2008）[④]对汉语口语中表示制止的祈使习用语"行了、好了、算了、得了"进行了考察。铃木庆夏（2008）[⑤]对对举形式所体现的语用功能、语用动机进行了探讨。

研究维度方面，除了传统的结构语义，还逐渐扩展出功能、认知、语篇语体、情境等研究维度。这些维度的拓展依托的是教学实践的需求，这种需求经历了从无意识到有意识、从自发到自觉的过程，而这些维度的研究也经历了从呼吁到实施的过程。如徐晶凝（2016）[⑥]发现，现有的各类语法大纲总体来说都缺乏语体意识，导致现有口语教材和书面语教材在语言材料和表达方式

[①] 参见第四章第三节。
[②] 阚明刚、侯敏《话语标记语体对比及其对汉语教学的启示》，《语言教学与研究》2013 年第 6 期。
[③] 白晓红《对外汉语教学中的插入语教学》，《汉语学习》2008 年第 4 期。
[④] 温锁林《汉语口语中表示制止的祈使习用语》，《汉语学习》2008 年第 4 期。
[⑤] 铃木庆夏《论对举形式的范畴化功能》，《世界汉语教学》2008 年第 2 期。
[⑥] 徐晶凝《对外汉语口语教学语法大纲的构建》，《语言教学与研究》2016 年第 4 期。

上并无太大差别。因此,她呼吁应在大纲的制定中考虑到语体因素。再如冯胜利和施春宏(2011)①提出的"三一语法",基本结构和主要内容是:句子的形式结构、结构的功能作用、功能的典型语境。其中的"每一点,在海内外教师的教学实践中,都'或多或少''在这儿在那儿'地有所涉及;尤其是句子的结构,凡教书者均不可少"。从这段话来看,"结构"的教学是自觉而有意识的,但"功能、语境"两者则是在教学实践中自发而无意地进行的。吕文华(2012)②也这样论述:语段(或曰语篇)作为对外汉语语法教学的新元素,是近些年才进入教材的,因此语段教学尚不成熟。彭小川(2004)③建议从纵横两方面来构建语篇教学的整体教学框架。屈承熹(2006)④在论述循序教学时,除了由基本到引申、由通例到特例、由原则到例外,还加上了由句法到篇章、由结构到功能。从这些论述中可以清楚地看到,新维度的拓展正在逐渐显化,我们期待更多类似教学研究成果的出现。

(四)当前语法教学研究的不足

十几年来,尽管语法教学研究取得了很多的成绩,研究的深度广度都有了较大提高,但仍存在一些不足之处。

首先,教学语法体系的研究与建设仍是薄弱环节。表现有二:第一,语法体系的建设仍是设想多于实施。十几年来,原有教学

---

① 冯胜利、施春宏《论汉语教学中的"三一语法"》,《语言科学》2011年第4期。

② 吕文华《语段教学内容的选择和分布》,《语言教学与研究》2012年第1期。

③ 参见第一章第六节。

④ 屈承熹《从句法结构到功能与篇章:对外汉语语法的循序教学》,载《对外汉语研究》第二期,商务印书馆,2006年。

语法体系所存在的诸多问题已为学界普遍意识到,很多研究就此开始探讨新体系的特点和建设原则,也有一些学者进行了有益的尝试,比如陆庆和(2006)[①]、杨德峰(2009)[②]等,但整体来说仍处于探讨阶段。第二,教学语法的研究未成系统,语法体系建立的基础仍不够丰厚。语法项目的确立、分级与排序的研究也仍然徘徊于起步阶段。另外,由于对外汉语教学的特殊性,结构、语义、语用、语篇应该同时纳入教学语法体系,这在学界虽然已经取得了共识,不过现在仍没有相应的系统研究作为基础。特别是语用、语篇的研究到现在为止只是零星的状态,还远远不能满足建立系统的需求。

其次,现有的语法本体研究成果未得到充分的转化。其中的原因是多方面的:理论研究界与教学研究界的关注点有所差异,一方面使得语法教学无所依据,另一方面有时又会带偏语法教学。前者是指重要的语法教学对象,找不到相应的研究成果进行指导;后者是指某些理论研究界的研究热点,因为并不常用而不应作为教学的重点,但受到理论研究界的影响被列为重点教学对象,导致学习者的输出中出现很多使用的问题,比如处所宾语与"来""去"的共现结构。[③]另外,已有的研究成果目前的结论不能帮助留学生有效避免偏误,并不能满足汉语国际教学的需要,还需要进一步细化。可见,语法本体研究成果的转化并非易事,还需要教学研究者的更多努力。

---

① 陆庆和《实用对外汉语教学语法》,北京大学出版社,2006年。
② 杨德峰《对外汉语教学核心语法》,北京大学出版社,2009年。
③ 郭晓麟《复合共现趋向结构功能初探》,《安徽大学学报》(哲学社会科学版)2014年第4期。

第一章

汉语语法教学的宏观思考

第一节 语法本体研究与对外汉语语法教学关系的思考[①]

通常认为,语言学可以分为三大块:理论语言学、本体语言学、应用语言学。我们一直认为:在理论语言学中,共性研究和个性研究都很重要,但是应该向个性研究倾斜,也就是说要向汉语的特点倾斜;在本体语言学中,古代研究和现代研究也都很重要,但是应该向现代倾斜,也就是说要向现实的语言生活倾斜;至于在三个语言学之间,理论研究、本体研究和应用研究都很重要,但是我们应该坚决向应用研究倾斜,也就是说要向社会的需求倾斜。这"三个倾斜"归纳起来,就是:向个性倾斜,向现代倾斜,向应用倾斜。这应该成为我们语言学研究的宏观的战略性的方针,只有这样,我们的语言学才能够走出困境,才能够成为受到社会和大众欢迎的富有生命力的学科,也才有可能成为名副其实的"领先学科"。

汉语语法研究属于本体语言学范畴,对外汉语语法教学属于

[①] 本节摘自邵敬敏、罗晓英《语法本体研究与对外汉语语法教学》,《暨南大学华文学院学报》2005 年第 3 期。

应用语言学范畴，二者各有自己研究的目标、特点、范围和作用，但是它们又是密切相关的，或者说它们之间构成一种双向互动的关系。语法本体研究，说到底要为应用服务，而对外汉语语法教学恰恰是非常重要的一个方面，从这一意义上讲，对外汉语语法教学正是检测汉语语法本体研究是不是做得比较成功的一个试金石；而且，在对外汉语语法教学中还会不断发现新的问题，对汉语本体研究提出新的课题，推动汉语语法本体研究向纵深发展。反之，如果对外汉语语法教学不从语法本体研究中不断吸取营养，那么必将成为一潭死水。

应该说，经过最近20多年的努力，汉语语法本体研究跟对外汉语语法教学已经建立起一个良性的双向互动格局，并且摸索出一些颇有影响的规律。但是，我们认为：目前的适配层次和水平还是比较低的。汉语语法本体研究跟对外汉语语法教学，好像还是两张皮，没有能够有机地结合起来，或者更加尖锐一点儿说，汉语语法本体研究，还没有真正能够从汉语语法的特点出发摸索出一条比较切合对外汉语语法教学需要的研究思路；而反过来看，对外汉语语法教学界也还没有找到如何把汉语语法本体研究的成果转化为自己营养的最佳途径。

汉语语法的本体研究和应用研究息息相关，两者必须相辅相成，本体研究必须考虑到对外汉语语法教学的需要，同时也可以从中发现问题并吸取灵感；后者则必须及时吸取有关的研究成果以丰富自己的教学内容并且开拓教学思路。

我们以为，在汉语语法研究和对外汉语语法教学这一对关联中，前者是主要矛盾，是需要我们花大力气去解决的对象。但是我们千万不要错误地以为，从事汉语语法研究的人只要管好自己这一段路程，至于如何应用于对外汉语语法教学，那是别人的事情，跟我无关。

汉语语法的本体研究究竟如何才能更好地服务于对外汉语语法教学呢？我们的意见主要是四条：汉语语法研究必须结合对外汉语语法教学注重句法的语义分析；汉语语法研究必须从对外汉语语法教学中发现问题并吸取灵感；对外汉语语法教学需要从汉语语法研究中吸取营养；对外汉语教学引入语法本体研究成果必须为我所用。

一 汉语语法研究必须结合对外汉语语法教学注重句法的语义分析

汉语语法的特点明显区别于其他语言，特别是印欧语言，因此汉语语法研究除了共性之外，更需要考虑自己的特色。那么，汉语语法的最重要的特点是什么呢？通常认为是"缺乏严格意义的形态变化"[①]，这一看法实质上还是站在印欧语的立场上来看待汉语，好像凡是语言，就一定要有形态变化，你汉语形态变化比较少，就认为你是"缺乏"。其实，站在汉语的立场上看，我们根本不"缺乏"什么。受到印欧语的影响，以往的汉语语法研究主要从形式入手，按照词类、短语、句子的模式来进行，研究出来的成果，不仅以汉语为母语的学生感觉用处不大，对外国学生来说，也常常有隔靴搔痒的感觉。对外汉语语法教学吸取这些现成的研究成果，当然不能说是完全没有用处，比如把虚词分为介词、

---

① 吕叔湘《汉语语法分析问题》，商务印书馆，1979 年。

助词、连词、语气词,对这些词语逐一进行分析、比较,还是很有意义的。但是,我们也不得不承认,汉语的形式比较隐蔽、比较含蓄,也比较特殊,即使有一定的形式标志,也没有普遍性和强制性。所以,我们需要改换研究的思路,从句法结构的语义出发来进行研究。① 而且更为重要的是,以往的做法实际上主要着重于帮助外国学生如何理解语言。而我们的外国学生,大多数是成年人,他们已经具备了一定的知识背景,已经能够比较自如地用自己的母语来进行交际,所以,对他们来说,更需要的是从语义表达出发去寻找合适的形式。因此,我们需要从句法语义出发对汉语进行研究,看看在汉语里,有关的语法意义到底是如何表达的。

在对外汉语语法教学中,最重要的不是教给他们语法的格式及其表示的意义,而应该是揭示隐藏在这些格式背后的制约因素,也就是提供制约这些规则的条件。比如关于副词"太",通常认为它出现在感叹句里,其实,更为重要的是要指出它主要出现在"评议句"里,即对某个人或事物、某个行为或者某个事件做出评价和议论,后面常常带着形容词(或者心理动词以及具有程度属性的词语),构成"太 A 了"格式。

"太"有两个义项:(1)"表示程度过头","多用于不如意的事情"。(2)"表示程度高"。② 这样的解释基本没错,但是对外国学生来讲却基本上没有用处,因为没有指出最为重要的"条件",即到底什么时候"表示程度过头"(贬义),什么时候"表示程度高"(褒义)。比如"太漂亮了""太聪明了"

---

① 邵敬敏《语义语法说略》,《暨南学报》2004 年第 1 期。
② 吕叔湘主编《现代汉语八百词》,商务印书馆,1980 年。

就是歧义的,是真心的夸奖(程度高),还是讽刺、批评(程度过头)呢?中国人,自然不会有什么大问题,但是外国学生就搞不清楚了。

事实上,能够进入这一框架的形容词主要有三类:(1)贬义的,如:难看、愚蠢、骄傲、渺小、狡猾……(2)褒义的,如:漂亮、聪明、谦虚、伟大、老实……(3)中性的,如:简单、复杂、长久、短暂、平常、特别、红、白、生、熟、干、湿、烫、热、冷、快、慢、薄、厚、高、矮……

(一)贬义形容词进入该框架

凡是贬义形容词进入该框架,可以不带"了",也可以带上"了",重音不管如何移动,意思基本不变,"程度过头"和"程度高"在这里是一致的,即在同一方向上加强,不管如何加强,都还是表示贬义。例如(以下例(1)—例(22)引自《北京大学中文系语料库》):

(1)军民关系倒挺密切,但**太单调**,风光绝美的热闹镇就是不热闹。
(2)这儿**太寂寞了**,缺热闹。
(3)你们都**太马虎了**。
(4)我**太浅薄了**。

(二)褒义形容词进入该框架

凡是褒义形容词进入该框架,就可能产生歧义:

第一种意义:表示程度过头,是贬义的。可以带"了",也可以不带。因为在中国人看来,"过犹不及",过了头,即使原来是真的、善的、美的、好的,也变味儿了。例如:

(5)他呀,实在是**太聪明了**,赔了夫人又折兵。
(6)阿芭哈拒绝了他完全是因为他**太自信**、太粗鲁,太没有耐心。

（7）因为我那时太简单、**太纯洁了**、**太天真了**。
（8）女人**太漂亮了**也是祸害呵！

第二种意义：表示程度高，是一种夸奖，沿着褒义的方向前进，比"很""非常""极其"等副词的程度还要高，属于"超常"级别，而且带有夸张的口吻，所以口语中必须带上"了"。有的已经成为一种习惯用语，最典型的有"太棒了！""太好了！""太可爱了！"。例如：

（9）素宁，你的诗我看了，写得真好，你的感情**太真挚了**。
（10）阿芭哈**太迷人了**，棕色头发和眼珠，肤色如罂粟花一样白净。
（11）**太精彩了**，西藏的服装**太漂亮了**！
（12）这条绸缎**太漂亮了**。

从认知上解释，作为一种属性，或者作为一种可以用程度来衡量的行为，比如"心理行为""意愿行为"（相应的是心理动词、能愿动词），必定有程度，而且人们根据自己的知识背景，都具有一个心目中的标准，凡是超过这一标准，就有两种可能性：一是既然超过，就是不符合标准，那就要否定；二是看作突破，就是一种积极的评价。

褒义形容词构成的该框架所产生的歧义，由于在形式上没有明显区别，有时候孤立的句子就难以做出判断，如果不小心就会发生误解。因此，要确定说话者的褒贬倾向，必须结合语境，特别是上下文，乃至表情、口气等。例如：

（13）这个小伙子，**太聪明了**！什么东西，一看就会。
（14）钱先生这人真的是**太聪明了**，聪明得叫好些人都怕他。
（15）这个人简直就是为了当刑警才到这世界上来的，他干得实在**太漂亮了**。

（16）海涛长得**太漂亮了**，干得又太不漂亮了。

同样的"太聪明了""太漂亮了"，在上面句子中褒贬倾向却不同，这从上下文语境可以做出判断。例（13）、例（15）是褒义的，例（14）、例（16）是贬义的。其实，这两个义项的使用频率并不是对等的，换言之，表示贬义是它的基本语义，即这实际上是一个"准贬义格式"。

如果一定要寻找一个检测的方法，可以看凡是能够使用"太过 + 褒义 A"的框架来替代的就是贬义的。例如：

（17）秦干事觉得王景的想法很丰富很全面，就是**太过浪漫**。

（18）花农们从不在傍晚时采花，说这时花性**太过激烈**，花貌不能久长。

（三）中性形容词进入该框架

凡是中性形容词，一般情况下，因为描写的是一种客观的属性，一旦用"太"修饰，就表示过头，属于贬义。例如：

（19）你穿这样的不合适，显得**太年轻了**。

（20）要求应明确具体并因人而异，所提要求也不能**太多**，太难。

（21）身体的**太胖**或**太瘦**，鼻子的**太大**或**太小**，脸**太宽**或**太窄**等都成了借口。

（22）现在一堂课45分钟对小学生来说当然是**太长**了，特别是学习内容太难或太容易都会使孩子感到乏味。

需要特别指出的是，褒义形容词，如果用"不"来否定，就成为贬义了，例如"不聪明"（愚蠢）、"不谦虚"（骄傲）、"不漂亮"（难看）等，一旦进入这一格式，同样表示贬义的强化。但是，贬义词语如果受到"不"修饰，贬义消除，却并不一定表示褒义，例如"不难看""不愚蠢""不骄傲"，这时不能够进入"太不 A"格式，例如一般不能说"太不难看""太不愚蠢""太不骄傲"等。而中性词语，无论肯定还是否定，语义没有倾向性，"长久/不长久""红/不红"，肯定式加上"太"，例如"太长久了""太红了"，表示的是贬义；可是否定式一般很少说，表示的还是贬义，例如"太不长久了""太不红了"。

总之，我们认为，我们汉语语法研究的思路必须进行调整，从以往过分重视形式分析的路子上，转变为重视句法语义的分析。这不仅是对外汉语语法教学的客观需要，也是汉语语法研究发展到现在的一种必然趋势。

二 汉语语法研究必须从对外汉语语法教学中发现问题并吸取灵感

语法本体研究需要对外汉语语法教学的支持与协助，并且从中可以发现许多值得深入研究的课题。

例如：在名词与量词组合中，表人名词一般跟"个"或者"位"组合，动物则不同，常见动物，特别是跟人类生活密切相关的动物，量词的专用性就比较强。

一头牛、一只羊、一匹马、一条鱼……

这些量词，我们从来也不会去跟表人的名词组合，我们从来也不说：

*一头主人、一只客人、一匹男人、一条朋友……

可是，有一次，一个老外就问：汉语只能说"一条鱼""一条虫"，从来也不说"一条人"，可是为什么你们可以说"一条好汉"？好汉是鱼吗？这个问题确实问得好，我们查阅古籍，发现"条"原始义是指一种"树木"（《诗经·秦风·终南》："终南何有？有条有梅。"），引申为"细长的枝条"，然后再抽象为泛指一般的"细长条"，这一语义特征就能够适配动物里的鱼、蛇、泥鳅、蚯蚓、黄鳝等。可是它一般不修饰人，不能说"一条姑娘""一条小伙子"，为什么偏偏可以修饰"好汉"呢？这里涉及的因素就很值得我们研究。也许我们可以这样来解释：中国有一句老话，形容"好汉"叫"赤条条来去无牵挂"，所以，好汉可以用"条"来计量。但是，如果我们进一步考察汉语的方言，就可以发现，如粤方言就能够用"条"来修饰人，比如说"条女""几条友仔"。所以，我们怀疑"一条好汉"的说法实际上是受方言的影响。[①]

再如："来"和"去"分工明确，以说话人为基点，分别表示靠拢或者离开说话人。但是，一个韩国学生却问：为什么当我们听到有人敲门时，我们回答"来了！来了！"，却不能说"去了！去了！"？另外，在打电话时，假如对方在上海，我们不大说"我们很快就到上海去"，却常常说"我们很快就到上海来"。再比如我们经常会这样发问：

（23）我们明天到你们那里去。好吗？

但是，我们也可以这样发问：

（24）我们明天到你们那里来。好吗？

这就启发我们，原来"来"的用法还应该补充一条：在对话中，

[①] 黎伟杰《广州话量词举例》，《方言》1988年第1期。

"来"也可以表示向听话人靠拢,这是一种趋近的心理价值取向,即有意识站在对方立场上看问题,以获得对方的认同和好感。

三 对外汉语语法教学需要从汉语语法研究中吸取营养

近 20 年来,汉语语法研究无论是研究的理论和方法,还是具体的成果,都有长足的进步。对外汉语语法教学要关注语法研究的进程,熟悉他们的研究方法,了解他们的研究成果,并且从中吸取营养。在具体教学中,切忌孤立地讲解语法规则,而应该通过组合分析、比较分析、语境分析、歧义分析来进行。

(一)通过组合分析来揭示语法规律

我们首先要尊重语言事实,不能让语言事实迁就所谓的语法规律,而应该合理地解释语言事实。例如:我们可以说"别唱!""别哭!",但是不能说"别下雨!""别死!",因为"别"是祈使性否定,后面的动词应该具有[+可控]的语义特征,而"下雨""死"的语义特征却是[-可控]。但是我们有时却可以说"外面有滴答滴答的声音,别下雨了!""小狗都不动了,别死了!"。当然,这里表示的只是一种否定性推测,即不希望某种情况发生或者出现,在这样的格式里,动词无论[+可控][-可控],都可以出现。所以"别结婚了!"实际上就可能有两种理解,或者是否定性的祈使,例如"既然都吵翻了,就别结婚了!";或者是否定性的推测,例如一个男孩子想跟分手的女友重归于好,可又怕对方已经结婚,就说:"都分开好几年了,她可别结婚了!"①

(二)通过比较分析来揭示语法差异

我们总结某些规律性的东西,不要只看典型的例句,而应该在比较中显示其差异。例如:通常认为"也"表示"类同",即前句和后句之间存在着一定的相似性,其实这种"类同"存在着程度的级差,比较以下几个例句:

(25)时代变了嘛,生活方式也变了嘛。(张辛欣、桑晔《北京人》)

(26)你呢,年纪这么高了;我呢,我也四五十了,咱们应该找活道走,不用往牛犄角里钻。(老舍《老张的哲学》)

(27)外祖母去世了,父亲的差使也交卸了。(朱自清《朱自清文集》)

(28)老韩是数学家,他太太也很聪明。

例(25)的前后句除了主语不同,谓语全部一致,相似性极为明显;例(26)前后句主语虽然不同,谓语也不同,但是词语语义属于同类"年纪大",相似性也比较显豁;例(27)前后句说的好像是不相关的两件事,但是在语用层面两者都属于"不幸事件",所以可以建立起某种相似关系,这里的相似性就要差一点儿了;例(28)的相似性更为隐蔽,前后句之间在结构、语义、语用几个方面都没有相似性,必须通过认知"中介"("数学家是聪明的"这样的推导),才能建立起相似点。通过这四个实例的比较,可以发现,尽管都是"也"字句,其实他们的"相似性"呈现出不同的递减的程度级差。②

---

① 邵敬敏、罗晓英《"别"字句的语法意义及其对否定项的选择》,《世界汉语教学》2004年第4期。

② 邵敬敏、刘焱《"也"字句及其相似性等级》,载《庆祝〈中国语文〉创刊50周年学术论文集》,商务印书馆,2004年。

（三）通过语境分析来揭示语法变化

不要脱离上下文和语境来讲解语法，例如"好"具有应答功能，但是这种应答功能在不同的语境里的作用是不同的。例如：

（29）甲：你让我猜猜。
　　　乙：好，你猜吧。
（30）甲：你混蛋！
　　　乙：好，我混蛋。
（31）刚才讲的是读音，好，现在我们讲词义。

第一种"好"是应承性的，第二种"好"是礼貌性的，第三种是过渡性的。虽然是同一个"好"，其实，在不同的语境中的作用完全不同，而这，显然只有在一定的上下文里才能理解。

（四）通过歧义来揭示语法内涵

歧义是一个窗口，通过它可以看到许多细微的语法因素，而通过歧义结构的分化，将会在方法论上给人很多启发。例如：

（32）他把钱包丢了。
（33）他把我咳醒了。

以上两个例句都有歧义，一种意思是主动性的动作，"钱包"和"我"都是动作的直接对象（受事），即可以说是一种"处置"；另外一种意思是客观性的行为，"钱包"和"我"都是动作的间接对象，即"钱包"是不小心弄掉了，"我"是不小心被咳嗽吵醒了，这里，显然，无法再用"处置"进行解释。从而说明"把"字句不仅仅可以表示"处置"，还可以表示"致使"，而这是两种很不相同的语法意义。明白了这一点，我们就可以解释为什么"他把牙齿吃坏了""打仗把他的老婆打没了""这本书把他的眼睛看瞎了"也能够用"把"字句来表达了，也能够明白为什么把"把"字句说成是"处置式"是不合适的。

四 对外汉语教学引入语法本体研究成果必须为我所用

作为汉语语法的本体研究，可以运用不同的理论和方法，从各个角度进行分析。只要你能够准确地描写、合理地解释，我们都应该承认这一研究是有效的。但是要把这些研究成果引入对外汉语教学，则不能简单地直接导入。而需要在研究与教学之间架起一座桥梁，做好这个转化工作，关键问题就是必须化繁为简，"为我所用"。因为研究语法，从理论上讲，越细致越有价值，但是作为教学，就必须简明扼要，不能什么都说。

"运用"和"应用"是截然不同的两个概念，掌握语法的规则是为了运用，所以我们分析任何一种句式，除了了解它的结构以及语义之外，还需要把它放到交际场合里去观察，看看有什么变化和特点。比如，汉语的疑问句，我们需要知道它们到底有多少种结构类型，但是这远远不够，我们还需要知道这些疑问句的使用特点和使用条件。

（一）疑问内含"疑惑"和"询问"两大范畴

必须指出一般所谓的"疑问"，实际上可以区分为两大范畴："疑惑"和"询问"。这两者既有联系，又有区别；两个因素互相匹配，就可能形成不同的疑问句。

第一，无疑而问：反问和设问。"难道今天不是星期一吗？""什么是语法？语法就是语言结构规律的集合。"

第二，有疑不问：猜测。"晚上大概会下雨。"

第三,有疑且问:通常所谓的是非问、特指问、选择问和正反问。

"疑"和"问"必须分开,让外国学生明白这一点,对理解现代汉语疑问句的内涵,对语言的准确表达非常重要。

(二)一般所说的四类疑问句可划分为两类

我们不能满足于句式结构的传统教学,尽管指出现代汉语的疑问句主要有四类也是必要的:a. 是非问;b. 特指问;c. 选择问;d. 正反问。但是这样的区分缺乏对四种疑问句式内部关系的沟通。我们需要进一步指出:从人的表达来说,疑惑跟选择是息息相关的,因为有疑惑,所以需要对方帮助自己进行有效的选择。因此,这四类疑问句从选择的角度来看,实际上可以划分为两大类:

a. "是非问"和"正反问"为一类,属于"是非选择",只不过前者只提出一个命题,后者提出正反两个命题。它们的本质是一样的,正如猜一块银币,要求猜正面一面还是猜正反两面,本质都是一样的。这从答语上就可以看出来,它们的回答都是:是/不是、对/不对、有/没有、去/不去。

b. "选择问"和"特指问"属于另外一类,都是具体有所指的,只不过,前者列举出两个以上的并列选择项,后者用一个疑问代词来替代所有潜在的选择项。两者实际上也是相通的,例如"甲乙丙这三件礼物,你喜欢哪一件?",他们的回答都是针对性的特指某项的,不能仅仅回答"是/不是"或"有/没有"。

(三)疑惑内又含"疑"与"信"两个互为消长的因素

既然询问和疑惑不是一回事,那么疑惑有没有强弱之分呢?如果有区别,表达跟句式又有什么联系呢?我们发现,如果把"疑"和"信"作为两个互为消长的因素,那么,它们必然形成一个"疑惑／信度"的可变的连续统。

  a. 反问句可以描述为［信100%，疑0］
  b. 特指问可以描述为［信0，疑100%］
  c. 正反问和选择问可以描述为［信50%，疑50%］
  d. "吗"字是非问可以描述为［信25%，疑75%］
  e. "吧"字是非问可以描述为［信75%，疑25%］

  前面三类一般没有什么大问题，关于带"吗"和带"吧"的是非问句，疑问程度的差别，最让人感兴趣。这一点，我们可以给出证明："大概／也许／可能／八成"这些表示肯定倾向的估测性词语，可以跟"吧"在疑问句里同现，例如"今天八成是星期一吧？"，但是却不能跟"吗"字在疑问句里同现，我们不能说"今天八成是星期一吗？"。可见"吧"字句的肯定程度在八成左右，跟"吗"字句形成对立互补格局。[①]

（四）"是不是+VP？"句

  还有一种相关的"是不是+VP？"句式也很有趣，我们发现这类句式具有明显的肯定性倾向。例如：

  （34）"篇幅我觉得过长，**是不是**请作者压缩一下？"陈主编说，"另外有些小地方再做些修改。"（王朔《编辑部的故事》）

  （35）"你在谈恋爱**是不是**？"他借着幽暗的光线审视我，"一副魂不附体的样子。"（王朔《浮出海面》）

  （36）石静瞅了我一眼，把茶杯放在地上，走回去继续刷墙："你**是不是**累了？""困了。"我说。（王朔《永失我爱》）

  "是不是+VP？"句式倾向于肯定这一点从上下文就可以清楚地看出来，显然它的疑惑程度也是介于50%—0，可是，"吧"

---

  ① 邵敬敏《现代汉语疑问句研究》，华东师范大学出版社，1996年。

字是非问的疑惑程度也在这一范围之内,那么它们又有什么区别呢?我们进一步观察,发现"吧"字是非问可以使用"大概、可能、也许",甚至于"肯定、八成"这类表示肯定概率的词语,而"是不是"句式却不可以,这就说明:"吧"字是非问的疑惑度是25%—0,而"是不是+VP"句式的疑惑度大概处于50%—25%。①

外国学生一旦掌握了这样一个跟疑问程度的强弱相对应的系统,也就掌握了汉语疑问句运用的窍门了。

总之,汉语语法的本体研究与对外汉语教学这样的双向互动关系,在今后的实践中还需要进一步加强,而且这里确实有着广阔的前景。我们相信:在这两个领域里辛勤耕作的朋友一定会取长补短,互通有无,共同把我们的语法研究及其应用研究推向一个新的层面。

第二节 对外汉语教学语法体系建构的目的、标准和特点②

自20世纪80年代以来,对外汉语教学语法体系的研究一直受到业界的重视,先后出台若干种用于各类汉语教学和汉语水平

---

① 邵敬敏、朱彦《"是不是VP"肯定性倾向及其类型学意义》,《世界汉语教学》2002年第3期。

② 本节摘自李泉《对外汉语教学语法体系:目的、标准和特点》,《国际汉语教学研究》2016年第1期。

测试的语法体系和大纲,① 召开过教学语法及其体系问题的国际学术研讨会并出版了文集,② 出版了相关论著和文集,③ 发表有关教学语法体系的论文数十篇。④ 可以说,对外汉语教学语法体系

---

① 有关语法教学的各类大纲主要包括：中国对外汉语教学学会汉语水平等级研究小组《汉语水平等级标准和等级大纲（试行）》，北京语言学院出版社，1988年；王还主编《对外汉语教学语法大纲》，北京语言学院出版社，1995年；孙瑞珍主编《中高级对外汉语教学等级大纲（词汇·语法）》，北京大学出版社，1995年；国家对外汉语教学领导小组办公室汉语水平考试部《汉语水平等级标准和语法等级大纲》，高等教育出版社，1996年；国家对外汉语教学领导小组办公室《高等学校外国留学生汉语教学大纲（长期进修）》，北京语言文化大学出版社，2002年；国家对外汉语教学领导小组办公室《高等学校外国留学生汉语言专业教学大纲》，北京语言大学出版社，2002年；国家汉语国际推广领导小组办公室《国际汉语教学通用课程大纲》，外语教学与研究出版社，2008年；孔子学院总部／国家汉办《国际汉语教学通用课程大纲》（修订版），北京语言大学出版社，2014年。

② 国家汉办教学处编《对外汉语教学语法探索——首届国际对外汉语教学语法研讨会论文集》，中国社会科学出版社，2003年。

③ 吕文华《对外汉语教学语法探索》，语文出版社，1994年；吕文华《对外汉语教学语法体系研究》，北京语言文化大学出版社，1999年；孙德金主编《对外汉语语法及语法教学研究》，商务印书馆，2006年。

④ 崔永华《关于对外汉语教学语法体系的思考》，载《语言学和汉语教学》，北京语言学院出版社，1990年；柯彼德《汉语作为外语教学的语法体系急需修改的要点》，《世界汉语教学》1991年第2期；鲁健骥《汉语语法研究与对外汉语教学语法体系》，载《中国语文研究四十年纪念文集》，北京语言学院出版社，1993年；赵金铭《对外汉语语法教学的三个阶段及其教学主旨》，《世界汉语教学》1996年第3期；吴中伟《对外汉语教学语法体系中的主语和主题》，《汉语学习》2000年第4期；吕文华《关于对外汉语教学语法体系的若干问题》，《海外华文教育》2002年第3期；张旺熹《关注以句子为核心的三重关系研究——谈对外汉语教学语法系统的建设》，载国家汉办教学处编《对外汉语教学语法探索——首届国际对外汉语教学语法研讨会论文集》，中国社会科学出版社，2003年；李泉、金允贞《对外汉语教学语法体系研究纵览》，《海外华文教育》2008年第4期；齐沪扬《作为第二语言的汉语语法研究面临的问题》，载《对外汉语研究》第六期，商务印书馆，2010年；张旺熹《对外汉语教学语法研究概说——课题与路向》，载《对外汉语研究》第六期，商务印书馆，2010年；孙德金《对外汉语教学语法体系的历史和现状》，《玉溪师范学院学报》2012年第5期。

研究尽管达成的共识不多，但已然积累了不少有益的意见和建议。

迄今，教学语法体系的现状是：形成于1958年的《汉语教科书》的教学语法体系，直到国家汉办主持制定的《高等学校外国留学生汉语教学大纲（长期进修）》和《高等学校外国留学生汉语言专业教学大纲》中的语法体系，以及各种有影响的汉语教材中的语法系统，从框架到具体内容都改动不大。[①] 教学语法体系研究的现状是：多数人呼吁改革、修订现有语法体系；[②] 或是主张另起炉灶建立新体系；[③] 也有人主张先务虚，对现有各类语法大纲细致剖析，对大纲的通用和专用及内容的粗和细等问题进行先期讨论；[④] 有人则主张对"体系的改变以慎重为宜"[⑤]。

可见，关于语法体系的完善和建设问题还存在分歧，这既是正常现象，同时也说明我们的研究尚不够充分，包括一些根本性、

---

① 鲁健骥《汉语语法研究与对外汉语教学语法体系》，载《中国语文研究四十年纪念文集》，北京语言学院出版社，1993年；吕文华《对外汉语教学语法体系研究》，北京语言文化大学出版社，1999年。

② 崔永华《关于对外汉语教学语法体系的思考》，载《语言学和汉语教学》，北京语言学院出版社，1990年；柯彼德《汉语作为外语教学的语法体系急需修改的要点》，《世界汉语教学》1991年第2期；吕文华《关于对外汉语教学的语法体系》，《中国语文》1991年第5期。

③ 邵敬敏《对外汉语教学语法体系改革的新蓝图——评吕文华〈对外汉语教学语法探索〉》，《汉语学习》1994年第5期；李芳杰《句型为体 字词为翼——关于对外汉语教学语法体系的思考》，载《第六届国际汉语教学讨论会论文选》，北京大学出版社，2000年；李泉《语法在对外汉语教学中的地位和作用及相关问题》，载国家汉办教学处编《对外汉语教学语法探索——首届国际对外汉语教学语法研讨会论文集》，中国社会科学出版社，2003年；李泉《基于语体的对外汉语教学语法体系构建》，《汉语学习》2003年第3期。

④ 竟成《我们究竟需要什么样的语法大纲》，《世界汉语教学》1999年第3期。

⑤ 刘月华、潘文娱、故韡《实用现代汉语语法》（增订本），商务印书馆，2001年。

前提性的问题还缺乏深入讨论。比如,怎样建立对外汉语教学语法体系,体系建立的目标和标准、基础和原则是什么?它跟母语教学语法体系、跟理论语法及其体系有什么样的关系?对外汉语教学语法体系具有什么样的性质和特点?又如,大纲宜粗还是宜细?"粗""细"到什么程度?是在现有体系上修补完善,还是另起炉灶?一纲多用还是多纲多用?是否区分用于国内和用于海外的大纲,用于成人和用于非成人的大纲,用于汉语言专业和非汉语专业的大纲?等等,这些问题有的虽已有所涉及,但还需要进一步探讨并形成共识,有的至今尚未涉及。这些问题不讨论清楚,就不可能拟定出一个科学实用、有时代特点、能满足对外汉语教学需要的教学语法体系。[①] 基于以上考量,本节重点探讨对外汉语教学语法体系建立的目的、对外汉语教学语法体系建立的标准、对外汉语教学语法体系的特点等基础性、前提性问题,兼及对外汉语教学语法体系与汉语母语教学语法体系的比较以及与体系问题相关的其他问题。

一 建立对外汉语教学语法体系的目的

(一)语法体系在对外汉语教学中的作用

语法在第二语言学习中具有不可替代的作用。教学实践表明,只学和死学一种语言的语法,肯定学不好这种语言,但学好一种第二语言则必须学习它的语法,掌握某种第二语言的重要标志就是掌

---

① 李泉、金允贞《对外汉语教学语法体系研究纵览》,《海外华文教育》2008年第4期。

握了该语言的语法。当然，语法学习和掌握的方式方法可以多种多样，可以是理性的"明学"，也可以是感性的"暗学"，或是二者兼而有之；可以是课堂上的学习和习得，也可以是自然环境下的习得和学习，或是课内外学习和习得兼而有之，等等。总而言之，学习一种第二语言而不学习这种语言的语法是不可想象的，换言之，输入方式和学习方法可以不同，但不学语法肯定无法掌握第二语言。

　　语法的学习与习得对于掌握一种第二语言的重要性，就决定了语法体系的研究和建设在第二语言教学中的重要地位和作用。教学语法体系至少应该包含这种语言最基本的、最主要的构词方式、组词造句的方式和结构规则，最基本的单句句型、句式和复句结构，最常用的表达格式等，这就能够保证最基本的语法学习的内容和语言学习的效益，至少有助于避免语言教学的盲目性和语法教学的随机性。如果该语言的语法研究，特别是面向第二语言教学的语法研究很充分，其语法体系的内容无疑就会更加全面，就会为教材编写、课堂教学和语言测试等提供更大的便利，为语言教学质量和效率的提高提供保障。正因如此，制定语法体系便成为第二语言教学学科建设的重大课题和标志性成果。事实上，教学语法体系的重要性还不仅限于这些宏观的实用价值和学理意义，还应该进一步探讨和明确教学语法体系的根本用途和相关的特点及属性，因为这些问题影响着语法体系的内容构成、建构标准、理论基础和体系应用等各个方面。

　　（二）建立对外汉语教学语法体系的目的

　　汉语教学语法可以根据教学对象和教学目的的不同分为母语教学语法和第二语言教学语法。二者在某些方面有交叉，但是无论从教的内容上看还是从教的方法上看，两者都是不同的。[1]我们认为，二者的共同之处是用之于教学和服务于教学。但是，母语语法和二语语法（对外汉语教学语法）不仅在教学内容和教学方法上不尽相同，其各自的教学目的更是迥然有别。吕冀平（1982）[2]指出母语教学语法的主要目的有两个：一是使学生自觉地掌握语法规律，对母语的语法由知其然提高到知其所以然，从而正确地使用母语；二是通过语法分析进行逻辑思维的训练，这第二点更为重要。有关对外汉语语法教学目的的相关论述如：金立鑫（1996）[3]认为，对外汉语教学语法的基本作用，一是教会学生运用这些语法规则正确地理解所学的语言，二是教会学生运用所学的语法规则正确地生成所学语言的话语。崔希亮（2003）[4]认为教学语法的目标是在最短的时间内解决学习者的语法问题，让学习者提高语言能力。张旺熹（2010）[5]认为汉语（作为第二语言）语法教学的最终目的是要培养第二语言学习者对汉语能有一个比较纯熟的语法感。三位学者从不同角度界定了对外汉语教学语法的作用、目标和最终目的，很有启发性和参考价值。

进一步看，母语语法教学不是为了学语言，因为学习者已经

---

[1] 崔希亮《试论教学语法的基础兼及与理论语法的关系》，载国家汉办教学处编《对外汉语教学语法探索——首届国际对外汉语教学语法研讨会论文集》，中国社会科学出版社，2003年。

[2] 吕冀平《句法分析和句法教学》，载《教学语法论集——全国语法和语法教学讨论会论文汇编》，人民教育出版社，1982年。

[3] 金立鑫《对外汉语语法教学》，载《对外汉语教学通论》，上海外语教育出版社，1996年。

[4] 同[1]。

[5] 张旺熹《对外汉语教学语法研究概说——课题与路向》，载《对外汉语研究》第六期，商务印书馆，2010年。

掌握了母语（即知其然），而是为了对母语的结构规则和表达规则进行理性认知（即知其所以然），更实用的目的是借助语法教学训练学习者的思维能力。对外汉语语法教学及语法体系则是为了教语言，为了让学习者知其然，即认知和学习汉语语言成分的组合规则和使用规则，特别是汉语学习的初级阶段。中高级阶段的语法教学在继续学习和深化汉语的组合和使用规则的同时，也有可能结合具体语言现象让学习者在一定范围内和一定程度上知其所以然，主要是那些能说得出理据、规则、成因和使用条件的语法现象。可见，汉语母语语法教学和汉语作为第二语言语法教学的目的截然不同，前者主要为了"知其所以然"，即汉语语法"是什么和为什么"兼及某些用法规范与否等问题；后者主要为了"知其然"，即汉语"怎么说和怎么用"兼及某些说法正确与否等问题，只有对中高级成人汉语学习者、对某些特定语言现象，才有可能在一定程度上涉及"知其所以然"的问题。

实际上，母语语法教学从学习者角度来说在很大程度上是为了学语法而学语法，也即学语法本身就是目的，学语法主要是学习语法知识，以便理性地认知母语，并借以提高语言表达能力和逻辑思维能力。对外汉语语法教学的目标旨在教语言，即通过语法教学来教语言，进而通过语法学习来学语言，也即语法教学是手段，根本目的是为了培养汉语的语言能力和语言交际能力。因此对外汉语教学在任何情况下、任何程度上都不应是为了教语法而教语法。

综上，如果确信对外汉语语法教学的目标旨在教语言，那就意味着对外汉语教学语法体系建构的根本目的是为了更全面、更系统、高质量、高效益地教语言。明确这一点，其意义绝不可低估。

目标可以使行动更有方向感，对内容和方法的选取更有依据和旨归。教学语法体系建设的目标深刻地影响着体系的内涵与格局、特色与追求，影响着人们对语法事实"选"与"弃"的态度，等等。不仅如此，明确这一点也有助于减少分歧和执着，有助于在对外汉语教学语法体系建设的相关问题上达成共识。比如，语法体系中内容的取舍、理论基础的选取、体系建构标准的确立等，都应以是否有利于学习者学语言，是否有利于培养和提高学习者的语言能力和语言交际能力为衡量标准，而舍弃某些个人的理论追求、学术考量和体系是否"完美""好看"等理念。因此，在探讨和建立对外汉语教学语法体系的过程中，时刻勿忘"我们是在为了谁""为了他们的什么"的问题。可以说建立对外汉语教学语法体系的目的，是体系建构和衡量相关问题的一个前提性、关键性和根本性的问题，忽视和含混不得。

二 建立对外汉语教学语法体系的标准

（一）理想的母语教学语法体系的标准

一个好的教学语法体系应该具备哪些条件？对此，前辈学者关于汉语母语教学语法体系有过相关的论述，可以给我们启发和参考。例如：陈望道（1978）[①]指出：一个好的语法体系"应该具有妥帖、简洁、完备这三个条件"。"同事实切合，就是妥帖"；"能够力求简捷分明的说明事实，就是简洁"；"立论比较能够

---

① 陈望道《文法简论》，上海教育出版社，1978年。

概括事实，就是完备"。黄伯荣（1982）①认为，陈望道的考虑是很周到的，不过"完备可以归到妥帖里面去"，那就可以归成"妥帖、简易"两个条件，并强调"学校语法体系更应重视后一条件"。吕叔湘（1982）②赞成一位语言学家说过的，理想的体系要满足"协调、周到、简单"三个条件，并解释说：协调"就是内部要一致，不自相矛盾。比如，你把主语和宾语分别跟施事和受事联系起来，主施，宾受。可是，在被动句里头，又让受事做主语。我看就不怎么协调"。周到"就是详尽的意思，全面的意思。当然，从某种意义上说，语法事实是无穷无尽的，怎样才算全面就很难说了。可是如果有相当重要的情况，咱们不去理会，那就不能说是全面，或是周到"。简单"意思是如果同一个事实，几种解释都说得通，那么哪一种解释最简单就采用哪一种"。在此基础上，吕叔湘又加了一条——贴切。"贴切的意思是你这个体系一定要符合你所讲的那个语言的实际。尽管你的体系本身没有矛盾，也很简单，也很详尽，可就是跟你讲的语言的实际有距离，那就仍然算不得好体系。"综上，前辈语言学家对理想的母语教学语法体系的标准，看法可谓大同小异，概括起来不外乎吕叔湘先生所说的"协调、周到、简单、贴切"。

（二）母语语法体系与对外汉语语法体系比较

"协调、周到、简单、贴切"这几条标准是否也可以成为建构对外汉语教学语法体系的理想标准呢？我们认为，恐怕还

---

① 黄伯荣《关于教学语法体系》，载《教学语法论集——全国语法和语法教学讨论会论文汇编》，人民教育出版社，1982年。

② 吕叔湘《协调、周到、简单、贴切——理想的语法体系的几个条件》，载《教学语法论集——全国语法和语法教学讨论会论文汇编》，人民教育出版社，1982年。

不能如此照搬。这是因为，母语教学语法及其体系跟对外汉语教学语法及其体系相比有以下区别：（1）教学对象不同。前者是中国学生，已经掌握了汉语；后者是外国学生，正在学习汉语。（2）教学目的不同。前者主要是为了理性地认知母语，即"知其所以然"；后者是为了在了解和理解汉语成分的组合和表达规则，即"知其然"的基础上，能够运用所学的语法进行恰当的表达。（3）教学方式、方法不同。前者是在母语语文教学过程中作为单元知识相对集中地讲授语法，以理解和掌握知识为主；后者是在第二语言教学过程中作为语法点分散在每一课中，讲练结合，以理解和会用为根本目的。（4）重要程度不同。语法学习对母语者来说是锦上添花，而对非母语者则是雪中送炭。（5）语法学习的范围不尽相同。母语者主要涉及体系性的语法，以词类、词法、句法结构、句型、句式、特殊句式、单句、复句等为核心；非母语者则不仅要学习体系内的语法，还需要学习体系外的语法，包括一词（虚词和用法特别的实词）、一语（插入语、习用语、衔接语）、一格式（使用范围和概括程度不等的固定框架）等的意义和用法，[①] 这些基于"语用法的语法"同样影响汉语作为第二语言的学习者的语言理解和表达。可见，教学对象不同，致使母语语法和对外汉语教学语法的教学目标、教学方式、语法的重要程度及教学范围等方面不同或不尽相同，因此，对外汉语教学语法体系的建立，不能径直照搬"协调、周到、简单、贴切"这四条标准。不仅如此，这些标准之间也是有矛盾的，"周到跟简单之间有矛盾，这是很明显的。协调和周到之间也有矛盾，事例越多，

---

① 李泉《体系内语法与体系外语法——兼谈大语法教学观》，《国际汉语教学研究》2015年第1期。

越容易出例外。出了例外就是破坏了协调"①。而贴切跟协调之间也有一定的矛盾，前者讲究体系要符合语言实际，后者讲究体系内部的一致性，而越是贴近语言事实，语言现象也就越复杂，也就越不容易做到体系内部的完全一致。

（三）对外汉语语法体系建构标准讨论

我们想明确并强调的是，不能照搬和简单地套用母语语法体系的建立标准，不等于不可以合理地借鉴和改造；"协调、周到、简单、贴切"这几条标准之间有矛盾，可以通过一定的处理方式来化解和减少矛盾，何况这几条标准也的确从不同角度规划了理想的教学语法体系应有的内涵，而矛盾不过是一个怎么协调、如何兼顾和照应的问题。进一步说，母语语法和对外汉语语法用之于教学和服务于教学的共性，也让我们有理由结合对外汉语教学的实际，合理地借鉴前辈语言学家关于母语教学语法体系理想标准的共识性意见。

其一，"协调"作为对理想的母语语法体系的要求是合适的，因为母语教学语法以知识教学为主，以语法分析为主要教学方式，以知其所以然为主要目的，所以更加强调语法体系的"协调"（内部要一致，不自相矛盾）。对外汉语教学语法则不以知识教学为主，虽也有一定的分析，但更强调是"组装的语法"，是"讲条件的语法"，② 语法教学重在组合教学和用法说明，而不在于理论描述和分析，因此，不应把"协调"作为体系建立的核心标准，

---

① 吕叔湘《协调、周到、简单、贴切——理想的语法体系的几个条件》，载《教学语法论集——全国语法和语法教学讨论会论文汇编》，人民教育出版社，1982年。

② 赵金铭《教外国人汉语语法的一些原则问题》，《语言教学与研究》1994年第2期。

何况即使是母语语法体系也难以做到完全和谐。不过，对外汉语教学语法体系也要讲究内部和谐，因此可以考虑把"协调"作为体系建立的辅助标准。

其二，"周到"即语法体系要全面、详尽，否则，语法体系过于简略，其功用就会受到限制。一种语言的"语法事实是无穷无尽的"[①]，学习一种语言如果只学习基本的语法是不能解决所有问题的，是无法全面提高语言能力的。换言之，"周到"总体上符合对外汉语教学语法及其体系建构的宗旨，符合学习者全面提高语言能力的需要，可以确立为体系建立的核心标准。不过，用"详尽"来表达相关的含义可能比"周到"更准确、更直接，所指的对象更清晰、更明确。

其三，"简单"指在对同一语言事实进行的不同而可行的阐释中，应该选取最为简明易懂的说法。比如，《马氏文通》和《新著国语文法》中表示句子成分的术语均有两套，前者一个叫"词"（起词、止词、语词、转词等），另一个叫"次"（主次、宾次、偏次、同次等）；后者一套叫主语、谓语、宾语、补足语、附加语等，另一套叫主位、宾位、副位、补位、领位、同位等。现行的说法只有一套：主语、谓语、宾语、补语、定语、状语，"这就比较简单了"[②]。又如，没有必要把"动宾结构"说成"述宾结构"，把"定名结构"说成"定心结构"，因为"我们应该承认，名词就是可以带定语，动词就是可以带宾语"，所以"干脆用动宾、

---

① 吕叔湘《协调、周到、简单、贴切——理想的语法体系的几个条件》，载《教学语法论集——全国语法和语法教学讨论会论文汇编》，人民教育出版社，1982年。

② 同①。

定名这样的叫法,也就比较简单"①。按照吕叔湘先生对"简单"的阐释及相关例证来看,"简单"应该成为建立理想的对外汉语教学语法体系的一个标准。不过,由于此所谓"简单"主要指对语言现象的阐释和对语言成分的表述,比语言结构方式和结构规则本身的重要程度要低一些,因此可以考虑作为对外汉语教学语法体系建立的辅助标准。

其四,"贴切"这里指所建立的语法体系要符合这种语言的实际,不能好看不好用;语言结构方式的概括和分析阐释要切合语言实际。不过,将"贴切"的这一含义概括为"实用"更为直接和恰当,更符合对外汉语语法教学的特点。这是因为"贴切"着眼于语法体系与语法事实相符,"实用"着眼于语法体系与学习者的需求相符。第二语言学习者学语法根本上是为了学语言这一实用性需求,要求对外汉语教学语法体系应该对学习者的汉语学习有切实的帮助,学了有用、管用,而这样的要求本身就意味着所涉及的语法现象、语法事实、所建立的语法体系及相关的分析和阐释,作为前提首先必须符合汉语的实际。故此,我们将"实用"确立为对外汉语教学语法体系建立的一个核心标准。

(四)建立对外汉语教学语法体系的标准

1. 两类标准、四项指标。

根据以上讨论,这里将对外汉语教学语法体系建立的标准确立为两类,核心标准:详尽、实用;辅助标准:协调、简单。这一标准系统与母语教学语法体系的标准的异同、两类标准之间的

---

① 吕叔湘《协调、周到、简单、贴切——理想的语法体系的几个条件》,载《教学语法论集——全国语法和语法教学讨论会论文汇编》,人民教育出版社,1982年。

地位关系、四项指标的使用策略如下：

（1）对外汉语教学语法体系的两类标准及四项指标，跟母语教学语法体系的标准既有联系又有区别。联系和区别既分别体现在内涵和名称上，也分别体现在相关指标的地位和作用上。既同属于教学语法，其体系构成的标准就必然有着相同、相近之处；而对外和对内使用对象和教学目标的不同，又使得它们的建构标准必然有相异、相别之处。

（2）核心标准是主要的指标、一级指标，是涉及汉语语法事实全局和体系构成框架的标准。其中，"详尽"是首选标准、第一标准，即在语法体系的建构过程中首先应考虑的是全面和详尽的问题。"实用"是次选标准、第二标准，即在语法事实"详尽"的基础上，用"实用"与否这一标准来进一步衡量和取舍。大致说来，"详尽"涉及的是对外汉语教学语法体系的外延，"实用"针对的是体系的内涵，也即这两项一级指标基本上规定了体系面貌和品质的特色。

（3）辅助标准是相对次要的指标、二级指标，是涉及语法体系内容安排和语言事实阐释方式的标准。其中，"协调"是第三使用标准，是在"实用"的基础上，考虑体系内容和结构的安排、理论基础的选择、具体观点的取舍以及内容的诠释等是否和谐，并尽量化解和减少相互龃龉之处。"简单"是第四使用标准，是在体系协调的基础上，尽可能地选取更加合理和简捷、更加方便和易懂的术语体系和诠释方式。① 大致说来，这两项二级指标都是针对体系的内涵而言的，意在进一步保证体系的合理与适用。

---

① 实际上，"简单"这一标准更多地体现在教材和课堂教学中对具体语言现象和语法事实的说明。

（4）如果上述核心标准与辅助标准的区分，以及"详尽→实用→协调→简单"的使用策略基本可行，那么可以看到，建立对外汉语教学语法体系的这两类标准、四项指标，其各自的地位不同、作用不同、使用程序不同，比之于母语语法体系的四项指标平起平坐、不分主次和先后，更加便于化解和减少标准之间的矛盾，而四项指标的管辖范围不同、针对的问题不同，也更加便于体系建构过程中操作上的程序化。

2. 标准的认知与实施。

需要说明的是，核心标准中的"详尽"，相对而言是客观性的标准，因为针对的是语法事实、语法结构和语言成分的组合规则，毕竟有章可循、有"物"可见。当然，何谓"详尽"也还会有争议，某一具体语言现象或概括范围有限的格式等算还是不算？收还是不收？仍会见仁见智。核心标准中的"实用"，也有一定的客观性依据，那就是学习者的视角和教师的教学经验，即相关的语法事实对学习者汉语学习是否以及多大程度上有用和管用。显然，这条标准在具体运用中也会遇到何谓有用和管用，哪个更有用、更管用的问题。辅助标准中的"协调"和"简单"，虽然在明显的事例上不难确定，但在可左可右的事例上就会看法不一。

进一步说，建立一个教学语法体系，没有标准、盲目行事，肯定不合适。但是，标准的选择和确立并非易事，而标准的使用同样会遇到困难，比如，"详尽"虽然所指对象明确，但执行起来也会遇到麻烦，细到什么程度才算"详尽"？何况完全的"详尽"是做不到的，也是没有必要的。这表明，我们不能不首先明确理想的对外汉语教学语法体系的标准，但是对所确立的标准也不必过于执着和绝对化，否则，一个完美的体系可能永远不会出现。

标准的确立和使用都有人为的因素，相关事物本身也有可左可右的现象。因此，标准的选择只能是尽量客观化，标准的运用只能是尽量程序化。即便如此，体系的最终构建也只能是标准之间相互妥协的结果，不过，程序化的标准使用策略可以在一定程度上减少需要妥协的内容。

三 对外汉语教学语法体系的特点

（一）语法体系特点概说

讨论包括对外汉语教学在内的教学语法及其体系的特点，意在进一步明确教学语法的内涵、面貌、属性和要求，以加深对这类语法及其体系的认识。对此，人们从不同角度做了许多有益的探讨，如教学语法与理论语法的关系、教学语法的基本要求、语法点的类型、教学语法的阶段性及侧重点、教学语法的范围、教学语法体系的发展和存在的问题，[①]但是，就对外汉语教学语法

[①] 王力《关于汉语语法体系问题》，载《教学语法论集——全国语法和语法教学讨论会论文汇编》，人民教育出版社，1982年；吕叔湘《协调、周到、简单、贴切——理想的语法体系的几个条件》，载《教学语法论集——全国语法和语法教学讨论会论文汇编》，人民教育出版社，1982年；张志公《关于建立新的教学语法体系的问题》，载《教学语法论集——全国语法和语法教学讨论会论文汇编》，人民教育出版社，1982年；赵金铭《教外国人汉语语法的一些原则问题》，《语言教学与研究》1994年第2期；赵金铭《对外汉语语法教学的三个阶段及其教学主旨》，《世界汉语教学》1996年第3期；赵金铭《对外汉语教学语法与语法教学》，《语言文字应用》2002年第1期；国家汉办教学处编《对外汉语教学语法探索——首届国际对外汉语教学语法研讨会论文集》，中国社会科学出版社，2003年；李泉《对外汉语教学语法研究述评》，《世界汉语教学》2006年第2期；李泉《对外汉语语法教学研究综观》，《语言文字应用》2007年第4期；孙德金《传统语法：对外汉语教学语法的基础——黎锦熙先生诞辰120周年纪念》，《语言教学与研究》2011年第6期。

体系来讲还有许多问题需要探讨。比如，孙德金（2012）[①]就敏锐地观察到，近二三十年来，"对外汉语教学语法体系在语言理论研究流派纷呈的背景下就成为很容易受到影响的领域"，现状是"教学语法体系的面目渐趋模糊化"，表现为"语法和词汇的界限模糊化了""教学语法体系的理论基础模糊化了""术语不统一"等。这无疑是很值得思考的：为什么会这样？这是一种合理的发展，还是一种错误的倾向？可见，包括这些问题在内的有关对外汉语教学语法体系的问题仍有广阔的讨论空间。

就对外汉语教学语法体系的特点来说，按照我们的理解似乎还应该包括：内容取向详尽化，理论基础多元化，建构方式多样化，发展方向国别化，体系研究长期化。限于篇幅，下面只探讨前两项。

（二）内容取向详尽化

语法体系的内容详尽化，是由对外汉语教学的性质和目标决定的。内容详尽是理想教学语法体系的核心标准。第二语言学习者要通过语法学语言，因此，"所有的本族人认为没有问题而以汉语为外语的学习者感觉困难的问题，则是对外汉语教学语法不可避免的"[②]。实际上，不仅是语法现象、语法事实应该详尽化，体系构建过程中语法观念、语法内涵、语法要素、语法理论也应进行必要的拓展。也许正是基于这样一种现实和理论建设上的需要，不少人提出了语法体系详尽化的意见和建议。例如，我们建

[①] 孙德金《对外汉语教学语法体系的历史和现状》，《玉溪师范学院学报》2012年第5期。

[②] 金立鑫《漫谈理论语法、教学语法和语言教学中语法规则的表述方法》，载国家汉办教学处编《对外汉语教学语法探索——首届国际对外汉语教学语法研讨会论文集》，中国社会科学出版社，2003年。

第二节 对外汉语教学语法体系建构的目的、标准和特点

议应该树立大语法观,既研究和教授体系性的语法,也研究和教授非体系性的语法。既研究体系性语法的构成、分级和排序等相关问题,也研究非体系性语法的范围和具体内容。[①] 又如,吕文华在其《对外汉语教学语法讲义》[②] 中,第 1 讲就是"语素的教学",提出了语素教学的内容和教学设想,并强调"语素教学应当贯彻到整个教学的初级、中级、高级的各个阶段";第 12 讲是"语段(句群)的教学",介绍了语段教学的内容和分布。再如,不少学者主张将语篇语法纳入对外汉语教学语法体系中。屈承熹(2003)[③] 举过一个例子,可以说明某些语法现象只有从语篇语法的角度才能得到更好的诠释,或者说某些语法成分除了具有句法功能外,还有篇章组织功能。该例子是:"近年来随着中外文化交流事业的发展,北京烤鸭和全聚德店号也漂洋过海,传到国外,这就使更多人尝到了味香色美的北京烤鸭了。"屈承熹指出:全句只在"尝到"后加上"了",但本句表示过去发生的动词还有"漂(洋)""过(海)""传到",为什么这几个动词后面却不跟"了"呢?他解释说:在同一句话中,如果有一连串"子事件",而说话人想要表明它们其实是组成一个"总事件"的成分时,就只能在表示最高潮的(通常是最后一个)动词后面加一个"了"来标示"过去事件之发生"。换言之,"了"不但在句法上标识完成体,而且还具有一定的篇章组织功能,即把"结

---

① 李泉《体系内语法与体系外语法——兼谈大语法教学观》,《国际汉语教学研究》2015 年第 1 期。
② 吕文华《对外汉语教学语法讲义》,北京大学出版社,2014 年。
③ 屈承熹《功能篇章语法及其在对外汉语教学上的应用》,载国家汉办教学处编《对外汉语教学语法探索——首届国际对外汉语教学语法研讨会论文集》,中国社会科学出版社,2003 年。

构松散的小句,结合成紧凑的复句"。不仅如此,篇章语法还可以在信息结构、篇章结构、话题和话题链等方面,为对外汉语教学特别是中高级口语和书面语教学提供可资借鉴的理论和分析方法。[①] 再如,吴中伟(2004)[②] 以句法、语义、语用三个平面的语法观为指导,对与句法结构相关的语用成分"主题"在汉语句子中的各种表现进行了系统化的研究,广泛涉及与主题相关的主谓谓语句、倒装句(如"这本书我看过")等多种句式,其相关的分析说明在对外汉语教学中很有应用价值。

(三)理论基础多元化

跟理论语法(专家语法)体系、汉语母语教学语法体系乃至英语等作为外语的教学语法体系相比,对外汉语教学语法体系的理论基础应该是多元化的。多元化就是对相关而有用的语法理论和方法兼容并蓄,也即综合各家各派之长。"当然,综合不等于没有侧重点,没有基本倾向性,但是这究竟和要独尊一派、罢黜百家的态度很不相同。"[③]

其一,如果承认对外汉语教学语法及其体系以教语言为根本目的,那么,就预示着对外汉语教学语法体系的理论基础应该是多元化的,即只要有利于汉语现象的理解和语法事实的诠释、有利于学习者语言能力和语言运用能力的培养和提高,对相关的理论都应该采取拿来主义的态度。换言之,任何一种语言理论、语法理论都会有其合理的、有价值的部分,这些"部分"至少在理

---

① 方梅《篇章语法与汉语研究》,载刘丹青主编《语言学前沿与汉语研究》,上海教育出版社,2005年;屈承熹《汉语篇章语法》,潘文国等译,北京语言大学出版社,2006年。
② 吴中伟《现代汉语句子的主题研究》,北京大学出版社,2004年。
③ 胡明扬《语法和语法体系》,人民教育出版社,1990年。

第二节 对外汉语教学语法体系建构的目的、标准和特点

论上说都可以成为教学语法体系的理论基础。而对外汉语语法教学的根本目的决定了其体系的建立应该"不拒有用者",走多元理论融合之路。相反,只采取一种理论作为对外汉语教学语法的理论基础,其语法体系在形式上也许很"漂亮",在某些方面的内部一致性也会很不错(当然也不一定),但是,这样的语法体系在教学中的作用也会相当有限,因为没有一种语法理论和方法可以包打天下,可以解释所有的语言现象。

其二,理论基础多元化是教学语法应有的特点和属性,是其跟理论语法讲究体系内部一致性和分析方法一贯性的重要区别。因此,理论上说,西方的传统语法、中国化的传统语法、结构主义语法、三个平面语法、格语法、认知语法、功能语法、篇章语法,等等,都可以成为对外汉语教学语法体系建立的理论基础。而对外汉语教学语法体系的建立和完善也的确需要与时俱进,现代语言学的一些理论和方法,如认知语法、功能语法和篇章语法等,不仅为汉语语法研究带来了活力,取得了不少可喜的成果,也为对外汉语语法研究和应用展示了广阔的前景,其中对一些语言现象的揭示和解释很有说服力,也完全可以通过适当的方式运用到对外汉语教学实践中。[①] 当然,如何在体系建立过程中合理地吸收相关的理论和方法,如何在具体教学实践中借鉴和运用这些理论和方法来说明语言现象及其规律,还需要研究和探讨,但这无疑是值得的。

其三,前人对对外汉语教学语法理论基础的多元性也有过相

[①] 沈家煊《认知语言学与汉语研究》,载刘丹青主编《语言学前沿与汉语研究》,上海教育出版社,2005年;张伯江《功能语法与汉语研究》,载刘丹青主编《语言学前沿与汉语研究》,上海教育出版社,2005年;方梅《篇章语法与汉语研究》,载刘丹青主编《语言学前沿与汉语研究》,上海教育出版社,2005年。

关的论述。例如，崔希亮（2003）[①]指出，"理论语法可以为教学语法提供方法论意义上的解释模型，但是教学语法在体系上不一定要依附于某一种理论语法体系"。"开放的教学语法体系可以博采众家之长，充分体现出它的实用主义取向。"金立鑫（2003）[②]说得更加明确："对外汉语教学中的语法恰恰体现了不同理论之间的'兼容'性，完全采取实用主义的态度。在对外汉语教学中，对 A 现象可以用结构主义的方法来解释，而对 B 现象却可以用功能主义的或者认知语言学的方法来解释，并不讲究解释方法的一致性。"齐沪扬（2010）[③]总结说，"以下的认识为学术界所接受：理论语法是教学语法的来源与依据；教学语法的体系可以灵活变通，以便于教学为准；教学语法在不断吸收各种语法研究成果中迈步发展，并不断完善"。张旺熹（2010）[④]详细论述了理论语法对对外汉语教学语法研究的指导意义，展示了认知语法背景下的汉语研究成果及其教学应用示例，并认为"认知语法研究在对外汉语教学中是有它突出的价值的"。

其四，既有的汉语教学语法体系大都是不同语法理论综合的结果，换言之，现有的汉语母语语法和对外汉语教学语法体系都

[①] 崔希亮《试论教学语法的基础兼及与理论语法的关系》，载国家汉办教学处编《对外汉语教学语法探索——首届国际对外汉语教学语法研讨会论文集》，中国社会科学出版社，2003 年。

[②] 金立鑫《漫谈理论语法、教学语法和语言教学中语法规则的表述方法》，载国家汉办教学处编《对外汉语教学语法探索——首届国际对外汉语教学语法研讨会论文集》，中国社会科学出版社，2003 年。

[③] 齐沪扬《作为第二语言的汉语语法研究面临的问题》，载《对外汉语研究》第六期，商务印书馆，2010 年。

[④] 张旺熹《对外汉语教学语法研究概说——课题与路向》，载《对外汉语研究》第六期，商务印书馆，2010 年。

是多元化理论及其分析方法的产物。这种状况是好是坏,是必然的趋势还是不得已的做法?可以研究和实证,但客观事实就是多元和综合。例如:胡明扬(1990)[1]指出,1956年颁布的《暂拟汉语教学语法系统》,在拟订的过程中除了综合各家各派(黎锦熙、王力、吕叔湘等)的语法以外,"国内第一部反映结构主义语法影响的重要著作"《现代汉语语法讲话》"也有重大影响"。"另外,在当时的历史条件下,苏联汉学家的汉语语法著作是不能不参考的,而俄语语法的威望也几乎是'绝对'的。"1984年发表的《中学教学语法系统提要(试用)》"仍然是一个综合系统或者说是一个折中方案。不过《系统提要》可以说是一个以结构主义语法体系为基础,同时采纳了传统语法和习惯语法成果的综合系统"。又如,鲁健骥(1993)[2]考察了《汉语教科书》中的语法体系,发现该体系中的词类划分、句子分类、句子成分、时间和情貌、几种动词谓语句、表达等语法项目,跟《暂拟汉语教学语法系统》、丁声树等《现代汉语语法讲话》、王力《中国语法理论》、赵元任《国语入门》、吕叔湘《中国文法要略》等均有密切联系,或"大体相同",或受了"较大影响",或是其"重要参考",或吸收了"某某的说法",或受到"许多启示"等,并指出"对《汉语教科书》影响最为直接的应推赵元任《国语入门》,这是因为它也是一本教外国人(美国人)说汉语的教材"。《汉语教科书》中的语法体系被公认为是对外汉语教学语法体系形成的标志,并且其基本框架和基本内容延续至今。换言之,现有的对外汉语教

---

[1] 胡明扬《语法和语法体系》,人民教育出版社,1990年。
[2] 鲁健骥《汉语语法研究与对外汉语教学语法体系》,载《中国语文研究四十年纪念文集》,北京语言学院出版社,1993年。

学语法体系是多种语法理论共同影响的结果。

四 结语与余言

　　本节认为，对外汉语教学语法体系的研究具有重要的理论和实践价值，可以有效地推动对外汉语教学语法、语法教学的研究以及教学语法体系的建设。对外汉语教学语法体系建构的根本目的是为了更全面、更系统、高质量、高效益地教语言。体系建立的目的，事关大局，影响深远，是对外汉语教学语法及其体系研究的一个前提性、关键性和根本性问题。明确并很好地把握教语法是为了教语言，根本上不是为了语法分析；语法体系是为了全面系统和高质高效地教语言，根本上不是为了系统本身结构的科学性和分析方法的一致性，不仅有助于体系的建设，也有助于减少相关的分歧。对外汉语教学语法体系建立的标准包括：核心标准（一级指标）——详尽、实用；辅助标准（二级指标）——协调、简单。四项指标的应用顺序是：详尽→实用→协调→简单。两类标准的地位、作用和针对的内容不同，四项指标的运用程序不同，这在一定程度上可以避免和减少因地位不明确和管辖内容不明确而带来的标准之间的矛盾。

　　讨论对外汉语教学语法体系的特点，意在从这一角度进一步探讨教学语法体系的属性和建构策略。我们认为，对外汉语教学语法体系的特点或属性应该包括：内容取向详尽化、理论基础多元化、建构方式多样化、发展方向国别化、体系研究长期化。篇幅所限，这里只简要讨论了其中的前两项。后三项其实也没有太多的道理可讲。"建构方式多样化"在一定程度上可以说"已经是这样了",因为人们已然提出了不少修订现有语法体系和新建语法体系的思路和构想,①而且还可以进一步提出各种新的建构方式和构想,可谓条条大路通罗马。"发展方向国别化"也不难理解,汉语国际化也应该包括汉语作为外语教学语法体系国别化这一内涵,即结合本国实际,在汉语与本国语言比较的基础上,可以建立起更有针对性和实用性的国别(语别)化的教学语法体系。"体系研究长期化"是因为我们对汉语语法事实的挖掘和研究还远远不够,而且语法体系本身就是包含各种适用对象和具体目标、多种语别、多种用途、多种类型的一个系统,更重要的是我们对体系本身的一些问题也还需要不断探讨,可以说语法体系的研究和建设是一个长期过程,但这不影响根据需要和现有的研究水平,推出大家比较认可的语法体系。

最后想强调的是,语法体系固然重要,但汉语语法事实及其规律的研究更为重要,在很大程度上说这才是根本。王力(1982)[2]就说过,"我们今天写的语法教学书,还没有能够比较全面地说明语法的规则,有的没有说到。只在语法体系上争,我看是不妥当的"。"某种语法现象你叫它什么名称这是次要的,重要的是各个词在什么情况下适用,在什么情况下不适用。"母语教学语法尚且如此,对外汉语教学语法更应基于外国人汉语学习的特点和需要,来广泛和深入地研究语法事实,并且更应关注用法的研究和教学,也只有这样,语法体系才能建设得很好。

---

① 李泉、金允贞《对外汉语教学语法体系研究纵览》,《海外华文教育》2008年第4期。

② 王力《关于汉语语法体系问题》,载《教学语法论集——全国语法和语法教学讨论会论文汇编》,人民教育出版社,1982年。

第三节　对外汉语教学中的形式与意义[①]

汉语作为第二语言的教学（包括对外和对内的汉语教学），不管主张哪种教学法（听说法、直接法还是交际法），都离不开语法。[②] 语法对于第二语言（或称外语教学）的教和学都是至关重要的，正如对外汉语教学界前辈学者王还先生曾说过的那样，"对外汉语教学离开语法是不可想象的"[③]。

语法对于第二语言教学如此重要，一些重要的理论和实践问题需要很好地进行讨论，比如究竟该如何处理理论语法和教学语法的关系，教学语法系统的构建或改造究竟该以哪种语法理论作为基础，[④] 等等。过去的二十几年间，有关的理论探讨有一些，也曾召开过专题性的学术讨论会，但笔者认为一些非常重要的问题尚未触及，或者虽触及但没有深入地讨论。本节要讨论的问题是，汉语作为第二语言的语法教学中，究竟该如何处理好语法形式和语法意义二者间的关系。这个问题的提出主要基于笔者在对外汉语教学实践中所发现的一些问题，这些问题看似具体，实则关涉全局，需要在理论上加以深入认识。这里提出来，就教于方家，以期引起重视。

---

① 本节摘自孙德金《对外汉语语法教学中的形式与意义》，《语言教学与研究》2007 年第 5 期。
② 交际法的倡导者存在着理论和实践不统一的问题，理论上反对语法的教学，但实践上又离不开语法，特别是在基础阶段更是无法离开语法。
③ 王还《门外偶得集》（增订本），北京语言学院出版社，1994 年。
④ 孙德金《汉语作为第二语言教学中的语法体系问题》，载《双语学研究——首届国际双语学研讨会论文集》，《民族教育研究》2000 年增刊。

一 对外汉语语法教学的根本任务

如果不考虑特殊的教育类型（我国对内的少数民族汉语教学），第二语言教学一般即看作外语教学。而在外语教学中，特别是有了一定的语音基础后，通常即进入语法为主、句子层面的语言教学阶段，国内的对外汉语教学界往往称这个阶段为"语法阶段"，这个阶段大约在半年左右。接下去是所谓的"短文阶段"，这个阶段语法仍然是教学的重要内容。这表明，语法在第二语言教学和学习的基础阶段占据着非常重要的位置。语法在第二语言教学和学习过程中为什么如此重要？它承担的根本任务是什么？

第二语言教学的对象一般都是已经掌握了母语的人，即便是青少年，母语也已基本获得。在此基础上学习第二语言，在途径、规律、特点和效率等方面就和婴幼儿时期的母语获得必然有很大的不同。要完全获得第二语言能力，尤其是要在有限的时间内获得第二语言能力，就必须借助有效的辅助手段，这个手段就应当是语法。第二语言学习者已经建立起母语的语言习惯和思维习惯，学习第二语言，就是要构建起新的语言和思维习惯。在这个构建过程中，语法起着非常关键的作用。第二语言学习者头脑中要表达的某个范畴的意义，要在第二语言中找到相应的表达形式；当他接触到第二语言的某种语言形式（如某种句式），也要知道这种形式表达了什么意义。这就涉及语法最本质的问题：语法形式和语法意义的关系。二者既是语法及语法研究的核心问题，也是第二语言语法教学的核心问题。无论是走从形式到意义的路子（可称"结构语法"），还是走从意义到形式的路子（可称"表达语法"），都需要做到形式和意义的有机结合，即一个语法形式要表达特定的语法意义，一个语法意义要有相应的语法形式去表达。语法意义的最根本的特征是和语法形式的结合。①

第二语言语法教学的根本任务，就是要帮助学习者在其要表达的范畴意义和所依托的语法形式间建立起联系。比如在汉语中要表达"存在"这样一种范畴意义，就需要依托以下的一些形式：

方位 / 处所 + 有 + 人 / 物

方位 / 处所 + 是 + 人 / 物

方位 / 处所 +V（了 / 着）+ 人 / 物

反过来，看到这样一些形式，也能知道这些形式表达的是"存在"这种范畴意义。只有这样，才能说二者是有机结合的，语法教学也才会是有效的和高效的。其实第二语言语法教学的每个环节，都是在处理这两者的关系中完成的。讲汉语"了"，要给出"了"的语法意义，不管你主张"完成"还是主张"实现"，或是其他，你总要给出一个意义；讲汉语"比较"范畴，就要给出"A 比 B+ 形容词"一类的形式。无论是较大的范畴还是其下位的次范畴，都要和一定的形式相对应。这样的教学内容才会在构建学习者语言能力中起作用。根据笔者的教学体会，凡是二者结合得好的，学习者就容易掌握，反之，就很难掌握。前者如"存现句"，大家一般都认为这是对外汉语教学中的一个难点。② 尽管这种句式在汉语中是一种特殊句式，但我们认为其习得难度并

---

① 胡明扬《语法形式和语法意义》，《中国语文》1958 年 3 月号。

② 如邓守信《把存现句列为高难度的语法点》，主要理由是作者认为存现句是汉语中的一种"非典型结构"，因此困难度高。邓守信《对外汉语语法点难易度的评定》，载国家汉办教学处编《对外汉语教学语法探索——首届国际对外汉语教学语法研讨会论文集》，中国社会科学出版社，2003 年。

不高。对于零起点的第二语言学习者，我们可以做到在半年内使其说（写）出一段描述一个环境的话来。例如，学生可以描述他的房间环境：

> 这是我的房间。房间不大，里边有两张床，左边是我的床，右边是同屋的床。中间还有一张桌子，桌子上放着一本词典和一个杯子。墙上挂着一张中国画。

一般来说，成段表达能力的训练是在对话式教学阶段后的任务，但实际上，在进行了存现句教学之后，尽管还处在句子层面教学阶段，学生已可以有上述的语言能力。这表明，只要做到了意义和形式的统一，又能和明确的交际任务相结合，某些看似特殊的句子类型，习得起来并非想象的那么难。从第二语言习得角度看，学习者的二语习得有其特殊的机制，并不因为某种语法形式在目的语中是特殊的就难于获得。至于到底是什么样的习得机制在起作用，还需要研究。后者如"了"。这是对外汉语教学中的一个很重要的语法点，因为时体范畴的表达在任何语言中都是最基本的，大家也都认为是一个难度很大的语法难点。事实上也确实如此。根据孙德金（2000）[1]，完成体标记"了"在外国学生一至四年汉语学习的全过程里，[2]错误率一直较高，说明这个体标记并不因为学习者整体水平的提高而逐渐习得，是一个很难习得的语法项目。通过和另一个体标记"着"的比较，该文认为关键是"着"的语法规则清楚，因而容易习得，而"了"语法规则模糊，因而难习得。其实最根本的还是形式和意义是否统一。

---

[1] 孙德金《外国学生汉语体标记"了""着""过"习得情况考察》，《汉语学报》2000年第二卷。

[2] 在该研究中表述为八个学时等级，每个学时等级为一个学期。

"着"表达动作的进行和状态的持续,和相应的语法形式有很好的对应关系。因此,基本上在二年级(第三到第四个学时等级)时学习者就掌握了这个语法项目。而"了"虽然表达的是"完成"的体意义,但这个体意义并非只靠"了"来表达,很多时候不用"了",或用其他形式,其现和隐的规律不很清晰。"了"的研究文章有数百篇之多,但至今仍不能说已经找到了形式和意义的对应关系,甚至连"了"到底表达什么语法意义还存有较大争论。在这种情况下,语法教学自然很难帮助第二语言学习者很好地掌握这个语法项目。上述两个例子足以说明,对外汉语语法教学中最为关键的就是要把每一个语法项目的形式和意义统一起来,否则教学就会是无效的或低效的。

语法研究和语法教学都要努力做到形式和意义的紧密结合,这恐怕没人反对,因为这是一种基本的理论原则。然而,认识是一回事,实践又是另一回事,要真正做到其实不易。胡明扬(1991)[①]在谈到他一直想"寻找一条研究现代汉语语法的新路子"时曾说,"其实我心中的新路子对谁来说都一点儿也不新,那就是我一贯主张的形式和意义密切结合的路子。问题是说起来容易做起来难,一做,不是偏重意义忘了形式,就是偏重形式忘了意义,要真正结合好太不容易了。"正因为难,在汉语语法的理论研究和应用研究中存在一些问题也就毫不奇怪了。本节关注的正是汉语语法应用研究中(对外汉语语法教学研究)涉及形式和意义的重要问题。

---

① 胡明扬《语言学论文选》"自序",中国人民大学出版社,1991年。

二 汉语作为第二语言教学语法体系的现状

　　汉语作为第二语言教学（此处特指对外汉语教学）语法体系的构建要从 1958 年的《汉语教科书》算起，至今已有近 50 年的历史。这个体系是在赵元任先生的汉语教材《国语入门》的基础上，融合了《暂拟汉语教学语法系统》（简称《暂拟系统》）、《现代汉语语法讲话》等语法研究成果，总结了对外汉语教学经验，创造性地构建起来的，具有鲜明的第二语言教学语法的特征。比如在体现教学性方面，对学术界争论不休的"台上坐着主席团"一类句子，不做定性式的分析，而是用了具体描述该类句子语法意义的做法，① 既突出了该类句子的特殊性，又回避了理论分析的难题。其他如补语系统的搭建，对定语、状语的强调，单列表达法，等等，都有很强的针对性，是面向对外汉语教学的实际需要的。总体上看，该体系由于较好地处理了理论语法和教学语法的关系，突出了对外汉语教学的特殊性、针对性，因此确立以后，几十年来一直大体上保持着最初的框架，在对外汉语教学中发挥了重要的作用。

　　近些年来，出现了一些对源自《汉语教科书》的对外汉语教学语法体系的批评，改革甚至是重建汉语作为第二语言教学语法体系的呼声也不少，孙德金（2000）② 分析了这种现象的原因。我们注意到，伴随着改革原有体系的呼声，加之语法理论界的研究人员和研究成果对对外汉语教学的影响越来越大，对外汉语语法

---

① 具体表述是"表示存在、出现或消失的动词谓语句"。
② 孙德金《汉语作为第二语言教学中的语法体系问题》，载《双语学研究——首届国际双语学研讨会论文集》，《民族教育研究》2000 年增刊。

教学的面貌在渐渐地改变。一些未经充分研究和实践证明的观点和内容悄悄进入了课本中、课堂上。到底这种状况有多普遍，我们不敢妄断，但肯定是存在的。以北京语言大学出版社近年出版的对外汉语本科系列教材中的一年级综合课教材《汉语教程》为例，主谓谓语句分成两类，一是典型的（如"你身体好吗？"），出现在第16课，二是受事居于句首的（如"昨天的讲座你去听了吗？"），出现在第44课。第二种类型涉及的重大理论问题，即汉语中的主宾语如何定义的问题，尽管不是近些年才有的，但由于占据主流地位的语法流派无论是对汉语语法的理论研究还是应用研究都有很大影响，这个争论多年的问题似乎已经有了定论，并在最新出版的教材中固化下来。但这并不是一个不容商榷的问题，而是一个必须很好地讨论的问题。我们提出这个问题，不是基于语法理论本身，不是为理论而理论，而是基于语法理论应用，是要解决教学问题。理论语法和教学语法尽管有本质的不同，但毕竟有着密切的联系。有关问题下文再讨论。再如所谓"名词重叠"，《汉语教程》里作为一个语法点出现在第51课。这也是一个值得讨论的问题。最初的《汉语教科书》没有这个语法点，何时开始出现在对外汉语教材中？笔者暂未考证。可以肯定地讲，这样处理弊大于利。原因很简单，教材中列出的"天天""家家""人人"等，几个所谓的名词都带有明显的量词的属性，充其量是"准名词"，而真正的名词，如"书""灯""天（天空）"，不可能重叠。作为一个单独的语法点在教材的"语法"部分重点讲练，会造成误导，会加重第二语言学习者常常出现的目的语规则泛化问题。因此合理的办法是，要么放在"量词重叠"里，要么以注释方式淡化处理。类似的情况在目前的对外汉语语法教学中还有很多。

第三节 对外汉语教学中的形式与意义

现有体系在形式和意义方面存在着一个一般不被人关注的问题，各个语法项目（特别是句子类型）的命名角度和方式没有一定之规。当然这不是对外汉语语法教学本身的问题，而是源自汉语语法理论界。有的语法项目是按语法意义命名的，比如"存现句""比较句"等；更多的是按照语法形式命名的，比如"主谓谓语句""兼语句""连动句"等；有的则按标记词命名，如"'把'字句""'得'字补语句""'的'字结构"等。这种状况的存在应该说是一种无奈之举。从理论的完美性角度看肯定是不完美的。理想的体系应该是各个语法项目都按照一个角度、一个标准命名。最早《汉语教科书》不用"把"字句，而是用了王力先生最早使用的"处置式"，① 前者按标记词，后者按语法意义；再比如，是叫"被动句"还是叫"被"字句，各个教材不太一样。再看几种对外汉语教材对补语系统的分类，角度也不同：

《汉语教科书》	《基础汉语》②	《汉语课本》③
结果补语	结果补语	结果补语
趋向补语	趋向补语	趋向补语
程度补语	程度补语	情态补语
可能补语	可能补语	结果补语和趋向补语的可能式
其他补语	时间补语	时量补语
a. 时量补语		动量补语

---

① 王力《中国现代语法》，商务印书馆，1985年。
② 该教材分上下册，王还、赵淑华等编写，上册朱德熙先生审订，下册吕叔湘先生审订，1972年出版。
③ 该教材1977年出版，是一部值得关注的探索性教材，尽管使用的时间很短。

b. 动量补语　　　　　　　　程度补语
c. "极了"做补语　　　　　　介宾结构做补语
d. 比较句中的数量补语

《汉语教科书》大类中前三种是按照意义命名的，"其他补语"则是一个杂类，其中包含的小类又是按照不同角度命名的，a、b、d是按意义，c则只是描述。这样处理显然是有缺陷的。如按照语法意义，c类当然应当归入程度补语，而不是放在其他补语中。《基础汉语》是严格按照语法意义归类和命名的。《汉语课本》总体上是按照语法意义归类和命名的，但最后一类还是采取了形式描写的办法，这种处理办法一直沿用到现在。对于"把书放在桌子上"一类句子，有两种分析：一是"放在"做谓语动词，"桌子上"是宾语；二是"放"做谓语动词，"在桌子上"是补语。对外汉语教学界主要持后一种观点，存在的问题是，只做形式描写，不说明补语表达什么语法意义。其实，介宾结构处在谓语动词后，从句子所表达事件的时间结构看，带上了终结（或结果）意义，和典型的结果补语结构的句法表现是一样的。例如：

把衣服洗干净了　　　　　把书放在桌子上
洗衣服　　　　　　　　　放书
衣服干净了　　　　　　　书在桌子上

很显然，都是双表述结构。因此，完全可以按照统一的标准把介宾结构做补语这一类归到结果补语中，不必单列一类。[①]

从实用的角度看，其实命名角度不一致也无大碍，但关键的

---

① 孙德金《汉语语法教程》（北京语言大学出版社，2002年），就是这样处理的。

一点仍然是要做到形式和意义的统一。可以从形式角度命名,但要联系一定的语法意义;也可以从意义角度命名,仍要落实到一定的语法形式上。这个基本的要求,事实上在目前的汉语作为第二语言教学语法体系中并没有很好地实现,存在着过于注重形式的问题。

三 以主谓谓语句为例的讨论

主谓谓语句是主谓词组充当谓语的句子。这种句式表示的语言现象最早是陈承泽(1922)[①]在《国文法草创》一书中提出来的,认为汉语"得以句为说明语",指的是"他性格好"一类语言现象,其观察应该说是很敏锐的,揭示了汉语中一种特有的语法现象。最早使用"主谓谓语句"这个说法的应该是《现代汉语语法讲话》,该书列出了三种类型的主谓谓语句,一是典型的,二是主语是受事的(如"书我看了"),三是主语有周遍性的(如"什么我都看"),并讨论了后两种类型分析成倒装句的困难。这显然和当时进行的汉语主宾语问题大讨论有直接的关系。争论的焦点是究竟是从形式上定义主语还是从意义关系(施受关系)上定义主语。持前一种意见的就把"这本书我看了"看作主谓谓语句,持后一种意见的则看成宾语前置的倒装句。

前文说过,这是汉语语法中的一个重大理论问题,有学者甚至认为这属于"元理论"性质的问题。[②]正因为这样,到今天这

[①] 陈承泽《国文法草创》,商务印书馆,1922年。
[②] 杨成凯《汉语语法理论研究》,辽宁教育出版社,1996年。该书对此问题有较深入的讨论。

仍然是一个悬而未决的问题。一些学者试图用话题（或称主题）化来处理这个难题，但因为话题毕竟是个语用层面的概念，还是无法解决如何定义主语的问题。这个问题不解决，主谓谓语句的定义和范围就无法确定。从20世纪50年代主宾语问题大讨论至今，主谓谓语句的范围问题一直有争议。① 由于结构主义语法理论进入中国后影响越来越大，其重视形式的语法观念深刻地影响了整个汉语语法研究。如果说《暂拟系统》（1956年）还有一些传统语法的色彩的话，到了1981年后的《中学教学语法系统提要》②（简称《提要》），传统语法的东西基本就完全消失了，结构主义语法的色彩变得非常强。比如取消前置宾语的说法，一部分归入主谓谓语句；比如不再提动词、形容词的名物化；比如强化短语在汉语语法中的地位和作用，等等。《提要》的推行，强化了对外汉语教学语法体系中原本就有的一些重形式轻意义的倾向，体现比较明显的就是主谓谓语句范围的扩大。在《现代汉语语法讲话》还是待讨论的两个类型的主谓谓语句，到了《提要》中就成了定论，对外汉语教学界也就采用了。今天看来，这样处理值得商榷。暂且不谈扩大主谓谓语句的范围对母语的语法教学有什么影响，站在第二语言语法教学的立场上来看，这种重视形式，忽视句内成分间句法语义关系的做法肯定不符合语法教学目的的要求。前面说过，对外汉语语法教学的根本任务是通过对形

---

① 孙德金《现代汉语主谓谓语句的范围问题》，载《语言论集》第四辑，中央民族大学出版社，1999年。

② 1981年7月在哈尔滨召开了"全国语法和语法教学讨论会"，主要是修订《暂拟系统》。这次会议实际上带有分水岭性质，它对我国现代汉语语法研究和语法教学产生的影响巨大。站在教学语法（无论是母语的还是第二语言的）的角度，今天应当重新认识这次会议的成果。

式和意义紧密结合的若干语法规律的教学,帮助学习者尽快地获得语言技能。如果只是把主谓谓语句定义为"句首有两个(或两个以上)名词性成分的句子,第一个名词性成分是大主语,第二个名词性成分是小主语,整个句子是主谓谓语句",那么除了给句子贴上了一个标签外,对二语学习者还有什么意义呢?我们看一下前文说的《汉语教程》第44课对受事居于句首的"主谓谓语句"的描述:

> 用一个主谓词组对某一对象(句子的主语)加以说明或描写的句子也是一种主谓谓语句。句子的结构形式是:名词1+名词2+动词
> 例如:昨天的讲座你听了吗?
> 　　　我的护照你找到了没有?

这样的描述能够帮助外国学生掌握什么?给出的结构形式并不能显示各成分间的语义关系,仅仅是词类的序列而已。也许是编者觉得该说点儿有用的东西,加了一句说明:

> 句子的名词1常常是动词的宾语。

这应该说没有错,但偏偏编者还要给这类句子贴上"主谓谓语句"的标签,这样麻烦就大了。前面已经说"某一对象"(即名词1)是"句子的主语"了,怎么这里又说"名词1常常是动词的宾语"?这从一个侧面反映了编者作为母语者对此类句子的语感与某种理论的分析不同。把典型的主谓谓语句和此类句子放到一起比较,就能明显感到它们的不同:

这本书内容很好。
这本书我看完了。

两种句子本质上代表的是两种不同的句子形式。前者是汉语

中的一种基本句式,不是由其他句式通过某种语法手段(如移位)变来的;后者则不是汉语中的基本句式,是通过移位的方式,在语用因素(话题化)作用下将动词宾语这个句法成分前移至句首。另外,两种句子的表达功能也不同,前者是描写句,后者是陈述句。只有把这些差异通过类型区分体现出来,把形式和意义联系起来,才能够帮助二语学习者掌握不同的句式。如果连母语者自己都说服不了自己,怎么可能让二语者接受呢?根据笔者的教学体会,如果把主谓谓语句限定在典型类型上,教学和学习都非常容易。宾语前置的句子也很容易掌握。

我们知道,理论语法的一个基本特点是追求理论内部的一致性和完善性,只要自圆其说就行。结构主义语法主张依据形式来确定句法成分,并彻底加以贯彻(只要是在句首动前的体词性成分一律是主语,只要是动后的体词性成分一律是宾语),这从理论的角度当然是好的。但要把这种理论应用到教学语法中来就有问题了。教学语法的基本特点是实用的、能够帮助学习者掌握语言技能的。尤其是面向第二语言学习者的教学语法,更要做到能够真正帮助学习者掌握一条条形式和意义紧密结合的语法规律。单纯贴形式标签的语法教学对他们没有意义,因为他们无法在你贴的形式标签和某种特定的意义间建立起联系来。

四 结语

对外汉语语法教学具有不同于母语语法教学的很多特点,因此可以参考《暂拟系统》一类的教学语法体系,但不能完全照搬。一个最基本的不同点是,母语者已经获得了母语语言能力,语法的学习只是校正语言运用（特别是书面语言的运用）中的一些偏误。针对他们的教学语法，即使理论分析上不大符合他们的语感，最多只是不接受或者困惑而已，一般不会令他们本来会说母语，学了语法反而不会说了。对于第二语言学习者来说，语法对他们习得第二语言具有非常重要的意义，教学内容、路数不当，或者教学无效、低效，或者产生误导。能否真正从语法最本质的方面——形式和意义的统一的角度去考虑语法教学中的问题，对第二语言语法教学至关重要。

  主谓谓语句的问题具有代表性。我们认为应当尽早改变这种现状，从对外汉语语法教学的根本任务出发，重新认识传统语法在第二语言教学中的地位和作用，给意义以应有的重视。其实，除了主谓谓语句外，诸如兼语句、连动句、名词谓语句等都因基本的理论体系是结构主义的而带上了重形式的色彩。如果能够坚持形式和意义紧密结合的原则，我们会在汉语中发现很多能够成为第二语言语法教学项目的语法现象，比如配比句就是一种形式和意义结合得很好的句子类型，例如"一人一个"，语用功能很清楚，完全可以在一年级基础阶段教授，但到目前为止，大纲、教材等都没有这个语法内容。

  语法形式和语法意义是语法理论中的重要问题，为此胡明扬先生先后写了《语法形式和语法意义》和《再论语法形式和语法意义》两篇重要文章。站在对外汉语语法教学的角度看，这同样是个十分重要的问题，处理不好会影响语法教学根本任务的完成。本节提出这个问题，是要引起学界同仁的重视，通过讨论对对外汉语语法教学的理论建设有所裨益。

第四节　新形势下对外汉语语法教学研究[①]

一　新形势下的对外汉语语法教学

（一）汉语国际推广的新形势

随着经济的持续、稳步发展，中国在国际社会中的政治、经济影响力日益显著，越来越多的世界友人要求学习汉语、体验中国。据2009年的统计数据，目前海外通过不同途径学习汉语的人数已经超过4000万，[②] 中国已在全球88个国家和地区建立了282所孔子学院和272个孔子课堂；注册学生23万多人；开设汉语课堂8000多班次；还有50个国家的160多个教育机构已经提出开办孔子学院的申请。[③] 另外，美国《华尔街日报》和《国家地理》杂志，英国的《财经时报》等知名媒体都开设了中文网页。可见，汉语正在全球不断升温，"汉语热"已经成为全球语言交际系统中的一种普遍现象。

2005年7月第一届"世界汉语大会"在北京召开，标志着传统的、单纯的对来华留学生的汉语教学已经从校园走向社会，从国内的大专院校大规模地走向世界的众多领域，特别是走向了国外的中小学校。汉语第二语言教学事业已经与世界多元文化交融，

---

①　本节摘自李晓琪、章欣《新形势下对外汉语语法教学研究》，《汉语学习》2010年第1期。

②　环球网2009年12月15日报道，http://china.huanqiu.com/roll/2009-12/661161.html。

③　刘延东在第四届孔子学院大会开幕式上的主旨演讲《平等合作　创新发展　为了孔子学院更加美好的明天》。

呈现出汉语教学蓬勃发展的大好形势。

（二）新形势下的对外汉语语法教学

新的形势对汉语第二语言教学提出了新的挑战。教材、教师和教法是摆在我们面前的三大任务，它们直接关系到教学质量的高低，直接影响着汉语国际推广事业的成败。

注重语言教学的质量，首先必须解决好"教什么"和"怎么教"的问题。汉语第二语言教学是一门语言教学，教学的内容势必围绕语言展开，语言的要素——语音、词汇、语法和汉字——是其中必不可少的内容。深入研究不同内容的教学方法，是新形势下完善汉语第二语言教学的重要保证。

20世纪80年代后期至90年代中期，任务型教学法开始产生越来越大的影响。其强调的"用中学""做中学"和"体验中学"的教学理念[①]对中文教师又提出了新的挑战，即解决"怎么教"的问题。教师需要通过选择、编排教学任务，创造出具有交际意义的真实语言环境，使学习者在循环式地完成第二语言使用任务的过程中，完成心理认知过程、思维过程和社会活动过程。

应该说，任务型教学法的提出，对语法教学提出了新的挑战。在新形势下，语法教学的地位怎样？语法教学的特点如何？语法应该怎样教？这些都是值得探讨的问题。

二 对外汉语语法教学的地位

我们认为，无论形势如何变化，也无论教学法如何发展，在

[①] 赵金铭《汉语作为第二语言教学：理念与模式》，《世界汉语教学》2008年第1期。

第二语言教学中,都必须进行有效的语法教学,只有这样,才能卓有成效地提高学习者的语言能力和语言交际能力。语法教学在第二语言教学中的地位始终是重要的。其重要性主要体现在以下几个方面:

(一)语言习得

人类学习任何知识,都试图从所接触的事物发展中发现规律。寻求规律是人类的天性。人的大脑在吸收了新的信息后,原有的知识系统必然发生重组。学习语言与学习其他知识一样,整个过程是一个发现规律、寻求规律,并对原有规律进行重组的过程。语法规则就是一种语言的规律,学习者对语法规则的重组,将有助于其整个语言知识系统的发展和完善,从而促进语言交际能力的提高。可见,从理论上看,教授语法在语言学习过程中是非常重要的。

若干实证研究也证明了上述观点。Higgs 和 Clifford(1982)[1]凭借他们多年的外语教学经验,认为无监控地使用不准确的语言形式会导致语言僵化,学习者中介语中某些不合乎语法的形式往往很难根除。Harley 和 Swain(1984)[2]对加拿大沉浸式法语教学项目进行研究后认为,对于学习者来说,简单地提供一些可理解输入显然是必要的,但这本身并不足以保证课堂环境中一些有标形式的正确使用,因此,他们建议教师应该将大部分注意力放在

---

[1] Higgs, T. & Clifford, R., The push toward communication. In Higgs, T. (Ed.), *Curriculum, Competence and the Foreign Language Teacher*. Skokie, IL: National Text book Co., 1982.

[2] Harley, B. & Swain, M., The interlanguage of immersion students and its implications for second language teaching. In A. Davies, C. Criper & Howatt, A. (Ed.), *Interlanguage*. Edinburgh: Edinburgh University Press, 1984.

目的语的形式特征上。Ellis（1994）①指出，运用外语本身并不能保证学习者外语能力的提高，而是需要将学习者的注意力吸引到语言形式的注意上来。Nunan（2002）②指出，如果一个人掌握了大量的词汇，即使他不懂得这些语篇所赖以编码的语法结构，他也可能从语篇中获得意义，这只在一定程度上正确，而且只适合语言学习的早期阶段。但是，语言的准确性在语言学习的早期阶段对于外语学习者来说可能意义不大，更大范围上的交谈必须具有语法知识。

回顾二语习得领域对语法教学问题的研究，可以得出，专门的语法教学在第二语言习得过程中是十分必要的，其效果远远好于学习者的自然习得。③

（二）语言类型

汉语和世界上其他主要语言有很大的不同，它缺乏严格意义的形态变化。它不像印欧语那样有形态标志或者屈折变化。例如：

(1) a. 我去。　　　　　I go.
　　b. 他去。　　　　　He goes.
　　c. 去很好。　　　　Gong is good.
　　d. 我打算去。　　　I plan to go.
　　e. 我昨天去了。　　Yesterday, I went.
　　f. 我今天去。　　　Today, I go.
　　g. 我明天去。　　　Tomorrow, I will go.

---

① Ellis, N., Introduction: implicit and explicit learning-An overview. In Ellis, N. (Ed.), *Lmplicit and Explicit Learning of Language*. San Diego, CA: Academic Press, 1994.

② Nunan, D.《第二语言教与学》，外语教学与研究出版社，2002 年。

③ Ellis, R., Current issues in the teaching of grammar: an SLA perspective. *Tesol Quarterly*, 2006, 40.

汉语也不像日语、朝鲜语那样有黏着形式。例如：

(2) a. 我明天去。　　私／は／明日／行き／ます。（ます，事实）
　　　　　　　　　　Wa ta shi ／ wa/a shi ta/iki/ma su.
　　b. 我昨天去了。　私／は／昨日／行き／ました。（ました，过去）
　　　　　　　　　　Wa ta shi/wa/kino/iki/ma shi ta.
　　c. 我想去。　　　私／は／行き／たいです。（たいです，想）
　　　　　　　　　　Wa ta shi ／ wa ／ iki ／ ta i de su.
　　d. 我能去。　　　私／は／行け／ます。（け／ます，能力）
　　　　　　　　　　Wa ta shi ／ wa ／ ike ／ ma su.

汉语语法的独特性，是不同语言类型学（linguistic typology）上的区别。以非汉语为母语的外国学生在学习汉语时需要进行语言类型上的转换，而语法教学对帮助学生尽快完成这种转换，具有十分重要的意义。

（三）教学实践

叶盼云和吴中伟（1999）[①]在《外国人学汉语难点释疑》一书中，收集了留学生学习汉语时常遇到的难点228个，其中语法难点181个，占79.39%。可见，在汉语教学实践中，语法是学习者遇到的最大困难。而他们学习其语法的难点主要集中在两个方面：一是意义区分不清，二是用法掌握不好。比如，"我们看电影"这个简单的句子，添加了不同的语气助词后，可以表达不同的意义，请看例句：

(3) a. 我们看电影吗？　　表示疑问
　　b. 我们看电影吧？　　表示推测地疑问

---

① 叶盼云、吴中伟《外国人学汉语难点释疑》，北京语言文化大学出版社，1999年。

c. 我们看电影呢！　　　表示动作正在进行
d. 我们看电影啊？　　　表示不满

学生对各个语气助词的意义差别区分不清，因此在使用时常常遇到困难。另外，学生在用法上产生的偏误也是多种多样。例如：

（4）*a. 我学习在北京大学。　　　（介词词组的位置）
　　 *b. 我下午要见面我的朋友。　（离合词）
　　 *c. 我坐了飞机去北京。　　　（动态助词"了"）
　　 *d. 大家都同意，却他不同意。（关联词语的位置）

可见，对于学习汉语的外国留学生，如果从用法方面有针对性地对其进行语法教学，可以较好地避免学生在现实交际中出现偏误。

总之，从教学实践的角度看，语法项目的意义和用法是外国学生学习的难点，因此，语法教学是一个绝不能忽视的领域。如果忽视语法教学的重要地位，"只能导致蹩脚的、不合语法的洋泾浜式的外语"[1]，而"就长远效果来看，势必对中介语的变化和发展产生负面影响"[2]。

（四）小结

无论从语言习得角度、语言类型学角度，还是从教学实践角度看，语法教学在第二语言习得过程中始终占有重要位置，不可忽视。但需要强调的是，语法教学的目的不是传授语法知识，而是为培养学习者语言交际能力服务的。

---

[1] Celce-Murica, M. (ed.) *Teaching English as a Second or Foreign Language*. Bosten: Heinle & Heinle, 1991.

[2] Skehan, P.《语言学习认知法》，上海外语教育出版社，2000年。

三 对外汉语语法教学的特点

既然语法教学的地位十分重要,那么,充分了解、明晰对外汉语语法教学的体系和特点,有助于更有效地开展语法教学。

(一)对外汉语语法教学体系的建立与发展

1. 对外汉语语法教学体系的建立。

1958 年出版的《汉语教科书》为对外汉语语法教学体系的构建奠定了坚实的基础。该书吸收了当时最新的研究成果,所确立的语法系统和对语法项目的选择、切分、解释、编排等都注意到了外国人学习语言的特点和学习汉语的难点,具有鲜明的特色,如表 1 所示。①

表 1 《汉语教科书》语法体系的特点

特点	说明	举例
综合性	博采众长,不囿于一家之说,吸收了当时中国语法学界的各家观点。	词类和句类的划分采取《暂拟汉语教学语法系统》的做法;根据谓语性质划分句子借鉴《现代汉语语法讲话》的说法;表达方式的选择受到《中国文法要略》的启示。
独创性	独创性地提出了对外国学生而言十分有用的表达方式。	提出时间、日期、钱数的表达;对疑问、强调、比较进行总结。
实用性	以初学汉语的外国学生为对象,根据学习的需要,编排、解释语法点。	每课安排 3—4 个语法点,循序渐进、难点分散;回避学术界争论,解释简单易懂。
针对性	为帮助外国学生使用,运用比较手段以加强针对性。	对比汉语中意义和用法相近的词、句式;进行汉外对比。

《汉语教科书》的语法体系从教学实际出发,是对外汉语教

---

① 吕文华《对外汉语教学语法探索》,北京语言大学出版社,2008 年。

学语法体系的奠基之作。但随着新的语言理论和教学观念的不断提出，特别是汉语本体研究和对外汉语教学研究的不断深入，这套语法体系的局限性开始显露。

2. 对外汉语语法教学体系的发展。

20 世纪 90 年代以后，学者们开始提出改革《汉语教科书》语法体系的主张。概括起来主要有两个方面：

（1）提出具体的修改意见。如崔永华（1990）[①]认为语法体系应该增加表达部分、增加对基本句型的描写、增加对段落篇章结构的描写等。吕文华（1995）[②]对现行语法体系中的补语系统进行了补充与修正。

（2）提出新的语法体系构想。如李珠（1997）[③]提出建立三维教学语法体系，包括：语音、语法、词汇语言三要素；语义、结构、语用三结合；听说读写技能综合训练。李泉（2003）[④]提出了一个基于语体的语法体系框架，包括共核语法、口语语法和书面语语法三个子系统。李晓琪（2004）[⑤]认为可以尝试打破传统的语法教学体系，建立"词汇—句法教学模式"。

学者们从不同角度提出的意见和建议都很有价值，标志着对

[①] 崔永华《关于对外汉语教学语法体系的思考》，载《语言学与汉语教学》，北京语言学院出版社，1990 年。

[②] 吕文华《关于对外汉语教学的补语系统》，《语言教学与研究》1995 年第 2 期。

[③] 李珠《建立三维语法教学体系——初级阶段对外汉语语法教学研究的回顾与展望》，《世界汉语教学》1997 年第 2 期。

[④] 李泉《基于语体的对外汉语教学语法体系构建》，《汉语学习》2003 年第 3 期。

[⑤] 李晓琪《关于建立词汇—语法教学模式的思考》，《语言教学与研究》2004 年第 1 期。

外汉语语法教学体系正在不断发展与完善。在汉语国际需求不断增长的形势下，为加快汉语国际推广的速度，语法教学不仅要适应国内的对外汉语教学，更要"走出去"，适应海外的汉语教学环境。新的语法体系不仅应该突破传统研究对语法知识的重视，更要注重语法项目结构、语义与语用功能的结合。

（二）对外汉语语法教学的特点

关于对外汉语语法教学特点的讨论也有很多，赵金铭（1994）[①]提出了六点原则，周小兵（2002）[②]从八个方面进行了论述。这些研究针对第二语言学习者的特点展开，应该说概括总结得十分全面。如果要从更简洁和更突出重点的角度概括对外汉语教学语法特点，我们认为主要涵盖以下三个方面：

1. 教学语法。

吕叔湘（1991）[③]有一段话十分精辟："一个语言形式可以分别从理论方面和用法方面进行研究。"从理论方面进行研究，重在构建一种理论框架，使之能够系统地解释观察到的语法现象，研究的是语言形式"在语句结构里的地位：是哪种语法单位？是句子或短语里的哪种成分？跟它的前边或后边别的成分是什么关系"，一般称为理论语法；而从用法方面进行研究，需要在明确意义的基础上，重点研究语言形式"出现的条件：什么情况下能用或非用不可？什么情况下不能用？必得用在某一别的成分之

---

① 赵金铭《教外国人汉语语法的一些原则问题》，《语言教学与研究》1994年第2期。
② 周小兵《汉语第二语言教学语法的特点》，《中山大学学报》（社会科学版）2002年第6期。
③ 吕叔湘《未晚斋语文漫谈》，《中国语文》1991年第4期。

前或之后?",这称为教学语法。王力(1957)[1]曾指出:"学校语法重在实践,科学语法重在理论的提高。"这句话十分清楚明白说明了教学语法与理论语法之间的密切联系。两种研究的目的、方法完全不同。因此,如果直接将理论研究的成果应用在具体的教学中将遇到问题。例如对助动词的分析,理论语法的经典著作《语法讲义》[2]是这样讲的:助动词是真谓宾动词里的一类,包括"能、会、可以、应该、可能、得、想……",有以下特点:只带谓词宾语,不能带体词宾语;不能重叠;不能带后缀"了""着""过";可以放在"～不～"的格式里;可以单说。并且认为"能""能够""可以""会"表示主观能力做得到做不到和客观可能性,接着举例:

能挑二百斤的担子上山　　　　（主观能力）
看样子会下雨　　　　　　　　（客观可能性）

但是这样的解释如果直接应用于对外汉语教学,学生会造出下面的句子:

*会挑二百斤的担子上山
*看样子能下雨
*站到山顶会看到大海

为避免出现这样的偏误,首先必须从语义上分清"能"与"会"的差异。"能"表示能够、可以,有时表示具有某种能力或某种资格。例如:

你能告诉我现在几点吗?　　　　　　（能够、可以）

---

[1] 王力《语法体系和语法教学》,人民教育出版社,1957年。
[2] 朱德熙《语法讲义》,商务印书馆,1984年。

我一小时能写六百字。　　　　　（有能力）
这个电影，大人能看，小孩不能看。　（有资格）

而"会"表示掌握了某种本领，以及将要发生或出现某事。例如：

我会说汉语了。　　（掌握说汉语的本领）
他一定会去。　　　（"他去"将要发生）
他会给你打电话的。（"他给你打电话"将出现）

除了辨析语义之外，教学语法还要从用法上再进一步说明助动词在句子中的位置：

＊你想想下午应该去不去图书馆？——应该是"应该不应该＋去……"
＊我从飞机场可以一个人到北大。——应该是"可以从飞机场……"

也就是说，对外汉语的语法教学必须突出教学语法的特点，注意从形式、意义、用法等多个角度进行有效的教学，以避免学生在使用中出现偏误。

2. 能产语法。

对外汉语语法教学的对象是外国人，他们在输出句子时，多数人依靠的是教师教授的语法规则，而不是语感。郑懿德和陈亚川（1991）[①] 有一段话讲得很好："如果把对本族学生讲语法比作引导学生看一座楼哪里是卧室哪里是客厅的话，那么对外国学生讲语法就好比是教他们用零件摆积木，用砖瓦盖房子。"这段话旨在表明，对外汉语教学语法应该是能产语法，是可以根据学

[①] 郑懿德、陈亚川《注重语义讲求实用的语法新著——〈实用汉语参考语法〉读后》，《中国语文》1991年第4期。

习的规律产出正确句子和语段的语法。为达此目的，教外国人的教学语法必须有鲜明的针对性，针对他们的难点，针对他们的偏误进行教学。举例来说，补语是汉语语法的一个特点，也是外国学生使用的难点，在进行结果补语教学时，不但要告诉学生结果补语的基本格式是：

动词+动词/形容词　　看见/看清楚

还必须针对学习者的需要，告诉他们：

A. 否定形式：没看见/不洗干净不行
B. 该用时别忘了用：人们听（见/到）这个消息很高兴。
C. 只带一个补语：*我听见清楚你的话了。
　　　　　　　　*我记住在脑子里了。
D. 宾语的位置：*已经开会完了。
　　　　　　　*打扫房间干净了。

再如以下几例，偏误也都集中在补语上：

（5）*a. 我这几天感冒得厉害，头疼、咳嗽，什么事儿也做不到。
　　*b. 医生让我减肥，告诉我少吃甜食，多运动，可是我做不了。
　　*c. 这件事必须等校长决定，别人可做不好主。
　　*d. 这是同学们让我办的事儿，做不了对不起大家。

为避免这些偏误，教师需要掌握各种"做+不+补语"的基本语义差别，并在此基础上再把握每一个补语式的用法特征。例如"做不到"，句中一定有"达不到某一标准、要求或某种情况不能实现"的词语出现（例（5）b）；"做不好"和"做不了"都可以与"工作"类名词配合使用，但如果出现在主语位置上，则一定要用"做不好"（例（5）d），在谓语位置上用"做不了"（例（5）a、c）。只有语法研究真正做到不但在形式上，而且在意义和语境的出现上都进行研究,才能成为帮助学习者产出正确句子的教学语法。

3. 讲使用条件的语法。

对外汉语教学语法的另一个鲜明特点是讲使用条件的语法。使用条件是一个宽泛概念,指的是制约该语言点使用的各种条件。比如动态助词"了₁",《语法讲义》的解释是:用在动词后、宾语前表示动作完成或实现。但是这样的讲解并不能使学生学了就用。在具体的教学中,还应该告诉学生使用的条件:

A. 用与不用的条件。

*a. 那件事我不知道,他没告诉了我。　　(否定词)
*b. 每个星期他都看了一个中国电影。　　(表示经常性行为)
*c. 他喜欢了跟朋友们一起去爬山。　　(心理活动动词后)
*d. 我去了邮局的时候,碰见了一位老朋友。(……的时候)
*e. 十年前,我开始了学习汉语。　　(动词性宾语)
*f. 我是坐了飞机来北京的。　　(是……的)

B. 位置条件。

*a. 看女儿的信,妈妈高兴地笑了起来。　(两个连续的动作)
*b. 刚才我朋友来了问我一个问题。　　(后一动作表示目的)
*c. 我们一起坐了飞机去桂林。　　(前一动作表示方式)
*d. 弟弟急急忙忙地跑了上楼。　　(动词后有趋向补语)
*e. 护士把药放了在床边的桌子上。　(动词后有"在"+处所补语)

以上讨论的三点——教学语法、能产语法、讲使用条件的语法——可以说是对外汉语教学语法的基本特点。只有充分认识了这些特点,我们才能有的放矢地运用合适的教学方法,使语法教学能够有效地提高学习者的语言交际能力。

四　对外汉语语法教学的方法

传统的语法教学以归纳法、演绎法为主，注重知识为本和教师的课堂讲授。这些方法以语言形式为中心，以句法结构为主要的操练模式，忽视语境对语法的制约。这样的教学，虽然可以帮助学生学习语言知识、熟练地掌握句型，但由于学生常常不知道怎样去用，不知道在什么样的场合使用，因此在实际生活中的复现率低，使所学的知识成为"惰性知识"（inert knowledge），大大降低了语法教学的效率。

前文提到，随着任务型教学法的发展，语法教学面临着怎么教的问题。任务型语言教学的优点是可以最大限度地激发学生内在的学习动机。在教学过程中采用各种各样的任务，可以使学生有机会综合运用他们所学的语言，从而达到运用语言和完成任务的最终目标。任务教学法为开展语法教学提供了一个全新的视野，在该教学法的指导下，语法教学能够满足学生实际使用的要求。因此，在新形势下，我们应该调整语法教学的设计原则，在原有教法的基础上，做一些新的尝试。

（一）语法教学与任务设计紧密结合

任务型教学法强调在做事情、完成任务的过程中接触语言、体验语言、学习语言和掌握语言。为适应任务型教学法的要求，语法结构和语法知识不必单独呈现给学习者，语法教学也不必在教学过程中过分突出与强调，而是需要教师有意识地将语法内容融入到任务的设计中，融入到学习者完成任务的过程中。

举例来说，在设计"介绍人物"这一任务时，可以融入"是"字句、"是……的"、"有"字句、"比"字句等语法点。例如：

（6）任务：介绍人物
  a. 介绍姓名、职务
  ◇你好，我先自我介绍一下，我是李清，木子李，清楚的清。
                （"是"字句）
  ◇大家认识一下，这位是营销部的张经理，这位是办公室的刘主任。   （"是"字句）
  b. 介绍年龄、家庭
  ◇我今年21岁，来自英国。   （名词谓语句）
  ◇我家有三口人，爸爸、妈妈和我。 （"有"字句）
  c. 介绍教育、工作背景
  ◇我是学计算机的。   （"是……的"）
  ◇我2005年毕业于北京大学，专业是国际贸易。（介词"于"）

  同样的，在完成任务"说明图表"时，我们也可以融入比较句、数字的表达等语法点的教学，如下面例（7）所示：

（7）任务：说明图表（柱形图、饼图、折线图）
  a. 和/同/与……相比   （比较句）
  ◇和2003年相比，2005年的房价明显增长。
  b. 比……减少了……百分点 （比字句、百分数的表达）
  ◇2008年，机动车的市场份额比上年减少了3个百分点。

  这样的语法教学，其关注点就从语言知识的训练，转变为语言任务的完成。语法也从单一的语言知识，转变成为鲜活的语言交际工具。但是，将语法学习融入任务中，本文只做了一点儿小小的尝试。如何将对外汉语语法体系与任务教学理念相匹配，是一个庞大的、系统的工程，是对语法体系提出的新的挑战。

（二）语法教学与真实情景紧密结合
  任务型教学法倡导在真实的情景中进行语言交际活动，注重学生通过完成任务来掌握真实的语言。真实的语言情景不仅能够为学习者日后的真实交际做准备，而且能够激发他们的学习动机和兴趣，激发参与欲望，从而培养学生的语言实践能力。

营造真实的语言情景，就要求在教学中，设计出一些自然、真实的使用场合，为语言功能提供充足的实例，活化所教的语言知识，从而使知识融于生动的情景之中。设置的情景越真实生动，越接近学生的实际生活，学生就越能快速理解所传递的信息，从而触景生情，激活思维，激发表达思想的欲望。

语法教学与真实情景紧密结合，就是要在充分考虑语法项目功能的基础上，设计出贴近学生学习、生活的场景，让学生在自然的语言运用中完成任务，从而达到学习、掌握语言形式和语言规则的目的。比如在学习汉语数量结构、钱数的表达等语言项目时，可以设置"超市结账"的场景。例如：

(8) 收银员：可乐三块五，牛奶六块三，面包四块二，一共十四块。

顾客：多少钱？

收银员：一瓶可乐三块五，一盒牛奶六块三，一个面包四块二，一共十四块。

顾客：给你十五块。

收银员：找您一块，欢迎下次光临。

上述场景在学习者生活中较为常见。在这样的场景中，学习者既运用汉语完成"在超市结账"这一任务，同时也掌握了数量结构与钱数的表达等语法项目。在语法教学中注重真实情景，不仅要设计自然的场景，同时也要保证输入材料的真实性，保证课堂用例既简单，又实用。所谓简单，就是用例中一般不要出现生词，以免分散学生的注意力，削减学生学习的兴趣；所谓实用，就是例句要源自真实的生活,选词要贴近学生的生活场景,引导他们在真实的语言环境中能够直接运用。

比如在讲解"既……又……""既……也……"格式时,《现代汉语八百词》[①]的例句如下:

(9) a. 锅炉改装以后,既节约了用煤,又减少了人力。
　　b. 既要有革命干劲,也要有实事求是的科学态度。

例(9)中的"锅炉""用煤""革命"等词语对外国学生来说不属于基本词汇,而且这些句子肯定不会出现在他们的日常生活中。因此,在对外汉语语法教学中,教师不能照搬以上例句,而应该将例句进行改写,降低生词难度,贴近留学生真实的语言环境。在教授"既……又……""既……也……"两个格式时,可以选用以下例句:

(10) a. 这里的环境既优美又安静。
　　 b. 她的小女儿既漂亮又聪明,很可爱。
　　 c. 我既不同意你的意见,也不同意他的意见。
　　 d. 他既没打电话来,我也没打电话去。

这些例句没有太难的生词,其内容也都在留学生日常活动的范围内,让学生觉得例句真实亲切,更有助于他们理解该语言点的意义及用法,而且这些例句,可以直接用于学习者日常真实的交际环境中,避免了惰性知识的产生。

总之,语法教学与真实情景紧密结合,不仅有助于提升学生的语言交际能力,同时也能够激发他们的学习热情,提高他们的语言实践能力。但是如何营造真实的情景,本文只在创设场景和

---

① 吕叔湘主编《现代汉语八百词》(增订本),商务印书馆,1999年。

设计用例方面进行了一些探索,这方面的研究还有很大空间。

(三) 语法教学与学生参与紧密结合

任务型教学法的核心是"以学习者为中心",即激发学习者的学习兴趣和动机,调动他们的参与热情。为此,在教学过程中,教师应该为学生提供机会,让他们提出问题、寻找规律、进行反思,从而建构自己的模式、概念和策略,以促进语言学习。在语法教学中激发学生内在的学习动力,可以采用启发性原则,使学生在思考的过程中获得语言知识。

启发性教学的关键在于通过观察、对比、分析、归纳,促使学习者悟出并自觉地操练语法规则,用自己的头脑去思考问题,而不是给出现成的规则。比如在进行副词"再""又"的对比教学时,可以不直接讲解二者的差异,而是先让学生完成如下练习:

(11) 他说错了,( )说了一遍。
(12) 你说错了,请( )说一遍。
(13) 今天( )下雨了,不能出去玩了。
(14) 今天( )下雨,就( )不能出去玩了。

这几个句子可算作一个热身,或是导入,让学生发现问题,引起对所学的知识的注意和重视。之后,安排课堂讨论,利用具体的实例,利用一些提纲挈领的提示,启发学生对这两个副词进行比较,从而得出结论。详见下面例(15)—例(26)。

(15) 衣服没洗干净,得( )洗一遍。
(16) 除了汉语课以外,我( )选了一门电影课。
(17) 这个人昨天来过,今天( )来了。
(18) 他不在,你明天( )来吧。
(19) 这个电影很好,我最近( )看了一遍。

(20) 这个电影很好，我打算（　）看一遍。
(21) 他的病完全好了，（　）可以和我们一起参加比赛了。
(22) 老师，您可以（　）讲一次吗？
(23) 时间过得真快，明天（　）是星期六了。
(24) 一放假，我（　）可以天天去游泳了。
(25) 要是你（　）不走，就赶不上火车了。
(26) 如果（　）发烧的话，一定得去医院看病。

结论，也设计成启发式的教学模式：

(1)（　）的基本语义是"重复"；（　）的基本语义是"添加"。

(2)（　）有时也表示重复，和（　）的区别是，（　）用于未然，（　）用于已然；另外句中所用时间词不同、用"了"的情况不同、与能愿动词配合的情况也不同。

(3)（　）还可以表示确定性的重复，后边一般有"是""要""该""得（děi）""可以"等词；（　）还可以表示假设的重复，多用于假设句中。

通过练习的方式进行启发式教学法，学习者在"发现问题→分析问题→总结规律"的过程中，不仅能够逐步养成观察语言现象和运用语言规则的自觉性，而且能够充分地参与教学过程，与教师、同学有效地交流互动，进行意义协商，获得大量的可理解输入，并根据反馈调整自己的语言输出，从而重新调整已有的知识与技能，修正原有的知识体系。

总之，语法教学的方式可以很多，在教学实践中，很多学者经过不断摸索，探究出了许多具体的教学方法，详见吴中伟（2007）[①]、

[①] 吴中伟《怎样教语法——语法教学理论与实践》，华东师范大学出版社，2007年。

卢福波（2008）①等。这些成果为推进语法教学的不断深入做出了贡献。在新形势下，接受任务型教学法的新理念，将有助于进一步开拓语法教学的新局面。

面对"汉语热"在全球的不断升温，面对新的教学法的挑战，对外汉语语法教学研究应该在重新审视传统语法教学体系的基础上，进一步明确语法教学的地位，明晰语法教学的特点，不断改进教学方法，使得语法教学真正成为提高学习者的语言运用能力的有效工具。

第五节　当代语言学理论与汉语教学②

本节的中心内容是，呼吁汉语作为第二语言教学（以下简称"汉语教学"）的学界要重视当代语言学理论的学习、了解和运用。为什么要呼吁？出于三个原因：

第一个原因，汉语教学是一门科学，它是以汉语言文字教学为基础的关涉到多学科的交叉性学科。汉语教学的最直接的目的，是要让国外汉语学习者学习、掌握好汉语。学科的性质决定汉语教学需要语言学理论的指导。

第二个原因，目前汉语教学界普遍不重视当代语言学理论的学习与了解。我跟许多汉语老师接触过，有国内的，有国外的，

---

① 卢福波《语法教学的基本原则与操作方法》，《语言教学与研究》2008年第2期。

② 本节摘自陆俭明《当代语言学理论与汉语教学》，《世界汉语教学》2009年第3期。

多数老师有这样一种想法：当代语言学理论，特别是前沿理论，那是搞汉语本体研究的人需要学习、了解的东西，对我们从事汉语教学的教师来说，必要性似乎不是那么大，再说学了也用不上。

第三个原因，当代语言学理论对汉语教学可以帮上大忙，特别是在解决外国学生提出的许许多多"为什么"的问题上。

一 关于当代语言学

说到当代语言学，大家知道，自从20世纪50年代爆发"乔姆斯基革命"之后，整个语言学从结构主义的一统天下的情况发展成为形式派、功能派、认知派三足鼎立的局面。形式派强调语法的天赋性、自主性，着重探索人类语言的机制，探索人类语言的共性。具体说，探索在以下三方面所共同遵守的原则：在句法运算系统上，在句法和语音的接口上，在句法和逻辑意义的接口上。同时探索各个语言的参数差异，即特点；探索音韵系统对语法的影响。功能派之"功能"即指语言的交际功能。功能派的基本观点是：语言的交际功能既是我们研究语法的出发点，也是我们研究语法的归宿。功能语法考虑的所有问题是"语法何以如此"（How grammars come to be the way they are），而其答案是："由语言的交际功能所决定。"[1] 有的学者甚至形成了这样的思想："用法先于语法。"[2] 于是语言社会变异、语法化、话语篇章分析、

---

[1] 张伯江《功能语法与汉语研究》，载刘丹青主编《语言学前沿与汉语研究》，上海教育出版社，2005年。

[2] 方梅《动态呈现语法理论与汉语"用法"研究》，载沈阳、冯胜利主编《当代语言学理论和汉语研究》，商务印书馆，2008年。

语言类型、会话交际等都成为功能派感兴趣的研究领域。认知派，强调语言是人脑心智和人的认知能力的重要组成部分。语言和客观世界不是直接联系的，中间要通过认知平面作为中介，认知有主观性、民族性，而人的认知内容必然会反映到语言中来，所以语言的基本功能是象征。象征可以说是使语言结构被赋予认知内容的一种基本手段——各种语法结构的类型，都可以看作是不同象征所造成的不同结构类型，而且认为这是有一定理据的，是可以验证的。认知派关注的问题：象似性、范畴化与非范畴化、意象和图式、主观性与主观化、隐喻和转喻、有界无界、构式等。

随着各个学派互相渗透、互相吸取，每个学派又有许多支派。于是新的理论、新的学说、新的分析理论与方法不断涌现，可以说层出不穷。

任何学科领域，新理论、新方法的产生，都有其内在原因。这可以从三方面来认识：第一，任何一种理论方法都只能解决一定范围里的问题，都只能解释部分现象，都不能包打天下。第二，人们在研究过程中会不断遇到新问题，不断发现新现象，要求研究者去解决，去解释。第三，对于新发现的问题，对于新发现的现象，常常是原有的理论方法不能有效地加以解决或解释。

由于上述三方面的因素，所以在研究进程中，常常会逼着研究者不断寻求新的研究理论与分析方法，以便解决用先前已有的理论方法不能解决的问题，解释用先前已有的理论方法不能解释的现象。语言学界的新理论、新方法之所以不断涌现，也是这个原因，也就是这个道理。半个世纪来产生的一些新理论、新方法都是在为了解决新出现的语言问题、为了解释新发现的语言现象而提出来的。这体现了研究的不断发展，而不是简单地替代——

不是说新的理论方法产生后原有的理论方法就可以抛弃不用了。不同的理论方法之间常常表现为一种互相补充的关系。

　　对于语言学里的种种新理论、新方法，我们首先要抱着学习了解的态度；当然，在学习、了解的过程中我们要对所学的理论方法进行自觉的思考与必要的检验，对我们汉语研究和汉语教学有用的方面，就得学习与借鉴。

　　这里还要指出一点，学术，有争鸣才有进步；学术，能有效服务于应用才能进一步发展。说到应用，从事汉语本体研究的学者都应该自觉地为应用服务，譬如说应该自觉地为汉语教学这样的应用服务；而直接从事汉语教学的教员，也要自觉地学习新理论、新方法，来为汉语教学服务。现在的状况是，从事汉语本体研究的学者多数还不能自觉地为汉语教学服务；而汉语老师也多数不能自觉地学习当代语言学理论来为汉语教学服务。这种状况必须改变。

二　当代语言学理论对汉语教学的具体作用

　　上面说了，不少汉语教员由于不正确地认为当代语言学理论对他们来说必要性不是那么大，所以普遍不重视对当代语言学理论的关注与学习。其实当代语言学理论对汉语教学是很有用的，其作用具体体现在以下三个方面：

　　第一个方面，可以较好地用来回答外国学生在学习汉语的过程中所提出的一系列的"为什么"。下面不妨举些实例来加以说明。

　　【实例一】"张三，认识的人很多"，这话有歧义——（1）张三所认识的人很多；（2）认识张三的人很多。为什么会有歧义？

怎么解释这种歧义现象?

再有,为什么我们可以说"他是王刚的老师",却不能说"*他是王刚的教师"?但为什么又能说"他是王刚的家庭教师"?

再譬如,介词结构一般是用来做动词性词语的状语,为什么"对……"这一介词结构可以直接做形容词性词语的状语(如"对他冷淡/对过路的人都很热情/他对电脑很精通"等)?是不是所有形容词都能受"对……"这一介词结构修饰?如果回答是否定的,那么哪些形容词能受"对……"这一介词结构修饰?再有,为什么"对……"这一介词结构可以带上"的"做名词的定语(如"对住房的意见/对祖国的感情"等)?是不是所有名词都能受"对……"这一介词结构修饰?如果回答是否定的,那么哪些名词能受"对……"这一介词结构修饰?

这些问题,如果我们能学习一些配价语法方面的理论,学习一些形式派的论元结构理论和空语类理论,就可以做出回答与说明。①

【实例二】说到粥、饭、馒头的冷热时,可以用"的",也可以不用"的",直接说"热粥、热饭、热馒头"或"冷粥、冷饭、冷馒头";而说到鱼、肉、烤鸭的冷热时,则必须用"的",得说成"热的鱼、热的肉、热的烤鸭"或"冷的鱼、冷的肉、冷的烤鸭",而不能直接说"*热鱼、*热肉、*热烤鸭"或"*冷鱼、

---

① 朱德熙《"的"字结构和判断句》,《中国语文》1978年第1、2期;沈阳《现代汉语空语类研究》,山东教育出版社,1994年;陆俭明《配价语法理论和对外汉语教学》,《世界汉语教学》1997年第1期;李小荣《从配价角度考察介词结构"对……"作定语的情况》,载沈阳主编《配价理论与汉语语法研究》,语文出版社,2000年;李艳惠《空语类理论和汉语空语类的识别与指称研究》,《语言科学》2007年第2期。

*冷肉、*冷烤鸭",这是为什么?如果我们能学习一些认知语言学方面的象似性原则里的"距离"准则理论,就可以对此问题做出令人信服的回答。①

【实例三】"《现代汉语词典》上面是一部《英华大辞典》",这句话也可以说成"《英华大辞典》下面是一部《现代汉语词典》",只是意思略有差异;而"桌子上面有支钢笔"却不能说成"*钢笔下面有张桌子",这是为什么?如果我们能学习、了解一些认知语言学方面有关"意象、图式"理论,就可以对上述现象做出解释。②

【实例四】请先看下面三个句子③:

(1) a. 老师在花园里看到一只松鼠。
　　b. 老师在花园里看到一颗流星。
　　c. 老师在抽屉里看到一只松鼠。

这三个句子格式完全一样,都是"NP+在+NPL+V到+NP",所用词语也几乎一样,但人们在对这三个句子的理解上会有很大差异——例(1)a句可理解为"老师""松鼠"都在花园里;例(1)b句只能理解为"老师"在花园里,"流星"不在花园里;例(1)c句又只能理解为"老师"不在抽屉里,"松鼠"一定在抽屉里。这又为什么?

---

① 沈家煊《句法的象似性问题》,《外语教学与研究》1993年第1期;张敏《认知语言学与汉语名词短语》,中国社会科学出版社,1998年。

② 沈家煊《"N的V"和"参照体—目标"构式》,《世界汉语教学》2000年第4期;陆俭明、沈阳《汉语和汉语研究十五讲》,北京大学出版社,2003年。

③ 崔希亮《认知语言学理论与汉语位移事件研究》,载沈阳、冯胜利主编《当代语言学理论和汉语研究》,商务印书馆,2008年。

如果我们能学习了解一些认知语言学方面有关概念结构理论和语义指向理论方面的知识，就可以对上述理解上的差异给学生做出较好的解释。①

【实例五】为什么趋向动词"下"所带的处所宾语，既可以指事物位移的起点，如"下楼""下岗"；又可以指事物位移的终点，如"下乡""下基层"？介词"为"，为什么既可以引介原因，如"为小弟考上北大而高兴"；又可以引介目的，如"为考上北大而努力"？如果我们能学习了解一些认知语言学方面有关"完型""凹凸理论"方面的知识，就可以给学生做出较好的解释。②

【实例六】通常我们说"我饭吃饱了"，不说"?我吃饭吃饱了"；可是"我吃苹果吃饱了"常说，而"*我苹果吃饱了"反倒不说。这为什么？这也可以用认知语言学理论做出回答。③

【实例七】"究竟他出了多少钱？"和"究竟谁出了那么多钱？"都是特指疑问句，词类序列基本相同，内部层次构造也相同，只是疑问点不同——前者在宾语，后者在主语。可是，前一句可以将"究竟"挪到主语之后，说成"他究竟出了多少钱？"，而后一句不能将"究竟"挪到主语之后，我们不说"*谁究竟出

---

① 陆俭明《关于语义指向分析》，载《中国语言学论丛》第1辑，北京语言文化大学出版社，1997年；陆俭明《现代汉语语法研究教程》（第三版），北京大学出版社，2005年；陆俭明《对外汉语教学需要语言学理论的支撑》，载陆俭明《作为第二语言的汉语本体研究》，外语教学与研究出版社，2005年；崔希亮《认知语言学理论与汉语位移事件研究》，载沈阳、冯胜利主编《当代语言学理论和汉语研究》，商务印书馆，2008年。

② 古川裕《有关"为"类词的认知解释》，载《语法研究和探索》（十），商务印书馆，2000年；古川裕《〈起点〉指向和〈终点〉指向的不对称性及其认知解释》，《世界汉语教学》2002年第3期。

③ 张旺熹《汉语句法的认知结构研究》，北京大学出版社，2006年。

了那么多钱？"。这为什么？如果我们学习了解了语义指向分析，就可以说清楚这个问题。①

【实例八】如果有学生问：为什么左边的例子可说，右边的例子不说？

可说	不说
购书｜购买书本	*购买书｜*购书本
植树｜种植树木	*种树木｜*种植树
我校｜我们学校	*我学校｜*我们校
进行学习｜加以调查	*进行学｜*加以查

韵律语法理论可以做出回答。②

第二个方面，当代语言学理论有助于革新目前的初级汉语教学中的语法教学，改变以往只用"主—谓—宾""施—动—受"这一种说法的语法教学思路。

过去，我们在说明一个句子结构时，似乎只有一种思路，那就是"主—动—宾""施—动—受"这样的思路。就一般表示事件结构的句式（如"张三吃了一个馒头""他正在修自行车"等）来说，没问题；可是对有些句式来说，就造成很尴尬的局面。最明显的是对存在句的讲解。现代汉语里存在句的格式是：处所成分＋动词＋"着"＋名词语（NPL+V+"着"+NP）。例如：

(2) a. 台上坐着主席团　　b. 墙上挂着画
　　 门口站着许多孩子　　花瓶里插着腊梅花

---

① 陆俭明《关于语义指向分析》，载《中国语言学论丛》第1辑，北京语言文化大学出版社，1997年；陆俭明《现代汉语语法研究教程》（第三版），北京大学出版社，2005年。

② 冯胜利《汉语的韵律、词法与句法》，北京大学出版社，1997年；冯胜利《汉语韵律语法研究》，北京大学出版社，2005年。

床上躺着病人　　　门上贴着对联

　　过去在教学中，除了告诉学生这是存在句之外，不少老师还跟学生说"'台上''门口''床上'和'墙上''花瓶里''门上'是主语（有的将它们说成状语），'主席团''许多孩子''病人'和'画''腊梅花''对联'是宾语"。这样教，外国学生常常会问："老师，这'主席团''许多孩子''病人'怎么可能是宾语呢？"有的外国学生还会问："例（2）b 句子里动词的施事能在句子里出现吗？"当老师告诉他们说"一般不出现"时，他们又马上会问："为什么？"总之，用"处所—动作—施事"这一套术语或用"主语/状语—动词—宾语"这一套术语来给外国学生讲解汉语存在句，外国学生怎么也接受不了。对于上述问题，生成语法学界也曾试图做出解释，但并不令人满意。① 现在，如果运用 20 世纪 90 年代兴起的构式语法理论，② 我们完全可以不采用这样的教法。

　　关于构式语法理论，我先前已进行过评介。③ 不过为使尚不熟悉构式语法理论而一时又难以找到相关文献资料的作者便于阅

---

　　① 陆俭明《构式语法理论的价值与局限》，《南京师范大学文学院学报》2008 年第 1 期。

　　② Goldberg, A. E., *Construction: A Construction Grammar Approach to Argument Structure*. The University Chicago Press, 1995. 中译本：《构式：论元结构的构式语法研究》，吴海波译，北京大学出版社，2007 年；Goldberg, A. E., Construction: A new theoretical approach to language,《外国语》2003 年第 3 期；Goldberg, A. E., *Constructions at Work: The Nature of Generalization in Language*. Oxford University Press, 2006.

　　③ 陆俭明《词语句法、语义的多功能性：对"构式语法"理论的解释》，《外国语》2004 年第 2 期；陆俭明《"句式语法"理论与汉语研究》，《中国语文》2004 年第 5 期；陆俭明《构式语法理论的价值与局限》，《南京师范大学文学院学报》2008 年第 1 期。

读本文,在这里对构式语法理论略说几句。

构式语法理论作为一种新的语言研究方法论,它是在20世纪80年代后期逐渐兴起,90年代后开始运用的。代表作是Goldberg(1995)[①]。构式语法理论认为,通常所说的句法格式也跟词一样,有形式,有意义。构式本身也具有意义,不同的构式有不同的构式意义;任何一个构式都是形式和意义的对应体;而构式所表示的意义没法从构式的组成成分、构式内部的构造规则和已有的构式所推知。因此,要对一个构式进行解读,仅仅对与构式有关的动词意义的解读是远远不够的,需要参照与词条相联的框架语义知识。构式语法理论是在批判转换生成语法理论的基础上产生、发展起来的,同时吸收了菲尔墨"框架语义学"(Frame Semantics)的理论思想。大家知道,Chomsky 的转换生成语法理论,强调语法的天赋性和自主性,并把以某个动词为核心所形成的一切动词性结构都看作是该动词的论元结构通过移位、省略或整合而派生的形式。构式语法理论不同意这些观点。构式语法理论承认语言中一个个结构是生成的,但不认为是转换来的。各个语法结构有自己独特的语法意义,而这种独特的语法意义没法从其构成成分和已知的结构所推知。不难发现,构式语法理论符合心理学和认知科学"整体大于部分之和"的完型原理。

用 Goldberg 构式语法理论对现代汉语里的存在句可以做出很好的解释。无论是例(2)a 句还是例(2)b 句,体现的是一种存在构式,其语法意义是"表示存在,表静态"。这种存在构式

[①] Goldberg, A. E., *Construction: A Construction Grammar Approach to Argument Structure*. The University Chicago Press, 1995.

是由三部分组成：存在物、存在处所、存在方式。至于"施事—动作""动作—受事"这种语义关系，在这种存在句中只是潜在的，换句话说，在"存在构式"里不凸显这种"施事—动作""动作—受事"语义关系。这有点儿类似人类社会里的人际关系——甲和乙为父子关系，但不一定在任何场合都凸显父子关系；如果年富力强的儿子乙开了个公司，请退休的老父亲甲到公司做会计，帮他的忙，那么甲和乙在公司里凸显的就不是父子关系，凸显的是雇员与雇主的关系，父子关系只是一种潜在的关系。① 于是，对于存在句我们可以这样给外国学生教：

这是现代汉语中表示存在的句子，说到存在，大家一定可以想象和理解，一定有一个存在物，一定有个存在的处所。在现代汉语里，如果我们要以存在的处所作为话题，往往将它放在句子头上，而将存在物就放在句子末尾，二者之间通常要安一个连接成分——最常见的连接成分是表示存在义的"有"。例如：

台上有主席团
门口有许多孩子
床上有病人
墙上有画
花瓶里有腊梅花
门上有对联

如果要同时说明那存在物存在的方式，通常就使用"动词+'着'"的说法。例如：

台上坐着主席团

---

① 陆俭明《再谈相同词语之间语义关系的多重性》，国际中国语言学学会第16次学术年会（IACL-16）论文，北京大学，2008年6月1日。

门口站／蹲／坐着许多孩子
床上躺着病人
墙上挂／贴着画
花瓶里插着腊梅花
门上贴着对联

这样讲，对初学者来说，肯定容易接受。这样教，实际上给外国学生既教了存在句句式，同时将存在句的基本意思告诉了他们。我自己在国外任教时曾这样教过，北京语言大学的田靓老师也采用我的说法教过，都收到了良好的教学效果。其实，其他许多句式，包括表示各种比较的句式、动词后带数量成分的句式和周遍性句式等，原则上都可以用这种思路来教。

第三个方面，可以深化我们对某些语言现象的认识，以便做出更为合理的解释。例如，"A（一）点儿！"是现代汉语里由形容词构成的一种特殊的祈使句，符号 A 代表形容词。但是，不是任何形容词都能构成这种祈使句。如下面 a 类、b 类句成立，c 类、d 类句则不成立：

(3) a. 谦虚（一）点儿！　　b. 高（一）点儿！
　　　大方（一）点儿！　　　低（一）点儿！
　　　积极（一）点儿！　　　远（一）点儿！
　　　细心（一）点儿！　　　近（一）点儿！
　　c. *骄傲（一）点儿！　d. *帅（一）点儿！
　　　*小气（一）点儿！　　*棒（一）点儿！
　　　*消极（一）点儿！　　*漂亮（一）点儿！
　　　*粗心（一）点儿！　　*出色（一）点儿！

这为什么？这对母语为汉语的中国人来说，似无须了解什么样的形容词能进入这一句式，什么样的形容词不能进入这个句式；可是对一个外国学生来说，犯难了。袁毓林（1993）[①]运用语义特征分析法做出了漂亮的解释，指出能构成这种祈使句的形容词都具有"非贬义而又可控"的语义特征，即只有下面这样的形容词能进入这祈使句式（A 代表形容词）：

A［-贬义，+可控］

这一分析对汉语教学无疑非常有用。

但是，还会常常遇到例外。譬如可以见到 A 为贬义形容词的"A（一）点儿！"的实例，如"糊涂点儿！""马虎点儿！""（导演对演员说）再傲慢点儿！"等。对这种情况，目前一般的解释是：这是由语用条件决定的。这种解释不能说不对，但并没有真正解决问题。人们还要追问：为什么语用条件会造成例外？语用条件只是外因，是否存在某种内在因素？

从构式语法理论的角度看，"A（一）点儿！"是现代汉语中一种特殊的表示祈使语气的构式，这一构式本身就表示一种独特的语法意义，那就是"要求听话人通过一定的行为动作，在某一点上达到说话人所要求的性状"。这一构式义决定了它对形容词词项的选择。具体说，第一，必须是可控的（这是第一要求）；第二，必然以"非贬义"形容词为优先选择的词项；第三，但不排除在特殊语境下选择可控的贬义形容词词项，以达到说话人的某种特殊要求。

至此我们可以了解到，先用语义特征分析理论，再运用构式语法理论，对现代汉语里的"A（一）点儿！"祈使句式就可以做出较为全面、合理的解释。如果我们的汉语老师了解、掌握了

---

① 袁毓林《现代汉语祈使句研究》，北京大学出版社，1993 年。

语义特征分析理论和构式语法理论知识，并能用深入浅出、通俗易懂的语言给学生讲解，肯定大大有助于外国学生学习、掌握现代汉语口语里的"A一点儿！"祈使句。

三 余论

汉语教学事实告诉我们，当代语言学理论，对从事汉语教学的老师来说，是极为需要的，应该去学习，应该去了解。但这不是要大家去研究这些理论（当然，有人想研究也很好），也不是要大家学了以后去直接给留学生讲这些理论。目的是从中吸取理论营养，给自己充电，以便更好地解决外国学生在学习汉语的过程中不断提出的"为什么"问题。这里需要明白的是，外国学生学习汉语，多数人都不是被动地学的，他们常常会提出这样那样的"为什么"，希望老师能给他们一个满意的回答。前面所举的种种"为什么"，就是外国学生提出来的。当然，能提出这些"为什么"问题的外国学生大多是进入汉语学习中高级阶段的学生。

真能学习、了解了当代语言学理论来对种种"为什么"做出较好的解释，一定要做好三种性质的"转化"工作：

"转化"之一：要将新理论、新方法学懂，弄透，并努力使之转化为自己头脑里的知识；

"转化"之二：要运用所学的这些知识去思考汉语研究和汉语教学中的问题，特别是"为什么"的问题，由此转化为汉语教学的内容；

"转化"之三：要进行语言上的转化，那就是不要搬弄一套新名词，而要用自己的语言，深入浅出、通俗易懂地给学生讲解所要讲授的每一个"为什么"问题。

总之，汉语老师要解决外国学生这些"为什么"问题，当代语言学理论可以帮上大忙。以上所举的都是语法方面的实例，其实语音、词汇方面也是如此。

第六节　关于对外汉语语篇教学的新思考①

近20年来，对外汉语教学已有了蓬勃的发展，但在这个领域中，语篇教学与研究至今还是一个很大的薄弱环节。本节就此问题做了一些新的思考。

一　对外汉语语篇教学的问题及其症结何在？

早有学者指出这么一个引人注目的现象：外国人用中文说话、写作，常给人以前言不搭后语的感觉，虽然他说的话里、写的文章中的每一个句子也许都是合乎语法的。② 笔者从事对外汉语教学多年，也深有同感。下面一段例文正说明了这个问题：

可是万万没想到，星期二老师在课堂上读了我写的作文后，×××对我有很大的意见。那天放学，"他问我：为什么要写他，而且不应该写他在×校的坏习惯，你知道不知道你把我在×校的事情写出来，对

---

① 本节摘自彭小川《关于对外汉语语篇教学的新思考》，《汉语学习》2004年第2期。
② 鲁健骥《对外汉语教学思考集》，北京语言文化大学出版社，1999年。

我有很大的影响，对上课没有兴趣了。比如同学会看不起我，老师也会鄙视我。"

上文选自一位中级班留学生的作文，就一个个单句来看，句子基本上是正确的。该学生能正确地使用"把"字句和"对……有/没有……"等句式。另外，趋向补语的引申用法（"写出来"）、"了₂"的用法（"没有兴趣了"）以及能愿动词"会"的用法等都掌握得很好。可是整个语段念起来却比较拗口，问题就出在语篇（Text）上，具体来说主要出在话语的衔接、照应和语义的连贯上。

这说明，话语交际能力的培养绝不是光靠字词句的训练就能奏效的，语篇表达能力在语言交际中有着不可忽视的重要性。唯其如此，这个问题才引起了对外汉语教学界有识之士的重视：经修订出版的《汉语水平等级标准和语法等级大纲》（1996）在复句部分补充了"多重复句"，另外还新增了"句群"这一大单位。[①]还有一些学者大力呼吁要重视语篇教学与研究，如应当适时地、尽快地投入语段教学；[②] 要以培养成段大段成篇表达能力带动中高级汉语主干课教学；[③] 要将对偏误的分析扩大到篇章和语用的层面上；[④] 要从篇章的思路进行写作教学指导，[⑤] 等等。然而，应该看到的是，目前这些呼吁还没有得到应有的重视，语篇教学与

---

① 刘英林主编《汉语水平等级标准与语法等级大纲》，高等教育出版社，1996年6月。
② 陈灼《试论中级汉语课的设计》，载《中高级对外汉语教学论文选》，北京语言学院出版社，1991年。
③ 李杨《中高级对外汉语教学论》，北京大学出版社，1993年。
④ 鲁健骥《对外汉语教学思考集》，北京语言文化大学出版社，1999年。
⑤ 何立荣《浅析留学生汉语写作中的篇章失误》，《汉语学习》1999年第1期。

研究的状况至今还很不理想，具体表现在以下三个方面：

教学方面，语篇教学的意识还不是很强。不少教师对语篇教学的重要性的认识还不是很清楚，如目前精读课教学，课文部分只注重词句讲解的并不少见；课后练习和考试内容，基本上是字词句的，也很普遍。有的教师虽然认识到语篇教学的重要性，但对语篇教学与训练应该包括哪些内容、应该如何有效地进行这种教学与训练却心中无数，以致即使是教也多带有随意性，或仅停留在关联词语和一般复句的教学上。

研究方面，有关汉语语篇研究和对外汉语语篇教学研究的成果还不是很多。我们在"中国学术期刊（光盘版）"上检索了1994—2002年发表的关于语篇研究的论文，共得到540篇，其中503篇是研究外语语篇的（这其中英语又占了绝大多数），汉语语篇本体研究以及语篇教学与习得研究加起来才只有37篇。[①] 另外，已出版的多部对外汉语教学专著都没有语篇专章，已出版的按专题分栏的对外汉语教学论文集，也都没有语篇专栏或将其与别的专题合为一栏。

教材方面，我国的语篇研究起步较晚，研究成果至今未能反映到对外汉语教材中来。据统计，我国先后出版的对外汉语各类教材达300多种，但专门用于语篇训练的似未曾见过。就是现有的教材，也存在这样那样的问题，有的缺少语篇训练的内容，有的甚至连课文本身都忽略了语篇衔接的问题，如《现代汉语教

---

① 我们这项调查只是粗略的：一来，对光盘版上的文献没做全面的调查，仅从"篇名"与"关键词"两个角度进行检索，检索的词语也仅是"语篇""语段"和"篇章"，不排除有遗漏的篇目；二来，发表在论文集上的有关论文没能收入该光盘版。

程·读写课本》（李德津等主编，北京语言学院出版社，1989年）第1册第20课第1自然段：

　　我是＿＿国留学生。我的名字叫＿＿。我是北京语言学院的学生，我学习汉语。

　　显然，上述例文本身在语篇表达上就不够规范。尽管初级入门阶段的教材可以加工，但还是应该尽量按汉语表达的真实面貌来编写。这里似乎形成了一个难解的结：一方面，语篇教学问题成了对外汉语教学中亟待解决的理论和实际问题之一；而另一方面，语篇教学的现状又始终不尽如人意。那么，对外汉语语篇教学的症结究竟是什么？又如何解决这个矛盾呢？

　　笔者认为，症结就在于对外汉语教学界对语篇教学还缺乏足够的重视，缺乏总体的设计和通盘的安排。要解决这个问题，必须认识到，在对外汉语教学过程中，提高学生语篇交际能力是一项系统工程，像以往那样"各自作战""小打小闹"是远远不够的。我们需要站在一个全新的高度，来看待语篇教学的问题。一方面，要继续提高广大对外汉语教师对培养留学生语篇能力的重要性的认识；另一方面，应该从宏观上明确语篇教学的内容，并对语篇教学做出总体的研究与设计。

二 对外汉语语篇教学究竟涵盖哪些内容？

　　目前出版的对外汉语教学专著都没有语篇教学专章，可以说，这是一个至今尚未全面论证过的问题，教学界对此还没有很明确的一致的认识。当前，我们迫切需要做的是将国内外语篇研究的比较成熟的成果吸收过来，对它们进行归纳、梳理，并将其运用到对外汉语教学中来。

我国早年的语篇研究是以文章学的形式出现的，研究的内容比较偏重于书面语和作文之道，语言学的概括力不强。① 国内结合汉语实际系统介绍功能语法语篇理论的是胡壮麟，他的《语篇的衔接与连贯》一书，以语篇的衔接和连贯作为语篇研究的核心，从及物性、指称性、结构衔接、逻辑连接、词汇衔接、主位—述位与语篇衔接、语境与语用学以及语篇结构等方面对英语与汉语做了全面的论述，颇有启发性。

近年来，我国一些学者也从不同的角度对汉语的语篇现象进行了研究：有的从总体上做较为简单的论述，如成方志和马秀玲（2000）；② 有的就语篇衔接的某个类别做研究，如李晋荃（1993）、黄南松（1997）、张谊生（1999）；③ 有的对具有语篇功能的某个具体的词做研究，如王灿龙(2000)、郑贵友（2001）。④ 此外，还有一些是从教学以及留学生语篇习得的角度进行研究的，如朱其智（2001）、肖奚强（2001）。⑤ 这些研究成果无疑对对外汉语语篇教学有很强的指导意义。

综合国内外学者的研究成果，同时结合汉语和对外汉语教学

---

① 胡壮麟《语篇的衔接与连贯》，上海外语教育出版社，1994年。
② 成方志、马秀玲《汉语的语篇功能》，《滨州教育学院学报》2000年第3期。
③ 李晋荃《话题连贯与述题连贯》，《语言教学与研究》1993年第1期；黄南松《省略与语篇》，《语文研究》1997年第1期；张谊生《副词的篇章功能》，《语言研究》1999年第1期。
④ 王灿龙《人称代词"他"的照应功能研究》，《中国语文》2000年第3期；郑贵友《关联词"再说"及其篇章功能》，《世界汉语教学》2001年第4期。
⑤ 朱其智《话篇分析技巧在汉语精读课中的运用》，《汉语学习》2001年第4期；肖奚强《外国学生照应偏误分析》，《汉语学习》2001年第1期。

的实际,笔者认为,对外汉语语篇教学的内容,是否可暂时先做些粗略的归纳?对外汉语语篇教学注重对学生进行成段表达的训练,在注意培养学生对汉语语篇表达的语感的同时,加强对话语的衔接与连贯的指导。主要教学内容是汉语由句子组成语段,由语段组成语篇的衔接成分与衔接方式,具体应该包括如下几个方面:

一是照应。例如:

马觉得自己比羊高,也比羊大,很骄傲。羊问它好的时候,它的眼睛看着天,不回答,很没礼貌。("自己""它"分别照应"马")

二是省略。例如:

他买了一条漂亮的花裙子,一件非常好看的外衣,还买了一双样式很新的皮鞋。

三是关联词语。例如:

连词:不但……而且……,虽然……但是……,因为……所以……,既然……,如果……,即使……,无论……,何况……,只要……,此外……,总之……

四是时间词语。例如:

序列的时间连接成分:最先、最初、开始的时候;然后、后来;最后……[①]

五是词汇衔接(限于篇幅,此处不具体举例,下同)。

六是句式的选择与连贯。

七是语义连贯。

---

① 廖秋忠《廖秋忠文集》,北京语言学院出版社,1992年。转引自刘月华《关于叙述体的篇章教学——怎样教学生把句子连成段落》,《世界汉语教学》1998年第1期。

以上只是初步的考虑，需要补充内容。另外，每一项都有待进一步具体化和层级化。此处列出来，纯粹是抛砖引玉。作为一项系统工程，尚需各方协作，共同"攻关"。为此，特做如下建议：（1）建议有关部门尽快组织人员编写出对外汉语语篇教学大纲；（2）继续铺开对汉语话语和篇章结构特点的系统研究，及时对新的研究成果加以综合梳理，不断丰富对外汉语语篇教学的内容；（3）研究方法上可以多样化，如刘月华（1998）[①]认为，不同的语体，语篇的连接成分与连接方式都有所不同，可首先区分语体，再对每一个语体的连接成分与连接方式进行研究；（4）继续加强留学生语篇习得的研究，使对外汉语语篇教学内容更具针对性；（5）要尽量将语篇教学的内容编写进各类教材中。

三 对外汉语语篇教学整体教学框架的设计

要想整体有效地提高留学生的语篇表达能力，就必须彻底改变汉语语篇教学"各自为战"的局面，设计出语篇教学的整体框架，而整体框架应从纵横两方面来构建。

（一）纵向方面，应强调语篇教学的阶段性，打好基础，层层衔接

张宝林（1998）[②]曾就此发表过见解。他指出，从单句到完整的话或完整的作品之间有一个很大的距离，不给学生任何台阶就想让他们跨过这段距离，恐怕会有相当的难度。他认为不能忽

---

① 刘月华《关于叙述体的篇章教学——怎样教学生把句子连成段落》，《世界汉语教学》1998 年第 1 期。

② 张宝林《语段教学的回顾与展望》，《语言教学与研究》1998 年第 2 期。

略其间的这个必经阶段——语段教学。为此,他强调有必要进一步探讨语段的概念和性质,明确语段的上限,区分语段与段落、篇章。笔者认为,张宝林对语篇教学问题的分析是中肯的,但他的建议却有值得商榷之处。因为语篇是一个宽泛的概念,它既包括完整的篇章,又包括成段的话语,而段又可长可短;再说知识本身是有连贯性的。因此,就教学本身来说,完全没有必要花太多时间去探讨"语段"的概念和性质,去明确语段的上限,将语段与语篇截然区分开来。① 关键是要认识到培养语篇能力应有语段训练这个重要的过渡阶段,在这个阶段扎扎实实地由浅入深地下功夫,这就够了。

　　这就引出了另外一个问题,语段训练应从何时开始?笔者认为,如果我们能形成这么一个共识,即句子与句子的排列、衔接与连贯是语段乃至语篇训练的基础,那么以精读课为例,在初级阶段经过一段时间的单句教学后,我们就应该在字词句教学的同时开始抓这方面的基础训练。

　　这样做会不会干扰字词句的教学呢?应该不会。事实上,在初级阶段,除了初入门时外,单纯的单句教学是满足不了留学生的交际需要的(课文本身就以语篇的形式展现,哪怕它是短短的几句)。我们教师在教学中已有意无意地给学生提供了不少语段实践的机会,经过几个月的学习,学生已经能够说或长或短的一段话,并能够写简单的短文了。只不过,如前所说,这些成段表达的实践,缺少语篇衔接与连贯方面的有目的的、有针对性的、系统的指导,以致效果不够好。可见,既然客观上我们已花了时间在语段实践上,

---

① 当然,作为学术研究,完全可以去探讨。

那么，与其随意地实践，倒不如一开始就充分利用课文中的可用作语篇教学的因素，有步骤地进行规范化的训练。何况字词句的学习，也只有在语篇交际中反复运用，才能真正掌握并得到巩固。关键是看我们如何巧妙地结合，做到两不误罢了。

这里不是单纯论述语篇教学操练问题的，故只能简单举一些例子。下面以《现代汉语教程·读写课本》（李德津等主编，北京语言学院出版社，1989年）第1册第19课的一段话的教学为例：①

马京生是北京大学的学生，他的身体很好，学习也很好。

这段文字不长，却出现了三种语篇衔接的手段：代词、省略、关联副词，其中代词照应和省略现象分别在此前的第16课和第17课出现过，"也"则是生词。教学步骤可做以下安排：

老师教完生词等后，请学生把书合上，展示事先准备好的两个句子：

马京生的身体很好。　　马京生的学习很好。

让学生朗读这两个句子后，用手势启发学生：你们能够把这两个句子连起来说吗？

生a. 马京生的身体很好，他的学习很好。
生b. 马京生的身体很好，他的学习也很好。

老师视学生回答的情况给予肯定和引导。即使是a种答案，也要肯定他懂得用"他"，然后再启发他用上刚学过的新知识"也"。

---

① 具体何时开始这一步骤，可视学生的具体情况而定，完全可以往后推，但应该有这样的训练过程。

教师的语言要简单,重在引导。

老师指着 b 句问这句还可以怎么说呢?并用手盖着"他的"问能不能这样说:

马京生的身体很好,学习也很好。(加以肯定后请学生跟着读这个句子)

生:……

老师再在先前展示的句子前加上一个句子"马京生是北京大学的学生",然后问:"你们能把这三句连起来说吗?"

此时,学生看到经过自己的努力所说出的这段话跟课文一样,必定会受到鼓舞。这个环节花的时间,表面上比老师带读课文或讲解要多,但实际上,前一段是在练习生词"也"的用法,整个过程又一直在进行长期以来我们所忽略的连句成段的练习,都是很有必要的。同时,学生自始至终参与教学活动,经过他们自己思考说出的句子,肯定会比单纯读课文印象深刻得多。相信经常进行这样的训练,到中高级以后出现的语篇偏误应该会大大地减少。这个时间花得值。

其实,只要教师头脑中明确语篇教学有哪些内容,同时又有这方面的意识,那么从初级精读课本中提取语篇训练的素材,应不是难事。

这样的训练,不是孤立地复习和巩固所学过的一个一个的生词,而是充分发挥它们的语篇连接的功能,进行综合性的练习,效果自然会比较好。限于篇幅,此处只能举例性谈谈初级过渡阶段的一些做法。到了中高级阶段,语篇训练无论是广度还是深度都需进一步加强。教师要采取多种方式狠抓成段理解与表达的训练,具体做法拟另撰文讨论。

（二）横向方面，应强调语篇教学的整体性，分工配合，互相促进

培养学生的语篇能力，并不是哪门课的"专利"，必须各方同时努力，协调行动，才能收到比较理想的效果。因此，除了精读课外，各门单项技能训练课如阅读课、听力课、口语课、写作课、语法课等也都应该承担起语篇教学的任务。当然，各门课的侧重点应有不同。

1. 阅读课。

阅读课的教学目的是培养学生的阅读技能，提高他们的阅读水平。阅读的技能有很多种，其中包括有利于扫除字词句障碍的"猜词""句子理解"等，包括有利于提高阅读速度的"抓主句""预测""扩大视幅""组读"等。此外，还包括有利于提高阅读的准确率和速度的"抓标志词"。[①] 所谓"标志词"指的就是表示语篇逻辑联系的词语，除了常常用到的连接句子或语段的连词外，还有诸如"首先""其次""再次""最后"，"开始""接着""然后""此外"，"第一""第二""第三"……，"同时"，"终于"，"总之"，等等。阅读教学时，教师一定要有目的、有步骤地进行"抓标志词"的训练。这不但有助于提高学生的阅读能力，而且通过反复不断的输入，能增强学生在语篇衔接与连贯方面的语感，对提高他们的语篇表达能力也将很有裨益。

2. 听力课。

从生理学和心理学的角度看，听与说有着直接的联系，前者是听觉输入信息的过程，后者是生成输出话语的过程。听力课教

---

① 周小兵《第二语言教学论》，河北教育出版社，1996年。

师在选择或使用听力材料时，应有语篇训练的意识，有些语段也应从听的角度着重训练学生"抓标志词"的能力，使这些有用的信息较牢固地储存于他们的记忆中。这同样有利于增强学生在语篇衔接与连贯方面的语感，为他们理解长篇话语和有效地培养成段表达能力打下良好的基础。

3. 口语课。

口语课为学生提供了口头成段表达的实践机会。为了保护学生的积极性，让他们大胆地开口说话，教师不宜有错必纠，而应有选择地抓住一些重要的偏误予以点评。此时教师不应把注意力只集中在词句上，也应有语篇训练的意识，根据口语语篇连接的特点进行教学。

4. 写作课。

写作课培养的是成段成篇的书面表达能力。这门课的性质决定了我们不能光把注意力集中在遣词造句上，必须十分重视衔接与连贯的语篇写作训练。与精读课一样，写作课语篇能力的培养也应该有一个过渡阶段，即应在整篇的写作之前，安排语段写作训练。此阶段教师可采用看图写话、听后写或用几个词语写一段话等方法，让学生写出简短的语段。学生所写的语段的偏误肯定会涉及词汇、语法和话语连接等几个方面，教师批改时，不能改得一片红，而应各有侧重点，有时着重遣词造句的问题，有时着重语句的衔接与连贯的问题。要重视示范性的讲评，讲评时也不能面面俱到，即使是重点讲评语句的衔接与连贯问题，教师也应按照语篇训练的有关内容，有计划分步骤地一次着重解决一两个问题。另外，作为语段的训练，还可打乱一段话的句子顺序，让学生重新排列，或者要求学生用指定的连接词写一段话。

在语段训练之后,还应进一步安排组段成篇的训练。

总之,写作课必须改变过去那种随意定一个题目便让学生去写,而教师忽略在衔接与连贯方面进行批改讲评的做法,这样才能有效地提高学生的语篇表达能力。

5. 语法课。

中级班开设了语法课的,建议安排一段时间专门进行语篇训练。与精读课不同的是,精读课的训练基本上是随课进行的,训练的项目大多比较零散;在语法课上,可把学过的一些语篇衔接的知识综合起来加以分类,通过对比的方法,进行比较系统的训练。步骤可分为:(1)通过对比、辨析和配套练习,帮助学生进一步打好语句衔接的基础;(2)启发学生讨论、分析语段,帮助他们体会语段的结构关系;(3)采取多种形式,循序渐进,进行综合训练。①

(三)结语

本节提出对外汉语语篇教学是一项系统工程,必须明确语篇教学的内容,并从纵横两方面来构建语篇教学的整体教学框架的看法。这里实际上有两重含义,对于整个对外汉语教学界来说,很有必要各方协同努力去构建语篇教学的"大厦";而对于每一位教师来说,在进行教学时,心中要有这座"大厦"的整体"结构图",明确自己在该"结构图"的纵横关系中所处的位置和应该发挥的作用,从而能够更自觉地承担自己的任务,并主动地跟其他课程进行配合。若能如此,相信对外汉语语篇教学定能跃上一个新的台阶。

---

① 彭小川《对外汉语语法课语段教学刍议》,《语言文字应用》1999 年第 3 期。

第二章

汉语语法教学的类型学视野

第一节 语言类型研究与汉语教学[①]

汉语与西方语言在类型上差异比较显著,因此在汉语教学中怎样向母语是西方语言的学生解释汉语语法,可能就需要比较汉语与其他语言在类型上的特点。如果能利用现有的语言学研究成果,从语言类型学方面加以考虑,有的问题就会有比较简单、明了的解决办法。本节将试着从三个方面探讨这一问题。

一

汉语在指称物体或事物时,与西方语言相比有明显的不同特点,汉语通常用一个统称词加上一个描述词,如"树""花",只需加上另一个词就可以加以区别,如:柳树(法语:saule pleureur)、桃树(pêcher)、梧桐树(platane)、桑树(mûrier)、菊花(chrysanthème)、牡丹花(pivoine)、玫瑰花(rose)、荷花(nénuphar),等等。从西文的对译中很容易看出,西方文字是一物一词,而汉语的中心词是同一个词。如果教给西方学生汉

---

① 本节摘自徐丹《语言类型研究与汉语教学》,《语言教学与研究》2007年第3期。

语构词法的这一特点，他们会发现掌握汉语里一个词相当于学会了一群词，或者说学会了潜在的一群词。

再比较一组用英语和汉语表达"笑"义的词。laugh：笑，smile：微笑，smirk：假笑、傻笑，sneer：嗤笑，beam：满脸堆笑，giggle：咯咯地笑，snigger：窃笑，jeer：嘲笑。在这组例子里，汉语的中心词都是一个"笑"字，前面只需加上修饰语就对应于英语里的不同的词。可以看出，对同一个实体或同一个事物，各语言的表述很不一样。总体来看，这与不同类型语言的造词方式有关。

但从有些特例来看，各民族的社会及文化差异也可以影响构词法。比如在亲属称谓方面，现代汉语就没有涵盖许多义项的词，而是一人一称谓词，西方则用统称词概括。如英语 uncle 对应于汉语的"伯伯、舅舅、姑父、姨夫、叔叔"等。这是因为中国的等级观念、宗族制度根深蒂固的缘故，而西方则不像中国那么重视。在中西两种语言对译的时候，就需酌情处理。如汉语里的"孙子孙女"，英语完全可以用 grand-children，法语用 petits-enfants 这种不完全对应的词来翻译。因为在英语和法语里，这两个词涵盖了"孙子"和"孙女"，没有必要再解析这个词的含义。

语言的类型是会随着时间的变化而变化的。古汉语的构词法与现代汉语很不相同。比如现代汉语关于"洗"的概念，我们可以用中心词"洗"加上修饰词来表达不同的意思，如"梳洗、涮洗、干洗、刷洗、冲洗"等。而古汉语是一个词只对应一个概念，与今天的西方语言很接近，如"沐（洗头发）、浴（洗身）、盥（洗手）"等。这些概念，现代汉语用"洗"一个词全代替了，只需变一下宾语。

在现代汉语里，关于马的颜色的词不能算是丰富，但在游牧民族的语言里,有关"马"的词是丰富多彩的,仍以古汉语为例。在两千多年前的《诗经》里,有关"马"的词异常丰富,如在《駉》这一篇赞扬各种马的诗里,就有表1中的这些词描述"马"。

表1

金启华译①	Karlgren 译文②	Couvreur 译文
骊:黑身白腿的马	white-breeched black	noir (avec) les cuisses blanches
皇:黄而夹白的马	light-yellow	jaune pale
骊:一色全黑的马	black	noir
黄:红而带黄的马	bay	jaune
骓:苍白杂色的马	grey-and-white	gris-blanc
駓:黄白杂毛的马	brown-and-white	jaune-blanc
骍:红而微黄的马	red	roux
骐:青而微黑的马	black-mottled grey	noir pale
驎:青黑的钱花马	flecked noir pale	couvertd'é cailles
骆:白身黑鬣的马	white ones with black manes	le corps blanc et la crinière noire
駠:赤身黑鬣的马	red ones with black manes	le corps roux et la crinière noire
雒:黑身白鬣的马	black ones with white manes	le corps noir et la crinière blanche
駰:黑白的花马	dark-and-white ones	gris
騢:红白的花马	red-and-white ones	blanc roux
驔:白毛长腿的马	hairy-legged ones	longs poils blancs sur les jambes
鱼:两眼白毛的马	fish-eyed ones	les yeux blancs comme les poissons

《诗经》的语言在今天晦涩难懂,但在当时却是民间的口头文学。我们看到,关于"马"的颜色的描写竟达16个词。今天这些词几乎全部死亡了。从中西文的对译我们看到,现代汉语及

---

① 金启华《诗经全译》,江苏古籍出版社,1984年。
② Karlgren, B., Grammata Serica Recensa. *Bulletin of the Museum of Far Eastern Antiquities*, 29, 1957.

西文都只得临时造词，没有相应的说法。上古汉语可谓一物一词，而现代汉语采取的是中心词加修饰词的办法。这表明，某一语言的构词法与其语言类型有关。从历时的角度看，语言类型不是一成不变的；从共时的角度看，文化背景、历史因素也能造成特例。

二

西方语言的时态表达法与汉语不同，是汉语教学中的一个难点。西方语言在形态上呈显性状态，而汉语在句法表达上常呈隐性状态。英语、法语通过动词变位表达时态，而汉语里的方块字在形态上无变化，普通话的语音也无屈折变化，只能靠时间词、时体助词（了、着、过）等配合表达。我们认为，汉语里也有"时态配合"的问题，只不过是隐蔽的或是隐性的而已。比如，现代汉语中的副词及连词里有大量的同义词，这些同义词是汉语时态表达的一种补充手段。当然这些同义词的时态意义只适用于现代汉语。因为各个时期常用副词都不相同，而且意义也有变化，有的是沿用了引申义，有的在后来根本改变了意义。由于汉语的时体助词是后起的，所以这些显性的句法手段、实时体助词与副词或连词进行搭配也是汉语后来发展出来的。

我们在《汉语句法引论》[①]里已明确表明了这一观点，这里我们再补充两句。汉语里的许多同义副词及连词都可以配合时态，以表达不同的概念，具体见表 2。表中的"+"号表示某一词与某一时态兼容，不表示与同义词在语义及功能上相等。

---

① 徐丹《汉语句法引论》，张祖建译，北京语言大学出版社，2004 年。法文原版出版于 1996 年。

表 2

汉语同义词	英/法	过去	将来
常常；往往	often/souvent; often/souvent	+；+	+；-
到底；终于	finally/finalement; finally/finalement	+；+	+；-
尽管；即使	even though/malgré; even though/malgré	+；-	-；+
为了；以便	for/pour; for/pour	+；-	+；+
一直；始终	always/toujours; always/toujours	+；+	+；+
以后；后来	after wards/après; after wards/après	+；+	+；-
又；再	again/encore; again/encore	+；-	-；+
才；刚	only, just/à peine, ne... que; only, just/à peine	+；+	+；-

在无上下文的情况下，上表中的这些副词及连词在西文的对译里是同一个意思，其实在汉语里，它们是表达时态的词，与时体助词配合。如果用错了，就像西文里犯了动词变位错误一样，学生明白了这一点，会避免许多错误。西文里的动词由于有形态变化，所以副词及连词本身就不再指明时态。而汉语则相反，动词本身无法指明时态，动词靠其他语法词表达时态。

我们很容易看到，上表中的同义词有不同的时态内涵，在没有其他助动词或复杂句式的情况下，这些词本身有内在的时态含义：

（1）a. 昨天 / 明天他才来。
　　　b. 昨天 / *明天他刚来。
（2）a. 尽管 / *即使他病了，他还是来了。
　　　b. 即使 / *尽管他病了，他也会来的！
（3）a. 以后 / 后来他又来过两次。
　　　b. 你以后 / *后来再来吧！
（4）a. 昨天我们一直 / 始终没见到他。
　　　b. 我们明天一直 / *始终等到他来，看他怎么说。

其实细究起来，各对同义词的句法及语义限制很多，而且不尽相同。这里我们只说了一个大概的趋势，即汉语里的同义副词或连词有内在的时态意义，这些同义词在时态上有差异。它们与时态助词必须在语义上搭配、不能相悖，否则句子不合语法。西方人觉得汉语里的"了、着、过"难以掌握，其实不是这些时体助词本身难学，而是与其配合的句型、副词和连词难学。通常的语法书总是把精力放在"了、着、过"的阐释上，而很少解释与其配合的句型和词，使得学生背熟了"了、着、过"的语法规则，但仍然掌握不了汉语的时态表达。

三

古汉语和现代汉语从语言类型的角度看，实属不同类型。从事古汉语教学须明确这一差别，否则很难自圆其说。现代汉语是以句法手段为主的语言，而古汉语（这里指两汉以前的汉语）是一种运用综合手段的语言，即形态变化及句法手段兼而有之的语言。

语言是有生命的，是可以发生、发展乃至灭亡的。古汉语尤其是两汉以前的汉语与我们今天所见到的汉语是很不同的。古汉语起码靠三种方法明确各个成分之间的语法关系：语音或形态手段、词汇手段及句法手段。语音或形态手段是指古汉语通过变换音调，改变发音方式指明语法关系。比如"折"字，在用作及物动词时念 zhé："请勿攀折树枝"，用作不及物动词时念 shé："树枝折了"。这样的例子在北方方言里已经绝无仅有了，但在南方方言里痕迹较多。有的字在古汉语里根据音调不同而改变动词的指向，但在现代汉语里需用两个不同的字代表了。如"食"字根据音调及发音方式的不同①可以改变意义。例如：

(5) 食无求饱，居无求安。（《论语·学而》）
(6) 治于人者食人，治人者食于人。（《孟子·滕文公上》）

例（5）里的"食"古读入声，是"自己吃"的意思，例（6）里的"食"古读去声，很明显，这里的"食人"不是"吃人"的意思，而是"养活"的意思。"食"字的两读在《经典释文》及《广韵》里都有记载。在传世文献《史记》里，我们仍能看到"食"字两读的例证：

(7) （汉王）解衣衣我，推食食我。（《史记·淮阴侯列传》）
(8) （汉王）衣我以其衣，食我以其食。（同上）

例（7）的第一个"食"是名词，读入声，第二个"食"是使动义的动词，读去声，意思是"把美食推给我吃"；例（8）"食我"的"食"是使动词，读去声，"其食"的"食"是名词，读入声。这种用法在现代汉语里已不复存在了，现代汉语用两个不同的字来表示"自己吃"和"养"的意思了，即"食""饲"（现代汉语里是"喂养动物"，意思已有所改变）。

古汉语通过变调改变词性，如动词变名词、名词变动词、及物动词变不及物动词、不及物动词变及物动词等。比如例（7）、例（8）中的"衣"字，做名词时读平声，做动词时读去声。现代汉语则改用两个不同的字或词表达古汉语里一个字不同的语法功能，如名词用"衣（服）"表达，动词用读去声的"衣"，而后者在中古时期曾被"着"取代，现代汉语则用"穿"代替了。

有的变调构词则是通过增添偏旁并加上变化声调。例如：

---

① 许多学者发现这个字在上古汉语里不但音调有别，而且前缀也不同。

(9) 择不处仁，焉得知？（《论语·里仁》）
(10) 知者无不知也。（《孟子·尽心上》）

例（9）的"知"同"智"，做名词，读去声，例（10）第一个"知"古读去声，做名词用，第二个"知"读平声。据杨伯峻考证，在今天通行的《论语》本子里，"智"都写成"知"（《孟子》里"知""智"都有），这大概是由于传世本子有后人改动的缘故。① 如参照河北定州汉墓出土的竹简《论语》②，我们就会发现，在公元前55年以前的版本里，"知""智"混用、相通。看来，"知""智"分用是后来的事情。后世为了避免混淆不同的功用，做名词用的"知"写成了"智"，做动词用的"知"仍是"知"。

通过词汇手段表达不同的语法概念是古汉语的另一特点。古汉语里许多名词都能做动词用，这些字词并无变调或变音的记载（不排除有的字词可能有过两读）。很多语法学家都称之为"词类活用"，依照我们的观点，其实这并不是什么活用，而恰恰是古汉语的一个重要特点。我们不能用现代汉语的语法规则描述古汉语的语法。例如"君""臣""父""树""友"等，这样的例子不可胜数。

句法手段在古汉语里不发达，能表达语法关系的语法词不多。除了"使字句"是古老的句型外，"把"字句、"被"字句等都是新兴、后起的句型。在现代汉语里，句法手段成为标注语法意义最主要的手段，这是为了补偿汉语失去的其他手段而发展出来

---

① 杨伯峻《论语译注》，中华书局，1980年。
② 《论语》（定州汉墓楚简，文物出版社，1997年）。这部竹简是由西汉中山怀王刘修墓中出土，所以这个本子的下限被竹简整理小组定在公元前55年以前。

的,也就是说,这是汉语自身发展的一种自然结果。

众所周知,古汉语没有时态助词标记动词的时态,没有数量词标记名词,介词数量较少,语法关系的表达与现代汉语相差甚远。可以这样说,现代汉语属于分析性语言,即词和语素重合的比例相当高,词与词之间的语法关系靠词序和虚词来表示。而古汉语的类型不是单纯的一种类型,形态类型和分析类型的特点都有。如果不明确这一点,古汉语教学就会事倍功半。

总之,我们认为,语言类型学对汉语教学乃至其他语言教学都是深有裨益的,我们应当尽可能地利用语言学研究成果。这里,我们只是一个尝试。

第二节 从语言类型角度看汉语补语问题[①]

《解决现代汉语补语问题的一个可行性方案》[②]发表后引起了不少争议。为避免一些不必要的争议,笔者在该文第一小节以"句法成分的功能和形式"为标题对句子成分的功能和形式做了一些简要的交代。但该文发表后还是引起了一些争议,争议的原因一部分来自对句法成分概念内涵和外延认识上的差异。如果讨论的一些基本概念认识或理论假设不同,问题就无法在一个共同

[①] 本节摘自金立鑫《从普通语言学和语言类型角度看汉语补语问题》,《世界汉语教学》2011年第4期。

[②] 金立鑫《解决现代汉语补语问题的一个可行性方案》,《中国语文》2009年第5期。

的基础上讨论,也就不可能达成共识。为此,我们试图就"句法成分"的内涵和外延的理论假设重新表述,希望问题的讨论能够在这样的理论假设基础上进行。

一 句法关系和句子成分

人类所有语言都有一个最基本的功能,那就是叙述。所有的叙述都必须包含两个部分:叙述的对象和对对象的叙述。古代没有语法学,语法修辞逻辑不分家,句子的分析直接从逻辑学中借来了 subject 和 predicate。前者就是句子的主语,后者就是句子的谓语(这个翻译很好,"谓"表达了叙述的意思)。谓语内部还包括两个部分,那就是表达行为或属性的动词和动词所涉及的对象。所有语言中都有动词,而动词所涉及的对象,通常是行为施加的对象,就叫作宾语。宾语通常是动词词义的规定者,而主语不是。尤其是一些高频动词(如英语的 take,汉语的"打""做"等)。人类语言中动词的数量总是少于名词,动词的词义也比较抽象,通常由宾语来确认。例如汉语中的"打",在"打"的前面增加主语并不能确定"打"的意义,而在"打"的后面增加"酱油""官司""伞""电话""篮球""枪""报告""井"等宾语,某个"打"的意义才能得到确定。因此很多语言学家认为宾语是动词的内部论元,这是有道理的。也因此,宾语和动词的距离更近,与动词合二为一,作为一个和主语相对待的句子成分,也是可以理解的。传统语法中动词和宾语合称为"谓语",生成语法中一个句子可以转写为一个相当于主语的 NP 和一个相当于谓语的 VP 也是有道理的。

人类的语言首先是口语。口语交际中绝大部分都是结构简单的句子，通常只有一个叙述对象和一个对对象的叙述。一般情况下一个简单句就能完成交际任务。但是如果要在一个句子中表达一些较为复杂的意义，一个主语和一个谓语就可能不够用。必须使用主语和谓语之外的其他成分来表达。这时主语和谓语以外的句子成分才被发展出来。

假定一个简单的句子只表达一个简单的意义，这个简单的意义单位我们暂且用"一个述谓结构"来度量。一个述谓结构内只有一个主语和一个谓语（由此我们可以看出，句子成分只不过是意义之间的关系的形式化而已，以下的讨论也涉及这个基本道理）。如果一个人要表达两个简单的意义单位，那么理论上他要说的话就应该有两个述谓结构。如果这两个述谓结构他分别用两个句子来表达，那么问题就不会发生。如果永远这样或许人类语言就只有一个主语和一个谓语的简单句。但人类试图在一个句子中表达两个甚至更多的述谓结构，问题就产生了。如何在一个句子中安排这两个述谓结构？句子不可能是三维的，只能是一维的线性结构。如果一个语言社团已经约定SVO作为他们的基本语序，最前面的句法位置已经由主语占据，第二个位置已经由动词占据，最后一个位置由动词的宾语占据。第二个述谓结构如何安排？

要在一个句子中安排两个述谓结构，这两个述谓结构之间必定有一个共有成分，必有两个成分之间形成交叠。如果两个述谓结构之间的任何成分都不交叠，那么它们只能是两个句子而不可能合并为一个句子。假如说话人要表达的两个述谓结构分别为：

(1) 阿Q可怜巴巴

第二节　从语言类型角度看汉语补语问题

（2）阿 Q 说

这两个述谓结构中互相交叠的成分是"阿 Q"，这个"阿 Q"要同时接受两个谓词（"可怜巴巴"和"说"）的陈述，如何安排这两个谓词就成为当初人类要面对的语法问题。如果这个语言选择了 SVO 作为基本语序，那么这两个谓词中只有一个能够占据 V 的位置，另一个谓词只能另找位置。根据语义靠近原理（我们相信这是人类语言共同的潜规则），这个谓词应该尽量靠近它的陈述对象"阿 Q"。那么，理所当然最为合适的便是紧挨着"阿 Q"前面空着的位置或者它后面的位置。根据数学原则，可能出现的语序是：

（3）可怜巴巴 de 阿 Q 说
（4）阿 Q 可怜巴巴 de 说

汉语中例（3）的"可怜巴巴"一般叫作"定语"，例（4）的"可怜巴巴"一般叫作状语（下面我们还会讨论这个问题）。因此，从本质上说，上面例子中的定语和状语也是一种谓语，是一种没有占据句子主要述谓位置的谓语。上面说的是交叠的成分是主语的情况。下面看另外两个述谓结构：

（5）前面来了一位姑娘
（6）这位姑娘很漂亮

在口语中，这两个述谓结构很可能分别用两个句子来表达；但在书面语中，这两个句子却很可能被整合为一个句子。这两个述谓结构互相交叠的成分是"姑娘"，这个"姑娘"在整合句子时可能处理为宾语或主语，如：

（7）前面来了一位很漂亮的姑娘

（8）一位很漂亮的姑娘从前面来了

定语的述谓性我们证明到此。用同样的方法我们来看句子中的另一个成分"状语"。如果说定语是对名词的述谓，那么状语就是对谓词的述谓。请看下面的述谓结构：

（9）你走
（10）走快点儿

例（9）中的"走"是述谓"你"的，而例（10）中"快点儿"是述谓"走"的。同样，这两个述谓结构在口语中也可能是两个短句。但是更多的时候它们可能合为一个句子，例如：

（11）你快点儿走
（12）你走快点儿

两个述谓结构被整合在了一个句子中。现在的问题，我们该如何看待例（4）中的"可怜巴巴"和例（12）中的"快点儿"？如果根据一贯性原则（或同一性原则），应该把前者看作定语，把后者看作状语才合适。但由于汉语动词凸显的类型学特点，[①]原本用来修饰名词的定语也可能移位到动词前面做假性状语；由于类推动因和认知上的迁移性，原本修饰名词的定语处在动词前状语的位置就越来越明显地具有状语的表达功能，且其状语的意味也越来越重，使得这些原本是假性的状语成为真正的状语。这个过程我们必须看清楚。例如：

（13）松松地编了个大辫子
（14）热热地喝碗茶

---

① 刘丹青《汉语是一种动词型语言——试说动词型语言和名词型语言的类型差异》，《世界汉语教学》2010年第1期。

例(13)本来的意思应该是"编了个松松的大辫子",但当"松松"移位到动词前充当状语之后,这个"松松"似乎也有了描述动作的意味。例(14)同理。

但是对例(11)和例(12)的处理目前还存在一些争议。[①]我们将在后面展开。

二 从汉语语言类型看汉语句子成分的分布及其变异

汉语,严格地说是汉语普通话,到底是 SVO 语言还是 SOV 语言,这是个必须回答的问题。因为这涉及与此相关的一系列语法现象。因为已经有证据表明,这两种不同的语言至少已经存在下面一系列倾向性对立:[②]

VO 语序相关	OV 语序相关
① 附置词—名词短语	名词短语—附置词
② 系动词—述谓词	述谓词—系动词
③ "want"—动词短语	动词短语—"want"
④ 时/体助动词—动词短语	动词短语—时/体助动词
⑤ 否定助动词—动词短语	动词短语—否定助动词
⑥ 标句词—句子	句子—标句词
⑦ 疑问词—句子	句子—疑问词
⑧ 偏正关联副词—S	句子—偏正关联副词

---

① 沈家煊《如何解决"补语"问题》,《世界汉语教学》2010 年第 4 期。
② Dryer, Matthew, S., The Greenbergian word order correlation. *Language*, 68, 1992; Dryer, Matthew, S., The branching direction theory revisited. In Sergio Scalise, Elisabetta Magni & Antonietta Bisetto (Eds.), *Universals of Language Today*, Springer, 2008; Haspelmath, Martin, Universals of word-order, http://email. eva. mpg. de/~haspelmt /6. WordOrder. pdf, 2006.

⑨ 冠词—N′　　　　　　　　N′—冠词
⑩ 复数词—N′　　　　　　　N′—复数词
⑪ 名词—领属词　　　　　　领属词—名词
⑫ 名词—关系小句　　　　　关系小句—名词
⑬ 形容词—比较基准　　　　比较基准—形容词
⑭ 动词—附置词短语　　　　附置词短语—动词
⑮ 动词—方式副词　　　　　方式副词—动词

以上倾向性对立绝不是偶然的，背后一定存在必然的原因。这个问题我们另文讨论。以上 VO 语言和 OV 语言的对立已经明显表现出前后项之间的倾向性。因此，或许可以参照这种对立来衡量汉语，看看汉语到底是倾向于 VO 语言还是 OV 语言。我们来看事实：

首先，我们需要约定一个临时性的前提：在下面的所有例子中，我们先只看事实。换句话说，我们可以不承认某种理论，但我们必须向事实低头。以下我们只看成分之间的依存关系，只看成分的句法功能：某成分与另一个成分之间是否存在句法上的依存关系，这种依存关系是否能得到语义上的解释（即是否存在语义基础。我们在前面指出过：句法是语义关系的一种形式化）。根据以上 Dryer 等列举的倾向性对立，我们举一些汉语中存在的事实来证明汉语既不是典型的 VO 语言，也不是典型的 OV 语言。请看：

（15）操场上站着一些人。｜桌子上放着一些苹果。
（16）本次列车开往北京南站。｜他一直走向前方。
（17）那些人站在操场上。｜苹果放在桌子上。

例（15）中的"上"实际上就是后置词（Postposition），是 OV 语言的倾向；例（16）中的"往""向"是前置词（Preposition），是 VO 语言的倾向；例（17）既有前置词又有后置词。

（18）事实更胜于雄辩。｜他高过我。
（19）他比我高。｜事实比雄辩更有说服力。

例（18）是"形容词+比较基准"结构，VO 语言的倾向；例（19）是"比较基准+形容词"结构，OV 语言的倾向。

（20）慢点儿走。｜很快 de 说。
（21）走慢点儿。｜说 de 很快。

例（20）是"方式状语+动词"结构，OV 语言的倾向；例（21）是"动词+方式状语"结构，VO 语言的倾向。

（22）不遵守纪律的犯人一律关禁闭。｜老张娶了个很会做菜的老婆。
（23）犯人不遵守纪律的一律关禁闭。｜老张娶了个老婆很会做菜。[①]

例（22）是"定语从句+名词"结构，OV 语言的倾向；例（23）是"名词+定语从句"结构，VO 语言的倾向。

普通话中否定的助动词形式前置和后置都有，但意义不同。例如：

（24）这儿不能放
（25）我不能吃
（26）今天不能干

如果这些否定形式放在动词之后，表达的可能性不一样：

（27）这儿放不下

---

① Zhang, N., Existential coda constructions as internally headed, relative clause constructions. *The Linguistics Journal*, 3.3, 2008.

(28) 我吃不了
(29) 今天干不成

例(24)—例(26)倾向于表达主观原因,而例(27)—例(29)倾向于表达客观原因。

(30) 谁吃？｜谁去北京了？
(31) 吃吗？｜他去北京了吗？

例(30)是"疑问标记+句子"结构,VO语言的倾向；例(31)是"句子+疑问标记"结构,OV语言的倾向。

(32) 在院子里种树
(33) 树种在院子里

例(32)是"介词短语+动词"结构,OV语言的倾向；例(33)是"动词+介词短语"结构,VO语言的倾向。

以上事实说明,汉语并不是一个纯粹的VO语言或者OV语言,它更像一个VO和OV的混合语。它在很多重要参数上同时具有OV语言和VO语言的倾向。这种特征在下面的事实中更为清楚:

继日以夜	继夜以日
*继日夜以	*继夜日以
以夜继日	以日继夜
夜以继日	日以继夜

这个例子背后有一个四分表(表1)：①

---

① 最早提出该例句并用四分表来解释的为刘丹青《语序类型学与介词理论》(商务印书馆,2005年)。本节的四分表与刘丹青的四分表略有不同,本节的四分表所表达的是"如果VP—PP组合,则VP—PN组合"这样一个蕴含表达式。

表 1

	PN	NP
VP—PP	+	-
PP—VP	+	+

其规则是：如果附置词短语在动词短语之后，则附置词必须前置于名词。在上面合格的三个句式中，两个 PP 在动词短语前，倾向于 OV；但附置词却也有两个是前置词，倾向于 VO。因此这两个参项等量对立，2:2。进一步说明汉语是个 OV 和 VO 语序基本对等的语言。从这个角度来看，汉语的状语前置于动词或者后置于动词，都是正常的，这是汉语的语言类型的系统造成的。

三　关于化解汉语补语难题的方案

传统英语语法中的补足语（Complement）是跟系动词相联系的，主要表现为"系动词后的形容词短语或名词短语，用来描述或限定主语。有些动词的补语在宾语后用来描写宾语"[①]。系动词是一个封闭类，典型成员是 to be；另外有两大类，一类是现状系动词（如 appear 等），另一类是结果类系动词（如 become 等）。也就是说，在传统英语教学语法中，补足语的概念在逻辑上虽然不像定语和状语那样严格合乎逻辑上一对一的要求，但它明确对应特定的动词，内涵和外延相当清楚。它采用的是另一套逻辑标准，最重要的是，它不与定语和状语构成逻辑交叉，并不会引发任何系统上的混乱。如果教师告诉一个学习英语的外国学生这个成分是补足语或者 complement，那么学生应该能清楚地理解这个成分

[①] 邵菁、金立鑫《补语和 complement》，《外语教学与研究》2011 年第 1 期。

的功能,同时也理解了这个句子中的动词,教学的目的也达到了。

在其他一些语言学研究中也有 Complement 的概念,如生成语法和配价语法。但语言研究中的 Complement 和教学语法中的补语是两回事。语言研究中的 Complement 通常是指某个核心成分的依存成分。生成语法中的名词、动词、介词都有自己的补语,以构成一个名词短语、动词短语或介词短语。生成语法还区分 Complement 和 Adjunct,Complement 是核心成分的姐妹节点,而 Adjunct 则处在核心成分的上位节点("阿姨"节点)。配价语法中 Complement 主要指动词的必有论元。在所有语言学研究中,Complement 概念的内涵和外延都是经过严格定义的。

那么汉语的补语是什么呢?早期黎锦熙(1992)[①] 和杨树达(1984)[②] 都较为严格地遵循了传统语法中 Complement 的内涵和外延。但是后来汉语"补语"概念的内涵却越来越小,外延越来越大,以致发展到涵盖了汉语动词后除宾语之外的所有句法成分(其过程可参见邵菁和金立鑫,2011[③]),以至于成为一个毫无解释意义的空壳名词。例如下面句子中动词后的成分一律冠以补语的帽子:

①结果补语,洗(得很)干净 | 研究(得很)清楚
②程度补语,如:好得多得多 | 聪明得没治了
③趋向补语,如:走过来 | 跑过去 | 冲上去 | 端下去
④动态补语,如:叫起来 | 写下去 | 停下来
⑤状态补语,如:看得眼睛都直了 | 笑得那样自然、舒坦
⑥可能补语,如,洗得干净 | 讲不下去 | 轻视不得 | 管不了

---

① 黎锦熙《新著国语文法》,商务印书馆,1992 年。
② 杨树达《高等国文法》,商务印书馆,1984 年。
③ 邵菁、金立鑫《补语和 complement》,《外语教学与研究》2011 年第 1 期。

⑦时间补语，如：站了一小时｜死了三天
⑧数量补语，如：去了一趟｜踹了三脚[①]
⑨处所补语，如：走在大路上｜站在操场上

假如我们暂时抛开以往所有的"语法理论"，不带任何"理论"的眼镜，从纯结构的角度来观察以上例子，只观察汉语传统语法上的补语与其宿主成分之间的依存关系（由语义到句法的——句法是语义关系的形式化，句法关系本质上是一种语义关系，如同我们在第一部分中认识定语和状语的方法那样），我们不难发现，这些所谓的补语内部是不一致的（内部一致性是任何集合的基本要求）。

汉语谓语动词后的成分大致分为三类：（一）指称事物性的，多为名词性成分，通常看作宾语（符合一般人的语感）；（二）修饰限制谓语动词的（如：他走得很慢｜放在地上）；（三）述谓句中某一实体成分的（如：他说得兴高采烈）。第二类和第三类以往统称为补语，我们认为不妥，因为它们的本质并不相同，以下分别讨论。

第二类成分与普通语言学上所说的状语同类，它们无论在语义上还是在句法上都是跟谓词直接相关，是对谓词的述谓（传统说法是修饰限定谓词的），例如程度、动态、时间、处所和数量补语。有些是属于跟句子处在同一层面的，如可能补语，实际上是汉语的一种句"式"（Mood，可能式），汉语中的可能式并不用词的形态来表达，而是通过"V 得 X"和"V 不 X"以及"V 得 XV 不 X"（如：放得下 / 放不下 / 放得下放不下）这样的句法形式来表达。至于是否将动态补语处理为"体"的表达形式，还可以讨论（不少学者认为汉语的"体"语法化程度并不高，词

---

① 徐枢《宾语和补语》，黑龙江人民出版社，1985 年。

汇形式是表达语义体的重要手段之一）。这些语法化程度较低的成分如简单地处理为状语或许也是一种可以考虑的方案。

汉语中既有前置于谓词的状语，又有后置于谓词的状语，这与汉语这一混合 VO 和 OV 的语序类型特征有关（请参考本节第三部分），一如它同时具有前置词和后置词的属性一样（与此相同的是，同时具有"形容词＋比较基准"和"比较基准＋形容词"的比较句特征）。

第三类成分则是处在句子主要谓词后面的第二个谓词短语，如上面的①结果补语、⑤状态补语。这一类成分的一个共同特点是，以其谓词的本质属性表现出对句中的某个名词性成分进行述谓。因此，与谓语的本质相同。由于汉语在整体上凸显动词地位，[①]或者动词处于显赫位置、具有强势地位，汉语更重视时间顺序（时间是动词的最基本属性，这与哲学上说时间是运动的存在形式一致），这些所谓的谓语不得不安排在核心动词的后面，其意义不言而喻：先有核心动词表达的行为，后有这些补语谓词所表达的状态。从某种意义上说，核心动词表达的行为是补语谓词表达的状态的原因。先因后果，直接体现了汉语这一语言因动词凸显而表现出来的"时间原则"。

这一类成分到底处理为什么句子成分更能体现其句法语义功能？一种是处理为补语。由于补语这个术语本身缺乏解释性，至少在解释性上不够明确；用补语这个术语来指称这类处于核心谓词后面具有较强述谓功能的成分，并不十分合适。为此，我们提出了"次级谓语"这个名称，它借鉴了国外语言学中的 Secondary

---

① 刘丹青《语序类型学与介词理论》，商务印书馆，2005 年。

Predicate 这个概念。意思是除了主要谓词之外的第二个谓词。而汉语中的大多数结果补语、状态补语恰恰与这个概念的意义相吻合,可谓名副其实。不仅如此,我们相信,如果在教学中采用这个术语,学生一定会不自觉地寻求这个次级谓语所要述谓的名词;一旦次级谓语和所述谓的名词配上对了,这两个成分之间的意义整合也就完成了,理解结构的目的差不多也达到了。如果学生再加上对汉语的时间顺序原则的把握,了解了核心谓词和次级谓语之间的先后或因果关系,那么他就能达到准确理解结构的目的。而这也正是我们语言教学的目的,也是我们提出次级谓语这个概念的初衷。

如果一个次级谓语是一个自足的主谓结构,如例(34)中的"眼睛都肿了",这个主谓结构整体作为谓语,它的主语便是全句的主语,如例(34)中的"她"。根据时间顺序原则,次级谓语的主谓结构自然与主要谓语结构构成时间顺序以表达它们之间的因果关系。例如:

(34)她哭得眼睛都肿了。

例(34)中次级谓语"眼睛都肿了"述谓全句主语"她",并与"她哭"构成先后顺序;"她哭"是主要述谓结构,"眼睛都肿了"是次要述谓结构。这样的解释应该比后者是"哭"的"补语"这样的解释要清楚得多,学生在理解这一类结构时也容易并准确得多。

因此,在我们的方案中,对主要句子谓词做出修饰的成分都可以处理为状语,无论其位置在主要谓词前还是在主要谓词后。这符合前面讨论过的汉语语序类型上的基本特征:汉语不是一个纯 VO 或 OV 型基本语序的语言，它在"语言基因"上能够容纳状语既可出现在主要谓词前，也可出现在主要谓词后。当然这两个位置上的状语在表达意义上很可能有较大差别，这是通过不同语序位置来表达某些语义差别甚至细微的语义差别的手段。在其他语言中或许要通过词汇形式或语素形态形式表达的意义，在汉语中很可能通过语序位置得到表达。传统上将处在谓词后的状语处理为补语，我们认为不妥的主要理由是：补语本身缺乏解释力；汉语语序类型支持状语后置的语序，与汉语语序类型一致；后置状语的承担单位的属性和功能与人类语言普遍语法一致（绝大多数语言中的这些单位都视为状语）。

但是我们并不将与例（3）"可怜巴巴 de 阿 Q 说"相对应的例（4）"阿 Q 可怜巴巴 de 说"中的"可怜巴巴 de"处理为后置定语，这是因为：主语后谓词前的位置已经是典型的状语位置；定语前置于名词是多数语言采取的语序策略，OV 语言倾向于前置于名词，VO 语言的定语也可以前置于名词；如前所说，由于汉语动词的强势作用，动词能接受更广泛的描述修饰或限制，汉语容许形容词充当状语；这类成分更多的是表达伴随动作行为而产生的一种状态，它所描述的也是谓词而非名词。基于以上事实，我们并不主张将类似的例子处理为后置定语。

沈家煊（2010）[①] 的方案建议谓词后的成分全部归入补语，取消宾语；也有的方案将动词后的数量词（动量和名量）处理为宾语。考虑到汉语动词后的成分并不具有一致性，有动词论元成分（宾语），也有非动词论元成分（修饰成分），又考虑到与国

---

① 沈家煊《如何解决"补语"问题》，《世界汉语教学》2010 年第 4 期。

际语言学研究接轨（例如类型学中的 VO 或 OV 两大基本类型的描写），如果汉语中没有了宾语，都描写为 VC，这些不仅会给研究造成更大的不便，也在教学上造成不便（补语类过于庞大，几乎失去了解释力）。如果将动词后的时量词和动量词（如⑦和⑧两类）都处理为宾语，这需要对它们的论元身份进行证明，限于目前我们的认识水平（时量词和动量词并不表达对象客体，与典型的宾语语义角色较远），我们暂且将其处理为状语（与一般意义上的状语基本同类）。但名量词可看作宾语，如"买了一个"中的"一个"处理为宾语。

四　结语

虽然作为研究，学者们可以自行定义补语的概念，但在普通语言学、语言类型学以及对比语言学和语言教学中，考虑到对句子结构的解释，所用术语最好具有解释性，如定语和状语那样一望而知。汉语补语几乎成为一个垃圾桶，对它进行清理是必要的。增加垃圾桶的容量不是个好办法。我们的方案是依据普通语言学中的一般看法，结合语言类型特征来还原一些成分的本来面目；如谓词后的一些状语性质的成分，是状语就是状语，实事求是是科学的灵魂。状语在谓词后也完全符合汉语的类型学属性。一些具有谓语性质的成分（主要是结果补语和状态补语）我们主张根据它与主要谓词的顺序关系，称为次级谓语。因为它能够较为准确地表达它自身的句法语义功能。当然，如果不改变，依旧称其为补语，是个折中或保守的做法，也可以接受，但需要对补语的内涵加以严格限定。这不是个对与不对的问题，是哪个更有解释力的问题。

第三节　从语言类型角度看汉泰语
量词语义系统①

汉语是量词②丰富的语言，量词的学习是汉语教学中的难点。泰语也是量词丰富的语言，汉泰语量词系统有何不同，泰语的量词系统对泰语学生学习汉语量词有怎样的影响，这一问题目前还少有深入研究。

自格林伯格（1963）③一文发表以来，在统一的句法描写框架下调查各语言句法，进行跨语言的对比、分析的语言类型学研究取得了丰硕的成果。量词的研究也不例外，经近半个世纪的努力，语言学者对世界量词语言的分布、分类、特点、量词的性质、量词系统的结构特点等问题有了共识，提出了描写、研究具体语言

---

① 本节摘自张赪《类型学背景下的汉泰语量词语义系统对比和汉语量词教学》，《世界汉语教学》2009 年第 4 期。

② 本节的量词仅指具有类型学意义的分类词（Classifiers），即汉语量词研究中所说的个体量词，如"头""个""只"等。个体量词中的"部分量词"不在本节研究范围内，如"段""层"，"一片肉""一块面包"中的"片""块"，但"一片树叶"的"片"是个体量词在考察范围内。有些个体量词表示事物的临时状态，如"团"，从量名搭配的情况看，"团"都是指所修饰事物的临时状态，如"气""东西""烟""面""泥""雾""水蒸气""乌云""火焰""泡沫"本来没有固定的形状，"麻""纸""雪""棉花""绳子""线""丝""毛线""纱"都是临时以团状存在，我们不把"团"看作个体量词。与"团"情况类似的还有"卷"（如"一卷纸"）、"滴"（如"一滴水"）、"摊"（如"一摊血"）。

③ Greenberg, J. H., Some universals of grammar with particular reference to the order of meaningful elements. In Keith Dennnig & Suzanne Kemmer (Eds.), *On Language-Selected Writings of Joseph H. Greenberg*. Stanford University Press, 1963/1990, pp.40-70.

量词系统的框架,这些成果集中反映在 Aikhenvald(2000)[1]一书中。汉语和泰语都是量词语言中的数—分类词语言(Numeral-classifiers Languages)。Adams 和 Conkin(1973)[2]、Allan(1977)[3]都通过对多个数—分类语言量词系统的总结,提出了这类语言量词系统中具有普遍意义的语义分类参项,之后不断有学者根据他们提出的框架讨论具体语言的量词语义系统。Aikhenvald(2000)[4]总结了这些研究,指出:有生与无生的区分是这类语言量词系统最重要的分类参项,在有生事物中,人类与其他有生物特别是动物如何区分,植物和神灵是否区分,各语言有所不同,在无生事物中主要按形状(Shape and Size)、功用(Function)给事物分类,形状一般按长形、圆形、平面形分类,再分别结合大小、软硬、有无弹性等特征,在汉语和泰语还都有按事物的某一外部特征给事物分类的量词,如汉语的"把""口",泰语的 dauk2(花瓣状)。功用指示了同一类用途的事物名词,这类量词常反映了独特的文化特征。Aikhenvald 还指出考察量词对名词分类的语义参项也是考察量词系统时应考虑的一点,并辟出专章概括了各语言量词普遍使用的语义参项,具体描写了这些参项在不同类型的量词语言中的不同作用和表现。不过,目前学术界对这些具有普遍意义的参项在汉语量词系统中的表现研究较少。本节将先根据这些具有普遍意义的语义参项对汉泰语的量词系统分别进行描写,然后再

---

[1] Aikhenvald, A. Y., *Classifiers: A Typology of Noun Categorization Device*. New York: Oxford University Press, 2000.

[2] Adams, K. L., & Conkin, N. F., Towards a theory of natural classification, Papers from the Annual Regional Meeting of the Chicago Linguistic Society 9, 1973.

[3] Allan, K., Classifiers. *Language*, 53.3, 1977.

[4] 同[1]。

对比两个语言量词系统的异同,看看这些异同对泰语学生学习汉语量词的影响。

一 类型学框架下的汉泰语量词系统

（一）汉语的量词系统

根据本节的量词定义,我们对 HSK 中收录的量词进行剔选,选出 60 个量词,又根据多本现代汉语量词词典和语料库对这些量词的量名搭配情况做了一定范围内的穷尽性调查统计,涉及名词近 1000 个,本节对汉语量词用法的描写以此为基础。[①] 根据类型学提出的有生/无生、人类与其他有生物、形状、功用等普遍语义参项对汉语量词系统进行分析,我们得到汉语量词系统的语义层级体系（图1）。[②]

[①] 该部分调查得到北京语言大学对外汉语研究中心郑艳群教授的帮助,并直接使用了她多年建立的量词语料库,在此表示诚挚的谢意！对汉语量词用法的描写主要参考的文献有：陈保存等《汉语量词词典》,福建人民出版社,1988 年；褚佩如、金乃莉《汉语量词学习手册》,北京大学出版社,2002 年；郭先珍《现代汉语量词手册》,中国和平出版社,1987 年；郭先珍《现代汉语量词用法词典》,语文出版社,2002 年；何杰《量词一点通》,北京语言文化大学出版社,2003 年；焦凡《看图学量词》,华语教学出版社,1993 年；焦凡《汉英量词词典》,华语教学出版社,2001 年；刘学敏、邓崇谟《现代汉语名词量词搭配词典》,浙江教育出版社,1989 年；吕叔湘主编《现代汉语八百词》（增订本）,商务印书馆,1999 年；殷焕先、何平《现代汉语常用量词词典》,山东大学出版社,1999 年；朱庆明《析"支""条""根"》,《世界汉语教学》1994 年第 3 期。

[②] 对汉语具体量词的语义和用法,学术界已有很多研究,没有太大差异。本节主要将具体量词的语义和用法做进一步的抽象概括,将其放入类型学量词义系统考察框架中与泰语进行比较,因而会特别注意从普遍语义参项看有特点的语义和用法。这样的概括和总结是在前人的研究和自己的分析基础上进行的,为行文方便,对量词的具体用法凡学术界无重大分歧的不再一一注明出处。

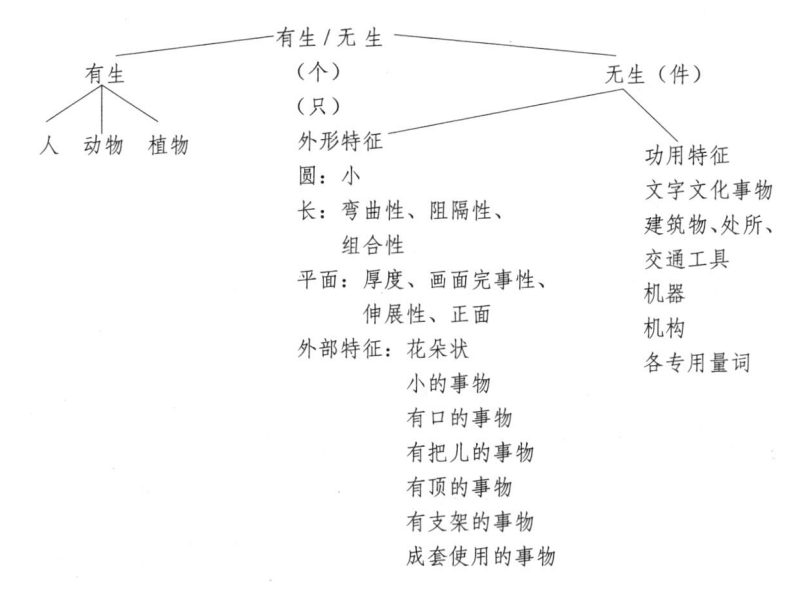

```
                    有生/无生
       ┌──────────────┼──────────────┐
      有生           (个)          无生(件)
   ┌───┼───┐        (只)
   人 动物 植物    外形特征         功用特征
                  圆：小           文字文化事物
                  长：弯曲性、阻隔性、  建筑物、处所、
                     组合性         交通工具
                  平面：厚度、画面完事性、机器
                       伸展性、正面    机构
                  外部特征：花朵状    各专用量词
                          小的事物
                          有口的事物
                          有把儿的事物
                          有顶的事物
                          有支架的事物
                          成套使用的事物
```

图 1　汉语量词系统的语义层级体系

汉语有三个使用范围很广的通用量词，"个"几乎用于所有事物，"只"通用于动物和无生物，"件"用于无生物和抽象事物。

汉语的指人量词只有两个：位、名。这两个量词只用于敬称时，并不常用，汉语一般用"个"指人，而"个"是通用量词，可用于几乎所有事物，所以汉语中人类名词一般不使用专门的量词。

汉语的动物量词有"尾""匹""头"三个。[①]"尾"用于鱼、"匹"用于马，都是专用量词，"头"一般用于形体较大的动物，如骆驼、鲸鱼、鹿、熊、牲口、猪、狮子、象，不能用于所有动物。汉语里常用于动物名词的量词还有"只""条"。"只"用于动物的范围比"头"广，不分大小，因而使用频率也比"头"高，但它是个通用于动物名词和无生事物的通用量词；"条"主要用

---

① "头"可用于非动物名词，但只见于大蒜，因而我们将其计入动物量词。

于无生事物，根据事物的形状分类，用于动物是其用法的扩展，用"条"量的动物名词一般也可用其他量词，如鲸鱼、蚕、鱼、牛、驴、昆虫、害虫、狗、狼、蛇、龙。"只""条"都不是专门的动物量词。而"头"不能包括进所有的动物名词，因此和指人名词一样，汉语也主要是用一个通用量词给动物分类。

汉语的植物量词有"棵""株"两个，都是用于还在生长着的植株，对于不在生长状态的植物则用通用量词或形状量词，如"一个萝卜""两根芹菜""三枝花"。因而汉语量词系统实际上根据是否处于生长状态把植物分成了有生与无生两类。

汉语的形状量词分圆形、长形、平面形三类：圆形量词有"颗""粒""丸"。"丸"是专用量词；"颗""粒"用法相近，但"粒"限于"小"的东西，如可说"一颗原子弹"，但不能说"一粒原子弹"。长形量词有"道""根""股""列""条""支""枝"。"列"是专用量词，只用于火车；其余量词根据是否有弹性、可弯曲分为三种，"支""枝"不可弯曲，"道""股""条"可弯曲，"根"不标识是否可弯曲。"道"有其他量词所没有的标识"阻隔性、背景性"的语义特征，[①] 如"一道门""两道试题""一道波纹"。"股"标识"组合性"，用法与"条""根"有明显区别。"条""根"用法很相近，常有混用的现象，但"根"有时可以标识"细"的语义特征，如"一根毛线"可说，"一条毛线"不可说。平面形量词有"面""幅""片""张""块"。"块"结合了平面形、有厚度两个特征，而其余四个量词并不指示是否

---

① 张敏《名量词"道"与"条"的辨析》，《湖北教育学院学报》2006年第7期。

有厚度，只指示所饰事物有一个平面。当需要指明事物有一定厚度的特征时用"块"而不用其他四个量词，如"一块石头""一块砖""一块手表"；有的事物既可用"块"也可用其他量词，如"一片/块饼干""一面/块镜子"，但用"块"突出了事物的厚度特征。"片""张"所修饰的事物一般都是比较薄的，"张"则突出了事物可伸展的特征，有文字的纸一般用"张"。"面"则突出了事物有正反面、使用正面的特点。"幅"用于布类及其制品、美术作品，它突出了所饰事物有画面、完整性的特点，"一幅布"指的是人们意识里认同的一块完整的布，由这个语义扩展用于美术作品，强调美术作品的完整性。

汉语还有一类根据事物某个外部特征给事物分类的量词，这类量词有"朵""盘""节""枚""把""顶""口""架""身""套""副"。"朵"用于花朵状的事物，"盘"用于盘状的事物，"节"用于成节的事物（如电池），"枚"常用于小的事物，"把""顶""口""架"用于外形有这个部位的事物，"身""套""副"用于需配合使用的事物。

反映事物功用的量词很多："座""栋""所""幢""间"用于处所、建筑物，"本""册""篇""部""首""章""笔"用于与文字有关的事物名词，"艘""辆"用于交通工具，"台"用于机器，"家"用于机构，"门"用于学术的种类和大炮，"班"用于班次，"具"用于尸体、棺材，都是专用于某个事物名词；"项""桩""场"用于抽象的事件。可以看到，反映事物功用的量词使用范围都比较明确，适用的名词也有限，有的只和一两个名词搭配使用，其适用范围很容易描写和界定，不同量词的适用范围发生交叉的可能性较小。而相较来说，反映外形特征的形状量词，适用的名词范围大都很广，同组量词间所指示的不同的语义特征有模糊交叉的地方，不同量词的适用范围常发生交叉，量词的适用范围不容易描写和界定。

（二）泰语的量词系统

类型学框架下对泰语量词描写和研究的论著要比汉语丰富得多，Adams 和 Conkin（1973）、Bisang（1996）、Carpenter（1986、1991）、Coklin（1981）、De Lancey（1986）、Goral（1978）都对泰语量词进行了类型学意义的描写，[①] 泰语量词因而在跨语言量词对比研究中具有重要地位，泰语和其他量词语言的对比研究也很多。我们综合这些研究，整理出泰语量词系统的语义层级（图2）：[②]

[①] Adams, K. L. & Conkin, N. F., Towards a theory of natural classification, Papers from the Annual Regional Meeting of the Chicago Linguistic Society 9, 1973; Bisang, W., Areal typology and grammaticalization: Process of grammaticalization based on nouns and verbs in East and Mainland South East Asian languages. *Studies in Languages*, 20. 3, 1996; Carpenter, K., Productivity and pragmatics of Thai classifiers. Berkeyley Linguistics Society: Proceedings of the Annual Meeting 12, 1986; Carpenter, K., Later rather than sooner: Children's use of extra linguistic information in the acquisition of Thai classifiers. *Joumal of Child Language*, 18, 1991; Coklin, N., The semantics and syntax of numeral classification in Tai and austronesian. Ph. D dissertation, University of Michigan, 1981; De Lancey, S., Toward a history of Thai classifier system. In C. Craig (Ed.), *Noun Classes and Categorizaton*. Amsterdam: Banjamins, 1986; Goral, D. R., Numeral classifier systems: a Southeast Asian cross-linguistic analysis. *Linguistics of the Tibeto-Burman Area*, 4.1, 1978.

[②] 在整理泰语量词用法时也参考了龙伟华《汉泰语量词比较研究》，云南师范大学硕士学位论文，2004年。

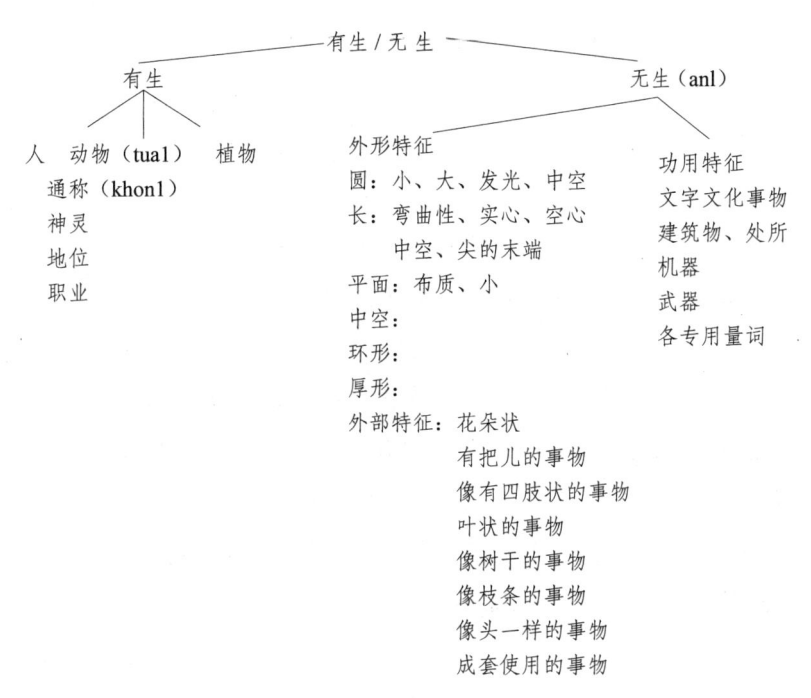

第三节　从语言类型角度看汉泰语量词语义系统

```
                          有生/无生
            ┌─────────────────┴─────────────────┐
           有生                                无生（an1）
    ┌──────┼──────┐              ┌─────────────┤
    人   动物（tua1） 植物         外形特征           功用特征
   通称（khon1）                  圆：小、大、发光、中空    文字文化事物
   神灵                          长：弯曲性、实心、空心    建筑物、处所
   地位                             中空、尖的末端        机器
   职业                          平面：布质、小           武器
                                中空：                  各专用量词
                                环形：
                                厚形：
                                外部特征：花朵状
                                        有把儿的事物
                                        像有四肢状的事物
                                        叶状的事物
                                        像树干的事物
                                        像枝条的事物
                                        像头一样的事物
                                        成套使用的事物
```

图 2　泰语量词系统的语义层级

图2与图1相比，有三点明显不同：泰语没有通用于有生和无生事物的量词；泰语对指人名词的区分显然比汉语细致；在反映外形特征的量词中，泰语所使用的次级语义参项与汉语有不同。下面分别述之。

与汉语不同，泰语量词有生与无生的区分十分严格，没有通用于各类事物的通用量词，只有通用于无生物的量词 an1。

泰语有丰富的指人量词，khon1 用于除王室以外所有的人，是最常用的、一般意义的指人量词，另外还有根据人的职业、身份、地位区分的量词，zhai4 用于商人，nai1 用于军人、官员，paak1 用于证人，taan4 用于自己特别尊敬的人，raai1 用于申诉人、病人等，roop3 用于僧人，pra4-ong1 用于王族。泰语另外还有专门用于神灵的量词 ton1。泰语丰富的指人量词与汉语只有"位""名"少数使用范围很有限的指人量词的情况形成对比。

泰语只有一个专门的动物量词 tua1，用于除大象以外的所有动物，大象有自己专门的量词 churk3。汉语的动物量词要多一些。

泰语有专用于植物果实的量词 pon5。

泰语也有丰富的形状量词，除和汉语一样的圆形、长形、平面形外，还有中空形、环形、厚形。圆形量词有 med4、luuk3、duang1、lawd2 等。圆而小的事物用 med4，如种子、米粒、扣子、药丸、痤疮、糖、沙子、盐、干果、小石头、珠子等；圆而大的事物用 luuk3，如水果、球、浪、原子弹、馒头、粽子、丸子、弹药筒、口袋、枕头等；圆而发亮的事物用 duang1，如星星、印章、太阳、卫星、月亮、灯泡、灯笼、眼睛、心脏、灵魂等；空心的圆柱形管子用 lawd2，如试管、灯管。"圆"分别和"小""大""发亮""空心"等语义参项结合形成圆形量词的次级分类，在汉语中没有看到这样的量词，有些参项如"发亮"，汉语中未见。泰语的长形量词有 tang3、darn3、sai5、sen3、lum1、lem3。长而实心的事物用 tang3，如铅笔、金锭、巧克力棒、口红、冰棍儿等；长而空心的事物用 darn3，如钢笔、自动铅笔等。不过这两个量词的区分不是十分严格，很多名词两个量词都可以用，如"钢笔"。sai5 和 sen3 都用于可弯曲的事物。sai5 更多地用于有轨迹的事物，如公共交通工具的运行线路、导管的线路、路、河、职业途径；sen3 用于一般的可弯曲的长形事物，如面条、头发、绳、染色体、项链、手链等。但二者使用有交叉，如"路""河""皮带"两个量词都可用。lum1 用于长而中空的事物只指"竹管"，而更主要的是用于船、飞机、潜艇等除了车以外的交通工具和光线两类事物，很显然这一用法是由指空心的"竹管"的用法通过隐喻而来。lem3 主要用于长而硬、有尖的末端的事物，如刀、针、剪子、镰刀、斧子、剑、梳子、蜡烛等。① 平面形量词有 pan2、peun5、glet2 三个。glet2 用于鱼鳞、樟脑片、盐的结晶等小的片状物，适用名词很少；peun5 主要用于布做的、平而薄的物体，如毛巾、手帕、窗帘，也做土地、稻田的量词；pan2 适用范围很广，是最常用的平面形量词，可用于瓦片、板、砖、小块的地、芒果干、薄饼、纸巾、邮票（整套）、纸、单子、牌子、通知等，适用的事物有大有小、有厚有薄、有软有硬，说明泰语量词系统对平面形事物的区分并不细，除了和"布做的"这个语义参项结合形成的 peun5 外，"平面"没有再结合其他语义参项对平面形事物做进一层的区分。

　　中空的事物用 bail，如食物容器、帽子、鸡蛋、桶、瓶子等。中空这个参项汉语中也有，但用得很少，只有与长形结合而形成的"管"，而且"管"的适用范围很窄。环形事物用 wong1，如戒指、手镯、橡皮筋等，这个分类是汉语量词系统所没有的。gaun3 用于有一定厚度的东西，如泥块、云、石头、肥皂、面包（整个的）、樟脑丸、电池、砖等，gaun3 很多时候和汉语的"块"相当，但"块"表示事物的形状大致为方形，而 gaun3 只表示事物较厚。

　　泰语反映事物外部特征的量词很多。dauk2 用于花朵状的东西，如花、霉菌、痣；有时和表示圆形发光的 duang1 的用法有交叉，如用于"疤"。ton3 用于树、杆子、柱子等像树干的事物。

---

　　① 这个量词还可用于牛车、书。

kan1 用于有把儿的东西，如伞、勺子、叉子、自行车。自行车既是有把儿的东西，又是陆路交通工具，从自行车开始，kan1 的使用范围又逐渐扩展到一般的陆路交通工具，如公共汽车、轿车、摩托车、坦克。tua1 本是用于动物的量词，取四肢形而用于像四肢形的东西，如桌子、椅子、沙发、裤子、衬衫、上衣等，实际上 tua1 的适用范围已扩大到与四肢形无关的事物上，成为一个使用频率很高的次通用量词，如录音机、数字、吉他、显微镜、照相机。泰语有很多名词可以用作自己的量词，和这些事物外形相似的事物名词也用这些名词作量词。ging2 义"树枝"，用于树枝、象牙、珊瑚等。bai1 义"树叶"，用作树叶的量词，取其形似，还可做印有文字的纸的量词。[①]hua5 义"头"，用作头、地下的果实如姜、土豆等的量词。fah5 义"盖子"，用于像盖子一类的事物。chud4 用于成套的东西。

泰语里反映事物功用的量词也很多。主要有用于与文字有关的事物名词的量词，如 cha2-bub2（用于杂志、信、文件、资料、电报），reuang3（用于文学作品），bot2（用于歌曲、诗歌、课文），kaw3（用于成条项的抽象事物如规定、条文、试题）等，专用于房屋建筑的量词如 lhung5（用于房子、楼），barn1（用于门、窗），hang2（用于处所、地点），rong1（用于具体单位机构如学校、医院等），还有很多其他专用量词如 gra2-borg2（用于武器），kreuang3（用于机器），muan1（专用于香烟），darn3（专用于墙），roop3（专用于画、佛像），等等。

---

① 因树叶曾是装食物的器皿，bai1 又引申成为中空的事物的量词，见上文相关部分论述。

二 汉泰语量词系统的异同及汉语量词教学

（一）汉泰语量词系统对比

上文我们分别描述了汉泰语量词系统的语义层级体系，对比两个系统，可以发现汉泰语量词在以下几方面不同。

1. 汉语的指人量词很不发达，指人名词一般与通用量词"个"搭配。泰语的指人量词比汉语丰富得多，指人名词与动物名词、无生物名词的区分十分严格。

2. 汉语没有可专用于所有动物的量词，部分动物名词与专门的动物量词"头"搭配，部分动物名词与通用于动物名词和无生事物名词的量词"只"、主要用于无生事物的形状量词"条"搭配。而泰语则有专门的动物量词 tua1，虽然这个动物量词有用于无生事物的用法，但那是由动物量词用法扩展而来的，tua1 本质上是个动物量词。由此看来，泰语对动物名词与无生物名词的区分也比汉语严格。在有生与无生的区分上，汉语与泰语的手段不同，泰语把人类、动物的有生特征都明确地标识出来，而汉语则是对无生事物进行了明确标识，对人类和动物名词则没有专门的标识，用通用量词标识，这和汉语中对暂时没有量词的事物名词的处理方式一致。

3. 汉泰语都分别以圆形、长形、平面形为核心语义参项形成了系列量词，但这三个主要语义参项在两个语言里又分别结合了其他不同的语义参项，形成了不同的量词，使两个语言对有这三个形状特征的事物的划分并不一致，呈现出错综复杂的局面。

汉语里经常使用的圆形量词只有两个，而且两个量词的使用常有交叉，总的说来汉语对圆形事物未做进一步的划分。泰语量词系统里圆形分别结合小、大、发光、中空等语义参项形成了不同的量词，其中只有 med4 大致能与汉语的"颗""粒"相当，其余四个量词所能修饰的事物名词大多不在汉语圆形量词的适用范围内，如水果、球、浪、馒头、弹药筒、口袋、麻袋、瓶子、枕头、盒子、奖章、太阳、月亮、灯泡、眼睛等。这些事物中大多数在汉语里没有专门的量词，用通用量词"个"。也就是说，泰语的圆形量词的适用范围要比汉语广得多，被划分进圆形的事物比汉语要多得多，很多事物在汉语里没有进行特别地分类。

汉泰语长形量词都很多，都结合是否弯曲对表示长形事物的名词做了进一步的分类。汉语又进一步结合"阻隔性""组合性"形成了"道""股"两个量词，这是泰语里所没有的，因而"一道门""两道题"在泰语里有专门的量词而不是用形状量词。汉语的"支""枝"大致和泰语 tang3、darm3 相当，但泰语两个量词区分实心与空心，虽然区分不严格。汉语的"条""根"大致和泰语的 sai5、sen3 相当，泰语的两个量词大致有个分工，线路一般用 sai5，"条""根"也有类似的区别，但汉语的"根"可指示带根的特征如"毛""草"，指示很细的特征如"线"，指示"长而硬"的特征如"蜡烛"，还可用于长条形植物、水果，"条"用于分项的抽象事物、一些长条形衣织物品、动物、植物，这些都是泰语的 sai5、sen3 没有的。汉泰语长形量词最明显的差别是泰语单独区分了长而硬、有尖的末端的一类事物，而汉语没有，汉语里这些事物或者根据是否有"把儿"的外部特征划入带"把儿"的事物类，如刀、剪子、镰刀、斧子、剑、梳子，或者只考虑其长而硬的特征划入了"根"类，如针、钢笔、蜡烛等。泰语还把具有空心特征的试管、灯管、线轴等归为一类，用量词 lawd2,

汉语里也是只考虑其长而硬的特征归入"根"类。泰语还有表示长而中空的特征的量词 lum1，归入这类的事物有光线、竹子和甘蔗这类植物、船和飞机等非陆路交通工具，汉语没有区分这一特征，光线、竹子和甘蔗汉语分别用长形量词"道""根"，对船、飞机等非陆路交通工具，汉语一般是把它们与长形事物分开，船类用"艘"、飞机用"架"，非正式场合中船类可以用长形量词"条"。对比汉泰语形状量词及其使用情况，我们发现有几类事物泰语没有归入长形事物而汉语归入了长形事物：长条状的植物、动物，如黄瓜、鱼；长条形的衣织物类，如裙子、裤子；分项的抽象事物，如法令、新闻、优点、题等。

汉语里，"平面形"分别与厚、薄、可伸展性、画面性、完整性等语义参项结合形成量词对事物进行分类。泰语常用的平面形量词只有两个，peun5 主要用于布做的事物，其他事物都用 pan2 标识其平面形特征。汉语的平面形量词比泰语多，对平面形事物区分较泰语细，平面形量词的适用范围比泰语大。很多汉语用平面形量词的事物名词在泰语里都不用平面形量词。汉语的"幅"虽然能用于大多数布做的事物，但它编码了"画面"的特征，所以它可以用于美术作品，如画、相片、浮雕、广告等；而泰语的 peun5 不能这样用，画、相片、浮雕等泰语用名词"画（parp）"做量词。泰语没有像"面"这样强调事物扁平、有一面供使用的量词，因而"鼓"被归入圆而大或中空类事物，墙、窗户、镜子泰语里有专门的量词。虽然"张"和泰语的 pan2 或 bai1 所适用的事物很多是相同的，但"张"还有可伸展一面，可用于脸、嘴、弓等，泰语里这些事物都不用平面形量词，而"报纸"根据功用被划入连续出版物类，用 cha2-bub2，桌子、椅子、床不是像汉语那样突显其有一个平面的特点，而突显其有四条腿的特点划入"像四肢类事物"，用tua1。另外，汉语用"块"的"斑""疤"，泰语里根据形状被划入花朵状事物类，特别大而不好看的疤则被划入圆而发光的事物类，"饼干"被划入食物类，等等。

4. 在标识外部特征的量词里，汉语里有"口"的事物一类是泰语所没有的，"锅"在泰语里根据形状划入中空的容器类，泰语里"像四肢类事物"是汉语所没有的。

5. 前文说过指示事物功用的量词常带有文化特点，有独特性，因而属于该语言的特有的量词很多，与其他语言的可比性没有有生、形状两类量词强，但是对比汉泰语的功用量词，还是可以找到一些规律，如汉泰语都有很多关于文字、文化的量词，有关于房屋建筑、机器的专门量词，而汉泰语功用量词最大的不同是泰语没有专门指示交通工具的量词（如汉语的"辆""艘"），各类交通工具分别用不同的形状量词表示。另外，泰语里有大量由名词自身做量词的反响型量词，如身体部位名词，还有很多事物有专用量词，这些事物名词在汉语里大多是划入某一类事物中的，如胳膊、钟表、办法、香烟、笛子等。

（二）泰语学生的汉语量词学习

上面我们对比分析了汉泰语量词系统的不同，可以看到语言对事物的分类与科学对事物的分类不同，各个语言的分类标准不尽相同，对某事物特征的标识不同，因而最终的分类结果也不同。同一个事物可能归入不同的类，如"桌子"，汉语据形状特点归入有一个平面的事物类，而泰语因其有腿和动物用同一个量词。同一类量词其内涵也不尽相同，汉语的平面形量词适用范围比泰语广，泰语的圆形量词适用范围比汉语广。对母语是量词语言的泰语学生来说，学习汉语量词的重点就是要掌握汉语与泰语不同的分类，准确把握汉语量词与泰语量词交错的分类标准。根据前文的研究，我们可以对泰语学生学习汉语量词的难点和易点做些分析、归纳。①

有些事物分类，泰语比汉语细，标识的特征比汉语多，因而形成的量词比汉语多，泰语和汉语分类是多对一或多对少，虽然汉泰语分类不同，但对学习者来说由多到少甚至到"一"，掌握起来是很容易的。这样的量词有指人量词、圆形量词。泰语有复杂指人量词系统，而汉语一般只用通用量词"个"，"个"本身不标识任何事物特征，因而对学习者来说很容易掌握。泰语圆形量词结合了汉语所没有的大、发光、中空等语义参项，形成了汉语所没有分类，但这些量词所分类的事物大多数在汉语里都用"个"，因而也比较容易掌握。只要找出其中少数在汉语里用别的量词的事物，对学生讲清楚它们在汉语里所用的量词就可以了，如眼睛用"只"，印章、奖章用"枚"。另外，泰语中有表示中空的量词bai1，但它所适用的事物汉语没有做特别的分类，都是用"个"，学生也易掌握。

有的分类是泰语所有、汉语没有的，在汉语里这些事物被分到了不同类，用不同的量词标识其不同的特征，泰语和汉语的量词对应是一对多，这些是汉语量词学习的重点。比如泰语长形量词中有"长而有尖的末端"lem3一类，属于这类的事物在汉语

---

① 前文说过功用量词的适用范围比较明确，适用的名词也有限，就量词的适用范围、使用频率来说，形状量词在量词系统中的作用比功用量词重要得多，情况也复杂得多，因此本节暂不讨论功用量词。功用量词更多地反映了文化特点，其意义另文再做讨论。

里被分在了"有把儿的事物""长而硬的事物"两类，分别用"把""根"。泰语的船、飞机、潜艇等的交通工具取其中空的特征，归为一类 lum1；而汉语则把它们分到水中交通工具和有支架的事物两类，分别用"艘""架"。有的分类汉语、泰语虽然都有，但是量词具体适用的名词有差异。汉语、泰语都有专用于动物的量词，但是汉语的专用量词"头"只能用于部分动物名词，一般是指大型动物，大部分动物名词用通用量词"只"，具有条形特征的动物还可用形状量词"条"表示，这样泰语里只用一个 tua1，在汉语里有"头""条""只"三个量词与之对应，"头""条"用于部分有明显量词所标识的形体特征的动物，"只"用于大部分动物，与另两个量词多有重合。汉泰语都有"有把儿的事物"量词，但是汉语的"把"仅用于有把儿的事物，而泰语的 khan1 还引申出用于陆路交通工具的用法，khan1 对应了汉语的"把""辆"两个量词。泰语的动物量词 tua1 由动物量词扩展到桌、椅、衣服等物，汉语里这些量词分别用不同的量词表示，因此对泰语 tua1 适用范围内除动物名词以外的名词，在汉语中与量词的搭配情况要做专门的讲练。

有的分类泰语没有汉语细致，汉语量词所标识的特征在泰语里没有使用、不是分类的语义参项，这就需要让学生意识到汉语所使用的特殊的语义参项，帮助学生建立新的分类。与 peun5 不同，"幅"主要标识的不是布质的特征而是画面，因而美术作品要用"幅"；没有或不强调其画面性、布做的事物，不用"幅"，如毛巾、手帕、布、毛毯。"面"标识事物有一面供使用，因而旗、鼓、墙、镜子归在了一类。"块"标识了"平面、有一定厚度"两个特征，因而土地、田地、毛巾、布、玻璃、黑板、地板、瓦、手表、疤这些事物被归到了一类,上文说过泰语 gaun3 很多时候和汉语的"块"相当,但"块"表示事物的形状大致为平面形,与其他平面形量词有分工,而 gaun3 只表示事物较厚,并不标识事物是否是平面形,因而它不是平面形量词,所以汉语里"块"和其他平面形量词形成对立、分工,而泰语 gaun3 与 pan2、peun5 没有这样的区别,无论是 pan2 还是 peun5 都是不分厚薄的。汉语平面形量词比泰语多,所适用的名词也比泰语多,平面形量词的细类是泰语所没有的,对这些量词需要专门的讲解、练习,比圆形量词和长形量词花更多的时间教学,让学生们了解汉语平面形量词系统内部的进一步分类,意识到汉语比泰语有更多的事物以其平面形特征来分类。同样的情况,还有汉语量词"顶""口""架",它们所标识的特征在泰语里是不作为分类标准的,因而泰语里没有这几个分类量词,教学中要把这几个量词所适用的事物名词做适当的归纳、作为一类统一提出,提请学生注意它们的共同特征以及汉语、泰语对它们不一样的划分标准。

总之,对母语是量词语言的泰语学生来说,学习汉语量词有其优势,不需要花力气去建立量词范畴、用量词的意识,还可凭借泰语量词很快地习得汉语里相对应的、适用范围基本相同的或大部分重合的量词。但是泰语量词也会对泰语学生学习汉语量词产生负迁移,了解泰汉语量词体系的区别,进行有针对性的教学活动、利用优势、减少干扰,可起到事半功倍的作用。

三 余论

本节根据类型学分析量词语义的主要语义参项,分别描写并对比了汉泰语量词系统的语义层级体系,找出了汉泰语量词系统共有的和各自特有的分类,并重点分析了有生量词和形状量词的量名搭配情况,据此提出相应的汉语量词教学对策。

针对对外汉语教学的语言学研究必然涉及汉外语言对比,而以往的汉外语法对比研究往往从各个语言自身语言系统出发,如汉语语法直接使用普通的汉语语法学的研究成果,由于各语言自身的差异使得各语言的句法描写框架不尽相同,因而对比研究有时不是很适用。类型学提出了各语言句法描写的统一框架,据此可以对汉语与其他语言句法的异同做更准确、更细致的描写分析,为汉语教学提供更具体的参考,对相应的外语的教学也很有价值。

附录1:汉语量词

个、只、件//位、名//尾、匹、头//棵、株//颗、粒、丸/道、根、股、列、条、支、枝/面、幅、片、张、块/朵、枚、把、顶、口、架、盘、节/身、套、副//座、栋、所、幢、间/本、册、篇、部、首、章、笔/艘、辆//台/家/门/封、盏、班、趟、具/项、桩

附录2:泰语量词

an1//khon1、zhai4、nai1、paak1、taan4、raai1、roop3、pra4-ong1、ton1//tua1、churk3//pon5//med4、luuk3、duang1、lawd2/tang3、darm3、sai5、sen3、lum1、lem3/ pan2、peun5、glet2/bai1、wong1、gaun3/dauk2、khan1、ton3、ging2、tua1、 hua5、fah5、rhean5/chud5//cha2-bub2、reuang3、bot2、kaw3/lhung5、barn1、hang2、rong1/muan1/kreuang3/khem5/reuan1/chin4/kra2buuk2/darn3/roop3/jam1/gra2-tong1/sum5-rub4/tarng1

第四节　从语言类型角度看现代汉语"了"的语法意义[①]

一　对问题点的反思

关于现代汉语"了"的语法意义的研究，可以说是历时经久，源远流长。但是，实事求是地说，无论是从汉语语法本体研究的深度和广度，还是从对外汉语教学的实践效果来看，都可以说是不尽人意的。我们认为，主要原因在于以下几个方面。

（一）人为区分"了$_1$"和"了$_2$"

"了$_1$"和"了$_2$"的区分自黎锦熙在《新著国语文法》中区分了后附助动词"了"和决定句语气助词"了"以来，就一直作为汉语语法"了"之研究的一个基本的原则。这种做法似乎天经地义。金立鑫（1998）[②]甚至把"了"分为四个，动词后不具补语性质的"了"为"了$_1$"，动词后具补语性质的"了"为"了$_2$"，句末有时体功能的"了"为"了$_3$"，句末有语气功能的"了"为

[①] 本节摘自张黎《现代汉语"了"的语法意义的认知类型学解释》，《汉语学习》2010年第6期。

[②] 金立鑫《试论"了"的时体特征》，《语言教学与研究》1998年第1期。

"了₄"。

区分"了₁"和"了₂"的理据是由于"了"可以分别出现在动词后和句末,并表现出相对不同的语法意义。对于动词后的"了"的语法意义,有完成说和实现说。对句末"了"有"当前相关"说、"决定语气"说、"发现有新情况出现"说、"变化"说,等等。上述诸说,确实看到了"了"在不同语法位置上的语法意义的变体,但也正为此,使这种研究混乱了汉语的本来面目,并带来了两个问题:

1. 放弃对不同"了"的共性研究,从而使这种以分"了"为取向的研究不能对"了"的统一的本质特征给予一个明快的解释。也正因为如此,致使汉语研究难以通过统一的"了"同其他语言进行对照,从而发现同其他语言在相关问题上的认知类型学上的不同。而这也就从根本上阻碍了对汉语时体问题的实质性的研究。

2. 分"了"取向的研究所带来的另一个问题是,人为制造了"了₁"和"了₂"的辨析问题,使"了"的研究烦琐化。比如,对"脸红了"中的"了",就有"了₁""了₂"和"了₁₊₂"之分析。这在理论上是有问题的,在教学中也会辨识繁难,让人无所适从。

(二)模仿西方时体理论,缺乏汉语语法的本体观

"完成"说是在西方语言学的时体理论影响下产生的。时至今日,很多教科书仍把"了"的语法意义简同为完成或完了。"完成"说或"完了"说是英语那样的形态化语言理论中的核心内容。

因为在英语那样的语言中,是以动词为句法的核心的。动词所表达的动作过程的完结或非完结、完了或非完了、完成或非完成等范畴是时体范畴所关注的主要内容。但是,汉语的"了"所

关注的对象不仅仅是动作过程的完成和非完成,而且也关注动作过程结束后的结果状态。这一点可以通过汉、日、英语言的对照得以证实(详见下文)。

另一方面,局限于时体理论,使很多研究陷于僵局。例如:

(1) 走了!我走了!
(2) 开会了!上课了!

对这类句中的"了"就有不同的分析。有人认为是体标记,有人认为是时标记,还有人认为是报道新事态,也有人认为是情态标记。这种争论恐怕是永无止境的。

(三) 囿于局部的更改,缺乏系统的、基于汉语本体特征的理论构建

"实现"说是在看到完成说的弊端后提出的。但"实现"说也有很多问题。

1. 概念不明确:"实现"指的是什么?是动作过程的整体实现,还是某一阶段的实现?而且,如果"了"的语法意义是实现,那么"着""过"的语法意义也可以说是实现。

2. 缺乏理论构建:没有讲清"了"和"着"的对立关系;没有说明动词后"了"同句末"了"的关系。

"达成"说、"达界"说虽然看到了区分"了$_1$""了$_2$"的弊端,试图从统一的角度讨论"了"的问题,但却未能跳出以动作过程为视点的形态语言的框架,因此也就未能把握"了"的汉语魂,即汉语"了"的本质特征。

我们认为,上述问题,使"了"以及与此相关的汉语动相系统问题的研究陷入了僵局。如果不从根本上实现观念的更新,就只能在形态语法的理论框架下"替他人做嫁衣",因而也就难以看清汉语的本来面目,确立汉语语法的本体观。

二 理论构建:经验结构和认知类型

(一)从本体论上说,语言的语法系统并不是一种句法形式上的美学,而是人类认知结构的朴实而直观的显现。从方法论上说,我们尽可以追求至善至美的形式系统,但从本体论上说,我们必须实事求是地对待不同语言的真实面貌。因此,我们提出以下几点认识:

1. 语法,归根结底是语义范畴、语义特征间的组合规则系统。语法的形态和形式是语义范畴和语义特征的表征,不同的语言被形态化、语法化或形式化了的部分是有限的、也是有所不同的。因此,形态或形式并不是语法的全部。

2. 语法是人类经验结构的表达规则系统,也可以说是人类的常识系统的表达规则体系。人类的经验结构中当然包括逻辑(概念、判断、推理)系统和认知系统(感觉、知觉、表象),但经验结构大于逻辑系统和认知系统。

3. 表达规则系统不同于认知系统(感觉、知觉、表象)。表达规则系统是人类常识系统或经验结构的符号规则系统。这种符号规则系统会因不同的语言所凝结的经验结构或常识结构不同而不同。也可以说,不同的表达规则及其系统正反映了不同语言所凝结的不同经验结构和常识结构。我们把语言中的这种经验结构、常识结构的不同,理解为广义的认知类型的不同。

我们认为,语言不同,其经验结构和常识结构也不同;当然,

第四节 从语言类型角度看现代汉语"了"的语法意义

其语义结构和认知结构也会有不同。

(二)某种语言所反映的经验结构是该语言在漫长的历史进程中,由使用该语言的社会集团所积累和沉淀的文化结晶。这种经验结构反映着该语言社团在一定的历史时期内,对语言的对象世界的直观认识。虽然这种认识并不一定是为人类所共有的,而且即使是在同一语言的发展进程中,这种经验结构有时也会发生变化,但一经这种经验结构在某种语言中成为某种现实,这种经验结构就会成为该语言的一部分。比如,性范畴在俄语和德语那样的语言中似乎是一种天经地义的语法范畴,而在汉语和日语中却是不存在的语法范畴。同样在日语中,有生命和无生命的区别构成了日语的"ある/いる"的区别,而这种语法范畴在英语和汉语中却是不存在的。日语中的动词的自动和他动,在句法形式上有很整齐的分布,而这种动词自、他对立在英语和汉语中是不存在的。因此,语言不同,该语言所携带和凝结的经验结构也会不同。

语言经验结构反映在语法结构中,就形成了该语言的语法内涵。一般地说,词法就会通过词义系统的概括罗致该语言的概念系统。句法中的语法范畴反映着高度抽象化了的范畴网络的节点,而句式系统则反映着该语言所罗致的事象类型系统。

(三)认知类型学就是以语言中的认知结构为研究对象的科学。认知类型学不同于语言类型学。语言类型学主要是以句法形态、句法手段、句法特征为研究对象的,是追求人类语言的形态共性为目标的科学。而认知类型学,严格地说应称为言语认知类型学,是以不同语言的认知结构(或称经验结构)、常识结构为研究对象的。由于不同语言的经验结构都各有不同,因此认知类型学是以不同语言的认知结构的不同为着眼点的。

三 "了"的认知类型特征

（一）基于上述理论主张，我们可以分析汉语"了"所表现的语法意义同英语和日语中的相关表达在认知类型学上的异同。

动作过程和动作结果是人类语言所面临的最基本的事象类型之一。不同语言对"动作—结果"事象的不同的把握和观照的方式，构成了不同语言体态的具体内涵。我们以下面的三个图式表示英、汉、日语对"动作—结果"事象的把握和观照的方式。

先来看英语的"动作—结果"事象结构。图式如下：

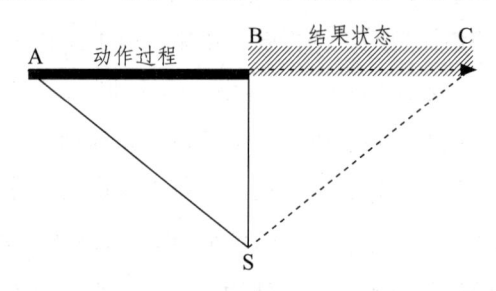

图 1 英语的动作过程和结果状态的关系图

在图 1 中，AB 表示动作过程，A 表起点，B 表终点。BC 表示动作结果状态。S 表示视点。实粗线表示认知域，在句法上为有标。虚线表示不成立，在句法上为无标。从图 1 中可看出，英语的时体关注的视点是动作的过程，而并不关注动作结果。动作过程的完结用 -ed 形式表达，动作过程的持续用 -ing 形式表达。正因为如此，英语的体态轴心是完成和非完成（进行）的对立。并由此构成了如下时态系统：

	完成	进行	一般
现在	现在完成	现在进行	一般现在
过去	过去完成	过去进行	一般过去

第四节 从语言类型角度看现代汉语"了"的语法意义

将来　　将来完成　　将来进行　　一般将来

从视点的角度看,英语关注的是 A 到 B 的完结和持续。再来看日语的"动作—结果"的事象结构。图示如下:

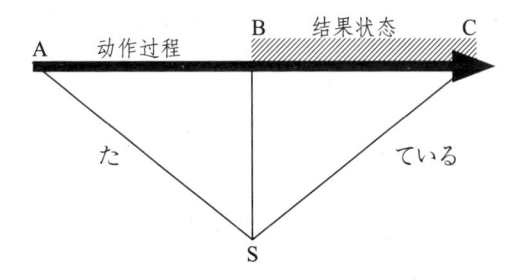

图 2　日语的动作过程和结果状态关系图

在图 2 中,AB 表示动作过程,A 表起点,B 表终点。BC 表示动作结果状态。S 表示视点。实粗线表示认知域,在句法上为有标。从图 2 可以看出,日语是兼顾动作和结果的一种语言。和英语比较,日语在时态上是关注动作结果的。不过,在日语中,动作过程和动作结果是用不同的标记表达的。动作过程的完成用た表示,动作和结果状态的持续用ている表示。

从视点的角度看,日语同时关注 AB 和 BC,并用不同的标记表示。

最后来看汉语"动作—结果"的事象结构。图示如下:

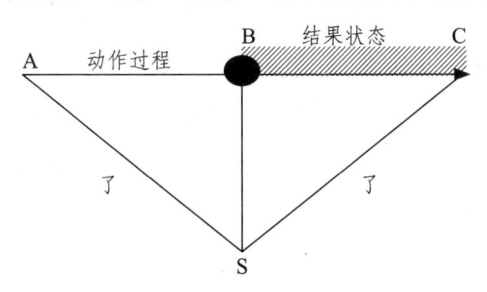

图 3　汉语的动作过程和结果状态关系图

在图 3 中，AB 表示动作过程，A 表起点，B 表终点。BC 表示动作结果状态。S 表示视点。实心点表示认知域。与英语、日语比较，汉语在时态上也关注动作过程和动作结果。不过，汉语是把动作过程的完结和动作结果的持续作为同一事象来把握的，因此是用同一形式"了"来表现的。

从视点的角度看，汉语关注的是 B 点，即从动作过程到动作结果的状态变化。

（二）从上述图示可看出，英语、日语和汉语在对"动作—结果"事象的把握上，有着认知域上的不同。而所谓的认知域，是指视点所关注、句法上为有标的区域。正因为有上述认知类型上的不同，所以同样的时体名目下，却可有不同的语义内涵。请比较：

（3）She is dying.（她快死了。）
（4）彼は死んでいる。（他已经死了。）
（5）*他死着／他在死。
（6）他死了。（彼は死んでいる／彼は死んた）

动词后 +-ing 是英语进行时的时态标记，例（3）的意思是"她快死了"。ている是日语的进行时标记，例（4）的意思是"他已经死了"。"在"和"着"常被认为是汉语的进行时标记，但例（5）却不能说，相反例（6）却很自然。这说明，即使是同样的语法范畴，在不同语言中，也会有不同的语义内涵。而这种不同的语义内涵，恰恰是由于不同的认知结构和不同的认知类型所致。

四 界变与界面突显的类型

（一）界变同变化的异同

变化同界变的不同可表示为：A（T）—A／B，即：状态 A，通过临界点 T 而变为—A 或 B。

变化：A →—A 或 B
界变：T

具体说就是：变化是两个界面间的对比，界变是指变化中的两个界面转化的临界点。

界变 T 的作用在于：a. 指示从 A 到—A 的变化的时点，T 在语境中总是要关涉一个时点的；b. 起开关阀门的作用：进入某种状态／结束某种状态。

界变和变化是有关联的。变化更注重界面的对比，而界变则标记着这种变化的临界点。我们可以把界变和变化概括为：在何时发生了什么样的变化。

（二）界变的类型

根据我们对所掌握的语料的分析以及对已有研究的分析和整理，我们把"了"所涉及的界变类型概括为如下四态：时态、状态、事态、心态。

1. 时态型界变。时态型界变指动作和状态在时轴上各节点间的转换。时态型界变可有如下类型：

（7）小王吃了面包。（动作线性过程的界变）
（8）炸弹爆炸了。（动作点性瞬间的界变）
（9）她唱了起来。（动作开始态的界变）
（10）她唱了下去。（动作持续态的界变）

2. 状态型界变。指从一种状态或一种性质向另一种状态或性质转变。例如：

a. 红了　大了　长了　冷了（状态）
b. 大姑娘了　十八了　成人了（性质）

a 类是状态类，b 类是性质类。两者的谓词性成分不同，a 类是形容词性的，b 类是名词性的。但两者都表示一种连续统式的状态或性质的转变。

3. 事态型界变。指事件在不同的时间和空间中的转变。例如：

（11）前面就是王府井了。
（12）下一站是天安门了。
（13）明年我就毕业了。
（14）后天十八号了。

事态型界变是以说话人的说写时为视点的划界。句末"了"是标志。例如：

（15）我吃三个面包了。
（16）她学三年英语了。

这就是说，没有表示时间的成分，句末"了"表说话的现在时；如有表示时间的成分，句子的"时"就是时间词所指示的。例如：

（17）a. 昨天晚上我看电视了。（过去）
　　　b. 明年我就要毕业了。（未来）
（18）a. 刚才他来过了。（过去）
　　　b. 一会儿她就走了。（未来）

4. 心态型界变。指反映说话人心态变化的界变。例如：

A. 太……了

太热了 太大了 太贵了
太棒了 太好了 太精彩了

在"太X了"中,包含着两个界面,一个是基准的X,一个是超过基准的评价性的"太……了"。

B. 可……了
那天可热了。 这菜可好吃了

在"可X了"中,包含着两个界面,一个是基准的X,一个是超过基准的评价性的"可……了"。

C. 别……了
别吃了 别笑了 别去了 别来了
D. 不……了
不去了 不吃了

C和D都是否定性的心态界变。在"别X了"和"不X了"中,包含着两个界面,一个是基准的X,一个是超过基准的评价性的"别/不……了"。

E. 词汇化心态界变
行了 算了 得了 罢了 好了

这是一种语段情态表达。"X了"的作用在于在两个语段间划界,即话者意欲结束一种状态,开启一种新状态。这两种状态就是"X了"语境中的前言和后语。

(三)界面突显的类型

界变是两个界面间的状态转化,我们把转化前的界面称为前界面,把转换后的界面称为后界面。在具体的语句中,有的语句突显前界面,有的语句突现后界面,有的语句意在两界面的对比,有的语句重在两界面的重叠、呈现新界面。

根据界面的突显程度，界变呈现出不同类型。具体如下：

1. 前突型：记为 1 ← 0，意为前界面为前景信息，后界面为零信息。如"小王吃了一个面包"。由于这种界变突显的都是前界面，且后界面信息为零，因此句法上大多表现为动词后的"了"。

2. 对比型：记为 1 → −1，意为前界面和后界面形成对比。前界面为背景信息，后界面为前景信息。如"天气冷了"。

3. 递加型：记为 1 → 2，意为前界面和后界面有递加关系，后界面为前景信息。如"他今年二十岁了"。

4. 后突型：记为 0 → 1，意为前界面为零信息，后界面为前景信息。如"小王来了""车来了"。

（四）关于双"了"句的差异。试比较：

(19) a. 小王学了三年汉语。
　　　b. 小王学三年汉语了。
　　　c. 小王学了三年汉语了。

按照我们的解释，a 句是过去时的一个完了事件；b 句是一个说话时的未完了事件，强调时量；c 句也是一个说话时的未完了事件，但强调的是时段中的"起点+时量"。双"了"功能是不一样的。动词后的"了"表动作的状态转化，句末"了"则呈现新事态。

五　"了"的基本语义及其语义功能的扩张

（一）从整体上看，"了"的基本语义网络为：

```
                    界变
                  ↙    ↘
某状态结束      某状态开始或突显
完成            变化
完了            新情况出现
实现            知识更新
```

界变就是状态的改变。状态的改变有各种各样的类型，但可概括为状态的消失／结束和状态的呈现／开始。结束某种旧状态意味着开始了某种新状态，这是一个事物的两个方面。即，界变包括两个基本范畴：结束某状态／开始或呈现某状态。这正如房间里电灯的开关一样，关灯就是结束某状态，开灯就是开始或呈现某新状态。开和关，是同一事物的两种功能。状态的消失／结束正是完成说、完了说或实现说的认知基础。而新状态的呈现／开始则是变化说、新情况说的认知基础。

综上所述，汉语的"了"是一个综合标记，其基本属性为：(1)界变性："了"既不是变化，也不是完结，"了"表示话者对同一意象或事象中不同状态间的转化的认定。这种状态的变化既包括时轴上的各种状态间的客观性的界变，也包括主观心态的界变；既包括动相性的界变，也包括事象的界变。(2)具象性："了"字句一定是一种具体的事象。(3)现场性："了"的作用是指示动作或状态变化的界线。句末"了"指示同说话时相关的过去或将来发生的事件。动词后"了"指示过去某时点的状态变化。总之，"了"的功能在于把一种状态变化同某一时点相关。

（二）在句末"了"的语义解释中，有语气之说。我们认为，这是"了"的基本语义在语气结构中的扩张现象。为了解释"了"的语义功能扩张问题，请先看如下图式：

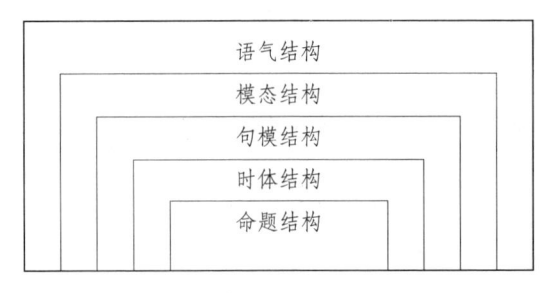

```
┌─────────────────────────┐
│  语气结构                │
│  ┌───────────────────┐  │
│  │ 模态结构           │  │
│  │ ┌───────────────┐ │  │
│  │ │ 句模结构       │ │  │
│  │ │ ┌───────────┐ │ │  │
│  │ │ │ 时体结构   │ │ │  │
│  │ │ │ ┌───────┐ │ │ │  │
│  │ │ │ │命题结构│ │ │ │  │
│  │ │ │ └───────┘ │ │ │  │
│  │ │ └───────────┘ │ │  │
│  │ └───────────────┘ │  │
│  └───────────────────┘  │
└─────────────────────────┘
```

图4　自然语句的语义结构层次图

结合上图4我们认为，"了"的基本语义是体现在时体结构和句模结构的界面上的、表达句子的客观性语义信息，其核心意义为界变，即状态转变。不过，由于"了"常居句末，处于句子的外层结构，因而会和模态结构、语气结构以及时制发生搭界现象，从而产生"了"的语义功能的扩张现象。由于模态结构和语气结构表达的是一种主观性语义信息，即话者的态度、情态等，因此这时的"了"常被称为语气助词，表达某种"决定的口气"或"申明的语气"。

从语态的角度看，"了"是表达状态变化的一种陈述句标记。陈述一个变化了的或在说话时处于变化中的事象，这是"了"的最基本的功能。因此，有"了"的完句形式，都必定带有陈述语气。试比较：

a. 小王去年去美国了。
b. 小王（是）去年去的美国。｜小王（是）去年去美国的。

与b类确认句相比，a类的陈述性是很明显的。

当然，在如下的句末"了"字句中，"决定的口气"或"申明的语气"也很明显。例如：

（20）他在图书馆看书了。

(21) 他吃大蒜了。

这种句子往往是作为一种说明句而出现在答句中的，且一般不作为始发句出现。木村英樹（2006）[①]认为"小王在厨房包饺子了"不说。其实这是一种误解。这类句子在"呈现某种新状态"的意义上、作为一种说明句是可说的。例如：

(22) 他在家吃生鱼片了。
(23) 田中在大学学汉语了。

当然，这时这种句子只能作为后续答句或后续说明句出现。显然，这种语境中的"了"的"决定的口气"或"申明的语气"就比较明显。

（三）"了"可出现在各种句式或句类中。这也是"了"在语态中的扩张。例如：

A. 陈述句：他学了三年汉语了。
a. 自然现象句：着火了。｜下雨了。
b. 使唤句：走人了。｜开饭了。
c. 表态句：谢了。｜算了。｜得了。｜对了。｜怪了。
　　　　　不去了。
　　　　　别哭了！
B. 表情句：太好了！可热了！

不同的句式句类有不同的时态、情态、语态，但"了"在不同的语句中的作用都是一样的，都表达意象的变化。

王光全和柳英绿（2006）[②]提出用报事、叙事、论事的范畴

───────────

① 木村英樹《「持続」「完了」の視点を越えて 北京官話にぉける「実存相」の提案》，《日本語文法》（6），日本語文法学会，2006年。
② 王光全、柳英绿《同命题"了"字句》，《汉语学习》2006年第3期。

来解释"了"的相关问题。其实,这也就是"了"的语态(句式)问题。即,"了"在不同语态中,在不同的句式/句模中所表现出的价值是有所不同的。这是"了"的界变语义在不同语态中的扩张和显现。

(四)"完成"说和"实现"说是在时体框架中讨论汉语"了"的语法意义的。彭利贞(2009)[①]讨论了"了"的情态问题。肖治野和沈家煊(2009)[②]更是从"行、言、识"这三域讨论了"了"的问题。看来,"了"并非是汉语句子语义结构中的某一个层面的个别问题。因此,试图只在时体层面、模态层面或语态层面解决"了"的问题的尝试是注定不会成功的。汉语"了"的语法意义是横断在句子语义结构中一个综合性的语义范畴。这一点正反映了汉语同其他语言在动相结构上的不同。

(五)句末"了"的当前相关的含义是"了"的语义在时制中的扩张。

1. 与动词后"了"相比,句末"了"所表达的是与说话时相关的事象。

2. 句末"了"句中有时间词的话,其时制为时间词所指时制;如无指示时制的词语的话,其时制为说话时。例如:

(24) a. 他明天就回老家了。(未来)
　　　b. 他昨天回老家了。(过去)
　　　c. 他回老家了。(现在)

汉语的时制表达是不同于英语那样的形态时制表达的。一般

---

① 彭利贞《论一种对情态敏感的"了$_2$"》,《中国语文》2009年第6期。
② 肖治野、沈家煊《"了$_2$"的行、知、言三域》,《中国语文》2009年第6期。

地说，对于一个具体行为句来说，时间表达的零形式往往是指说话时。这应成为汉语时制表达的一个规则。例如：

A. 小王去北京　　B. 小王应该去北京。
　他来　　　　　　他会去北京的。
　花红　　　　　　花红了。

A类都不是具有现实性的句子，B类都是有现实性的句子。B类句子的现实性是"应该""会……的""了"所赋予的。"应该""会……的"是句中的情态性成分，"了"是句末综合性标记。"应该""会……的""了"等成分都是所谓的完句成分。在句中没有其他的表时成分时，这些成分会在使句子的时制为说话时的同时，又赋予各自所负载的语义值。由于"了"的基本语义是"界变"，因此，"了"的这种界变义就会在时制中得到语义扩张，或展示一个在说话时的变化或突显一个说话时的场景。而这些变化和场景都必定是"当前相关"的。

六　余论

（一）汉语"了"的问题是关涉汉语动相体系全局的关键问题。在这个事关全局的问题上，汉语表现出了不同于英语、日语等形态语言的认知特征。这种特征简言之就是，汉语的行为句是以"变"与"非变"为轴的语言，这是同以动作过程为轴的英语等语言不同的。而这种认知类型学上的不同就使汉语的时态体系形成如下原则：

1.抽象句（非现实句）和具象句（现实句）的对立的原则。抽象句一般不能加"了""着""在""呢"，而具象句一般可加"了""着""在""呢"。例如：

抽象句（非现实句）：
  惯常句：这孩子很爱哭。
  事理句：太阳从东方升起。
  属性句：他是大学生。
  行为句：他在大学工作。
具象句（现实句）：
  具体行为句：那孩子哭了。
       他在看书。

2.具象句中的"了"和"着""在"的对立原则。"了"和"着""在"的对立反映了汉语具象句中的"变"与"非变"的对立。这种对立也反映在其他句法组合中。

	了	着	在
动补	+	−	+
呢	−	+	+
过	+	−	−

"了"和"着/在"的对立是汉语具象句之轴，反映了汉语以"具象"与"抽象"，"变"与"非变"为视点的认知特征。

（二）汉语行为句（具象句）以"变"与"非变"为认知轴心的特征在其他句法现象中也可出现。比如，汉语否定词"没"和"不"的重要区别之一就是"变"与"非变"。"不"一般指"非变"，"没"一般指"变"。又如，汉语的"把"字句是其他语言所没有的句法构式，对于这种句式的语法意义也可以从"事象界变"[①]的角度加以考察，从而扩大汉语语法研究视野。

---

  ① 张黎《汉语"把"字句的认知类型学解释》，《世界汉语教学》2007年第1期。

拘泥于以往的时体概念的研究，已使汉语语法时体的研究陷入了僵局，有些研究甚至造成了误导。本节从认知类型学的视点出发对汉语"了"及其相关问题提出了一些想法，希望能够以此为突破口，还汉语语法的本来面目，从而确立汉语语法研究的本体观。

第五节　从语言类型角度看汉语第一人称施事被动句[①]

一　问题的提出

（一）在本节中，我们只讨论所谓的"长被动句"，即用被动标记词"被""叫""让""给"将施事论元引进句中的被动句。"被"字直接和述语结合而成的"短被动句"不在本节讨论之列。"长被动句"（以下简称"被动句"）的具体例子如下：

（1）妈，您成天算计，倒被一个黄毛丫头给算计了！得得得，洗了睡吧！（徐小斌《亚姐》）

（2）可姥爷的村长仅仅当了两年，就让外姓人给抢了。（刘震云《头人》）

（3）不过，也许他的坟也叫红卫兵给掘了。（王安忆《苦果》）

（4）老韩真没出息，竟给一伙装修工骗了。（姚鄂梅《秘密通道》）

[①] 本节摘自杉村博文《汉语第一人称施事被动句的类型学意义》，《世界汉语教学》2016年第1期。

讲被动句可以有很多切入点，本节为了兼顾对外汉语教学的需要，准备将下面两点作为研究汉语被动句特点的切入点：

i. 什么样的事件可以用被动句描写？
ii. 为什么要用被动句描写？

（二）切入点 i 是被动句汉外对比研究的首要任务，因此无论从汉语本体研究的角度讲还是从对外汉语教学的角度讲，都已经积累了大量的研究成果，但是由于没有能够很好地与各种语言学理论挂上钩，所以仍然有一些具有理论语言学意义的问题还没有被充分认识到。比如，当语言类型学在不同类型的语言如何配置主语、宾语、状语这个问题上寻求共性时，经常会提到话题性等级（Topicality Hierarchy）。话题性等级是语言类型学上的一条倾向性，以体词性成分的生命度（Animacy）、人称（Person）、移情度（Empathy）、定指度（Definiteness）等为标准，决定在无标情况下动词论元担任主动句主语、宾语和间接格状语的优先序列。[①] 具体如下：

---

① Croft, William, *Syntactic Categories and Grammatical Relations*. Chicago: The University of Chicago Press, 1991, pp. 149-155. 杉村博文《比～更/还/都……》（《東方》128 号，東方書店，1991 年）指出，施事论元（即必有论元）做间接格状语和可选论元做间接格状语，情况有所不同。比如，我们可以说"他连在自己老婆面前也不敢说真话"，但不能说"*我连被一个黄毛丫头也给算计了"。同样的，"*连把……也/都……"和"*连比……也/都……"也都不成立。由此可见，必有论元做间接格状语和可选论元做间接格状语是需要区别对待的。本节暂不讨论这一问题。另外，关于汉语被动句施事和受事的准确含义及其句法上的反映，详见木村英树《汉语被动句的意义特征及其结构上之反映》，*Cahiers de Linguistique-Asie Orientale*, 1997 年；张伯江《被字句和把字句的对称与不对称》，《中国语文》2001 年第 6 期。因为本节谈到的被动句都是由高生命度指人名词充当的施事，所以姑且不去细究被动句施事和受事的定性问题，仍使用传统的名称。

第一人称代词/第二人称代词＞第三人称代词＞专有名词＞指人普通名词＞有生命普通名词＞无生命普通名词

这个等级表示，在充任主语方面，位于"＞"左边的优先于右边的；而在充任状语方面则正好相反，位于"＞"右边的优先于左边的。因为组织被动句也会牵涉到主、宾、状语的配置问题，所以话题性等级就当仁不让地成为观察被动句结构的一个重要视角。然而，话题性等级如何体现在汉语被动句之中这一问题，一直以来没有引起学界足够的重视，迄今为止仍有一些问题未曾解决也未曾提出来过。①

（三）切入点 ii 主要有两种动因，一是功能动因，二是语义动因。功能动因中最重要的是上下文衔接（主要是话题的转换和接续）是否顺畅，而语义动因中最重要的则是所谓的"感情色彩"。我们认为，对于像汉语这种具有多种受事主语句可供说话人选择的语言来说，绝不可忽视语义动因在主被动句选择当中所起的作用。当汉语组织受事主语句时，除了被动句和零主语句之外，还可以利用如下三种句法手段：

（5）我给你煮一碗面条儿。→面条儿煮好了。

---

① 杉村博文《遭遇と達成　中国語被動文の感情の色彩》，载大河内康憲编《日本語と中国語の対照研究論文集（下）》，くろしお出版，1992年；杉村博文《现代汉语表"难事实现"的被动句》，《世界汉语教学》1998年第4期；杉村博文《汉语的被动概念》，载邢福义主编《汉语被动表述问题研究新拓展》，华中师范大学出版社，2004年。虽然对第一人称施事降格为间接格状语的现象早有描写，但仍停留在零星、个别的描写阶段，缺乏概括性和系统性。张麟声《日本語教育のための誤用分析》（スリーエーネットワーク，2001年），木村英樹《こと　ここぅ　ことば　現実を言葉にする「視点」》（唐沢かぉり，林徹编《人文知1心と言葉の迷宮》，東京大学出版社，2014年）都从日汉语对比的角度简单地谈到了话题性等级在被动句之中的表现问题。

(6) 我破了那个案子。→那个案子是我破的。

(7) 我不忍心把这件事告诉小张。→这件事,我不忍心告诉小张。

例(5)是"无主句"("主"代表"施事主语"),当说话人描写一件事,只关注受事身上发生的变化,而对施事的作为视而不见时,就会产生这种句子。例(6)是"是……的"句,当说话人想把一个事件性广焦点句变成一个判断性窄焦点句时,就可以利用"是……的"句。比如,在"我破了那个案子"中,"我"和"那个案子"都处在焦点范围之内,而在"那个案子是我破的"中,只有"我"处在焦点范围之内,"那个案子"则已经被排除在焦点范围之外了。① 例(7)是"话题句",吕叔湘(1986)② 指出,这种句子"实际上大概是先想到一个事物(包括人)就脱口而出,一面斟酌底下的话怎么安排。句子里边的语序基本上反映思想的过程"。

被动句的产生过程与上面三种句子都有交叉,但又不完全相同。一方面,"被""让"等被动标记词的使用可以使施受关系更加明确,对施事者起到指派论旨角色的作用;一方面,将受事升格为主语,将施事降格为状语这样一种叙事方式,会使句子容易带上各种感情色彩(即说话人寄托在被动句身上的主观情绪,详后)。关于汉语被动句的感情色彩,以往的研究挖掘得还不够深入。根据我们的研究,汉语被动句的感情色彩比我们想象的要丰富得多,特别是在口语当中,不仅有负面的主观情绪,而且还

---

① 关于"是……的"句与焦点的关系,详见袁毓林《从焦点理论看句尾"的"的句法语义功能》,《中国语文》2003 年第 1 期。我们可以把被动句和"是……的"句合二为一,例如"他的发言是被一个紧急电话打断的"。可见,被动句和"是……的"句并不在同一个句法层次上。

② 吕叔湘《主谓谓语句举例》,《中国语文》1986 年第 5 期。

有正面的主观情绪。比如下面例（8）、例（9）分别表达了说话人心中的"沮丧"情绪和"得意"情绪：

（8）把你的自行车借我用用，我的车让人给拔了气门了。已经好几回了，也不知道谁对我这么大的意见？（谈歌《年底》）

（9）滕医生，他在卫生间里，拧开水龙头，打算以水代尿，让我给逮住了。人给您，看怎么处理吧！周五兴冲冲地汇报。（毕淑敏《红处方》）

本节准备讨论的汉语的被动句，结构类型上属于"介词型被动句"，必须带上施事论元，而语义又属于"带感情色彩"一类。[①]这样一种被动句，究竟怎样与语言类型学所高度重视的话题性等级协调互动，来扩宽自己的适用范围呢？本节打算在前贤的研究和语料库数据的基础上，试着从语言类型学和功能语言学的角度来探讨汉语第一人称施事被动句的类型学意义。

二 话题性等级、功能动因及感情色彩

（一）汉语的被动句结构上属于介词型被动句，而汉语的介词又不允许宾语悬空，必须带着施事出现。因此，在被动句的运用当中，有的时候因为功能动因和语义动因再加上"带施事"这一制约，难免会遇到必须将话题性等级颠倒过来造句的情况。如：

（10）邝编辑走了。她那杯没有喝过的茶，后来让我给喝了。（刘心武《妈妈反复讲过的故事》）

（11）时间虽然走得很留恋，却由于工作的繁忙，十天也就被我终

---

① 关于汉语被动句语义特征的讨论，详见杉村博文《汉语的被动概念》，载邢福义主编《汉语被动表述问题研究新拓展》，华中师范大学出版社，2004年。

于数过去了。(丁爱华《相思树》)

(12) 本来我们科的小张,也是这样的,后来被我批评了几次,改了。(范小青《女同志》)

例(10)、例(11)将话题性等级最靠后的无生命普通名词"茶"和"十天"升格为主语放在句首,将等级最靠前的第一人称代词"我"降格为状语放在句中,这就最大限度地颠倒了话题性等级。例(12)则将等级居中的第三人称专有名词"小张"升格为主语,将第一人称代词"我"降格为状语,也极大地颠倒了话题性等级。

就目前我们所知,与世界上其他语言的被动句相比,汉语的被动句服从于话题性等级制约的程度相对较低。例(13)是徐丹(2004)[①]的例子:

(13) 苹果被我吃了。

举例时,徐丹对"我"降格为间接格状语置若罔闻,未加任何说明。[②] 李洁(2008)[③] 对中国境内汉藏语系语言的被动句进行广泛调查,搜集到了大量的不受话题性等级约束的例子,例如:"ni^{21} tso^{24} o^{55} $ntou^{33}$ tou^{13} ta^{21}"(苗语:他被我打了)、"ka^{11} wa^{22} nai^{24} $te:\eta^{54}$ kou^{54} dai^{231} ηe^{54} kva^{33}"(壮语:这些话被我听见了)。李洁在分析这些例子时也只字不提话题性等级。这就足以说明,话题性等级对汉语被动句的语用约束确实不那么严格,上面这些例子都很一般,不值得大惊小怪。

[①] 徐丹《汉语句法引论》,张祖建译,北京语言大学出版社,2004年。

[②] 讲变换分析的语法著作经常不加任何说明就举施事由第一人称代词充当的被动句,如"绳子被我捆了箱子了"(李临定《"被"字句》,《中国语文》1986年第6期)、"饭被我吃了"(吴为章《动词的"向"札记》,《中国语文》1993年第3期)。

[③] 李洁《汉藏语系语言被动句研究》,民族出版社,2008年。

与汉语不同，很多亚非语言由于话题性等级以及被动句回避带上有定施事等语用规则的制约，无法造出无生命普通名词充当主语、第一人称代词充当间接格状语的被动句。比如，在缅甸语中，只有"有生命的"（一般是"人"）才能充当被动句主语；在波斯语中，被动句回避带上有定施事，除非需要特别指出谁是施事者。因此像例（13）所描写的这种情况，这些语言都必须改用主动句来进行描写。①

（二）我们可以将叶斯柏森《语法哲学》针对英语被动句用法所做的描写借过来，作为汉语选择使用被动句的功能动因。② 其中主要有以下三条：（1）不知道主动主语是谁或难以说出是谁；（2）被动语态可以促进两个句子的衔接；（3）对被动主语的兴趣大于对主动主语。比如：

（14）反正人都说<u>剃下的头发</u>要是不接着∅，满地扔∅，∅<u>让人给踩了</u>，您可就得倒霉！（陈建功《平民北京探访录——涮庐主人闲话》）

（15）他跟几个工友一起吃晚饭，∅ 喝了点酒，∅ 骑摩托车回家的时候，∅ <u>被一辆货车撞了</u>。（姚鄂梅《秘密通道》）

在例（14）中，"剃下的头发"后面出现的三个回指性零代

---

① 我们调查的亚非语言有：日语、朝鲜语、蒙古语、越南语、泰语、缅甸语、印尼语、阿拉伯语、波斯语、印地语、斯瓦希里语。值得注意的是，越南语被动句的结构方式与汉语相同，但也不能用于例（13）所描写的情况。Croft 曾提出被动句带施事（Agentive Passive）又少见又与理想认知模式不和谐的观点，值得我们注意。Croft, William, Voice: Beyond control and affectedness. In Barbara Fox & Paul J. Hopper (Eds.), *Typological Studies in Language*, vol. 27, John Benjamins, 1994.

② Jespersen, Otto, *The Philosophy of Grammar*, 1924. 中译本：奥托•叶斯柏森《语言哲学》，语文出版社，1988 年。虽然叶斯柏森《语法哲学》是一部半个多世纪以前的著作，但他这些观察至今尚未过时。参见 Everett, Daniel L., *Don't Sleep, There Are Snakes-Life and Language in the Amazonian Jungle.* Random House, Inc, 2008.

词都代表受事成分，前两个零代词是通过充任动词宾语来表示其为受事，而最后一个零代词则通过充任被动句主语来表示其为受事。与此同时，"让人给踩了"是属于"不知道主动主语是谁或难以说出是谁"的例子；在例（15）中，句首"他"和接下来的三个回指性零代词构成了一个典型的话题链。因此，对"被一辆货车撞了"的功能动因来说，首先是被动句"可以促进两个句子的衔接"，然后是"对被动主语的兴趣大于对主动主语的兴趣"。至今已有不少前贤注意到被动句（以及"把"字句）的这种上下文衔接功能，[①]并积累了大量的研究，恕不一一举出。

（三）在语料库里检索施事由人称代词充任的被动句，如果代词的人称不同，检索到的例句数量就会有很大差别：第三人称占绝对优势；第一人称次之；第二人称最少，大概连第一人称施事被动句的三分之一都不到。[②]第二人称施事被动句用得少，一则是受到了对话材料较少的语料限制，二则是受到了被动句感情色彩的制约。目前公认汉语被动句一般用来表达负面的主观情绪[③]，因此如果在谈话中用被动句来描述对方的行为，那就等于

[①] 比较下面例子中被动句和"把"字句的上下文衔接功能："我杀张浩的时候，<u>让冯奇看见了</u>，我怕他告发我，所以<u>把他也干掉了</u>。"（电视剧《案发现场 2》）

[②] 我们在一千多万字的语料库里进行检索的结果如下：检索式"被［我咱］［^的^爸^妈^爹^娘^女^儿^孩^老^这^那］{2,6}了［。，！］"共搜集到 62 个例子。［我咱］代表"我"或"咱"（下面依此类推）；［^的^爸^妈^爹^娘^女^儿^孩^老^这^那］代表"除'的、爸、妈、爹、娘、女、儿、孩、老、这、那'之外的任何一个字"；{2,6}代表"2 到 6 个"；将［我咱］换成"你"检索到 19 例，［我咱］换成［他她］检索到 144 例。

[③] 李临定《受事成分句类型比较》，《中国语文》1986 年第 5 期。用"苹果被弟弟吃了（，这孩子真不听话～*这孩子真听话）"这个例子来说明"'被'字句常表示不如意的事情，含有埋怨的语气"。

当面对对方的行为加以批评。这种表达方式无疑会损害对方的脸面，从而就违背"说话要有礼貌"的会话准则，用起来当然要受许多限制。

有两种情况即使用了第二人称施事，被动句也不会违背礼貌准则：（1）说话人拥有充分的理由可以不顾对方脸面，理直气壮地去埋怨、数落或挖苦对方，如下面例（16）—例（18）；（2）虽然是因为对方的缘故发生在说话人身上的意外事件，却给说话人带来了积极的感情体验，如下面例（19）、例（20）：

（16）娘，一场好戏，全被你搅了！（莫言《丰乳肥臀》）

（17）人家都睡着了又让你给吵醒了！（王海鸰《中国式离婚》）

（18）这本是我这个年纪的老头子说的话，怎么叫你给抢先说了？（毕淑敏《红处方》）

（19）我喜欢你直率坦荡的性格，从我第一眼看到你，就被你吸引住了。（同上）

（20）我想听听你和刚的故事，行吗？我是一个和刚一样年龄的人，完全被你的日记感动了，我们能聊聊吗？（王晓方《驻京办主任》）

例（20）的"你的日记"虽然只是一个属于"你"的事物而已，但在此处却完全可以把它当作"你"的替身来看待。

从搜集到的例子数量来看，第二人称施事被动句用于第一种情况远远多于第二种情况。这就说明，汉语的被动句倾向于表达负面主观情绪这一观察还是有事实根据的。

三 第一人称施事被动句

从逻辑的角度看，被动句与话题性等级背道而驰的情况可以有很多种，但再加上感情色彩来考虑的话，值得我们特别注意的就只剩下第一、二人称代词降格为间接格状语的情况了。第二人称代词降格为间接格状语的情况上面已经介绍过了，在接下来的讨论中我们专门关注第一人称代词的情况。

（一）第一人称施事被动句用于"自我悔恨"

功能因素（主要是"对受事者的关注程度不亚于对施事者的关注程度"）再加上"出乎意料"和"自我悔恨"这两层主观情绪，就可以顺理成章地造出第一人称施事降格为间接格状语的被动句：

（21）我心里真个不是个滋味啊，不管咋说，好端端的三条性命，就这么让我给糟蹋了。（张学东《羔皮帽子》）

（22）想想，也是自己过分，我儿子的心叫我给伤透了。（余华《活着》）

（23）吴总，是我的错，你让我去死吧。这么大的事要是让我给弄砸了，我死了也没法儿赎这份过呀。（海岩《你的生命如此多情》）

（24）但是，在那个关键的时刻，我们想给丫丫换一身衣服已经不可能了。这个致命的问题竟然被我们忽视了。（白连春《北京》）

（25）全毁了，这个家全让我给毁了！（电视剧《清网行动》）

在这些例子中，受事主语前的定语——"好端端的""我儿子的""这么大的""这个致命的""这个（'我们这个'）"——清楚地表明，它们都成了"我"的移情对象，"我"对它们的关注程度也就不亚于对"我"自己的关注程度。由于自己待人处事不细心、不周到，居然让自己移情的对象蒙受了损失，受到了伤害，其后果只能是自己悔恨自己了。

使人自我悔恨的事件描写的无疑就是负面事件，而对事件的负面识解和"出乎意料"又密切相关。杉村博文（2004）[①]将汉

[①] 杉村博文《汉语的被动概念》，邢福义主编《汉语被动表述问题研究新拓展》，华中师范大学出版社，2004年。

语被动句的原型意义解释为"以受事为视角（Perspective），叙述一件出乎说话人意料地发生的事件"，并将"负面事件"看作由"意外事件"扩张出来的一种引申义。因为既然是一件出乎意料地发生的事件，那么它就只能是单方面地强加给受事者（即说话人移情于此，关注于此的对象）的事件，受事者除了甘心承受其遭遇之外没有别的选择。正因为这样，"意外事件"很容易被识解为负面事件，并导致产生负面的主观情绪。

英语的被动句有时也需要从意外事件的角度去考虑它的合法性。Kirsner（1977）[①]指出，下面例（26）a 的可接受性比例（26）b 差很多：

(26) a.? Nureyev was seen by thousands to dance at the concert hall.
b. Nureyev was seen by a reporter to leave by the side door.

Nureyev 是世界闻名的芭蕾舞演员，他在剧场演出，当然会有成千上万观众前来观看，这是早在意料之中的，语用上根本就找不到用被动句来描写的语义动因。而例（26）b"从旁门溜走"则是一件避人耳目的行为，当然不愿意有人看见，因此有个狗仔看见 Nureyev 从旁门溜走，这对 Nureyev 来讲，是一件不在意料之中且又不如意的事件。久野暲（1983）[②]接受 Kirsner（1977）[③]的看法，也指出"John was seen at Harvard Square by Mary."这句英语同样含有"不如意、不愉快"的主观情绪。

值得注意的是，叙述"意外事件"既有可能扩张为叙述"负

[①] Kirsner, Robert S., On the passive of sensory verb complement sentences. *Linguistic Inquiry*, 8, 1977.
[②] 久野暲《新日本文法研究》，大修館書店，1983 年。
[③] 同①。

面事件",又有可能扩张为叙述"正面事件",还有可能原地踏步地去叙述单纯的意外事件。① 李临定(1980)② 指出:"有些中性动词(没有褒贬色彩),如'看见、知道、听见、改'等,用在被字句时,总是表示不如意或不企望的事情。"其实,这些动词用在被动句,有时也就停留在表示"意外事件"这一阶段,并没有进一步扩展为表示"负面事件"。比如:

(27)王懿荣将这些龙骨上的刻画与自己家收藏的古钟鼎上的文字比较,感觉非常类似。他觉察到这样的刻痕出现在一种远古动物的骨头上绝非偶然,可能是<u>一种迄今没有见过的很稀奇、很有价值的东西,被他无意间看到了</u>。(CCTV10《发现甲骨文》台词)

(28)他老夫妻一边教,一边养,却都是疼儿子的一番苦心。不想他老夫妻这番苦心,偶然闲中一问一答,恰恰<u>的被一个旁不相干的有心人听见了</u>,倒着实的在那里关切,正暗合了"朝中有人好作官"的那句俗话。(《儿女英雄传》第33回)

(29)我们妇联收到一封信,说你未婚怀孕。有的人主张把这封信转到你们单位,也有人主张让计划生育委员会处理。<u>这件事幸亏让我知道了</u>,我把这封信扣下,告诉她们此事由我亲自处理,不许外传!(王梓夫《蝉蜕》)

(30)白净面皮的南咸县县委书记老胡就趴在铺上制阄。阄制了四组,酒一组,菜一组,肉丝面一组,鸡蛋汤一组。原想组多分些,大家分开抓,谁也不吃亏谁也不占便宜,可到一开抓,<u>四个有字的全让春宫县县委书记金全礼给抓住了。众人一片欢呼</u>……(刘震云《官场》)

(二)第一人称施事被动句用于"自我夸耀"

我们之所以将意外事件放在负面事件之上,是因为意外事件

---

① "描写意外事件"还有可能凌驾于约束第二人称施事被动句的礼貌准则,详见杉村博文《汉语的被动概念》,载邢福义主编《汉语被动表述问题研究新拓展》,华中师范大学出版社,2004年。

② 李临定《"被"字句》,《中国语文》1980年第6期。

既可以转变为负面事件，也可以转变为正面事件。这可以从下面的例子得到证实：

（31）有人仿造了一件"孩儿枕"，水平高出了我的想象，不过还是让你女儿_{自称}给识破了。怎么样，老爸，我厉害吧？（电视剧《雾里看花》）

（32）我们俩聊的可热乎啦。我有心他无意，临了，到底叫我给问出来了。（谌容《太子村的秘密》）

（33）我跟他聊了半个多钟头。他问我，我问他，一来二去的，可就叫我给套出来了。（同上）

（34）还有的人，看着挺老实，挺勤谨，结果背地里净贪公司的钱，让我给查出来了。（海岩《玉观音》）

（35）是的，是的，汤教授，我就是为这事儿来的！盼星星，盼月亮，这解套的机会终于被咱们盼到了！（周梅森《我主沉浮》）

这些例子都表达了一种含有"侥幸"和"得意"意味的成功。这种成功其实也是一种"意外事件"。关于这个问题，我们已从"成功＝自助＋天佑"这一通俗心理学的角度进行了详细的论证——这条公式中的"天佑"可以解释为"偶然"或"意外"，此处不再赘述。①

李临定（1980）②指出"有一些反义词，表示褒义和贬义的，都可以进入被字句"，并举了一对富有启发性的例子：

（36）孩子被你管坏了。～孩子被我管好了。

请注意施事者的人称和结果补语正负面色彩的搭配关系。丁崇明（2009）③接受李临定的观察，也举了一对同样的例子"孩

---

① 参见杉村博文《现代汉语表"难事实现"的被动句》，《世界汉语教学》1998年第4期；杉村博文《汉语的被动概念》，载邢福义主编《汉语被动表述问题研究新拓展》，华中师范大学出版社，2004年。

② 李临定《"被"字句》，《中国语文》1980年第6期。

③ 丁崇明《现代汉语语法教程》，北京大学出版社，2009年。

子被你教育坏了～孩子被我教育好了"。这两对例子表明，第一人称施事被动句可以用来叙述正面事件这一观察，从语言学家敏锐的语感中进一步得到了证实。至于第二人称施事被动句"孩子被你管坏了"的合法性，请参看前文讨论。

关于被动句和"得意"的关系，可资参考的是《三国演义》里的第一人称施事被动句。如：

（37）米已送到，贼驱牛至坞外，牛皆奔走回还，被我双手掣二牛尾，倒行百余步，贼大惊，不敢取牛而走。（第十二回）

（38）吾乃南阳诸葛孔明也。曹操引百万之众，被吾聊施小计，杀得片甲不回。汝等岂堪与我对敌？（第五十二回）

（39）却说姜维在山下困住魏兵，谓众将曰："昔日丞相在上方谷，不曾捉住司马懿，吾深为恨；今司马昭必被吾擒矣。"（第一百九回）

（40）吾今日围猎，欲射一"马"，误中一"獐"。汝各人安心而去；上覆仲达：早晚必为吾所擒矣。（第一百一回）

《三国演义》中的第一人称施事被动句无一不是用在描写说话人自报其功、自鸣得意的情况。① 戴庆厦（2006）② 认为"在早期以及近代汉语白话文中，被动句（主要是'被'字句）普遍用来叙述不如意、不愉快的事情"，陈昌来和李琳（2006）③ 认为"晚清以后，'被'字句又有所发展……，表示中性或愉快、如意的'被'字句开始出现"。这些看法都与被动句的历史情况不符。

---

① 《三国演义》（人民文学出版社，1973年第3版）此类例子多达23例（第一人称代词包括"我、吾、臣、某"四个词），这显然与《三国演义》的故事情节和人物塑造有关。

② 戴庆厦主编《汉语与少数民族语言语法比较》，民族出版社，2006年。

③ 陈昌来、李琳《〈儿女英雄传〉的"被"字句及相关问题考察》，载邢福义主编《汉语被动表述问题研究新拓展》，华中师范大学出版社，2006年。

（三）第一人称施事被动句用来"表明自己行为的合理性"

这一类的感情色彩没有前两类那么鲜明，我们权且把它概括为"用来表明自己行为的合理性"。先看例子：

（41）前些时候，在学校里闹了点乱子，我们正设法扭转她的心思呢。喏，那些书都<u>被我没收了</u>，给她换了些有意义的。（孙云晓《握手在十六岁》）

（42）我们也是考虑再三，才决定请贵校的同志们帮忙。在前也有人推荐了一些单位，纱厂啦医院啦，都<u>被我们否决了</u>。（王朔《千万别把我当人》）

（43）她爸爸暴跳如雷，想狠狠教训女儿一顿，<u>被我费力劝住了</u>。您想想，女儿已经在痛苦地反省自己了，连饭都不吃，你还逼她什么呢？她正孤立无援，需要人帮她一把。（孙云晓《握手在十六岁》）

（44）看得出，我的到来，让老爷子挺开心。他把我让进屋，又张罗着给我沏茶倒水，这当然<u>被我拦了</u>。我去给自己沏上了茶。（陈建功《放生》）

（45）我的衣服背后是黄绿色混杂着青草汁儿的尘土，裤子的下摆都是红色的淤泥……那套衣服<u>被我烧了</u>……一回到家，我就把那天我携带的所有东西，都烧了……我不想留下丝毫痕迹，这些东西都是我受辱现场的见证人……我不能留下它们。（毕淑敏《红玲珑》）

（46）邝编辑走了。她那杯没有喝过的茶，后来<u>让我给喝了</u>。（刘心武《妈妈反复讲过的故事》）

与前两类不同，这类第一人称施事被动句描写的都是经过意志抉择的自制性行为，与"出乎意料"无关。明明是一件自己有意做出的事情，却不把自己当作主动句主语来进行描述，反而把自己降格为被动句状语，来对事件从受事者的角度加以描述，这样做是为了从字面上去除自己行为的主观性，反过来突出它的客观性乃至合理性。比如，例（45）中的"我"是个被人强暴了的女孩子，"那套衣服"是"我"受辱的见证,因此"我"把它烧掉,让它永远从这个世界上消失是个极其合理的行为。在例(46)中,一位权威杂志的老编辑第一次来"我"家向"我"母亲索稿,"我"怀着敬重的心情给她沏上热茶之后,坐在一旁静听她和母亲交谈。但谈到最后,这个编辑不但用一个极其荒唐的理由拒绝接受"我"母亲的稿子,而且对"我"给她沏的茶不屑一顾,一口也没喝就走了。这样一来,在"我"的心目中,她从一位让人敬重的老编辑一下子变成了一个让人瞧不起的官僚主义者。这时在"我"心中油然产生一种不可遏制的,却又极其合理的感情冲动,让"我"把茶给喝掉了。下面记录了三位中国学生看完整篇小说以后写下的读后感:

"茶让我给喝了"表达了"我"对两次敬茶、两次被拒的不满情绪。"我"不仅仅因茶被拒喝,还因为妈妈的稿子被拒而对"老编辑"不满和不屑。

"我"鄙视邝编辑,她不配喝我们家的茶。"我"喝邝编辑没有喝过的茶,是"我"对她的一种"不服气、赌气"的行为。

作者对邝编辑与母亲的交谈,那种大人之间的交流很向往,所以借由喝了那杯茶,自己好像也参与了那个不属于自己的世界。

这些读后感虽然各不相同,但都表明"我把她那杯没有喝过的茶喝了"是个有根有据的行为。

再请看下面例(47),这是《三国演义》关羽第一次出场时的台词。文中用了一个被动句,但并没有促进上下文的衔接,反而把它破坏了。

(47)吾姓关,名羽,字长生,后改云长,河东解良人也。因本处势豪倚势凌人,被吾杀了;逃难江湖,五六年矣。(第一回)

从话题链的角度看,"逃难江湖,五六年矣"的应该是"本处势豪"而不是"吾",但"本处势豪"既然已被"吾"所杀,逃难江湖的就只能是"吾"了。请注意,"被吾杀了"和"逃难江湖"之间用的标点符号不是逗号",",而是分号";"。也许就是因为这个原因,现代汉语(电视剧台词)、日语译文、英语译文都采用主动句来翻译"被吾杀了"这一句。[①] 译文如下:

(48)关某在老家解良,因看不惯豪强欺压乡民百姓,<u>一怒之下杀了那厮</u>,从此亡命江湖,已经有五六年了。(电视剧《三国演义》)

(49)ところの豪族が勢いをたのんごあまりの無体に,<u>それを斬って棄て</u>,それより五六年ての方,世を忍んで各地を渡り歩いておりしもの。

(50)... , but I have been a fugitive on the waters for some five years, because *I slew a ruffian* who, since he was powerful, was a bully.

那么,罗贯中为什么甘心破坏上下文顺畅的衔接,而要插入"因本处势豪倚势凌人,被吾杀了"这样一个被动句呢?值得参考的是,陈寿在《三国志·赵云传》里给关羽写下了这么一句评语:"羽刚而自矜。"如果本节的假设——第一人称施事被动句可以带出"表明自己行为的合理性"这样一层感情色彩——能够成立的话,我们也许可以说,"被吾杀了"这简简单单的四个字突出了关羽的"刚而自矜"。换言之,突出了"本处势豪"力量强大却死在了"吾"的刀下,而不是别人的刀下;也突出了"吾"惩恶除暴、正义凛然的豪气。

[①] "それを斬って弃て"意为"一刀砍死了那厮"(日语译文引自立间祥介译《中国古典文学全集8 三国志演义》,東京平凡社,1958年)。英语译文引自 C. H. Brewitt-Taylor 译, *Romance of the Three Kingdoms*. Singapore: TUTTLE Publishing, 1959。

（四）第一人称施事被动句用于对事实的客观描写

我们不能否认有相当一部分第一人称施事被动句，尤其是书面语色彩较浓的"被"字被动句，只表示对事件的客观描写，句子本身并不体现说话人的任何主观情绪。说话人选用被动句，主要是为了促进上下文的衔接，如下面例（51）、例（52）；有时是为了促进施受关系更加明确，如下面例（53）、例（54）：

（51）听说老站长是位有名的气象专家，我们这些年轻人便想试试他的本领。一个晴朗的早晨，老站长刚吃过早饭，就被我们围住了，问："今天有雨吗？"（孙云晓《握手在十六岁》）

（52）女儿："妈，我放在冰箱里的那个苹果呢？"
　　　妈妈："啊，苹果让我吃了。"

（53）我……只好哼着哈往电车的另一端走，一转身，正好看见那被我踩了新鞋的小伙子，才想起这儿还有一场未了的纠纷。（王蒙《冬雨》）

（54）我想起那一天的中午，在装卸站的食堂里司机脸上闪过的几丝未让人觉察却被我捕捉住了的笑意。（方方《一波三折》）

应该说，在这些例子里，说话人对三种人称一视同仁，用旁观者的眼光谈论着自己。如上所述，人类心智既然可以主观地分别对待三种人称，那么也就应该可以主观地把它们同等视之。例（51）和上文讨论过的例（14）、例（15）情况相似，这里不再赘述。例（52）是我们给前文例（13）设计的一个语境。在这个语境里，选择"把"字句也是可能的，但"我把它吃了"对于"苹果"的处置意味很重，在一定程度上偏离了语境要求，因此在这个语境里选择被动句更为贴切。还有，问句是以"苹果"收尾的，所以如果答句再以"苹果"开头的话，问句和答句首尾相接，"上下文的衔接"就更顺畅了。例（53）、例（54）与上文衔接因素无关，只是为了使施受关系更加明确而选择了被动句而已。此二例不体现说话人的主观情绪，可能还和它出现在被包孕位置有关。这个问题有待于进一步研究。

四 结语

李洁（2008）[①]在谈到汉藏语被动句的语义特征和结构类型时指出："在语义特征上，汉藏语被动句以表示'遭受'义、'不愉快'义等'负面'义为主。并且汉藏语内部诸语言间，不同类型的被动句所表示的被动义的强弱又有所不同。在汉藏语被动句类型中，介词型被动句所表达的被动义最强，而格助词型被动句所表达的被动义则较弱。"（着重线为引用者所加，下同）这样一种语义特征再加上结构特点（总是"带施事"出现），汉藏语介词型被动句与英语的被动句构成鲜明的对立。王还（1983）[②]指出："英语的主动句和被动句是对同一件事的两种看法，并不牵涉说话人或当事人对整个事件的评价或受事是否遭受不幸。事实上，英语被动句因为可以避免指出施事，是可以用来表示比较客观的态度的。"与此相对应的语用情况就是，英语的被动句多见于科技论文，而汉语的被动句则多见于文学作品。比如，王惠的语言学论文《从及物性系统看现代汉语的句式》[③]约有 34 000 字，被动句只有极专业化的"被动作用"这一句；而方方《一

---

① 李洁《汉藏语系语言被动句研究》，民族出版社，2008 年。
② 王还《英语和汉语的被动句》，《中国语文》1983 年第 6 期。
③ 王惠《从及物性系统看现代汉语的句式》，载《语言学论丛》第十九辑，商务印书馆，1997 年。

波三折》① 约 19 000 字就有 12 个被动句。

那么,"主观性强"这个语义特征和话题性等级是如何协调互动的呢?② 我们在约 260 万字的语料里用检索式"[被叫让].{1, 10}给.{1, 5}了[。,!]"检索口语被动句,③ 共搜集到 25 个例子,其中施事为第一人称或第二人称的各只有一例,其他都是第三人称施事被动句。我们可以由此推论,与第三人称施事相比,第一人称和第二人称施事必须要有更强的功能动因和语义动因才能摆脱话题性等级的语用约束,在被动句中降格为间接格状语。不然的话,无论是第一人称施事被动句还是第二人称施事被动句,就都没有理由比第三人称施事被动句少很多。

就第一人称施事被动句而言,这是两个因素互相作用的结果。第一个因素是说话人观察事件的视角,说话人对受事论元的关注度一定要高于对施事论元的关注度,只有这样受事论元才有可能升格为主语,出现在句首;④ 第二个因素是说话人面对事件时的

---

① 方方《一波三折》,《长江》1992 年第 6 期。

② 张麟声《日本語教育のための誤用分析》(スリーエーネットワーク,2001 年):"话题性等级对汉语的句子结构不起任何制约作用。"木村英樹《ことここぅ ことば 現実を言葉にする「視点」》(唐沢かぉり,林徹編《人文知1 心と言葉の迷宫》,東京大学出版社,2014 年)也说:"因为汉语句法不像日语句法,没有把话题性等级确立起来,所以就可以简而易举地造出像'面包被我烤煳了'这种被动句来。"

③ 语料由如下作品构成:山西作家张平《抉择》《十面埋伏》《凶犯》《国家干部》;河南作家刘震云《塔铺》《手机》《一地鸡毛》《单位》《头人》《官人》《官场》《新兵连》;北京作家毕淑敏《红处方》;北京作家海岩《便衣警察》;山东作家高玉宝《高玉宝》;山东作家莫言《丰乳肥臀》。

④ Halliday, Michael A. K., Language structure and language function. In John Lyons (Ed.), *New Horizons in Linguistics*. Penguin, 1970. 文章指出,英语的被动句是将受 by 支配的成分变成信息焦点的一种手段。与此相关的是用来特意确认施事者的被动句,如:This job was done by me, not by anybody else.

主观情绪,如果说话人面对一个有意或无意地把自己卷进其中的事件,要么因为自我悔恨,要么因为自我夸耀,要么因为认为自己的行为合情合理,心里产生一种情绪,觉得有必要明确交代施事者在事件中所起的作用,那么"我"(施事论元)就有可能带上被动标记词(换个角度说是施事标记词),出现在状语位置。

上面两个因素中,第一个因素应该说是所有语言被动句的共同特点,比如日语的被动句也需要满足这个因素。但即使满足了它,日语也无法造出第一人称施事被动句来。因此,第二个因素才是汉语的被动句——也就是汉藏语介词型被动句——能够造出第一人称施事被动句的关键所在。汉语在下面两种语境中都可以使用第一人称施事被动句:

(55) a. 面包让我烤煳了。(自我悔恨)
　　　b. 面包竟然让我烤出来了。(自我夸耀)

除了汉藏语系一些具有介词型被动句的语言之外,目前我们还没有找到第二种语言能够在自我悔恨和自我夸耀这两种语境下使用第一人称施事被动句的。① 据此,我们认为,汉藏语介词型被动句具有有别于其他语言被动句的叙事功能和语义扩展性,值得我们从认知类型学的角度去做进一步的探讨。

---

① 我们调查的语言有:日语、朝鲜语、蒙古语、越南语、泰语、缅甸语、印尼语、阿拉伯语、波斯语、印地语、斯瓦希里语、法语、匈牙利语、阿尔巴尼亚语、英语、瑞典语。关于汉藏语介词型被动句的情况,详见戴庆厦主编《汉语与少数民族语言语法比较》,民族出版社,2006 年;李洁《汉藏语系语言被动句研究》,民族出版社,2008 年。

第三章

汉语语法教学理念与方法探索

第一节 语法教学的基本原则与操作方法[①]

汉语作为第二语言的语法教学与母语语法教学的本质差异归根结底取决于教学对象,其教学对象具备以下特点:(1)学习者头脑中至少建构了一套语言结构——母语/第一语言,所建构的语言结构系统必然影响到汉语学习——出现中介语、正负迁移、偏误等问题,为此教学一定要突出针对性。(2)学习者多属成年人,已具有一定知识能力背景——母语语言知识系统、对客观世界、事物的认知基础、逻辑思维能力、分析解决问题能力、人文理解能力等,这些是汉语学习过程中认知、类比、衍推、迁移的渊源所在,为此教学要体现认知性、类比性、衍推性。(3)第二语言学习主要不是生存的需求,多是因为特别的目的——学习、工作、研究、非母语国域的生存、兴趣、好奇、时尚等,学习具有专门性和任务性特征,需要学习者学习意志、学习兴趣的支持,由此教学特别需要激发学习者的学习兴趣。(4)第二语言学习跟第一语言一样——掌握交际工具,因此教学要以实用性为第一位,

---

[①] 本节摘自卢福波《语法教学的基本原则与操作方法》,《语言教学与研究》2008年第2期。

不苛求语言体系、系统的完备,针对实际情况和需要择要择需教学。

为此,对外汉语语法教学要根据特殊的学习对象及其需要,根据其母语独特的区分世界的范畴和语言特点,根据第二语言习得特有的规律,确定语法体系、教学内容和方法策略。

一 *语法教学的基本原则*

要突出对外汉语语法教学的特点与需要,至少应该遵循以下八项最基本的原则。

(一)实用原则

实用原则直接体现在语法教学项目的选择与处理上。对于第二语言学习者来说,以下语法内容最有教学价值:(1)最基本、最常用的——规范的、典型的、普遍的;(2)最容易发生偏误的;(3)语法项用法上具体的适用条件和限制条件。实用原则是统领性原则,各角度的实用性问题具体体现在以下各项原则之中。

(二)针对原则

针对原则主要体现在三个方面:针对国别语种、针对水平层次、针对语法要点。

1. 针对国别语种。包含两个方面的内容:一是语言特征的差异;一是文化在语言中的渗透。

一语言与另一语言表现出来的差异,往往与该民族观察、认识世界的角度和特定的区分世界的范畴有关,会自然而然地从语法中渗透出来,反映到语言的选择搭配方面。语言是文化的载体,文化因素的渗透不仅体现在词义的内涵上,还体现在语法的组合聚合关系上。例如，日语中第二人称的使用率远远低于第一和第三人称，使用受到种种语用限制，如对老师、领导、尊长一般情况下不宜使用第二人称，这也许与日语语法中具有明显而完备的敬语系统有关。汉语则不同，即使已对尊长做了称谓，还会再用第二人称，这可能与汉语没有标记性的敬语系统有关，其尊敬义是非强制性的几个部分的相互配合实现的。例如："老师，您帮我看看这个句子好吗？"是"称谓+您+动词重叠式+问句形式"的相互配合，实现了尊敬义的得体表达。可见，语言不同，学习者对目的语语法的理解认知和产生偏误的类型也会有所不同，教师对语法项目的关注点、教学处理角度、突出要点也应有所不同。

2. 针对水平层次。水平层次涉及学习者对语法知识的理解程度和接受水平。一个语法项目用什么样的言词表述、什么样的方法传授、讲解到什么程度都应针对教学对象而定。

初级阶段的语法教学，内容上更加适合以局部具体项为着眼点，不做更多知识性的综合；方法上，主要以点练形式为主——用浅显直白的话语做认知点拨，以练的方式实现对语法点的理解掌握。例如：结果补语教学。通过点练让学习者明白"动作的结果"是怎么回事，动作与其结果是怎样的关系。教学时充分利用学习者看得见、摸得着的东西进行。例如：老师讲的时候你们在干什么？——答：听。老师说的话大家懂了吗？——答：懂了。点拨：用一句话说——（老师说的话）我们都听懂了。

中级阶段的语法教学需对局部语法知识做一定整合。要有少量解释，让学习者了解其所以然；运用较多的比较或对比，以使知识深化；仍需以练习为主体，引导点拨掌握语法知识和局部规律。例如动补结构，需要用大量实例告诉学习者补语常常由什么样的词语充当，为什么会用这些词语配合，它们是怎样配合起来的，用动补结构与用状语或用"了"的形式在表意上有什么不同等。

高级阶段，应以提高性、补充性及综合表达的语法教学为主，需要学习一些跟语境关系密切的句式、用法，跟预设、语境、篇章有关的词语的讲解与对比，需把初、中级所学的单一、具体、感性的语法知识做相对整合，让学习者有更多理性、认知和体系性的掌握。方法上，解释的比例相应增加，以使学习者更好地理解、认知其内涵、成因、规律以及复杂的意合关系和层次关系，但仍需通过多角度、全方位、认知性的练习模式进行掌握。

赵金铭（1996）[①]曾对三阶段语法教学做过总结性描述。总之，语法教学应针对学习者不同水平层次的可接受度调整教学内容、方法策略，使教学成为一个分布合理、难度适宜、有机配合的完整体系。

3.针对语法要点。主要体现于两个方面：一是，根据学习者水平层次，对语法项目进行阶段性处理，各阶段体现不同的教学要点；二是，针对本阶段教学要点，做出直接针对问题点的具体教学处理——问题要点、偏误类型、手段方法、操练模式等等。要突出具体语法教学要点，备课时首先要做偏误预测。偏误预测至少可以帮助解决三方面问题：一是，学习者学习该语法项目时可能会出现哪些问题；二是，学习者可能是如何习得的——认知、衍推、理解？三是，采取怎样的教学操练模式可以避免发生类似问题，准确掌握并得体运用该语法项目。突出针对语法要点

---

① 赵金铭《对外汉语语法教学的三个阶段及其教学主旨》，《世界汉语教学》1996年第3期。

的教学是为了避免泛泛教学，语法教学不应只站在宏观的语言学理论上，而应针对具体的用法细化教学。一个语法项目可能因为切入角度不同，所教内容、练习角度也会不同。

（三）复式递升原则

吕文华（1999）[①]曾经指出："语法分布应与划分等级水平相适应，在同一层次循序渐进的同时，更要做到不同层次的循环递进。""复式递升"就是指语法难度循环性上升、重复性递增的逐层渐深的教学处理问题。"复式"是指一个语法项目在不同教学阶段的重复；"递升"是指该语法项目的重复教学不是原地踏步，而是从难度上递增渐深，成为由低到高、循环梯阶性的教学。例如，学习趋向动词，可以把它分成几个教学小阶，每个小阶都是在前一小阶基础上攀升一定难度、实现一定整合。

第一小阶，学习"上／下／进／出／回／过"等单纯实义空间趋向动词做单个动词谓语的用法。这些词表示的是人类最基本的与立体空间相关的动作，很多语言中也有类似的动词，易于理解；单谓谓语句结构相对简单，也易于掌握。

第二小阶，学习"来／去"做单个动词谓语的用法。"来／去"比其他单纯趋向动词表意复杂些，趋向空间与听说者位置及远近关系产生了联系，变数较多，随机性强，略有难度。

第三小阶，学习"来／去"等实义空间趋向补语用法。补语是汉语中较为特殊的一种用法，在理解和使用上有一定难度；不过"来／去"实义空间趋向与做谓语的趋向意义很接近，只是加

[①] 吕文华《对外汉语教学语法体系研究》，北京语言文化大学出版社，1999年。

第一节 语法教学的基本原则与操作方法

进了方向性与动作关系的理解,所以,还比较容易理解和掌握。

第四小阶,学习"来北京旅游"之类表示目的关系连动句的用法。该句式虽属特殊结构式,但由于其语序非常接近典型的时间顺序关系类型,演示得当、引导得法,尚易掌握。

第五小阶,学习实义空间复合趋向动词做补语的用法。复合趋向动词与单纯趋向动词不同,它表示了双重趋向。故应突出两个重点:一是双重趋向的理解;一是具体动作与动作趋向的配合与关系。实义空间趋向意义相对易于理解,但选用上有一定难度。

第六小阶,学习趋向动词的引申用法。引申意义多而杂,且较虚灵,学习有相当难度。教学时注意三点:(1)采用分散、对比的教学模式,以分散难度,明确差异;(2)注意难度层次,引申义由浅入深;(3)做出引申脉络,让学习者有连贯性的认知——知识的联系与整合。

第七小阶,学习趋向动词的特殊用法,如:"看来""看起来""看上去"等等,掌握其特定用法和语用含义,结合语境和交际目的进行专项教学。

复式递升的梯阶教学还需要注意语法项目之间的相关度与教学距离问题。如果说,"复式递升"是一个横断面的知识排列组群的话,距离原则则主要从它的纵向序位组群排列着眼。纵向排列的关联依据主要来自记忆、强化、联接等规律。一个语法点与另一个或者几个语法点所形成的组群与组群之间的衔接点要找好,点与点或组群与组群相间的距离要根据相关程度决定,相关度越高,密度越大,距离越小;相关度越低,密度越小,距离越大。根据横向、纵向关系可以构建一个语法项目或组群的矩阵系统。总之,复式递升的教学原则是把看上去分散的、独立的一个一个单一的语法项目有机地整合起来,使学习既有联系、有层次,又有衔接;既有单一语法项目的细化深入,又有整体语法知识的融会贯通,形成一个完整的语法教学系统。

(四)细化原则

陆俭明(2005)[①]指出"对外汉语教学的实际需要和学习者提出的或出现的种种问题迫使汉语本体研究要进一步细化"。语法教学时如果类属、规则、意义等关系太抽象概括,学习者的类比和衍推就容易出问题。例如:汉语动词可接处所宾语问题。汉语可以说"吃食堂",但学习者类推成"*吃面馆/坐食堂/学教室"就都错了。卢福波曾对上述非常规"动+处所宾语"做过尝试性认知解释,认为这种现象可看作一种弱固化现象,即选择搭配成分受到严格的小类类属限制。[②]"走小胡同"中的"小胡同"特指"路"的类型;"走"也不是单纯"两脚前移"的方式动作,而是由"路上"通过的泛指形式,可以是"走/跑/骑(车)/开(车)"等。所以"走+处所词语"衍推时受到限制,与路形式有关的词可组合:"走+人行道/小树林/河边/山路/大路/马路",否则不能组合;将"走"换成"跑/骑(车)/开(车)"等也不能组合。"吃食堂""住旅馆"也是弱固化形式,代指一种生活方式,符合这一意义的能衍推,否则不能衍推。"吃麦当劳/肯德基/全聚德"可以搭配,与"住平房/楼房/草房/帐篷"一样,是以处所转指吃、住的类型或风格,选择搭配均受到严格小类及

---

① 陆俭明《对外汉语教学与汉语本体研究的关系》,《语言文字应用》2005年第1期。

② 卢福波《非常组合的"动+处所宾语"》,载《南开语言学刊》总第6期,商务印书馆,2005年。

特定意义的制约。所以语法教学应尽量细化到小类的选择限制条件及意合关系,从而有效地杜绝学习者的类推、类比偏误。

（五）简化原则

简化原则是指将繁复、抽象、理性的语法规则或内容做简洁的、浅明的、感性的、条理的、图示的等教学处理,使语言直白易懂、内容简单浅显、方法具体直观。

汉语是一种图画语言,临摹性很强,具有具象化、外显化的特点。[①] 教学时尽量少用术语概念,多通过具体形象的实例,把语法的认知理念、规则要领融汇进去,把抽象的规则浅显、简化地概括出来。如:学习副词"正/在/正在",告诉学习者"正/在/正在"只表示动作进行过程当中,不含开始和结束,故提炼规则如下:

1."正/在/正在"不能跟表示"起始"意义的"起来"结合。例如:

（1）*他正看起书来。｜*孩子们正在讨论起问题来。｜*公鸡在叫起来。

2."正/在/正在"不能跟表示已经完成或变化的"了""过"或动作结果结合。例如:

（2）*张山正起床了。｜*他正在写过论文。｜*她在擦干净桌子。

3."正/在/正在"句的动词后不能接表示时间段和动作量的词语。例如:

（3）*我正看一会儿电视。｜*他在做一个月工。｜*他正在听

---

① 戴浩一《时间顺序和汉语的语序》,黄河译,《国外语言学》1988年第1期。

两遍录音。

4."正／在／正在"可以跟表示状态意义的"着"和表示这种语气的"呢"同现。例如：

（4）（照相机啊）我正修着呢。｜他在看书呢。｜他正在帮大娘擦着玻璃呢。

上述四个具体使用限制条件可用直观的公式概括为：

可以——正／在／正在＋动词（持续）＋着／呢

不可以——＊正／在／正在＋动词＋起来／了／过／结果／时段

这部分内容看起来很复杂，知识含量很高，但概括之后，却比较简单，在具体讲解后，学习者很容易理解并记住它，使用时就不会照猫画虎、生搬硬套了。

（六）类比原则

类比原则是指教学中将相关语法项目——词类、结构、句型、功能、关系等进行对比和比较，主要体现于三个方面：汉语内相近现象的对比、汉语与母语对应形式的对比、汉语学习中正误形式的比较。由于"语言对客观经验的编码方式不同，语言的使用者也倾向于按他们语言所提供的不同范畴去区别和辨认经验"，"说第二语言的人往往会忽略说第一语言的人经常注意的那些差异"。[①] 因此不同的认识经验和思维方式是教学中尤需关注的。如"打听"和"问"，持汉语的中国人是不大可能把它们混淆使用的，可汉语学习者却常常混淆。上文讲到"正／在／正在"的共性意义和使用条件也还不够，其后的教学小阶里还须通过对比

[①] 桂诗春《新编心理语言学》，上海外语教育出版社，2000年。

讲清三个词之间及其与"着"之间的区别,这样才能复式递升地构建一个汉语表示进行、持续、状态等时态的局域系统。目的语相近现象的衍推是偏误形成的主要来源,对比性地教学可以最大限度地杜绝衍推的失误。

汉外对比在教学中只能做渗透性、点拨性运用。例如:持英语或日语的学习者,在学习汉语判断句结构时,常常会把"be""～です"与"是"画等号,学习汉语形容词时,会衍推构成"是+形"结构。教学中教师只要稍加对比点拨,说明汉语形容词的构句特点以提醒注意即可。在语种单一的教学环境中,尤其是零起点或低水平的初级层次教学中,适当地、准确地使用一些汉外对比会起到简单易懂、画龙点睛、少走弯路的教学效果,但是不要忽略在该语法项上两种语言之间隐蔽的细微差异,否则也会引发类推偏误。汉外对比教学法不等于母语教学,二语习得原则上排斥母语教学,其目的是强化目的语的思维,提高目的语的利用率。

(七)解释原则

解释原则是指对所学语法项目做出合理的、恰当的理据性分析和认知性解释。解释原则的核心理念是认知理念。语法教学之所以要突出认知理念,是因为人类的能动性本能和人类认知新语言与认知世界的相同原理。因此汉语教学时不能把人当作机器,简单地"刺激—反应"式地重复模仿,应让学习者理解性地、创造性地根据实际语境的需要,适宜地、合理地、灵活地进行表达。从语言学习的角度看,语言是一种受规则支配、具有诸多可变因子的复杂体系,不是简单不变的习惯体系,所以语言学习是一种有意义的控制性过程,它要求对所学语言进行高层次的决策和处理，能够使用特定的方式去调用认知能力，有认知性的理解和把握，有符合认知理据的能动的创造性运用。因此，以认知理念为基础的第二语言教学重视对事物类属、相关及综合——输入与提取的全面处理，将学习过程与认知过程统一起来。"渗透认知理念"的提法实际上是一种教学思想、教学方法的体现。该教学模式在教学过程中至少要突出以下方面：（1）整个教学过程中，语法项讲解采取渗入式、点拨式，认知讲解与形式尽量统一并贯穿于教学全过程，用一种潜在的认知理念驾驭整个语法形式的教学过程。（2）仍可以句法结构等形式特征为主要教学形式，但却要以渗入认知要点作为内在灵魂和知识切入点。既要点出、导出（讲解）认知原理，又要强化结构形式特征。（3）强化性操练的角度要转向认知，不能为操练而操练，练习思路和练习形式要与认知点紧密配合，充分体现认知思路。

为此，在教学过程中应突出以下做法：（1）充分调动学习者已有知识结构和思维能力，类比性地认识汉语语言结构及词语构成致因，在该过程中让学习者体会、理解汉语为母语者语言使用的基本思维模式。（2）在汉语学习中，尽可能地培养学习者找出语言（汉语或汉外）元素间的相同或相反；找出内在的、深层的相互联系；找出汉语元素排列的规律与成因。即在教给他们掌握汉语字词句用法的同时，培养其理解和运用汉语的综合能力，激发其学习中的自主意识、探求意识。（3）在渗透认知理念的前提下，加大练习量，该练习要突出渗入认知理念、语境条件和合理应用，以此强化理解、记忆，形成惯性。

突出认知理念的教学与机械操练模式最大的区别在于，首先解决所以然，其次解决习惯性，在习惯性中渗入所以然，用

第一节 语法教学的基本原则与操作方法

所以然控制习惯性。如，在实施"连 X（NP1/VP1）带 Y（NP2/VP2）"句式教学时，根据预测，首先把语法认知切入要点定位在这样两个环节上：（1）"连"与"带"连接的 XY 不是任意的，而是具有同一属性——或为同类事物，或为同类动作等；字节韵律的同类——或均为单字节，或均为双字节或多字节等。（2）"连 X 带 Y"表层意义关系是"加合"，而深层关系是为说明一种情况，表明一种看法或态度。

为此，教学中要突出认知其表层结构形式与深层意义的关系。可采取以下做法。

1. 表层结构的认知强化。

单双（多）间节——连皮带核/连吃带拿/连周末带假期/连坐火车带打的
连接同类事物——连皮带核（指水果）；
　　　　　　　　连周末带假期（指业余时间）}名词类
　　　　　　——连吃带拿（指东西）；
　　　　　　　　连坐火车带打的（指乘坐交通工具）}动词类

"连 X 带 Y"表相加总合，常构成："连 X 带 Y+都/全/一共+V……"或"/连 X 带 Y+V+一（量）……"等形式。例如：

（5）连周末带假期全搭上了。｜连大人带孩子坐了一屋子。

2. 深层意义关系的认知理解。

为使学习者明白什么情况下、为何而用该结构，需要做认知性的解释、引导。如例（5），业余时间本应休息或消遣，而这里却都用于做某事了，以此表明说话人某种态度、想法等，如很不划算、很不容易、很费功夫等。

最后再通过一些实际练习强化理解和掌握。如"桌子上书、本很多"，让学习者说出"连书带本堆了一桌子"，然后说出想表达什么：学习用品很多或东西放得很乱等意思。

可见，整个教学体现的都是认知性引导、点拨性解释，没有做理论的、概念的讲解，但学习者却可以了解掌握该结构构成形式、意义关系、表达目的等各要点，从而避免了仅做加合形式训练带来的"我去商店买了连面包带水果"等类型的偏误。

（八）操练原则

操练原则是指在语法教学过程中实施大量的句法形式、意义关系、实际应用等操作训练。该原则可看作是对语法教学性质理念的最直观、最实际的检验。是理论语法还是教学语法？是知识型课还是实用型课？看一看讲练处理的比例、程度、选择项目和讲解角度就可以一目了然。对于第二语言的语法教学来说，教师的作用是引导性的，其作用在于帮助学习者认知、理解汉语的一些语法现象、使用规则、规律，建立起汉语语法的认知系统。讲，应是提纲挈领、抓关键要点的讲，讲那些最实际、最有用、最富有启发性、最能帮助学习者迎刃而解的东西。练，要紧密配合讲点，从不同侧面、角度、层次、语境进行各种各样的实际练习。

根据不同类型的语法项目、教学要点和教学目的，操练的基本模式可有如下类型：

操练的基本模式 { 1. 针对讲解要点——要点分解操练
2. 针对句型或语法项——局部整合操练
3. 针对句型或语法项应用——结合情景和实际生活的操练

以上三种模式从属性上可分归两种，一种为静态训练，即第1、2项，侧重格式、分布、搭配、语序等形式为主的理解训练，主要解决建构规则、强化记忆、形成惯性等问题；一种为动态训练，即第3项，侧重语法形式、规则、选择限制条件在实际情景

第一节 语法教学的基本原则与操作方法

中的应用,主要解决适合实际、合理得体地选择、转换表达方式,强化实用性理解等问题。下面以"随着"为例,说一说语法要点分解操练与应用操练的实际操作。

1. 要点分解练习。

角度之一:针对条件部分不用动态性中心语的偏误,练习说出双音节动态性词语。例如:

(6)随着第一场大雪的到来,真正的冬天也已经开始了。
(7)随着对中国了解的加深,她也越来越喜欢中国了。

角度之二:针对条件部分非名词性或语序混乱的偏误,组织、完成条件部分。例如:

(8)随着秋天到来,天气也越来越冷了。——改正错误
(9)随着新鲜感消失,她也由兴奋变成了沮丧。——组织条件部分语句
(10)随着对小王了解的增多,他的态度也开始转变了。——完成条件部分

角度之三:针对主句没有配合条件部分采用动态形式的偏误,练习说出动态性词语。例如:

(11)随着对同屋了解的增多,她越来越喜欢她的同屋了。
(12)随着经济的发展,老百姓的生活水平也有了提高。

2. 构建结构与成句练习。

角度之四:针对不能按照"随着"结构的制约条件组织句子的情况进行设计。

给出情况:快要考试了,她心里很紧张。
组织完成:随着考试日期的临近,她心里也越来越紧张了。

3. 综合应用练习。

列出某种表格,让学习者根据列表用"随着"表述。例如:

(13) 丽雅的汉语水平　　3 级　　4 级　　5 级
　　　　　　　　　　　2 月　　7 月　　12 月

提供图画或影像,让学习者根据图画或影像用"随着"表述。例如:

(14) 温度低,树叶掉下来一些;温度又降低,树叶掉下来很多。

利用谈话,引导学习者根据实际情况,有意识或下意识地运用"随着"。例如:

(15) 刚来中国时有认识的人吗?现在呢?用"随着"说一说这种变化等。

可见,操练是重复性、循环性的重要环节。老师的讲解,使学习者有了初步的理解认识;大量的练习、实践,使学习者进而从不同角度加深理解并运用;老师及时指出学习者练习中的偏误并再分析、再讲解,使学习者再次加深理解认识。这样,通过反复、加工、提升、整合、重新编码等过程,学习者才有可能真正掌握所学语法规则规律、获得语言应用能力。

操练还是重要的信息反馈环节,它会使我们发现很多问题——学习者的、教师的等。操练中及时肯定正确的,使之得到强化,形成长时记忆;及时纠正分析错误的,减少避免错误的固化,深化知识要点的理解。操练中发现教学的问题,可使教师及时调整教学内容、方法、策略,加强问题的研究,不断提高教学质量和水平。总之,操练过程应该是熟练——记忆——激活(预期控制、引起目的行为、对环境施加影响)以及提高认知层次的整合过程。

二 结语

以上谈及的实用、针对、复式递升、细化、简化、类比、解释、操练等八项原则，是对外汉语语法教学最基本的原则。八项原则在教学过程中彼此不是割裂、孤立、单一的关系，而是水乳交融、相辅相成、相得益彰的关系。教师要想准确地抓住语法项教学要点，并把它处理得简要、浅显、明白、恰到好处，就首先要吃透、研究透该语法项，进而做出合乎实际应用规则的再研究和再加工。因此，对外汉语语法教学应以汉语本体研究为动力推进教学，从点点滴滴的积累开始，逐步加以深化，成规模、成系统地加强汉语要素认知教学的研究和建设，从根本上不断提高汉语教学的质量和水平。

第二节 句法结构在汉语教学中的应用[①]

乔姆斯基在《句法结构》[②]中提到一种生成语法模式，称作短语结构语法。乔氏所指的"短语"，取广义的理解，包括从词到句子，都是短语，也就是相当于所有的语法单位。我们所说的句法结构，专指词组，也有人称作短语。那么，什么是句法结构？

[①] 本节摘自赵金铭《汉语句法结构与对外汉语教学》，《中国语文》2010年第3期。

[②] 乔姆斯基《句法结构》，邢公畹等译，中国社会科学出版社，1979年。

丁声树和吕叔湘等（1961/1979）[①]认为，"除了一个词的句子之外，每个句子都可以分成多少个成分，这些成分相互之间有一定的句法关系，造成一定的句法结构。汉语的主要句法结构有五种：主谓结构、补充结构、动宾结构、偏正结构、并列结构"。句法结构，就是我们通常所说的词组或短语。朱德熙（1982）[②]说："词和词组成词组，有时也称为句法结构。"本节试图将这种对句法结构的理解运用于汉语作为第二语言的教学之中。

一 语言学的理论依据

在生成语法里，短语是指单一的结构成分，一般来说不止一个词，却没有一般小句所具有的主语—谓语结构。传统上的短语被视为结构层级的组成部分，介于小句和词之间。短语的类型有名词短语、动词短语、形容词短语、介词短语、副词短语等，是常用的分析单位。在管辖与约束理论中，小句被看作一类特殊的短语。这就与我们对汉语短语的认识相接近。所以，我们所说的短语也包括主谓短语。正如朱德熙（1983）[③]所说："汉语的主谓结构独立的时候相当于英语的句子，不独立的时候相当于英语的子句。按英语语法观点来看，它是和词组相对立的东西。汉语的主谓结构实际上也是一种词组，跟其他类型的词组地位完全平等。它可以独立成句，也可以做句法成分。"根据词组内部组成

---

① 丁声树、吕叔湘等《现代汉语语法讲话》，商务印书馆，1961年第1版，1979年第6次印刷。
② 朱德熙《语法讲义》，商务印书馆，1982年。
③ 朱德熙《语法答问》，商务印书馆，1983年。

成分之间的语法关系,朱先生将词组分成偏正词组、述宾词组、述补词组、主谓词组、联合词组。

　　我们之所以将汉语句法结构与汉语教学相结合,是基于汉语的基本特点。由于汉语句子的构造原则跟词组的构造原则基本一致,我们就有可能在词组的基础上来描写句法,建立一种以词组为基点的语法体系。这样我们就可以把汉语中的各类词组,作为抽象的句法结构来描写它们的内部结构以及每一类词组作为一个整体在更大的词组里的分布状况。词组随时都可以独立成句或者成为句子的一个组成部分。词组作为具体的话,说出来可以是一个句子,而句子不过是独立的词组而已。这就是朱德熙所提出的以词组为基点的语法体系。在这种语法体系里,所有的句子都被看成是由词组形成的。这是既简明又严谨的一种语法体系,也是既便于语法教学又便于语法学习的一种语法体系。依据这种语法体系,从词组出发进行汉语第二语言教学具有稳妥的理论依托。

　　汉语中到底有哪些词组或短语,见仁见智。邵敬敏(2007)[①]将汉语短语区分为"词组"和"结构"。实词与实词按照一定的结构方式组合起来的短语叫"词组",包括:偏正词组、述宾词组、述补词组、联合词组、主谓词组、同位词组、兼语词组和连谓词组等八类。实词与实词的非结构组合以及实词与虚词的组合叫"结构"。实词与实词的组合包括:量词结构、方位结构;实词与虚词的组合包括:介词结构、"的"字结构。

　　当我们把汉语作为第二语言教授学习者说话时,是按照时间先后顺序一个词一个词说出来的,所说出来的话是一串词,也叫词

---

　　① 邵敬敏主编《现代汉语通论(第二版)》,上海教育出版社,2007年。

串。这种词串并不是一次性组合在一起的,也不是按照线性排列组合在一起的,而是按照一定层次组合起来的。于是又有了"简单词组"和"复杂词组"之分。所谓"简单词组"是指两个或两个以上的词在一个层次上组合而成的词组。所谓"复杂词组"是指三个或三个以上的词在两个以上层次上组合而成的词组。这就是所谓层次,即一些句法单位在组合时所反映出来的不同的先后顺序。

我们所说的词组,既包括"词组"与"结构",也包括"简单短语"和"复杂短语"。在以词组为基点的语法体系里,要特别注意只有词和词组之间是组成关系(Composition),因为词组是由词组成的。因此在教学中要注重词组的组合规律的教学。而词组和句子之间则是一种实现关系(Realization),也就是抽象的句法结构实现为具体的句子或句子的组成部分的过程,因此在教学中要特别注意在什么样的条件下词组可以实现为句子或句子的组成部分。

二 早期应用词组教学汉语的尝试

既然汉语词组中蕴含着汉语语法结构,而且词组的构造原则与句子的构造原则基本一致,我们就可从词组入手,教母语非汉语的学习者学习汉语。学习者学会了词组,加上语气,并将其置于特定的语境之中,就是完整的句子。在这个基础上再组成句群和篇章。

较早利用词组进行汉语教学的当推日本。六角恒广(1992)[①]

[①] 六角恒广《日本中国语教育史研究》,王顺洪译,北京语言学院出版社,1992年。

介绍说:"倘略说起长崎唐通事支那语学习的顺序,最初为了学发音,使用唐音读《三字经》《大学》《论语》《孟子》《诗经》等,然后,学习初步的唐言,即'恭喜''多谢''请坐'等二字语,背'好得紧''不晓得''吃茶去'等三字语。再进一步,学习四字以上的长短语,教科书是《译词长短》五册。"如果我们考察一下日本明治之前的汉语教材,就会发现很多教材都是从词组入手进行汉语教学,六角恒广介绍说:"发音阶段结束后,开始学习由二字、三字组成的单语,或学惯用语,即二字话、三字话。既有练习发音的目的,也学习词语的意思和说法。然后,进而学习四字以上的长短话。"如:"冈岛冠山(1674—1728)编辑的《唐话纂要》(六卷本,享保三年,1718年出版),卷一是二字话与三字话,卷二是四字话,卷三是五字话、六字话和常言,卷四是长短句。"如:

二字话:享福　快乐
三字话:有才华　善诗文　真正妙
四字话:今日何往　许久不见
五字话、六字话:今日天气好　今朝天气不好
常言:欲要生富贵,须下死功夫
长短话:今天下太平,四海无事　上悯下劳,下沐上恩　欢声四起,朝野俱乐,而重值尧舜之时也　恭喜,恭喜

也有"按事物类别把相关单字及二字、三字、四字以上语句排列在一起的编辑模式"编写的。

天部:天地　天河　起雾　云头　乾坤　天阴　起霞　日蚀
人部:客人来　有客人　请客人　客人多　好接客　不是客　没甚客

再如日本明治初期的南京官话代表课本《汉语跬步》更是以

词汇为主,按事物分成数部,由此组成"二字话""三字话""四字话",没有单音节词。教材中的三字话如:①

　　雨来了　早晨头　自攒自　当当看　宿一宿　忙得紧　看马的　猜梦的　嗅嗅看　单东风

　　吴丽君(2003)②在评述日本学者濑户口律子《琉球官话课本研究》一书时指出,琉球有一种形式的课本,"主要收集词汇和短语。主要课本有《广应官话》《琉球官话集》等"。《广应官话》作者梁允治,为乾隆二十五年日本派往中国的官费留学生,该教材大约编于1760年。"这部书的编写方式是先写出一个汉字,加以解释,然后列出与之有关的词汇短语。在所列词汇部分还注有声调的调类。"《琉球官话集》"共65页,前10页是以分类词汇的形式编写的,后55页以'二字官话''三字官话''四字官话'的形式编写。每句话都用当时的琉球话(片假名)注音"。

　　日本的这类教材除了字组,亦即词组之外,还有"长短话",其中有的也以词组出现,如汤原景政《实用日清会话》:

　　问:这条路是上哪儿去的?　　答:上奉天去的道儿。
　　问:离这儿多少里地?　　答:有二百多里地。

　　据李无未和陈珊珊(2006)③分析,日本明治时期北京官话会话课本的编排,与威妥玛《语言自迩集》的传入存在着直接密切的关系。比如《语言自迩集》"第四章就是'问答章',有10

---

① 六角恒广《日本中国语教学书志》,王顺洪译,北京语言文化大学出版社,2000年。
② 吴丽君《"琉球官话课本研究"评述》,《世界汉语教学》2003年第3期。
③ 李无未、陈珊珊《日本明治时期的北京官话"会话"课本》,《世界汉语教学》2006年第4期。

节；第五章是'谈论章',有100节,其中不少属于'问答'形式"。在这些篇章中包含有大量的词组和短句形式。《语言自迩集》"是汉语教学史上第一部教学北京话口语的汉语课本","是那个时代英美人普遍使用的课本。著名的威妥玛式拼音(Wade System)正是借助这部课本推出并风行世界的"。日本的汉语教学从江户时代到明治九年,无论官办民办,各学校教的都是"唐通事时代的南京话"。直至明治九年九月,日本的汉语教学,无论官方还是民间,才同时由南京话转为北京话。威妥玛的《语言自迩集》第一版,便成了那时日本汉语教育唯一可用的教材。

如果我们进一步查看《语言自迩集》,发现该教材也是从词组入手进行汉语教学的。比如它的第三章"散语章"共有40个练习(56—177页),占有相当长的篇幅,大多是词组和短句。此后才进入第四章"问答章"、第五章"谈论章"、第六章"秀才求婚,或践约传"。也就是说,通过词组和短句的学习,掌握汉语基本语言结构,会说简短的话,能用简单的语句进行汉语表达,这就为进一步的汉语篇章学习打下基础。

我们以"散语章"练习三为例,其中就有:

屋里。进屋里来。这个屋子没人住。

他在家里做什么?他没在家。上哪儿去了?上街去了。街上走着。街上的人很多。外头土大。

这个道儿过得去么?过不去。你上哪儿去?我不上哪儿去。你上那儿去过没有?我没去过。

要下雨。下过了大雨了。这么大雨住不了。雨住了。这个东西拿得住拿不住?拿得住。你小心拿住了。

汉语教材的编写,浸透着作者对汉语本质特点的认识,特别是对汉语语法特点的认识。这种从词组出发编写的汉语教材，体现了汉语词组在教学和学习过程中的重要性。

三 认知心理学的理论根据

现在让我们分析一下，这种运用词组和短句进行汉语教学的方法，究竟有无心理认知方面的依据。约在20世纪80年代之后，人们逐渐认识到语言的记忆、贮存、输出和使用，并不是以单个的词为单位，而是从记忆中整体取用比词更大的一串词，整体或稍加改动后作为预制"词块"（Chunk）来完成的，这个词块，就是词组和短句。学习者语言输出能力的发展受到词组数量的限制。如果学习者的心理词库拥有足够的词组，语言交际就会比较顺利。20世纪90年代，Lewis提出一种新的教学理论——"词汇法"（Lexical Approach），它将结构法与交际法结合起来，认为所谓"词汇"，不仅是单词，还包括了固定短语、词语习惯搭配、惯用语以及句子框架，是语法知识和语用规则的复合体，语言习得就是以这种"词汇"为基础。[①] 这种所谓的"词汇"，大致就像上述教材中的词组或短句。在这个学习阶段，教学的中心不再是若干条干巴巴的语法，而是"词块"。当然，词块中蕴含着语法规则。教学目的就是要有意识地提高学习者对"词块"的语感和认知能力。

在现代汉语作为外语教学中，鉴于有声语言应是第一性的，所以往往从听说入手进行教学。学习者只有具备了初步的汉语能力，才有可能借助于有声语言的能力来认识汉字，再借助于书面

[①] Lewis, M., *The Lexical Approach: The State of ELT and a Way Forward*. Hove England: Language Teaching Press, 1993.

语的汉字,提升口语表达能力和书面语表达能力,如此相辅相成,循环往复,使语言能力得以不断提高。所以,教学的程序,一般是先听后说。然而,听什么,却大有讲究。有人说:"按照新的研究成果,一个讲话的效果如何,以及说服力的强弱,'百分之三十八取决于声音,只有百分之七取决于其内容。'"① 于是,有的教师就选用带有强烈色彩的词组和短句来练习听力,所选的词组大多是两个音节的,最长的也只有四个音节,因不太长,也不太复杂,比较容易上口。又因其带有强烈的感情色彩,非常实用,并且如果声调模式相同的话,还有助于发音和声调练习。这是"以带有强烈感情色彩的短句为基本练习句式,通过多次模仿练习,形成一种音节连缀模式,继而把这些模式扩展到不带感情色彩的词语上"。其实,这不仅是语音练习的方法,也可以作为初级阶段汉语教学的一条途径。我们试举其中的词组为例,并依照结构类型进行归并(主谓、述宾、述补、偏正、联合):

  二字组:懒鬼　笨猪　好球(偏正)
     瞎说　休想　瞎扯　快走　再说　好说(偏正)
     真酷　别急　不对　不必(偏正)
     走人　丢人　骗人　做梦(述宾)
     滚开　出去(述补)
     行啊　好吧　行了　算了(带语气词)
  三字组:你说呢　我不懂(主谓)
     好主意(偏正)
     不知道　不像话　不要紧　别提了　别装傻
     怎么办(偏正)

---

① 金美玲、郎鹤立《汉语语音教学的新模式》,《国际汉语教学动态与研究》2007年第1期。

  别着急　真倒霉　真舒服（偏正）
  等一下　好极了（述补）
  没办法　开玩笑　有意思（述宾）
  得了吧　放心吧　快点儿（带语气词）
  还早呢（偏正带语气词）
  好样的（偏正"的"字结构）
四字组：一言为定（主谓）
  不见不散　不怎么样　不可思议　别开玩笑
  胡说八道（偏正）
  岂有此理（述宾）
  厚颜无耻（偏正）
  你赶快说（主谓）
  你以为呢（主谓带语气词）

  从作者所举二字组、三字组和四字组的例子来看，学习者不仅可以很好地练习语音，而且这些字组之中还蕴含着汉语语法的基本结构，学习者可以从这些词组中培养汉语语法的基本语感。所以我们说，以词组为基点的语法体现着汉语语法的本质特点，以此组织汉语教学可以收到特殊的效果。

  因为句法结构比较短，从记忆的原理上看，相对容易记忆。这也符合组块记忆的道理。有人做过实验，"初步分析表明，一个句子的处理过程中如果平均每时每刻要记住四个以上的离散板块，句子就会显得累赘。并且，处理会把需要记住的离散板块数量尽量控制在'四'以下，需要记住的离散板块如果没有超过四，处理会倾向采取延迟组块的策略，以避免错误组块；离散块如果超过四，处理会倾向超前组块的策略，以及时减轻大脑负担。组块计算为语言单位结构难度的计量提供了一个普遍适用的基本起点"①。这就是说,人的大脑在"四"的范围内,可以有效地记忆。前面提到的"二字组""三字组""四字组",如果以音节为单位,结构单位均未超过"四"。而在汉语学习的初级阶段,即使是所学的小句,如果以词组为单位来计量的话,一般也不会超过"四"。因为这时学习者还不能随意地用汉语表达复杂的意识,一般只能使用词组或短句。

张清常(1990)②认为,汉语作为第二语言/外语,教学中"应该借鉴国外的先进教学法,吸取其精华,为我所用;可是,一不能忘记汉语本身的特点,二不能忽略中国传统语文教学千百年经验的合理成分,三不能忽视国外某些教学法,它们一方面显示其优越性,另一方面却也暴露出一些严重问题的这种缺陷"。旨哉斯言。我们将句法结构理论用于汉语教学之中,首先是吸收了国外现代语言学理论,也体现了朱德熙汉语以词组为基点的语法体系的特点;其次,符合学习过程中的认知心理学原则;再次,延续了千百年来我国传统语文教学的宝贵传统。我们可以断言,利用句法结构理论进行汉语第二语言教学,与张清常的三点意见不谋而合。

四 传统语文教育值得借鉴的经验

中国的传统语文教学是一种母语语文教育,它与汉语作为第二语言教学虽性质不同,但均属于语言教学范畴,应有一定的共性。从语言学上来讲,语言共性论者曾提出过一个叫"强式先天论"

---

① 陆丙甫、蔡振光《"组块"与语言结构难度》,《世界汉语教学》2009年第1期。
② 张清常《序》,载张亚军《对外汉语教学法》,现代出版社,1990年。

的观点,其论点是本质上不同的语言在数量上是有限的。所谓本质上不同的语言,指语法上没有共同特征的语言,所以又叫句法不同的语言。目前,语言学习理论中的研究成果倾向于支持强式的共性观点,即语言受共同的原则支配,语言变异是有限的。[①]乔姆斯基就曾多次论证过,"决定诸如英语、土耳其语或汉语等这些特定语言的语法规则形式的一般规则,在相当大的程度上,为人类一切语言所共有"[②]。从语言学习的角度来讲,乔姆斯基认为,"人类先天就具有学习语言的能力,或者说先天具有习得语言的机制。他认为,每个人脑子里都有一部内化了的语法、一套内化了的语法规则,依靠这套规则,可以听懂别人说的话,也可以生成句子"[③]。这样,乔姆斯基就再一次肯定了人类习得语言是由先天的固有机制决定的。而这种机制的存在是人类长期进化的结果。

依照这种观点看来,我国传统语文教育的宝贵传统就有了借鉴意义。张志公(1962)[④]说:"就拿传统的语文教育来说,蒙馆能在比较短的时间里教儿童认识相当多的字,这个事实就值得重视。一本《千字文》从南北朝直到清末,流行了一千四五百年,成为世界上现存的最早、使用时间最久、影响最大的识字课本,这里边不能说没有值得探讨的地方。"

那么,就让我们看看《千字文》中的句子:

天地玄黄　宇宙洪荒　寒来暑往　秋收冬藏　云腾致雨

[①]　程工《语言共性论》,上海外语教育出版社,1999年。
[②]　转引自朱志平《汉语第二语言教学理论概要》,北京大学出版社,2007年。
[③]　转引自程棠《对外汉语教学理论与实践关系问题综论》,北京语言大学出版社,2007年。
[④]　张志公《传统语文教育初探(附蒙学书目稿)》,上海教育出版社,1962年。

第二节 句法结构在汉语教学中的应用

露结为霜　海咸河淡　鳞潜羽翔　知过必改　得能莫忘
信使可复　器欲难量　容止若思　言辞安定

透过这些词组和短句不难看出，个中不仅蕴含着丰富的社会人文内容，还包含着汉语语法的基本结构形式。灵活多变，样式繁多，朗朗上口，起到训练儿童语言能力的作用。再如《三字经》中的句子：

蚕吐丝　蜂酿蜜　昔仲尼　师项橐　融四岁　能让梨
人不孝　不知义　苏老泉　二十七　始发愤　读书籍

从词语的组织来看，汉语语法中词组的结构类型，以及汉语功能词，都反复用到。作为语言教材，应该上口，应能背诵。这正是传统语文教材可取之处。

前不久，易稿41次的《新三字经》面世。我们引《新三字经》中的一段，看一看对我们的汉语教学是否有启示：[①]

天地水　是三元　养万物　亲自然　天道厉　地道严
水性柔　顺而险　慎开发　节能源　播绿色　种福田
芳草地　碧云天　杏花村　桃花源　元气旺　福气添
心神怡　寿延年　天人合　永世安

诚然，这是用于对母语是汉语的孩童进行语文教学的，或者说，这只不过是一种识字课本。但是，如果从语言形式上考察，我们就会发现课本使用的是一种句法结构，是一种由二字组、三字组或四字组构成的词组。由此我们受到启发，我们似可根据学习者的需要，依据语言教学与学习的规律，从句法结构出发，用纯当代汉语口语的表达方式，不用或少用书面语表达方式，剔出

---

① 吴楠《易稿41次〈新三字经〉面世》，《北京晚报》2008年7月7日第15版。

古汉语和文言的用字、用词成分，编一部对外汉语教学用句法结构课本。这种课本，不论是对发展学习者口语能力，还是识字记词，均当有所裨益。所编内容，应通俗易懂，朗朗上口，可供背诵。学一门语言，不背诵一些东西是学不到家的。背诵可看作学习语言的一种方法，在初学阶段，背诵的材料就是句法结构。

背诵，是学习外语的不二法门。瑞典汉学家高本汉先生，极其重视诵读。俞平伯先生"曾在笔记本中抄有 Karlgren（即 Klas Bernhard Johannes Karlgren，高本汉，笔者注）的一段话，并在这段话旁边写着'诵读的重要'五个字。原文（英文）今从略，这段话译成中文是'对中国语言的语法分析，只能起很少的作用，唯一有效的方法是从广阔的阅读中获得经验……唯一的方法是读原文，读，读……'这当然是一个外国人学中文的经验之谈。背诵，在任何一种语文学习过程中，都是不可或缺的手段"[①]。这是一个把汉语作为目的语学习，并达到接近目的语水平的外国人所体验的在学习汉语时诵读的重要。诵读什么？中高级阶段自可诵读段落与篇章，而在入门阶段，则只能诵读词组和短句。从词组入手，记住最常用的词语，熟悉汉语的基本语法结构，一旦头脑中积存了一定量的词组和短句，学习者就可以运用类推的办法、词语替换的方法，说出很多自己想要表达的话语。

五 句法结构在汉语社会生活中的存在

语言教学的目的在于应用。在当今世界上，外国人学习汉语，

---

① 王湜华《俞平伯的后半生》，花山文艺出版社，2001年。

除特殊研究需要之外,很少有以《论语》《孟子》为课本来学习汉语的。为了应用,他们要学习活生生的汉语,要学习活跃于人们社会生活中的鲜活的汉语。而在汉语语言社会生活中,词组使用频率是很高的。从交际的角度来看,人们在言语交谈中,往往使用句法结构来表达自己的思想。比如,在早期的话语中,来自贝满女中的清华小女生,"日常言谈中频繁出现的不外这五句话:'哎,好玩儿''好看''给我''讨厌''打你'"[①]。这是彼时女青年爱说的词组。

近年来,国家语言资源监测与研究中心等单位联合研制的"中国报纸、广播、电视十大流行语"逐年发布,我们仅对近三年的综合类做一考察,以观其词组使用情况。

2006年:和谐社会 社会主义新农村 青藏铁路 自主制度 社会主义荣辱观(八荣八耻) 中非合作论坛 长征精神 消费税 非物质文化遗产 倒扁

2007年:十七大 嫦娥一号 民生 香港回归十周年 居民消费价格指数 上涨 廉租房 奥运火炬手 基民 中日关系 全球气候变化

2008年:汶川大地震 生命 爱心 北京奥运会 北京残奥会 火炬传递 南方雪灾 众志成城 油价上涨 节能减排

由权威机构发布的年度中国媒体10大流行语可窥见汉语词组的流行情况。在三年30个流行语中,仅有4个(民生、上涨、生命、爱心)是单词,1个(基民)是简称。词组占总数的83.3%。

我们再观察一下其他方面的流行语。

---

① 吴学昭《听杨绛谈往事》,生活·读书·新知三联书店,2008年。

改革开放30年十大流行语：下海　下岗　摸着石头过河　大哥大　PK　套牢　打的　讨个说法　五讲四美三热爱　让一部分人先富起来（《北京晚报》2008年12月25日）

汶川大地震震出的八大法律名词是：政府信息公开　不可抗力　免责条款　诉讼时效中止　无主产业　宣告死亡　孤儿收养　公益捐赠（《北京晚报》2008年7月2日）

2008年度十大搜索关键词中的十大流行语：很黄很暴力　做人不要太CNN　打酱油　叉腰肌　很傻很天真　猪坚强　三个俯卧撑　很好很强大　山寨　正龙拍虎　（百度公司主编《百度一下——互联网时代的2008年度记忆》，中信出版社，2009）

2008年度搜索关键词中的十大热门事件：汶川地震　北京奥运　艳照门　三鹿奶粉　金融海啸　股市动荡　火炬传递　南方雪灾　虎照门　瓮安事件　（《新京报》2008年12月23日）

由此可见，在这些使用频率极高的词串中，包含着汉语句法结构的全部类型。我们认为，使用频率的问题是不容忽视的。自20世纪90年代以来，语言学界从事语法化研究的学者普遍将频率看作语法化的一个重要条件和因素。有人甚至说："语言的发展毫无例外地证明，使用频率高、范围广的强势语法格式是类推的原动力。"① 这些最常用的词组，因其使用频率高，久而久之，有的就会形成俗语或固定格式。而这些内含各种语法结构的词组一旦贮存在学习者的大脑中，日后很自然地就可以成为说话的备用材料。

我们再看2009年1月中华人民共和国年鉴社编、新华出版社出版的《搜索2009.01》列出的月度网络流行语。在列出的这8

---

① 石毓智、李讷《汉语语法化的历程——形态句法发展的动因和机制》，北京大学出版社，2001年。

个词组中,包含了现代汉语五种句法结构的四种,仅缺并列一种。

不差钱(支配)　　　　　紫禁城归他管=城管(陈述)
你长得挺委婉的(陈述)　　潜艇上的规则就是潜规则(陈述)
一身的艺术细菌(修饰)　　不折腾(修饰)
马先生的儿子马季(陈述)　雷得外焦里嫩(补充)

有时一个词组套嵌了多种结构,形成复杂短语,如《北京晚报》2008.5.15标题:

销售问题食品　　面临最低罚款五万

"销售问题食品",支配结构套嵌修饰结构;"面临最低罚款五万",陈述结构套嵌支配结构,支配结构套嵌修饰结构,修饰结构再套嵌修饰结构和支配结构。

这些句法结构的句法功能如何,决定它的造句能力,而句法结构本身的内部结构组成,也反映了汉语词内部的结构组成。在汉语中,构词规则与造句规则是一致的,因此我们还可以说,掌握句法结构有助于对汉语词的构成的了解,实际上也学习了构词法。

陈锋和陈小荷(2008)[①] 运用清华大学建设的汉语树库,通过大规模的语料库的统计分析来研究词组的语法功能,文章共列出六种句法结构:主谓、述宾、述补、定中、状中、介宾。其中有两条结论值得我们注意:一是每一种句法结构都具有多种语法功能,其中述宾、述补、状中可以承担全部的语法功能,主谓、定中、介宾也可以承担大部分语法功能,只是不大能做述语而已。二是不同的句法结构的语法功能分布不同,可以确定的是,定中

[①] 陈锋、陈小荷《基于树库的现代汉语短语分布考察》,《语言科学》2008年第1期。

主要做主、宾语,状中做谓语的能力最强。这些结论,与我们在汉语作为第二语言教学中所教的语法基本是一致的。

六 短语结构在汉语作为第二语言教材中的应用

目前,虽还没有完全从句法结构出发编写的供外国人使用的汉语教材,但在教材中注重词组的教学,在教材中编进大量词组,已所在多有。

例如,《商务汉语考试大纲》[①]在"商务汉语常用词语表"的说明中就指出:"鉴于常用商务词语中短语较多,本表不标注词性。"这说明商务汉语的一个十分重要的特点,就是词组较多。在商务汉语教学中,要给予词组特殊的关注。《大纲》的词语表共收词语2457个。其中表一"收入与商务有关的生活、社交、工作类词语1035个"。表二"收入商务活动中常用业务类词语1422个"。表二中的词组比表一中的词组多得多。据非精确统计,表一和表二共收入有关商务内容的词组约260个,约占词汇总数的10.05%。[②]

供外国人轻松学汉语的《汉语图解词典》[③]按142个话题,共收录约4200个常用词语,其中词组占有相当的比例。例如,"抚养孩子"的话题辖26个词语:生育、哺乳、喂饭、换尿布、

[①] 国家汉语国际推广办公室与北京大学合编《商务汉语考试大纲》,北京大学出版社,2006年。

[②] 赵金铭《商务汉语论文标题的内容与词语分析》,《国际汉语教育》2009年第2辑。

[③] 吴月梅主编《汉语图解词典》,商务印书馆,2008年。

给孩子洗澡、给孩子穿衣服、哄孩子睡觉、讲故事、唱摇篮曲、买玩具、陪孩子玩儿、带孩子看医生、去公园、送孩子、接孩子、辅导、帮助、保护、鼓励、新生儿、婴儿、儿童、少年、青年、中年、老年。其中词组13个，占一半。

再看"留学生活"的话题辖23个词语：寻找学校、申请、推荐信、成绩单、录取通知、办护照、申请签证、学生签证、收拾行李、出国、寻找住所、购物、新生报到、选专业、选课、适应环境、学习语言、了解文化、交朋友、做客、参加聚会、写信、回国探亲。其中22个是词组，只有1个是词。

在对外汉语教材中亦如是。孙雁雁编著的《实践汉语进阶——中级汉语口语》[①]，把如何"使用语言"作为目标，教材的重点是近200个常用口语表达式。这近200个常用口语表达方式，绝大部分是词组。如：包在我身上、别往心里去、不放在眼里、不是办法、当着A的面、倒要看看、都什么时候了、恨不得、话又说回来、够朋友、还不是那么回事、急得团团转、看你的了、没那么容易、没什么大不了的、拿得起来、你还别说、让我说什么好呢、说不定、想到哪儿去了、硬着头皮、有两下子、真有你的、走下坡路。

教材中对词组的重视，显示了从词组出发进行汉语教学，是一条有待开发的新途径。研究在初级汉语教学阶段，出现哪些最急需的词组，先出哪些，后出哪些，应该依据建立在大规模语料库基础上的数据统计而得出，不应带有随意性。

---

① 孙雁雁《实践汉语进阶——中级汉语口语》，北京大学出版社，2005年。

七 余论

我们主张应用句法结构进行汉语入门教学,重在引起学习者的兴趣,帮助学习者尽快建立起目的语的语言习惯。吕叔湘(1962/1980)[①]曾说:"我们知道,每一种语言的背后有一种与之密切联系的语言心理,要是咱们能把自己浸润在这种语言心理里头,就会觉得这种语言处处有意义,处处合理;要是不能透入这种语言心理,其势一定是怀着甲种语言心理(本国语的)去观察乙种语言习惯(外国语的),自然要觉得处处无意义,处处不合理了。正如大人要理解小孩儿的举动,必须浸入儿童的心理,是一样的道理。"运用词组进行语言教学,是从最短的、最常用的词组入手,采取反复操练、强化记忆的方式,就是力求在学习者的头脑里留下若干汉语语言现象,包括词汇形式、语法格式、表达方式等,为建立学习者的心理词汇打下基础。

来自心理语言学的证据表明,语言学习者在习得第二语言时,有两种记忆方式:表述性记忆与程序性记忆。谈"心理词汇(mental lexicon)"[②],便与表述性记忆有关,实际上是一种背诵记忆的方式,这很适合我们所主张的句法结构教学。其原因在于,此时大多学习者尚未接触语法规则,也就是说,程序性记忆还未真正启动,他们把句法结构(二字、三字、四字)是当作一个"词"来记忆,视作不规则形式。

我们所说的将句法结构用于汉语第二语言教学,指的是用在

[①] 吕叔湘《中国人学英语》,开明书店、商务印书馆,1962年、1980年。
[②] 戴维·克里斯特尔《现代语言学词典》,沈家煊译,商务印书馆,2000年在

入门阶段,也就是说用这种形式使其掌握汉语初级口语。这是一个打通语音、词汇和语法的阶段,语法是朦胧的、体验中的。这个阶段的长短,内容的多寡,要视教学目的与教学有效时间而定。

我们所说的将句法结构用于教学,必须编有特定的教材。这个教材,按二字组、三字组、四字组的顺序出现。但是出现哪些汉字,组成哪些备用字组,先出哪些字组,后出哪些字组,需要在已建语料库的基础上,按照语言规律、教学规律和学习规律从大量的语料中筛选出来。

句法结构可分为可类推词组与不可类推词组。像"你还别说""有两下子",是俗语,是一种固定用法,不可类推。"你还别说",不能类推为"他还别说"或"我还别说"。"有两下子",也不能类推为"有三下子"。然而,在教材中,大量的还是可类推短语,也就是说,一些句法结构具有能产性。只要替换其中的一些词,就可以产出新的短语。

我们试以外国人初级汉语速成课本《汉语会话301句》[①]为例,分析一下其中的词组。该教材前五课,共出生词82个。仅这82个词可组成不少可类推词组:

二字组:他来 很好 贵姓 姓王 去哪儿 回家 来吗 在家 你呢 我的

三字组:去商店 回宿舍 她是谁 是老师 在教室 早上好 谢谢你 不太忙 很高兴 不认识 那个人 认识你 他也来 我很累

四字组:你们都来 我也很好 身体好吗 今天几号 介绍一下 我叫王林 再见老师 他是老师 你们去哪儿 工作忙吗 我也不忙 明天休息 爸爸妈妈

---

① 康玉华、来思平《汉语会话301句》,北京语言学院出版社,1990年。

五字组：我们都很好　他不是老师　今天十五号　我不去商店　这是我哥哥　我们在宿舍　他不认识我　她今天很忙

这些词组包含了朱德熙所说的汉语中的陈述、支配、修饰、补充、并列等基本结构。每一种结构，大都可以用相同词性的词来替换其中的词。因此，对这些可替换其中的词的词组，反复吟诵，记在脑子里，必要时替换其中的词，就会十分有用。

我们所说的句法结构应用于教学，在教材中出现的句法结构，应是口语中最常用的，不但有助于学习者掌握初级口语，也为日后的成段表达，即篇章表达，准备现成的材料。所以，这个阶段的教学，应采用背诵的方法。应该指出的是，背诵是积极的、有趣的，靠的是教师的精心组织，灵活多变的教学方法，以便使学习者可以接受。其目的是让学习者记住所学的短语，当他们想要用最简单的话来表达自己的思想时，这些词组便会脱口而出。

第三节　认知观在汉语教学中的应用[①]

对外汉语教学方法，随着汉语研究方法和理论的更新，也在不断地有所调整，特别是三个平面理论的提出和逐步完善，给对外汉语教学带来了新的活力。尽管如此，有些语言现象，我们还是不能在三个平面理论的框架内得到有效的或者比较简单的解

---

① 本节摘自卢英顺《认知观与对外汉语教学》，《汉语学习》2004年2月第1期。

释。例如：

(1) 光线暗下来了。
(2) *棍子短下来了。
(3) 这件衣服没有那件便宜／贵。
(4) 这件衣服不如那件便宜／*贵。

而如果将近年来日益受到重视的"认知"观用之于对外汉语教学，解释这些现象则能起到事半功倍的效果，学生易于理解和掌握。

"认知"一词在现代汉语，特别是语法研究中使用的频率越来越高，不同的人对它的理解也不尽一致。比较狭义的理解是认知语言学理论意义上的"认知"，而广义的理解还包括人对现实世界的"感知"。认知是人类认识自然界和社会的一种普遍心理活动，语言不仅是人类认知的工具，也是人类认知的产物，因而语言的结构、意义和使用就不可避免地打上了"认知"的烙印，这种烙印显然不是"认知语言学"的杰作，而是"认知心理"的杰作。因此，从实用的角度考虑，本文持广义的认知观。

下面以一些具体实例来说明认知观在对外汉语教学中的作用。

一 各类乐器及与之搭配的动词

在汉语中，表示乐器的词不少，常见的有"二胡、琵琶、吉他、箫、笛子、喇叭、小提琴、口琴、钢琴、电子琴、手风琴"等，与这些乐器相搭配的动词有"拉、吹、弹"。这些动词与不同乐器词之间的搭配，是任意的还是有规律可循的？如果是前者，那只好让学生死记硬背；如果是后者，又应该让学生怎样掌握这种规律呢？可以肯定地说，它们之间的搭配是有规律可循的。不过这种规律，我们难以在语义特征上找到。比如，同是弦乐器的"小提琴"和"琵琶"，前者用"拉"，后者却用"弹"。如果从认知上来探求其中的规律，则是比较容易的。

从认知上看，通过口来吹气而发声的乐器就与动词"吹"搭配，如"吹笛子"；通过手臂的左右拉动而发声的乐器与动词"拉"搭配，如"拉二胡"；通过手指的动作而发声的乐器则与动词"弹"搭配，如"弹钢琴"。但"手风琴"需要说明一下："手风琴"既有手臂的左右拉动，又有手指的动作，不过前者更为凸显，因而与之搭配的动词是"拉"而不是"弹"。这样跟学生讲，他们可以很快掌握动词和乐器词之间的搭配：

吹——箫、笛子、喇叭、口琴……
拉——二胡、小提琴、手风琴……
弹——琵琶、吉他、钢琴、电子琴……

这种规律还可以类推到其他乐器上，如"拉大提琴""吹萨克斯管"等。这种规律对母语为汉语的人来说似乎很简单，简单得算不上是一种规律。可是在其他语言中却未必如此。英语中，与 flute（长笛）、violin（小提琴）、piano（钢琴）搭配的动词都是 play，可见在汉语教学中总结出这一规律，显然是必要的。

二 表差比的"没有"和"不如"句式

现代汉语中，表示比较时有同比和差比两类，其中差比又有两种句式值得注意：

(5) 这花没有那花香。

(6) 这花不如那花香。

从例(5)、例(6)来看,这两种句式似乎可以相互变换。例如:

(7) 今年的收入没有去年的多。

→今年的收入不如去年的多。

(8) 这山没有黄山好看。

→这山不如黄山好看。

但进一步观察会发现,并非所有情况下都能进行这样的变换。例如:

(9) 这个人没有那个人坏。

＊这个人不如那个人坏。

(10) 小王没有他哥哥笨。

＊小王不如他哥哥笨。

如果把其中相关的词语换成相应的反义词,则又可以说:

(11) 这个人不如那个人好。

(12) 小王不如他哥哥聪明。

原因到底是什么?或者说,能进行这种变换的条件是什么?

语法学界曾有人把形容词分成正向形容词和负向形容词。上述例子中,"坏""笨"确实可以归为负向形容词。从我们搜集到的有限的自然语料用例看也确实如此。例如:

(13) 也许,你对北京的了解还不如我深切。(张承志《北方的河》)

(14) 如果不行,作家真不如一个小小处长活得幸福!(贾平凹《废都》)

(15) 以后即使有人替她做媒,也不过是和那姓姜的不相上下,也许还不如他。(张爱玲《倾城之恋》)

（16）市长叫了他去，说修改后的文章看了，修改后的怎么还不如修改前的，真的是庄之蝶丧失了写作的功能？（贾平凹《废都》）

例（13）、例（14）中的"深切""幸福"就属于正向形容词，如果把它们换成"肤浅""悲惨"，则不能接受。例（15）、例（16）中虽然没有出现相关的形容词，但我们在理解这两句话时也总是"正向"的，如"能干""好"之类，而不是相反。

由此似乎可以得出这样一个结论：负向形容词不能出现在"不如"句中做比较内容。

回过头来再看例（4）："这件衣服不如那件便宜"能说，"*这件衣服不如那件贵"却不能说。要论"正向"和"负向"的话，"贵"应该是正向的，"便宜"是负向的。难道这是个例外？类似的情况并不止这一例。又如：

（17）a.这个担子还不如那个担子轻。
　　　b.*这个担子还不如那个担子重。
（18）a.这间房子不如那间凉快。
　　　b.*这间房子不如那间热。
　　　c.这间房子不如那间暖和。
　　　d.*这间房子不如那间冷。

例（17）中的"轻"是负向形容词，"重"是正向形容词，但前者能说，后者反而不能说。

最有趣的是例（18），"热"是正向的，不能说；"冷"是负向的，也不能说；处于它们之间的"凉快"和"暖和"则都能说。原因何在？传统的解释方法在这类问题上可以说是捉襟见肘。

如果我们从认知的角度来看这类现象，问题就会迎刃而解。"不如"句中相关的形容词所表示的性质必须是人们所希望的，否则句子就不能接受;"没有"表差比时没有这种条件限制。

殷志平(1998)[①]认为,"这间房子没有那间小"和"这条街没有那条街窄"不能成立,这和我们的语感有出入,即这两句至少在某种程度上是可以接受的。如果把其中的"没有"换成"不如",则一般情况下是不能接受的。殷文同时也指出,"真正在'没有'型比较句中受限制的是消极计量形容词",并对此做了解释。不过,"这担子没有那担子轻"是可以接受的。如果我们承认"轻"是消极计量形容词的话,又该如何解释这一现象?我们认为,形容词进入表差比的"没有"句式是没有什么限制的,即使有限制,也不像"不如"句式那么明显。

运用我们所总结出的规律,我们就能圆满地解释上述各种现象。比如,买东西时,我们总希望要买的东西"便宜"而不是"贵";挑担子时,我们总愿意挑"轻"的而不是"重"的;夏天我们总希望待在"凉快"的房间里,冬天总想有个"暖和"的房间,等等。

三 隐喻在对外汉语教学中的作用

趋向动词是汉语中很有特色的一类词,趋向动词的教学是对外汉语教学的难点之一。趋向动词的句法、语义功能呈现出从比较实在的、可感的空间位移动词到意义非常空虚的助词,甚至体标记的连续统状态。这种复杂性让人觉得趋向动词的语义变化多端,难以捉摸,有的甚至有"就文论义"之嫌,请看下列例句:

---

① 殷志平《语境与否定比较句》,载《语言研究的新思路》,上海教育出版社,1998年。

(19) 演员刚从前台下来。

(20) 那时候是麦子下来吃麦子，高粱下来吃高粱。

《现代汉语八百词》[①] 对其中"下来"的解释分别是"从前台到后台""表示收获农作物"。类似这样的解释固然有助于对相关句子的理解，但明显的不足就是缺乏概括性。这样设立义项尽管细致，但不少用法还是难以"对号入座"，因为语言事实是十分复杂的。例如：

(21) 不了解他脾气的人还以为这小子刚丢了钱包，或是刚从批判会上下来。(蒋子龙《锅碗瓢盆交响曲》)

(22) 他的胸脯很厚，很宽，粗粗地下来，没有腰，腰和腹部还是肥肥的，壮壮的。(柯云路《东方的故事》)

(23) 牛宏一走，奖金降下来了，邱二宝那一伙子见钱眼开的家伙就不干了。(蒋子龙《锅碗瓢盆交响曲》)

针对这种现象，笔者在对外汉语教学过程中有意识地吸收了隐喻理论，以简驭繁，取得了很好的教学效果。

Lakoff 和 Johnson(1980)[②] 把隐喻分为"结构隐喻""方位隐喻"和"本体隐喻"三种，前两种在趋向动词的用法上表现得十分普遍。上述例子有的就是"下来"的结构隐喻用法，这种结构就是"位于较高处的某客体向位于较低处的某参照点做位移"，这种结构经过"隐喻化"之后，对客体的语义特征要求也就越来越宽泛，比如不必是自身可以移动的；相应地，客体也不必做空间上的实质位移。例如：例(22)中的"下来"实际上只是一种视觉上的

[①] 吕叔湘主编《现代汉语八百词》，商务印书馆，1980年。

[②] Lakoff, G. & Mark Johnson, *Metaphors We Live by*. University of Chicago Press, 1980.

感觉，客体并没有做空间上的位移；例（23）则是方位隐喻的例子，"奖金"少了，所以就"下来"了。

再看本文开头所引的两个例子：

（24）光线暗下来了。
（25）*棍子短下来了。

"暗"和"短"都是负向形容词，作为动词的"下来"，不管是空间上的真正位移，还是仅仅是视觉上的移动，它们都有一个特点，就是都有一个"动"的感觉。光线的由明而暗，明显地具有这样的动感，所以例（24）能说；而"短"则没有这样的特点，故（25）不能说。

四 从认知看名词、动词对量词的选择

汉语的量词系统十分发达，什么样的量词和什么样的名词、动词搭配，似乎只是汉语的习惯，没有规律可循。而有些语言中量词非常贫乏或者根本没有，对操这些语言的学生来说，掌握汉语中的名词、动词和量词的搭配实非易事。这时认知观在对外汉语教学中可以一试。

石毓智（2001）[①] 从认知上对量词"张、条、根"等选择的理据性做了有益的探讨。简单地说，往往要看名词所指对象的各维度之间的比例关系，对二维物体来说，这两个维度之间的比值接近1，就用"张"；比值接近0，就用"条"。如：

---

① 石毓智《表物体形状的量词的认知基础》，《语言教学与研究》2001年第1期。

一张光盘　两张纸　三张图
一条马路　两条毛巾

纸、地图、光盘严格地讲也是三维的，但其中的一维可以忽略不计。有些明显有三维的物体在量词的选择上仍然用"张"，如床、桌子等，这是因为人们在认知上所注重的是它们的平面，"板凳"对"条"的选择与此类似。

如果某两个维度的比值一定，而第三个维度在量上远远超出这两个维度时，指称这类物体的名词往往选择"根"，如"棍子""绳子""头发"等。有趣的是，孤立地看，与"线"搭配的量词既可以是"条"，也可以是"根"，但在特定的语境中，这两个量词是不能互换的，试比较：

（26）他在纸上画了两条 / *根线。
（27）我要缝衣服，请给我一根 / *条线。

原因在于，这两例中的"线"，一个是二维的，一个是三维的。

邵敬敏（1993）[①] 在归纳"枝"和"支"与名词搭配的规律时指出以下几点：（1）凡直接同树木有关的"花儿""树枝"组合都只能用"枝"，不能用"支"；（2）凡长杆形用树木制成的物件，可用"枝"，也可用"支"；（3）凡长杆形，然而与树木无关的物件，只用"支"，不能用"枝"；（4）凡指抽象的类似长杆形的东西，只用"支"，不能用"枝"。上述规律实际都是认知上的。

动词对量词的选择有时也可以借助认知来确定，如"咬了一

[①] 邵敬敏《量词的语义分析及其与名词的双向选择》，《中国语文》1993年第3期。

口""踢了几脚""打了一巴掌""看了一眼"。原因很简单,"咬"是用"口"的,"踢"则用"脚",打人往往用"巴掌",如果是用拳头,就得说"打了一拳",等等。"写一手好字"之所以用"手"而不是其他,是因为写字时要用"手",当然也要用"眼"等,但"手"是最突出的,跟写字是最直接的。

由于种种原因,我们暂时还难以从认知的角度对某些量词与名词或动词之间的搭配关系做出令人满意的描述。比如,物体的形状、大小差不多的"铅笔"和"筷子",为什么前者要用"枝"而后者却用"根",而不是相反?为什么我们说"一头牛""一匹马"?"牛"用"头"容易理解,但"马"跟"匹"是什么关系?诸如此类,有待于做进一步探讨。尽管如此,在汉语教学中注意认知的作用,至少有助于学生有效地记住所学的名词、动词和量词之间的搭配。

五 结束语

本节从广义的认知角度阐述了认知观在对外汉语教学中的重要作用。受篇幅所限,这里不能罗列更多的事实。卢英顺(2001)[①]从原型理论、认知的多面性等角度论述了喻体的选择、喻体的连用、比喻特征的隐现;高顺全(2002)[②]讨论了语法化理论在对外汉语教学中的运用,等等。所有这些都可以说明,从认知的角度来探讨对外汉语教学的方方面面,有助于教学内容的科学设计,

---

① 卢英顺《比喻现象的认知解释》,《语言教学与研究》2001年第1期。
② 高顺全《动词虚化与对外汉语教学》,《语言教学与研究》2002年第2期。

有助于取得理想的教学效果。

第四节　语块在汉语教学中的应用[①]

在对外汉语教学中,经常遇到这样一种现象:学生造出来的句子完全符合语法规则,可就是听着别扭、不自然。例如:

(1) 我离开大学以后,打算……(谈毕业打算)。
(2) 他很懒,睡得像很累的小孩儿一样。
(3) A:美国的人口是多少?
　　B:美国有两亿五千万个人。

例(1)中,更准确的表达应该是"我大学毕业以后",因为"离开大学"可能是毕业后离开,也可能没毕业就离开了。例(2)中国人可能会说"睡得像死猪一样"。例(3)在表达人口的时候一般不用量词"个"。句子语法没问题,可是母语者不这样说或很少这样说,这是以研究语言生成规则为终极目标的传统生成句法理论所不能解释的。乔姆斯基理论强调语言的生成性、创造性,只要有组词造句的规则,再加上一个词库就可以生成无限的句子。我们能够理解、生成我们以前从未听到过的句子,这当然没有错。但也应该看到,在实际的语言使用中,并非所有合乎语法规则的结构都以相同的频率在语言中出现。理论上无限的合法句子中,实际上只有一部分是本族人使用的。本族人具备从众多

[①] 本节摘自钱旭菁《汉语语块研究初探》,《北京大学学报》(哲学社会科学版) 2008 年第 5 期。

合乎语法的形式中选出自然的、地道的形式的能力；而外语学习者则不具备这种能力。学习者学了"一年比一年、一天比一天"，可能会类推出"＊一个月比一个月""＊一个星期比一个星期"；学了"第二故乡"，可能会类推出"＊第二老家""＊第三故乡""＊第四故乡"等。因此，语言除了具有创造性一面以外，还有习用性。

一 已有的语块研究

近年来，对语言习用性的研究越来越受到理论语言学和应用语言学的关注。对语言习用性研究的一个重要方面就是对语块的研究。各种语言中都存在着大量的语块，这是因为语块功能是语言能被成功地理解和输出的关键。失语症研究和语言习得研究也都证明了语块存在心理现实性。汉语语言学学界对语块有一定的研究，但是这一领域还有广阔的空间等待我们去开拓。

语块是由两个或两个以上词构成的、连续的或不连续的序列，整体储存在记忆中，使用时整体提取，是一种预制的语言单位。[1]传统的语言研究包括语法规则和由一个一个词构成的词汇两部分，但在实际的言语交际中，人们并不总是一个词一个词地说，"人们说出话语或写出言辞作品，除了使用词之外，还往往用上词的固定组合体"[2]。

那人们在言语交际中为什么要使用语块呢？这主要和语块的

---

[1] Wray, A., *Formulaic Language and the Lexicon*. Cambridge: Cambridge University Press, 2002, p.9.

[2] 刘叔新《词汇研究》，外语教学与研究出版社，2007年，第214页。

两大功能有关。语块的首要功能是减轻说话人在交际时的加工压力,提高交际效率。叶斯帕森曾提出:"如果需要分别记住每一个项目,说话人将不堪重负,语言会变得难以驾驭。"[1] 语块是语言中符合语法规则的习用单位,语块的使用保证了语言是自然的、地道的。而存储于记忆中的大于词的语块减轻了编码负担,使说话人能把节省下来的加工资源用于其他内容。Bolinger 曾打过一个形象的比方,"我们的语言并不要求我们建造每一样东西都要用木板、钉子和图纸,语言给我们提供了很多预制材料"[2]。

语块的第二大功能是社会交际功能。很多社会交际功能,比如问候、告别、感谢、讨价还价以及某些特定仪式(比如婚礼)上的言语行为都是由约定俗成的语块来表达的,例如:

吃了吗?(问候)
生日快乐!越活越年轻!(生日祝福)
白头偕老、永结同心!(婚礼)

由于说话人和听话人都非常熟悉某些交际场合中使用的语块的形式,因此交际双方都只需要集中注意新信息。例如,当听话人听到有人唱"祝你生日快乐!"但不知道是谁过生日的时候,他只需要集中注意力听生日歌里的名字,其他内容则可以忽略,这样就大大提高了交际的效率。减轻加工负担功能保证了说话人的输出是流利的,社会交际功能则保证了说话人被正确理解。从这一点来说,作为整体的语块比根据语法规则生成的自由组合有优势,因为如果某个形式听话人以前听到过,他不需要借助完全

---

[1] Wray, A., *Formulaic Language and the Lexicon*. Cambridge: Cambridge University Press, 2002, p.7.

[2] Ibid., p. 8.

的分析解码就能理解,这样理解的成功率就更高。例如,军队中的命令必须要快速执行,如果是固定的形式,那么被准确理解的可能性就最大。由此我们可以看到,减轻加工负担功能是保证说话人成功输出的关键,而社会交际功能则是保证听话人成功理解的关键。①

语块这两大功能决定了语言使用中存在着大量的语块。Alenberg(1998)② 研究了总词数约为 50 万词的 London-Lund Corpus 中的英语口语部分,发现共有 68 000 条不同长度和频度的词语组合,这些组合共出现了 201 000 次。语料库中大约 80% 的词是以各种不同形式的词语组合出现的。Arnaud 和 Savignon(2001)③ 的研究也表明,法语中的语块数量远远超过词的数量:

表 1　法语中词和语块的数量

	副词	名词
词	2000	80 000
语块	6000	30 000—400 000

周健(2007)统计的 45 个汉语句子中共有常用语块 63 个,平均每个句子有 1.4 个语块。④

---

① Wray, A., Formulaic language in learners and native speakers. *Language Teaching,* 32, 1999, pp. 213-231.

② Alenberg, B., On the phraseology of spoken English: The evidence of recurrent word-combinations. In Cowie, A. P. (Eds.), *Phraseology: Theory, Analysis, and Applications.* Oxford: Clarendon Press, 1998, pp. 101-122.

③ Arnaud, P., Savignon, S., Rare words, complex units and the advanced learner. In Coady, J. & Huckin, T. (Eds), *Second Language Vocabulary Acquisition.* 上海外语教育出版社,2001 年。

④ 周健《语块教学在培养汉语语感中的作用》,载《第八届国际汉语教学讨论会论文选》,高等教育出版社,2007 年,第 142—150 页。

心理语言学的研究也表明语块是确实存在的语言单位。人们是更擅长记忆（从记忆中提取现成的预制语块）还是更擅长计算（根据语法规则生成自由组合）？对于这一问题，Aitchison 认为："人们一开始从记忆中提取习用的东西，如果行不通，再转向计算。"[①]L1 习得研究发现，儿童在某一阶段在某些可以预测到的社会场景中使用大量未经分析的语块。一个母语为汉语的儿童（3 岁 2 个月）在幼儿园体能测试时听到了"预备起步跑"这样一个词语串，其中的"跑"是他能理解的词语，而"预备起步"对他来说是新的语言结构，但根据语境他知道这个词语串用于开始做某件事以前。由于他不知道"预备""起步"的意思，因此他把"预备起步"当作一个整体储存、使用。在他要求母亲给他讲故事时说"预备起步讲"。L2 习得研究也发现了类似的现象。Wong-Fillmore[②]用了 1 年的时间收集学习英语的西班牙儿童的自然语言材料，发现在他们的语言中预制语块占了主要的部分。另外，很多失语症患者其他语言能力都丧失了，但是却保留了某些语块。

西方语言学对语块的研究从 19 世纪中期对失语症患者语言的观察开始已经有了相当长的历史，很多语言学家、语言学流派都观察到了语块的现象。现代语言学理论的创始人索绪尔[③]早在一百年前就发现"用一个结构体的要素构成一个新的单位……当一个复合概念是由一连串非常常见的重要单位构成时，大脑就会

[①] Howarth, P., The phraseology of learners' academic writing. In Cowie, A. P. (Eds.), *Phraseology: Theory, Analysis, and Applications*. Oxford: Clarendon Press, 1998, pp. 161-186.

[②] Wray, A., *Formulaic Language and the Lexicon*. Cambridge: Cambridge University Press, 2002, pp. 158-161.

[③] Ibid., p. 7.

放弃分析,选择一条捷径——把概念应用于整个符号串上,从而变成了一个单一的单位"。结构主义语言学的代表人物布龙菲尔德[①]也提出:"很多形式处于词和短语之间。"近年来,随着计算机技术的快速发展和语料库语言学的兴起,西方语言学对语块的研究更是取得了丰硕的成果。

汉语语言学界对语块也有了一定的研究,这主要是在熟语范围内对成语、惯用语、谚语、歇后语等固定词组的研究。研究内容主要是熟语和非熟语的区别、熟语内部的小类、不同的小类有什么区别、对每一类熟语结构和意义的描写等。对熟语结构的描写主要涉及两个方面,一是熟语可以充当哪些句法功能,这部分内容在结构描写中占主要部分;二是熟语的结构是否能变换,如果能变换,有哪些限制。能进行有限的变换是熟语结构的一个特征。对熟语意义的描写,只是强调意义的整体性以外,大部分熟语研究都没有涉及语块的功能。有的研究虽然有"熟语的功能"这样的名称,但实际上研究的都是熟语的语法功能,对熟语的语用功能和熟语在语言加工中的作用则未曾涉及。

促成本研究的另外一个更重要的原因是我们认为熟语只是汉语语块的一部分,只研究熟语不能全面了解汉语的语块。汉语熟语研究和西方语言学语块研究的一个根本不同是熟语主要研究语义不透明、语法不规则的词语序列,如成语、惯用语、歇后语、谚语。虽然早期西方语言学研究的也是语义不透明、语法不规则的习语,但现在学者们越来越认识到,语义透明、语法规则的词

[①] 转引自 Alenberg, B., On the phraseology of spoken English: The evidence of recurrent word-combinations. In Cowie, A. P. (Eds.), *Phraseology: Theory, Analysis, and Applications*. Oxford: Clarendon Press, 1998, pp. 101-122.

语序列也可以整体储存、整体使用。尽管人们具有分析这些语义透明的语块的能力，但在实际使用中人们并不真的把语块分析成更小的单位。① 因此对语块的研究也应包括语义透明、语法规则的词语序列。这样对语块的研究就不仅限于一小部分处于语言系统中边缘地位的习语。

书面语和口语中语块的研究对 L1 习得、L2 习得、语言的生成和理解过程以及计算机信息处理都有重要的意义，汉语信息处理用的分词单位就是"结合紧密、使用稳定的词组"②。语块的研究对语言学理论也有启示，"学习一种语言要达到本族人一样的水平，很大程度上有赖于复杂程度、内部稳定程度各异的各种预制单位。这种观点和基于生成语法理论的观点不同，后者认为语言运作的解释只需要一套规则系统、由最小单位构成的词汇以及一系列语义解释的基本原则"③。"语言的固定化格式的存在将为语法的动态说提供有力的证据，同时也提醒我们……只用控制语法成分组合的形式规则来解释语言是不足的。"④ 汉语的语块有哪些？不同小类的分类标准是什么？每一类语块的结构、意义、功能有什么特点？汉语语块的研究对对外汉语教学有什么借鉴意义？这些问题都是本研究尝试着要回答的。

---

① Wray, A., *Formulaic Language and the Lexicon.* Cambridge:Cambridge University Press, 2002, p.18.

② 孙茂松、王洪君、董秀芳《〈信息处理用现代汉语分词词表〉规范》，载孙茂松、陈群秀主编《语言计算与基于内容的文本处理》，清华大学出版社，2003 年。

③ Cowie, A. P., *Phraseology: Theory, Analysis, and Applications.* Oxford: Clarendon Press, 1998, p.1.

④ 陶红印《从语音、语法和话语特征看"知道"格式在谈话中的演化》，《中国语文》2003 年第 4 期，第 291—302 页。

二 汉语语块的分类和功能

搭配、惯用语、成语、歇后语、谚语、格言、名言、警句、会话套语、儿歌、歌词①、宗教经文等都是由多个词构成、整体储存、整体提取、整体使用的语言结构，即本文所说的语块。这些语块分别处于不同的语法层面：

词组：吃喜糖　吃鸭蛋　吃枪子　不吃那一套　你知道　我的妈呀　阿弥陀佛

句子：好久不见　且听下回分解　远亲不如近邻　远水解不了近渴

语篇：床前明月光，疑是地上霜。举头望明月，低头思故乡。②

根据这些语块所属的语法单位层次，可以分成三类：词级语块、句级语块和语篇语块，词组层面的语块属于词级语块，句子层面的语块属于句级语块，语篇层面的语块属于语篇语块。③

（1）词级语块：搭配、惯用语、成语、歇后语

（2）句级语块：谚语、格言、名言、警句、会话套语

---

① 人们一般对歌词的加工不采用分析的方式，而是作为一个整体来处理。儿童学歌的时候很多时候并不理解歌词的意思，但能把歌完整地唱下来。有时候，小时候唱的歌长大以后才发现唱的歌词根本就不对。有人小时候把"边区的太阳红又红"听成"变压器的太阳红又红"！这个人那时根本不知道"边区"是什么，只是记得清清楚楚，在他们村子西边某个高处架着一台变压器，傍晚刚好看到变压器上方有一轮红日。这个孩子后来还一直奇怪，为什么写歌的人知道他们村的变压器在西边呢。即使对成人来说，好多歌曲，因为歌手或者歌本身的原因，根本就听不清楚歌词，但并不妨碍唱歌。因此，儿歌、歌词也是语块。

② 儿童在不理解这首诗歌的情况下就能完整背诵，因此是整体加工的语块。成人虽然了解诗歌的内容，但是作为熟练背诵的内容，可能也是整体储存、整体提取的，因此也是语块。

③ 限于本人的研究水平，本节下面的讨论主要围绕词级单位展开，在讨论语用功能时对句级单位有所涉及。对语篇单位语块的研究留待以后进行。

(3) 语篇语块：儿歌、歌词、宗教经文

词级语块的主要功能是句法方面的，在句子层面或低于句子层面实现其句法功能。某些词级单位除了句法功能以外，也有一定的语用功能。句级语块的功能主要是语用方面的。[①] 例如某些特定仪式上的言语行为所用的语言形式，比如生日晚会上的"（祝你）生日快乐"，婚礼上所说的"（祝你们）白头偕老、早生贵子"。表达问候功能的"好久不见""最近怎么样"，表达吊唁功能的"请节哀（顺变）""化悲痛为力量"。

陶红印（2003）[②] 的研究发现，由"知道"构成的一些结构正逐渐走向凝固，"这些格式常常不带宾语，受主语类型等因素影响很大，同时还有明显的语音弱化形式"。更重要的是，它们通常具有特殊的语用意义。像"我不知道""不知道[③]""你知道吗""你知道吧""你知道"，都是句级语块。这些语块形式方面有一定的凝固性：[④]

〇主谓之间一般没有语音停顿，也不能插入语气词。"你知道"

---

① 刘叔新在《汉语描写词汇学》中把熟语分成言语单位（常语）和语言单位（固定语）两类，和我们的词级单位、句级单位大致相当。虽然他也认识到常语和一般的言语单位有所不同，"是比较稳定的言语作品小单位"，但是他没有指出常语和固定语二者的共同点，即都是语言两种加工方式之一整体性加工的产物（另一种加工方式是依据语法规则的分析性加工）。而且，他所说的"熟语"，"大于一个词，至长不超过一句话"，而我们的语块还包括语篇单位。参见刘叔新《汉语描写词汇学》，商务印书馆，2005年。

② 陶红印《从语音、语法和话语特征看"知道"格式在谈话中的演化》，《中国语文》2003年第4期，第291—302页。

③ 这是隐含主语第一人称单数形式，即"（我）不知道"。

④ 陶红印《从语音、语法和话语特征看"知道"格式在谈话中的演化》，《中国语文》2003年第4期，第291—302页；刘丽艳《话语标记"你知道"》，《中国语文》2006年第5期，第423—432页。

和其后的语气词"吗""吧"之间没有语音停顿,中间也不能插入其他成分,如宾语、补语。

○句法位置灵活,甚至可以出现在主语和谓语之间。

○在句子中间相对独立,不和其他语言单位结合构成更大的语言单位,整体上相当于一个插入语,因此省略了也不影响意义的表达。意义方面,这些语块和表字面义的"我不知道""不知道""你知道吗?""你知道吧?"也有所不同。当表示字面义的时候,"我不知道""不知道"表示否定回答;"你知道吗?""你知道吧?"表示命题疑问,要求听话人给出回答。作为语块的这些格式并不表示否定或命题疑问。"你知道吗?""你知道吧?""你知道"中的"你""知道"意义都已虚化。由"知道"构成的这些语块都有不同的语用功能。"我不知道"的功能是标识说话人的猜疑,例如:

一个小楼,我不知道都是谁谁在那儿住,一个小楼一个小楼的。

"不知道"的功能是标识说话人的不坚定态度,说话人似乎知道一定的信息,但是对所掌握的信息不敢确定或不愿意给人留下十分确定的印象。例如:

甚至有一次,……不知道是一个很严重的什么病,非得很大的医院,才能解决的问题。

"你知道吗"的功能是提出新的话题,引起说话人的注意。例如:

G1:怎么样,读博累不累?
L1:累,特别累,而且压力特大。
G2:哎,你知道吗,Huang 死了。

L2：啊，怎么可能，他不是考上博士了吗？
G3：听他们同学说是为情所困，自杀的。……①

三 词级单位语块

（一）词级单位语块的类型

根据构成成分是否能替换成其他成分，②我们把词级语块分成两类：自由组合和非自由组合。③自由词组组成成分之间的关系比较松散，组成成分可以自由地替换；非自由组合的构成成分替换受限制或不能替换。自由词组的意义是组合性的，即词组的意义是由构成成分的意义加合而成的，换句话说，意义是透明的；非自由组合的意义有的是透明的，有的是半透明的，有的是不透明的。非自由组合又可以分为两类：有限组合和凝固组合。有限组合的构成成分可以做有限的替换，意义有的是透明的，有的是半透明的；凝固组合的构成成分不能替换，意义有的是组合性的，有的是非组合性的。凝固组合、有限组合和自由组合一起构成了一个从凝固到自由的连续体。

---

① 以上由"知道"构成的语块的意义、语用功能及例子都引自陶红印、刘丽艳的研究。有关语块的功能，本节只是举例性地说明，详细的介绍请参看陶红印《从语音、语法和话语特征看"知道"格式在谈话中的演化》，《中国语文》2003 年第 4 期，第 291—302 页；刘丽艳《话语标记"你知道"》，《中国语文》2006 年第 5 期，第 423—432 页。

② Cowie, A. P., *Phraseology: Theory, Analysis, and Applications*. Oxford: Clarendon Press, 1998, pp.1-20; Nesselhauf, N., *Collocations in a Learner Carpus*. Amsferdanm/Philadeophia: John Benjamins Publishing Company, 2005, pp.21-24.

③ 王勤根据意义、形式和预制性三个标准区分熟语和自由词组。参见王勤《汉语熟语论》，山东教育出版社，2006 年。

表2 "剪"的词语组合类型

	搭配词	例数	组合性质
(1)	人的头发（短发、辫子、平头、阴阳头）	29	自由组合
	植物（树叶、叶子、苗木）	19	
	动物毛发、尾巴	8	
	纸（窗花、图形等）	6	
	布（纱布、衣服等）	5	
	指甲（手指甲、脚趾甲等）	4	
	脐带	3	
	报纸	2	
	牙膏皮	1	
(2)	影片（片子、镜头等）	3	有限组合
(3)	倒剪着双手	1	有限组合
(4)	剪不断，理还乱	11	凝固组合

靳光瑾（2006）[①]根据国家语委语料库分析了"剪"的不同义项和其他词语组合的情况：

（1）用剪刀等使东西断开

（2）剪辑、整理

（3）交叉义

（4）割断义，但被剪之物不是实物而是感情类的东西

可以和"剪"的第一个义项组合的词语是一个开放的类，因此由"剪（1）"构成的组合是自由组合。能和义项（2）（3）

[①] "剪"4个动词义项是靳光瑾根据语料库中语言的实际使用情况归纳的，和《现代汉语词典》的义项划分有所不同。靳光瑾《词汇—语法理论指导对外汉语学习词典句法信息的编写》，载郑定欧、李禄兴、蔡永强主编《对外汉语学习词典学国际研讨会论文集（二）》，中国社会科学出版社，2006年。

组合的词语非常有限，名词只能做有限的替换，因此是有限组合。义项（4）只能出现在"剪不断，理还乱"这个组合中，这个组合的内部成分不能替换成其他成分，因此是凝固组合。

自由组合、有限组合、凝固组合的内在差别是组合内部成分之间结合紧密程度的差别，这种差别表现为构成成分是否能自由替换，但究其本质，是由组合成分的意义决定的。组合是否表示核心事项、构成成分的语义是否虚化以及组合概念整合程度的高低这些因素决定了组合内成分结合的紧密程度。邢福义（1991）[①]举出了下面这些"打+名词"的例子：

打—球
打—奥运会／亚运会／全运会
打—主力／中锋／后卫
打—表演赛／比赛／球赛／明星赛／决赛／半决赛／预赛／锦标赛
打—世界冠军／亚军
打—北京队／日本队
打—单打／双打／混合打
打—时间差／体力／技术／精神
打—短平快／背溜

"打球"是核心事项，其他的都是周边事项。"核心事项通常会被作为一个整体的感知对象加以认识，并以'完形图式'的形式存入人的大脑，而周边事项不具备这样的特点。"[②] 因此，核心事项中的两个成分结合得比较紧密。有些组合内的某个成分

---

① 邢福义《汉语宾语代入现象之观察》，《世界汉语教学》1991年第2期，第76—84页。

② 任鹰《动词词义在结构中的游移与实现——兼议动宾结构的语义关系问题》，《中国语文》2007年第3期，第29—37页。

发生了虚化，主要意义由另一个成分承担，如"打招呼""打瞌睡""打比方"这几个组合中的意义分别由"招呼""瞌睡""比方"来表示，"打"的意义发生了虚化。这样的组合正处于词汇化的过程中，因此两个成分结合得比较紧密。① 另外，如果组合内某个成分或两个成分都表示引申义，整个组合的意义是在引申义基础上进行高层级的概念整合，成分结合得非常紧密、凝固性很高，类推性较弱。② 概念整合度越低，可分离性越强。③

（二）有限组合

构成成分替换受限制的组合是有限组合。不过，不同有限组合选择受限制的程度并不完全相同。根据可以和节点词④搭配的词语多少，可以把有限组合分为高、中、低度受限三类。低度受限组合，节点词可以与少量语义范围明确的词语相互搭配。例如动词"冒"可以和表示［恶劣天气］［武器］［危险］的词语搭配。节点词可以和几个词语搭配的组合是中度受限组合，例如"打⑯"一般只和"水""粥"搭配；"耸③"只和"肩膀""眉毛""鼻子"搭配。有的节点词只能和一个词搭配，这种组合属于高度受

---

① 如果词汇化整个过程完成了的话，组合就变成了词。例如"打"和某些单音词的组合就完成了词汇化的过程变成了词"打扮""打扫""打赌""打猎"，"打"则变成了类似词缀的成分。参见奚俊、程娟《基于〈现汉〉动词"打"的义项考察与偏误情况分析》，第四届对外汉语国际学术研讨会暨《世界汉语教学》创刊 20 周年笔谈会，2007 年。

② 张云秋、王馥芳《概念整合的层级性与动宾结构的熟语化》，《世界汉语教学》2003 年第 3 期，第 46—51 页。

③ 吴为善、陈颖《述宾两字组的整合度高低及其层次分布》，《汉语学习》2007 年第 5 期，第 3—11 页。

④ 要观察和研究其搭配行为的关键词叫节点词（Node Word），和节点词搭配的词叫搭配词。

限组合。像"呼噜""喷嚏"只能和动词"打"搭配;形容词"水汪汪"只能和"眼睛"搭配。

有限组合的选择限制除了有程度的差别以外,还呈现出方向性。有的是双向限制,有的是单向限制。双向选择限制是指组合中的两个成分相互有选择限制,例如"打棍子"中的两个成分都不能自由替换,而且"打棍子"表示的是比喻义,具有双向搭配限制的组合是凝固组合。单向选择限制是节点词对搭配词有选择限制,但是搭配词不是只能和节点词共现。例如动词"酿",表示"酿造"的时候,只能和名词"酒""醋""酱油"搭配;表示"蜜蜂做蜜"的时候,只能和"蜜"搭配。但是上述这些和"酿"搭配的名词不一定只能和"酿"搭配。名词"耳光"对出现在它前边的动词有选择限制,只能是"打""扇""给"这几个动词。形容词"皑皑"对和它一起出现的名词有限制,只能是和"冰""雪"有关的名词,如"冰雪、白雪、雪山"等,但这些名词不限于和"皑皑"搭配。名词"骨头"比喻人的品质时,对和它一起出现的形容词有选择性,只能是"硬""软""贱",[①]而这几个形容词不是只能和"骨头"共现。副词"矢口"要求其后边的动词必须是"否认""抵赖""不提""不谈"。但这几个动词还能和其他很多副词搭配。

(三)凝固组合

凝固组合的凝固性主要体现在形式方面。凝固性的具体表现如构成成分不能任意替换。"眼"和"目"、"口"和"嘴"、"脚"和"足"是同义词,但是由这些词构成的凝固组合,这些同义词

[①] 王惠《现代汉语名词词义组合分析》,北京大学出版社,2004年,第56页。

不能任意替换。"目中无人""目不转睛""目不暇接"只能用"目",不能用"眼";"眼花缭乱""过眼云烟""有眼无珠"只能用"眼",不能用"目"。① 再如"小菜一碟"不能说成是"小菜一盘""小菜一碗"。除了并列结构以外,大部分凝固结构构成成分的顺序也是凝固的,"小菜一碟"如果说成"一碟小菜"意思就变了,前者是凝固组合,后者是自由组合。形式方面的凝固性还体现在有的凝固组合保留了古代汉语的词汇或语法结构,"时不我待"反映了古汉语否定句中代词宾语置于动词前的语法特点。古汉语肯定句中,如果宾语要放在动词前,需要一些结构助词,如"是""之"等,成语"唯利是图""唯命是从"还保留了这个语法特点。

凝固组合是从组合内两个成分相互的选择性而言,不是说组合的形式完全凝固,"熟语构成成分的定型性与熟语的异体多型现象是两回事"②。实际上凝固组合也可以有不同程度变换的可能性。王吉辉、王霞(2001)③在讨论固定语的同一性问题时,就总结了固定语形式变换的几种类型:

(1) 增加或减少构成成分
敢怒不敢言—敢怒而不敢言　不甘寂寞—不甘于寂寞
(2) 变换构成成分的顺序
高深莫测—莫测高深　耳聪目明—耳目聪明
(3) 用同义词或近义词替换构成成分
子以母贵—子凭母贵　拔苗助长—揠苗助长

---

① 王勤《汉语熟语论》,山东教育出版社,2006年,第20页。
② 同①,第23页。
③ 王吉辉、王霞《固定语的同一性问题与词典中固定语条目的处理》,《辞书研究》2001年第6期。

除了以上几类以外，凝固组合的变换还有一种情况，即带有空槽的格式，如"一笔写不出两个……字"，空槽内可以填入各种姓氏。再如"……年如一日"，空槽处可填入各种数词，我们在北大 CCL 语料库中检索到的有：三、四、五、六、八、九、十、数十、十一、十四、十五、十七、十几、二十、三十，等等，几乎是一个开放的类。

四 语块的习得和对汉语教学的启示

语块是"语言习得的中心"，"语言习得的一个常见模式就是在某个阶段学习者大量使用未经分析的语块"[①]。在语言学习的开始阶段，由于语言水平不够，学习者在接触到语言输入的时候，因为没有足够的语言知识，所以无法把输入切分成组成成分，因而常常把输入作为一个整体习得。与初级阶段学习者非常依赖语块不同的是，到了中高级阶段，语块成为"学习者向本族人语言水平靠近最大的障碍"[②]。例如下面这些韩国留学生的句子[③]语法没有什么问题：

如果有大学生问："你学习的目的是什么？"十中八九个人会说："为了找好工作。"（十之八九）

据说每天喝一两杯酒对身体很好，这样可以预防心脏病和各种疾病，

[①] Nattinger. J., Decarrio, J., *Lexical Phrases and Language Teaching*. 上海外语教育出版社，2000 年，第 24、28 页。

[②] Wray, A., *Formulaic Language and the Lexicon*. Cambridge University Press, 2002, pix.

[③] 这些错误例子引自金美、江玉莲《韩国大学生汉语写作中固定词语用错的类型》，《安顺师范高等专科学校学报》2006 年第 4 期，第 35—38 页。

可是过分不如不是吧,多喝的话酒从药变为恶。(过犹不及)

酒使人们不争气而放弃。(自暴自弃)

但是中国人表达同样的意思,可能会用成语。正是学习者和本族人使用语块的这种差别,使得水平很高的学习者的语言表现在中国人看起来或听起来还是不自然。

语块对汉语学习的作用是多方面的。首先,学习者掌握了汉语语块可以最大限度地克服中介语形式,避免出现"打围棋""打毽子"[①]这样的类推错误。其次,语块还能在保证语言使用正确性的同时,使学习者选择的语言形式更地道,最大限度地避免"十中八九个人""过分不如不是"这样的外国腔。再次,在实际的语言交际中,从记忆中整体提取语块比一个一个地提取语块的构成成分速度快,因此能大大提高学习者口语表达的流利程度。最后,语块对提高学习者的语用能力也非常有帮助。在初级阶段,各种有特定语用功能的语块,比如"很高兴认识您""太贵了,便宜点儿吧"能够帮助学习者克服语言水平低的不足,尽快参与交际。在中高级阶段,使用语块能帮助学习者在不同的场合得体地使用语言。

目前对外汉语教学界已经认识到了语块的重要性,已有学者提出语素、词、语三级词汇教学单位。[②]对外汉语教材和教学都应把语块作为教学内容之一,对不同性质的语块实施不同的教学策略。自由组合应该教给学生组合的规则,凝固组合重点讲解意义、使用的限制以及变换的可能性。有限组合则应根据受限程度

[①] 这两个错误语例引自北京语言大学汉语中介语语料库。

[②] 李红印《〈汉语水平词汇与汉字等级大纲〉收"语"的分析》,《语言文字应用》2005年第4期,第73—79页。

的不同做不同的处理，高度和中度受限的组合，应告诉学生可以和节点词搭配的所有词语；低度受限的组合则应告诉学生可以和节点词搭配的语义范围。总之，加强语块的研究和教学能大大提高对外汉语教学的效率。

第五节　情景教学法在汉语虚词教学中的应用[①]

一　问题的提出

虚词是汉语作为第二语言/外语的重点确定无疑，而且它同时又是教学的难点，这是因为其具有高度的抽象性，且在其他语言中很少有完全对等的词语和用法。传统的课堂教学法以虚词意义和（句法）规则的解释为主，忽视对使用规则，尤其是使用条件（语境、情景等）的说明，再则结合汉语教学的虚词研究也很不够，"离总结归纳某一具体虚词的使用规则还有很大距离"[②]，这就给汉语学习者带来虚词使用上的许多困难。有这样一个例子，教师期中考试让学生"用指定的词语造句"，其中有一个词是"难道"，于是我们就有了下面一组例句：

A. 难道你去不去？

[①] 本节摘自吴勇毅、张皎雯《情景下的虚词教学》，载《对外汉语研究》第13期，商务印书馆，2015年。
[②] 金立鑫《对外汉语教学虚词辨析》，北京大学出版社，2005年。

B. 难道你不知道吗？

C. 他们已经结婚了，难道你不知道吗？

D. 难道你不知道他是英国人？他的英语太好了！

学生 A 造的句子违反了句法规则：用"难道"发问的反问句，句末可以用表示是非问的语气词"吗"或"不成"，但不可以用正反问的形式。教师判这个句子错，是病句。学生 B 的句子，句法上没有问题，故有的老师判对。但也有的老师判错或判半对，尤其是对比学生 C 的句子后，更是如此。理由是在交际中，不能没头没脑地说这个句子。要说出这个反问句，前面必须先要有一个事情／情况／事实，说话者才能用反问的方式表达自己对事情／情况／事实的看法（邵敬敏主编《现代汉语通论》[①]把反问句归为"疑问句的交际类型"，本文作者注）。学生 D 的句子，如果是说话者一个人说的，似乎不符合逻辑常理，即使把后一句话挪到前面，依然如此。按照一般常识推断，应该是另一个人发出感叹后，说话者用反问句接续。分析 B、C、D 三组句子后，我们发现，使用"难道"构成反问句，除了应满足句法规则的要求以外，还要符合两种情景／语境：（1）如果说话者是自陈而发话，他就必须先把要反问的事情／情况说出来，然后再用"难道"反问，反问不能用在第一句起始，只能用在第二句话"承接"。这是在上下文（Context）层面的使用条件，比如学生 C 的句子。（2）如果用"难道"的反问句要处在起始的位置，即第一句话，那么它一定是在对话中"承接"交际的另一方所叙述的事情／情况，对其表示自己的看法。这是在话语（Discourse）层面的使用条件。

[①] 邵敬敏主编《现代汉语通论》，上海教育出版社，2001 年。

判定学生 B 句子正确的教师，据我们调查，除了认为其句子语法没有问题以外，有的也感觉到孤零零的一个句子似乎不妥，但教师在阅卷时自己为学生"设想"（这是对外汉语教师在批改学生的造句或作文等练习时常见的情况，为的是要给学生一点分数），补出了"前提条件"，比如"（她是一个非常有名的演员），难道你不知道吗？""（这个问题很简单），难道你不知道吗？"等。

本节并非是专门讨论虚词的使用规则和使用条件的，而是想通过这个例子说明语境和情景对于虚词使用的重要性，对虚词教学的重要性。语言是交际的工具，真实的语言，尤其是口语，总是情景化了的。第二语言/外语教学的目的就是要培养学生在真实的情景中运用语言的能力。"我们要教给学生的并不是语言抽象属性的某一层面而是在实际生活中真正使用的语言。"[①] 为了能使教学更交际化，语言教学一定要和情景、语境紧密联系起来，虚词教学亦是如此。

二 情景与情景教学法

我们这里所说的情景包括上下文语境（比如句子内部前后成分和句子间的同现关系：Text's Cohesion）、话语的内部语境（比如说话者和听话者的意图 Intentions、假设 Assumptions、预设 Presuppositions 等：the Internal Context of Utterance），以及交际的外部环境（the External Context of Communication/Situational Context

---

[①] Hadley, A. O., *Teaching Language in Context*. 何向明导读，外语教学与研究出版社，2004 年。

of the Speech Event),后者通常指的是场景(the Setting)、谈话方式(the Way of Talking)和交际双方(Participants)等。而 Hymes(1974)[1] 在已有研究的基础上将其归纳为八个变量,以词首字母编排成一个词,即所谓的 SPEAKING:Setting(时空场合/实际环境/场景),Participants(交际的听说双方),Ends(交际者的意图、目的和言语表达效果),Act Sequence(话语的形式和内容),Key(说话的语调、方式和态度),Instrumentalities(交际渠道的选择,如口头还是书面和语码的选择,如用母语还是外语等),Norms of interaction and interpretation(交互和理解的规范/方式),Genre(语类/口头或书面语言活动的种类)。[2] 这些因素结合在一起成为一个整体,在交际时共同影响和决定着语言形式的选择和语言结构。因此,在语言使用中,情景和上下文语境的作用怎么强调也不过分。请看下面几个例子:

E. 你一定要带上伞,由于天上有很多乌云。
F. 我不禁流下眼泪。
G. 都三岁了,还这么贪玩。

从这几个例子来看,留学生似乎都理解了"由于"(表示原因)、"不禁"(表示抑制不住、禁不住)、"都"(表示已经)的抽象意义,但仍然不能为汉语母语者所接受。E 句中,除了"由于"应置于第一个分句,且常与"所以""因此"同现配合之外,还混淆了交际渠道,前一个小句偏向口语,而后一个小句却使用

---

[1] Hymes, D. H., *Foundations in Sociolinguistics: An Ethnographic Approach*. Philadelphia: University of Pennsylvania, 1974.

[2] Kramsch, C., *Context and Culture in Language Teaching*. 上海外语教育出版社,1999 年;朱永生《语境动态研究》,北京大学出版社,2005 年。

了带有书面语色彩的"由于"来解释原因。

F句中的"不禁"是将原因/情况和感情失控的结果衔接起来的语言标记。当人们听到"不禁"时，便明白前一句是在说明原因/情况。从话语的角度出发，"不禁"句前必须出现表示原因/情况的句子：（听到这个不幸的消息）我不禁留下（了）眼泪。孤零零一个句子，就显得非常突兀和"前言不搭后语"。另外，在话语中使用"不禁"还有一个重要的条件，即它不能用在对话中应答，而必须是说话者独白的描述。在课堂教学中，不少教师都不讲词语的使用条件或语境，只告诉学生"不禁"的意思是"控制不住自己"，于是学生就造出了F这样的句子。

G句没有句法错误。通常，"三岁"和"贪玩"符合我们心理层级中的价值期待：三岁的孩子自然就是贪玩的。但随着年龄的增长，孩子就向反向发展，如果是一个十六岁的高中生，就不应该再贪玩了。通常在年龄前用表示已经的"都……了，还……"结构是预设在某个年龄段的人就不应该做什么或怎么样了，如果还做什么或怎么样就违反常理了。学生在使用"都"时，只注意了句法条件，却没有将社会心理因素考虑在内。其实这也是传统的虚词教学中常见的问题。

"尽管语境的重要性早就有前辈学者大声疾呼过，但目前的外语教学在实施过程中对语言的形式的关注仍然多于内容。教学活动更多地还是以句子为基本单位来进行，而不是把连贯的语段或语篇作为体会或分析语言的基本单位。"[1]

---

[1] Hadley, A. O., *Teaching Language in Context*. 何向明导读，外语教学与研究出版社，2004年。

第五节 情景教学法在汉语虚词教学中的应用

情景教学法（Situational Approach）又称视听整体结构法（The Audio-visual Global and Structural Method）或视听法（Audio-visual Approach），创造于20世纪50年代的法国，因其鲜明的特色和对二语／外语教学的特殊贡献，一直延续至今，因此不论是今天流行的课堂教学法还是教材，都可以看到情景教学法的身影。其精髓也被后来的其他教学法，比如交际法或交际语言教学所吸收。从情景教学法的三个名称，可以看出它所具有的最重要的三个方面的特点：首先是视听结合。这里的视不是指看书，而是指看幻灯和电影的画面或情景。画面展示的情景视觉感受和录音播放的听觉感受相结合，双通道同步作用于人的大脑，使其把声音和画面情景自然地联系起来用于整体感知话语，以帮助理解话语内容和记忆的长期贮存。其次是情景。视听法的创始人认为，在人们运用语言进行交际时，面前呈现着具体的、真实的情景，情景又决定着说话时所要选择的方式、节奏和语调，而活的口语又总是情景化了的。培养听、说、读、写能力必须创造出能看得到的现实情景，同时结合自然、正常的语速和语音、语调的完整结构的录音。[1] 再次是所谓整体和结构。情景法强调，听懂和理解语言材料总是在听完整的结构基础上实现的，要把一个情景、上下文或图像跟一组词及意义经常地联系在一起。这些词和意义组成一个整体，并按照结构的方式发挥作用。[2] 我们要让学生在真实的、有意义的语料和环境相结合的整体中掌握词语的含义和用法，而不是孤立地学习只言片语。所以，在情景教学法中，"整体"和"结

---

[1] 章兼中《国外外语教学法主要流派》，华东师范大学出版社，1983年。
[2] 同[1]。

构"是其突出的重点。

情景原则下的虚词教学就是要让学生在真实的、有意义的、情景化了的材料输入中，体会虚词的作用和用法或者说"整体"和"结构"，而非单纯地在孤立的语言片段中体会高度抽象化的语言现象描写和语法规则解释。

三 情景教学法在虚词教学中的运用

情景教学法认为，在儿童入学后，其另一种视觉感知能力（即看书、阅读文字）和视觉记忆能力不断加强，相对来说，听觉感知能力和听觉记忆能力则有所减弱。这在儿童学习外语时表现得很突出，成人则更是如此。在对外汉语教学中我们注意到，不少学生看着书听录音似乎就听懂了，而抛开书光听录音就听不懂。这一现象表明他们的听觉感知似乎更加依赖于视觉感知。情景法希望通过视觉图像和声音的结合，提高学习者的听觉能力，"从而改变成年人习惯于借助眼睛学说外语（即通过看书本学习外语，本文作者注）的传统的教学方法"[①]，声音和图像画面的结合可以使学习者直接建立起意义上的联系，有助于摆脱母语的干扰。

情景教学也符合认知心理学的理论。有关基于图示理解（Schema-based Understanding）的研究表明，在情景/语境中学习语言（比如在更大的话语构架中）会比在"只言片语"（Bits and Pieces）或孤立的句子结构中加工语言更容易。[②]

---

① 章兼中《国外外语教学法主要流派》，华东师范大学出版社，1983年。
② Hadley, A. O., *Teaching Language in Context*. 何向明导读，外语教学与研究出版社，2004年。

Hadley 在其名著《在语境中教语言》中阐述了其外语课堂教学的五条原则，其中第一条就是必须为学习者提供操练／练习在目的语文化可能遇到的各种情景中使用语言的机会，在情景中学习语言并把学到的知识用于应对真实的语言使用的环境。[①] 我们认为在虚词教学中，情景的作用表现在两个方面：一方面是视听教学手段的运用和语境的提供（尤其是使用条件），这样可以使汉语学习者在情景中整体感知并理解虚词的使用规则和使用条件，体会其用法；另一方面可以利用视听教学手段和教师的话语设置情景，创造语境，给学习者提供使用虚词（进行表达）的环境和条件。

利用情景进行虚词教学，关键是情景的设计与教师的诱导。这里我们举两个例子，一个是教师给出语境，让学生体会归纳虚词的使用条件的例子，另一个是多媒体情景教学的例子（见下一部分）。第一个例子是虚词"果然"的教学。

"果然"，《现代汉语词典》（第 5 版，商务印书馆，2005 年）解释为：表示事实与所说或所料相符。释例为：果然名不虚传。｜他说要下雪，果然下雪了。《现代汉语词典》（汉英双语）（增补版，外语教学与研究出版社，2002 年），中文释义和举例同上，英译为 really，indeed，as expected。《汉英词典》（商务印书馆，1980 年）释为 really，as expected，sure enough。教材的生词翻译也是 really，as expected。教师按照传统的方式，上课时根据词典的解释向学生转述："果然"的意思就是：一个／这个事情或者

[①] Hadley, A. O., *Teaching Language in Context*. 何向明导读，外语教学与研究出版社，2004 年。

情况跟你说的、想的一样。学生马上就造出了句子:

H. 老师(招呼语),我果然不爱他。

学生造出这样的句子,也许是根据教材的英文翻译把"果然"理解为"真的、确实",也许是由于教师解释的缘故,学生觉得自己讲的情况跟自己想的是一致的。

尝试引入情景教学时,教师首先给出(说出)一组具有上下文语境的例子,让学生在语境中体会"果然"的使用条件和意思:

(1)他说要下雪,果然下雪了。
(2)她说她要跟她先生离婚,果然离了。
(3)我说他不会来的,他果然没有来。
(4)早就听说上海博物馆很好,昨天我去看了,果然不错/名不虚传。
(5)医生说他的病不太严重,果然没过两天他就好了。
……

通过这组例子,学生可以体会到"果然"的使用条件:它通常放在第二个句子里,表示后面发生的情况与前面说的一样(教师可再归纳一下)。在后来的测试中,同样是用"果然"造句,意大利班13个同学,基本上都造出了合格的语句,没有一个人出现把"果然"单用的情况:

I. 医生说这种药有效果,吃了以后,我的病果然好了。
J. 听说那个电影真不好。看了以后果然真的不好。
K. 我整天(今天一天都在)告诉你们她不愿意来,果然她没来。
L. 昨天他感觉不好,果然今天没有上课。
M. 我们都觉得她不会来,果然她没有来。
N. 他不太努力,果然他的汉语水平不太高。

第五节　情景教学法在汉语虚词教学中的应用

O. 在意大利老师告诉我在中国人山人海,到上海,人果然太多了!

P. 气象预报说今天天气会转阳(阴),果然晚上下了大雨。

Q. 我爸爸很喜欢喝酒,昨天他的一个朋友送给他一瓶非常贵的葡萄酒,果然他高兴得要命。

R. 医生说这种药很有效果,吃以后,果然我觉得好一点儿。

S. 他说这部电影值得去看,所以昨天我去看,果然它非常好看。

T. 大家都知道在国庆节的时候买飞机票很难,果然她排了很长时间的队。

U. 我在意大利的时候我的朋友对我说,"上海又漂亮又时髦"。刚到这里的时候我发现上海果然是这样。

教材中还常有用"果然"完成句子的练习,如:

我听说这部电影很好看,_____。(果然)

我们曾尝试把这个题型倒过来,给出下半句,让学生说出／写出使用"果然"的语境(前提),效果也不错。

传统的情景教学法的视听媒体是幻灯片／电影与录音,随着科技的进步,视听媒体已由过去的幻灯片／电影与录音相结合发展为使用现代多媒体技术。多媒体技术为语言学习提供了视觉及听觉的共同刺激,两者同步作用于大脑,诱发其做出更为迅速的信息处理。还因为多媒体能被很容易地无限量重复使用,其唤起知觉的强大功能,也能促进记忆材料的长期贮存。多媒体技术可以设置和创造出生动、有趣和逼真的情景,呈现给学习者多种多样的交际活动。媒体本身的特性及其作用促使其成为情景教学中的重要手段。比如虚词"居然"的教学。一方面我们可以利用多媒体技术(PPT,FLASH,DVD等)设置各种表示"出乎意料""没有想到"的事件场景,诱导学生使用"居然"。比如:设置一个谦谦君子式的公司职员偷办公室同事东西的场景,诱导学生说出类似"他居然是小偷""我真没想到他居然会做出这种事来"等话语。另一方面,图像画面所呈现出来的说话者(即学生所要扮演的角色),其夸张吃惊的表情及生动的肢体语言,也更能让学习者感知"居然"表情达义的功能。下面请看利用情景进行"居然"教学的一个实例片断:

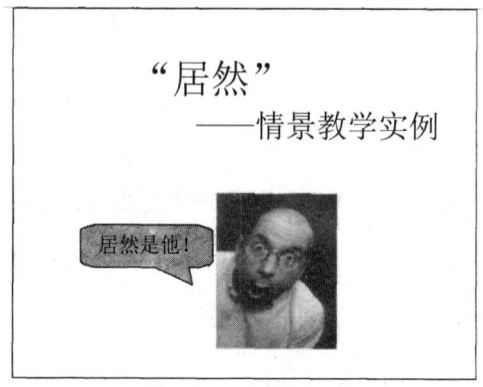

"居然"
——情景教学实例

居然是他!

图片来源:www.google.com

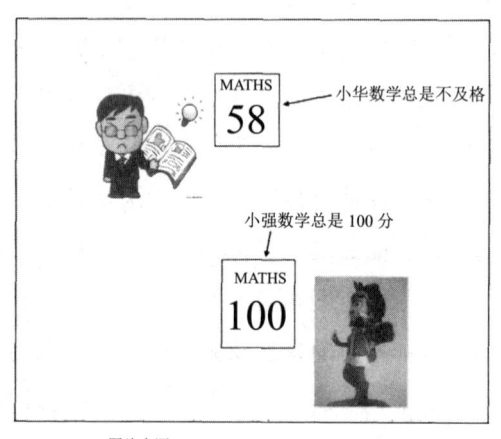

小华数学总是不及格

MATHS
58

小强数学总是 100 分

MATHS
100

图片来源:www.tucoo.com, blog.sina.com.cn

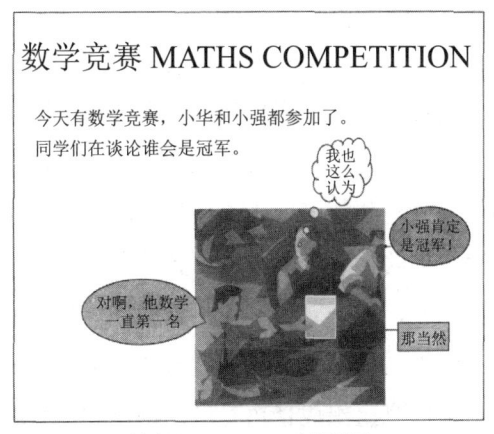

第五节 情景教学法在汉语虚词教学中的应用 257

图片来源：microsoft word 自带剪贴画

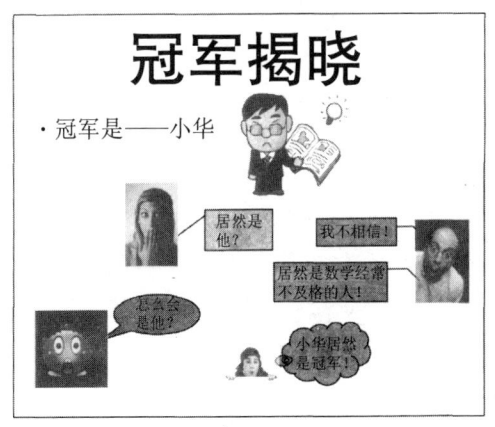

图片来源：www.google.com, www.qqship.com

- 理解"居然"的意义：没有人相信小华会当冠军，但是小华当了冠军。
- 说明"居然"出现的使用条件：存在"甲"事实／事件➔应该发生与"甲"相符的预期结果"乙"➔"乙"没有出现，而出现了与"乙"相反的结果"丙"➔"居然"出现在句子"丙"中，表没有想到，出乎意料。

四 结语

　　虚词由于其功能意义的多样化且高度抽象，给教学带来不少困难。情景教学法可以改变传统的教学方式，创造出各种符合交际需要的场景、语境和情景，一方面让学习者在完整的一段情景活动中，理解虚词的抽象意义和使用条件，并长期储存此类记忆（比如通过图示），另一方面又让学习者在情景中使用虚词。在实际的交际过程中，学习者可以通过激活大脑中的情景图示，并选择相关的虚词信息组织成话语，以达到流利地交际的目的。从这个意义上说，语言教学都应该是情景化的。

第四章

汉语语法项目的教学研究

第一节 "A跟B(不)一样(X)"中X的隐现及其教学研究[①]

现代汉语里表示比较有很多种句式,句式"A跟B(不)一样(X)"是其中的一种。这个句式可以表示两种事物或性状在某一方面相同、不相同或相似。A、B表示相比较的两种事物或性状,可以是动词性词组,也可以是名词性词组或代词。如果是名词,一般是定指的,如专有名词或代词领属的名词、时间名词等。X是比较点或曰相似点,可以是动词(词组),也可以是性质形容词。X有时出现,有时不出现,不过它的隐现是有条件的。此外,"A跟B一样(X)"并不能简单地在"一样"前面加"不"改为否定式。这一点此前似乎并未引起足够的重视,在对外汉语教学中也未能对此加以比较充分的说明,以致留学生出现"我们的宿舍跟教室不一样暖和"这样的偏误。

本节试图对"A跟B一样(X)"及"A跟B不一样(X)"中充当X的成分及其隐现情况做一些考察,以期为对外汉语教学

---

① 本节摘自肖奚强、郑巧斐《"A跟B(不)一样(X)"中"X"的隐现及其教学》,《世界汉语教学》2006年第3期。

提供参考。

一 "A 跟 B 一样（X）"中 X 的隐现

"A 跟 B 一样"句式可表示实比，也可表示虚比。[①] 实比，即 A 和 B 都具有客观等值性；而虚比中的 A 和 B 则在某方面具有相似性，多是比喻性的，常带有夸张的意味。例如：

（1）教念经也跟教书一样，师傅面前一本经，徒弟面前一本经。[②]
（2）妹妹跟哥哥一样，每天下地干活儿。
（3）别看我现在这个样子，小时候我可跟豆芽菜一样。
（4）这儿的电话呀，跟这儿的耗子一样，老打不着。

例（1）和例（2）是实比，"跟"既可以换成"和/同/与"，也能用"像"替换。例（1）比较的是两种行为"教念经"和"教书"，这两种行为都属于"教"这一语义范畴。例（2）比较的是"妹妹"和"哥哥"这两个人，它们同是表亲属称谓的名词。例（3）和例（4）是虚比，"跟"往往也可用"像"替换，"一样"还可以用"似的"替换，也就是说，表虚比可以用"A 跟/像 B 一样/似的"句式表达。例（3）中"我"和"豆芽菜"，一个是人，一个是物，属于不同的语义范畴，但在"细长、瘦弱"这个特征上有相似性，两种事物仍具有可比性。例（4）中的"电话"和"耗子"也不属于同一语义范畴，但在"打不着"这一点上相似。

---

① "实比"和"虚比"这对概念引自刘焱《现代汉语比较范畴的语义认知基础》，学林出版社，2004年。
② 本文例句大多从北京大学汉语语言学研究中心的现代汉语语料库（CCL）中提取，谨致谢忱。

第一节 "A跟B（不）一样（X）"中X的隐现及其教学研究

然而，实比和虚比的界限有时并不是截然分明的，A和B的语义范畴越接近，实比性就越强，反之，则实比性就减弱，虚比性变强，从比较向比喻靠拢。例如：

（5）张姨的丈夫跟爸爸一样，是什么"地质队员"，老不回家。
（6）搞理工跟搞文艺一样，需要想象。
（7）让他睡在里面就跟睡在摇篮里一样。
（8）你房里竟黑洞洞的跟敝处地狱一样！
（9）那天凤霞被迎出屋去时，脸蛋跟番茄一样红。
（10）听腻了的话，就跟破留声机片一样，听着教人伤心！

例（5）"张姨的丈夫"和"爸爸"大范畴都是"人"，其次都是"男人"，而且都是"丈夫"，无疑是最接近的同一范畴，是实比；例（6）"搞理工"和"搞文艺"大范畴相同，都是做一项工作，但次范畴不同，一个是"理工"，一个是"文艺"，不过还应该是实比；例（7）"睡在里面"和"睡在摇篮里"大范畴都是"睡"，但实比性显然不如前两句强；例（8）"房间"和"地狱"，都属于"处所"这个范畴，但一个是真实存在的，一个是虚构的，是偏向于实比还是偏向于虚比较难断定；例（9）"脸蛋"和"番茄"，虽然都是物，但一个是人身体的部位，一个是蔬菜，显然是虚比；例（10）"听腻了的话"和"破留声机片"也明显属于不同范畴，肯定是表示虚比。因此，我们认为"A跟B一样"句式的实比和虚比之间的渐变关系是由句式中A、B的语义范畴的接近程度所决定的：二者的语义范畴越接近，句子的语义越倾向于实比；二者的语义范畴越远，句子的语义越倾向于虚比。

"A跟B一样"后还常常带上比较点/相似点，我们用X表示；相应地，带有 X 的句式可写作"A 跟 B 一样 X"，如上举例（9）、例（10）二例。再如：

(11) 他十五六岁就能画得跟拉斐尔一样好，但却要花60年的时间才能画得跟小孩儿一样。
(12) 山头没法挖工事，泥土跟石头一样硬。
(13) 他说，尼克松总统跟约翰逊总统一样坏。
(14) 苏叶子不能跟奶奶一样悲伤，因为苏叶子的日子都是愉快的。
(15) 他想方设法，要大家也跟他一样起劲。
(16) 你跟他一样有进步的愿望。

在这种句式中，如果所在的语境能够体现 X，那么 X 的隐现是比较自由的。如例（11），前一小句带有 X，后一小句就没有出现 X，但根据语境我们可以补出 X——纯真（好）。上文例（2）也可根据语境加上 X——勤劳，把句子改为"妹妹跟哥哥一样勤劳，每天下地干活儿。"因为"每天下地干活儿"就是勤劳的表现。相应地，例（12）中的"硬"也可以省略，改为"山头没法挖工事，泥土跟石头一样"而不会造成歧义。因为众所周知，石头的特性是"硬"，泥土相对于石头的特性是"软"，"山头没法挖工事"那显然是指泥土跟石头在"硬"这个特征上相同。

如果没有上下文语境的限制或者 A、B 之间单一性语义的限制，无论是表示实比还是表示虚比，"一样"后面 X 的隐现都不那么自由。先看看实比的例子。将上文表示实比的例（12）、例（13）中的 X 删除以后得到：

(12') 山头没法挖工事，泥土跟石头一样。（实比）
(13') ?尼克松总统跟约翰逊总统一样。（实比）

例（12）中的"泥土"和"石头"虽然特性不同，但石头"硬"

第一节 "A跟B（不）一样（X）"中X的隐现及其教学研究

的特性较为单一，表述中省略了X，句子也可以成立。但例（13）中如果脱离了语境，作为始发句省略了"坏"，就不会明白发话人想说这两位总统在哪方面一样，因为A、B各有很多特征，如果不对其加以引导、限定，信息传递就不顺畅，句子就难以接受。因此对于实比而言，X隐现的关键在于是否有必要的语境和语义的支持。

再看表示虚比的情况。例（3）虽然没有X，但由于"豆芽菜"的特征义单一，在人们头脑中的意义已经确定化，只要把人比作"豆芽菜"，就马上能联想到那个人"细长、瘦弱"的特征，因此，就算没有上下文、不补出X，人们还是可以理解并接受这个句子。例（9）的情况则不同。例（9）中的"番茄"有"红""圆"这两个外在特征，把"脸蛋"与之相比，是为了形容"脸蛋"的"圆"还是"红"？如果没有X加以说明，人们就不能准确地理解这个句子。如果A、B所指的人或事物虽然有很多特征，但二者的共同特征为说话双方所熟悉，表达中X也可省略。例如，丙很胖，他的朋友甲、乙在谈论他：

甲：他跟猪一样。
乙：可不是嘛。

虽然"猪"有"懒惰""贪吃""胖"几个特征义，甲并没有指出丙跟猪在哪个特征上相似，但由于乙也很了解丙，知道他的特点是"胖"，所以虽然甲没有补出X，但乙能自主排除"懒惰"和"贪吃"这两个特征义。如果乙不了解丙，甲就必须补出相似点"胖"，否则乙就可能做过于宽泛的联想而不能准确理解甲的话。

有时，人们为了追求比喻的形象性与新异性，还"可能会选用在一般情况下难以建立联系的词语，在这种情况下，就必须给出相关的相似点，引导接受者理解"[①]。也就是说，虚比有的是语言的沉淀，相似点是常规的；有的是语言的创新，相似点是临时的。如果相似程度在常识范围内，X 的隐现就比较自由；如果相似程度超出了常识范围，则要对相似点详细说明。

比如上文例（4）中的"耗子"和"电话"，例（10）中的"听腻了的话"和"破留声机片"，一般情况下是没有什么联系的。为了让人们在 A 与 B 之间建立起联系，就要在"一样"后面给出相似点，如"电话跟这儿的耗子一样难打"，或另起小句加以说明，如例（4）、例（10）均有后续小句。

"A 跟 B 一样 X"既然是表示两种事物或性状在某一方面相同或相似，而且相同或相似之处有正面的也有负面的，那么，只要是可以受程度副词修饰的形容词，即性质形容词（包括积极义和消极义的），都可以出现在 X 的位置上，但不可以受程度副词修饰的形容词（状态形容词）都不能进入 X 的位置。除了性质形容词外，一般的动词和动词结构也能够进入 X 位置，不过当后面的动词结构比较长时，人们通常会在"一样"后面停顿，另起一句加以说明，在文学作品中，停顿与否还跟作者的习惯有关。例如：

（17）让大家跟城里人一样住楼房。

（18）他说还真不如跟以往一样抡大铁铲子往炉膛子里撒煤痛快……

例（17）中的 X 是较短的动词词组，像例（18）中这么长的

[①] 张亚军、肖奚强《试论比喻新异性与可接受性之辩证关系》，《修辞学习》1990 年第 4 期。

X（8个字以上），在 CCL 的 85 398 433 字的现代汉语语料中仅出现两句。

除了以上讲过的必须加 X 的情况，"一样"后面带不带 X，在自然语言中也是有一定倾向的。在 CCL 提供的现代汉语语料中，我们共提取了 743 句"A 跟 B 一样（X）"的句子，① 其中带有 X 的共 116 句，占 15.6%；在 116 句"A 跟 B 一样 X"的句子中，X 是形容词的有 53 句，占 45.7%，X 是动词或动词性结构的有 63 句，占 54.3%。从以上数据可以看出，人们在使用"跟"做比较词时，倾向于不带 X，而在上下文中对比较结果加以补充说明；充当 X 的形容词与动词的使用比率相差不大，这与卢福波（2004）的调查结果不太一致。② 此外，在对语料的调查中我们还发现，X 大部分（70.5%）是出现在 B 的长度（即"跟"与"一样"之间的距离）少于等于三个字的句子中，随着"跟"与"一样"之间的字数增多，X 的使用率迅速减少，B 的长度多于三个字时，带 X 的句子只有 36 句，占 29.5%，也就是说 X 的使用率与 B 的长度成反比。这可能是因为 B 的长度越长，比较项或喻体的修饰语就越多，提供的信息越详细，语境就越具体，不出现 X 的可能性就越大。例如，"她就跟我亲生的闺女一样"中的"闺女"前面由于有了修饰语"亲生的"，"一样"后的 X 不出现我们也可以理解句子是表达"一样亲""一样贴心"之类的意思。而如果

---

① 由于用"和、同、与"与"跟"的情况差不多，我们以"跟"为比较词提取，也可大致说明"A 和/同/与一样 X"的问题。而"A 像 B 一样 X"多表示比喻，属于不同句式，限于篇幅，本文暂不讨论。

② 卢福波认为动词性词语的比率大大超过形容词。卢福波《汉语比较句中肯定式与否定式的不对称现象》，载《对外汉语教学语法研究》，北京语言大学出版社，2004 年。

"闺女"前没有修饰语,要表达相同的意思则倾向于出现 X:"她就跟我闺女一样亲／贴心",否则句子就难以准确理解。因为"闺女"有很多特征义,如"年轻""漂亮""高""亲"等,少了修饰语"亲生的",就无法把特征义限定在"亲"上。

二 "A 跟 B 不一样(X)"中 X 的隐现

按照标记理论,通常情况下,在肯定／否定这对范畴中,肯定是无标记项,否定是有标记项。从意义和使用条件来讲,否定式的使用频率要大大低于肯定句。从形态上看,否定句总是比相应的肯定句来得复杂,否定词就是一个多加的标志。从分布上看,有许多肯定句如改成相应的否定句都站不住或很别扭。[①] 用"跟"表示的比较句也是如此。

凡表示实比的"A 跟 B 一样",比较的是两种事物或性状,比较结果可以相同也可以不同,因此,都有相应的否定式"A 跟 B 不一样"。如例(1)、例(2)、例(5)、例(6)的否定式即为:

(1')教念经也跟教书不一样。
(2')妹妹跟哥哥不一样。
(5')张姨的丈夫跟爸爸不一样。
(6')搞理工跟搞文艺不一样。

而且,"不一样"前常常有"非常""完全""很""太"等程度副词的修饰,用以强调"不一样",但"一样"前除了"完

[①] 沈家煊《不对称和标记论》,江西教育出版社,1999 年。

全",一般不能用别的程度副词修饰,这是由"不一样"与"一样"的语义决定的。

表示虚比的"A跟B一样",只能说某事物跟什么"一样",没有跟它相对应的否定形式,其中A和B是属于不同范畴的两类事物,设喻的立足点只能是同,不能是异,不能说什么"不一样",[①]如果加上"不",就没有了相似点,句子也就没有意义了。如果将例(3)、例(4)、例(9)、例(10)改为否定式则可接受性将大为减弱:

(3')?别看我现在这个样子,小时候我可跟豆芽菜不一样。
(4')?这儿的电话呀,跟这儿的耗子不一样。
(9')?那天凤霞被迎出屋去时,脸蛋跟番茄不一样红。
(10')?听腻了的话,就跟破留声机片不一样,听着教人伤心!

否定式"A跟B不一样"的使用频率远远低于肯定式,这一点我们通过对CCL语料的调查也得到了证实。在所提取的871句"A跟B(不)一样(X)"的句子中,否定句只有128句,大约占14.7%,这与卢福波的调查结果大体一致。[②]并且在自然语言中,用"跟"做比较一般是比较相同之处,如要比较不同之处,则往往倾向于用别的句式,或者在"不一样"前面或后面用其他小句加以说明,例如:

(19)其实我也是很柔弱的,需要有人疼爱的女人,跟大家没有什么不一样。
(20)群龙跟二荷不一样,二荷是偷着一个人溜。

---

① 朱德熙《说"跟……一样"》,《汉语学习》1981年第1期。
② 卢福波《汉语比较句中肯定式与否定式的不对称现象》,载《对外汉语教学语法研究》,北京语言大学出版社,2004年。

"跟大家没什么不一样"的表现是"也很柔弱，需要有人疼爱"；"群龙跟二荷不一样"的表现则是"二荷是偷着一个人溜"。

否定式"A 跟 B 不一样"直接加上 X 的用例非常少。在所提取的 128 句否定句中，只有一句"花岗岩跟大理石还不一样硬呢"是带有 X（"硬"）的。郭熙（1994）[①]曾指出"不一样"后面只能跟表示"度量"的单音节形容词。他列举的形容词共有 11 个，它们是"多、高、长、厚、宽、大、重、深、粗、远、稠"。

按照模糊语言学的理论，这类形容词是可计量形容词中表示积极义的一类。它们可与数量词组合，构成"三米长""四十厘米高""七十米宽"等；也可与"多"构成表疑问的"多长""多宽"等。而与之相对应的表示消极义的计量形容词"短""矮/低""窄"则不具备这些句法功能，因为积极义形容词的语义能够覆盖相对的消极义形容词的语义，比如关于"个子"，不管是提问还是回答都用"高"，"他多高？""他很矮，只有 1 米 5 高。"不说"他多矮？""1 米 5 矮。"因此相应地，消极义的可计量形容词也不能进入"A 跟 B 不一样 X"格式。

可计量的形容词仅占汉语全部形容词的极少数，约 30 多个；能进入"不一样"后 X 位置的更只有其中表积极义的十几个。[②]不仅能够进入该格式的形容词非常之少，而且实际语料中的用例更难寻觅。不过这并不说明"A 跟 B 不一样 X"在口语交际中不存在或者使用甚少，因为凭语感这一句式还是经常使用的；这也

[①] 郭熙《论"'一样'+形容词"》，载邵敬敏主编《语法研究与语法应用》，北京语言学院出版社，1994 年。

[②] 郭文所提到的形容词中，我们认为其中"稠"一般不可计量，似应剔除；而"硬"似应归入此类。

是对外汉语教学中经常要求学生将"A 跟 B（不）一样（X）"的肯定否定形式加以操练的原因。

三 对外汉语教学中的"A 跟 B（不）一样（X）"

用"跟"表示比较是对外汉语教学初级阶段出现以后复现率很高的一个语法项目，但无论是在教材还是在教学用书中均未区分实比和虚比，所举的例句及练习都只涉及实比。并且大都偏重于对肯定式中比较项 A、B 及比较结果 X 的构成的描写，对 X 的隐现缺乏必要的科学的说明，对否定式后能否带 X 的观点也不一致。

李英哲等（1990）[①]认为"一样"后跟"状态动词"或"助动词"，如果没有"不"，被比较的两个事物总是相等的；"一样"之前的"不"表明 A 跟 B 有区别，但是不能说明两者之中哪个高些或者大些。李德津和程美珍（1993）[②]指出"跟……一样"可以做定语、补语，也可以在其他形容词或某些动词谓语前做状语；否定式是"跟……不一样"，但只能表示两种人、物是否相同。在练习中分别有用肯定式和否定式改写句子的练习，改写后的句子肯定式后都带有 X，否定式后都没有 X；此外，还提出"跟"前后的词或词组一般是同类，也就是本节中的实比。他们均没有涉及"不一样"后的 X 以及虚比的用法。

卢福波（2004）[③]虽然在谈到"一样"与"不一样"的不平

---

① 李英哲等《实用汉语参考语法》，北京语言学院出版社，1990 年。
② 李德津、程美珍《外国人实用汉语语法》，华语教学出版社，1993 年。
③ 卢福波《汉语比较句中肯定式与否定式的不对称现象》，载《对外汉语教学语法研究》，北京语言大学出版社，2004 年。

衡时提出，肯定式的使用比例大大高于否定式，肯定式"一样"后边可以接多种形容词，也可以接动词及动词性词语，并提出"他的汉语跟你的汉语不一样流利"是外国学生从肯定式推导到否定式所导致的偏误，她也认为否定式"不一样"后面一般不接比较点X，也没有区分实比与虚比。

《汉语教程》[①]第三十八课和刘月华等（1983）[②]对否定式的举例更接近于语言事实。《汉语教程》举了三个句子转换的例子，其中第二句为：

这双皮鞋25号。那双皮鞋26号。→这双皮鞋跟那双不一样大。

刘月华等在造句练习中也出现了这样的例子：

例A：我一米八〇，他一米七九。
造句：他跟我不一样高。

后面的练习中分别用"大、长、深、多"作为"A跟B不一样"后的X。不过他们都没有详细说明哪些词可以进入"A跟B不一样X"句式充当X，哪些不能。

虽然"A跟B不一样X"的用法并不常见，但不能因此就否定某些词进入X位置的可能性和现实性。郭熙（1994）[③]对此已有较为简明的论述，只是他的研究成果并没有引起对外汉语教学界应有的注意，在对外汉语教材的编写、练习的设计和语法项目的说明上都没有反映这方面的研究成果，以至于初级水平的外国

[①] 杨寄洲主编《汉语教程》第二册上，北京语言文化大学出版社，1999年。
[②] 刘月华等《实用现代汉语语法》，外语教学与研究出版社，1983年。
[③] 郭熙《论"'一样'+形容词"》，载邵敬敏主编《语法研究与语法应用》，北京语言学院出版社，1994年。

学生在学完《汉语教程》第三十八课后，模仿课本上的练习造出如下不合语法的句子：

（21）*我们的教室跟宿舍不一样暖和。
（22）*南京跟上海不一样热闹。
（23）*我跟他不一样喜欢中国菜。

因为"暖和""热闹""喜欢中国菜"虽然能用于"A跟B一样"的肯定式中，但前两个不是单音节计量形容词，后一个是动词词组，所以三个句子都是不可接受的。卢福波（2004）[①]把类似的偏误归结为是肯定式推导至否定式所致。而引发留学生过度概括的直接原因是什么呢？我们认为教材和语法工具书对该句式实比与虚比用法不分，X的隐现条件未加说明，以及不够科学的练习设计是引发留学生过度概括的直接诱因。

四 结语

"A跟B一样（X）"句式可以表示实比，也可以表示虚比。如果所在的语境能体现比较的差别，X的隐现就比较自由。如果没有适当的语境，"一样"后面X的隐现与B的特征义是否单一、A和B两者的相似度是否超出常识范围有关。虚比中如果特征义单一，X可以不出现；如果特征义不单一，那就要求有语境，否则X就必须出现；如果相似度超出了常识范围，则要用X对相似点详加说明。表实比的"A跟B一样"都有相应的否定式，表

[①] 卢福波《汉语比较句中肯定式与否定式的不对称现象》，载《对外汉语教学语法研究》，北京语言大学出版社，2004年。

虚比的则不存在相应的否定式。而后面带有 X 的表实比的句子，一般没有否定形式，只有当 X 是计量形容词中表积极义的单音节形容词时"A 跟 B 不一样 X"才有可能被接受。

在对外汉语的教学实践中，我们应该从实比虚比、肯定否定、带 X 不带 X 等角度对"A 跟 B（不）一样（X）"句式的构成和表意功能加以分化并给予相应的解释。这样才可能提高我们的教学效果，减少留学生的偏误，促进他们对汉语的习得。

对外汉语教学界应该更加注意吸收汉语本体研究的成果。教材编写及施教人员应该注意提高自身的理论素养，以减少教学活动中的随意性，减少学生的诱导性偏误。

第二节 "被"字句和意义被动句的教学研究[①]

"被"字句和意义被动句是对外汉语被动句教学中的两个基本句式。吴门吉和周小兵（2005）[②]指出："在目前对外汉语教学中，通常先教意义被动句，再教'被'字句；而且两种句式的教学通常在初级阶段完成，但没有说明二者的区别。因此不少学生以为二者的区别只是'被'字的有无，该用意义被动句时，一

[①] 本节摘自吕文华《"被"字句和意义被动句的教学构想》，《语言教学与研究》2013 年第 2 期。

[②] 吴门吉、周小兵《意义被动句与"被"字句习得难度比较》，《汉语学习》2005 年第 1 期。

些学生误用了'被'字句。"李大忠（1996）[①]也认为这是被动句各类偏误中，数量最多的一类。据统计，"韩国留学生使用'被'字句的正确率仅为30.07%，偏误率为60.93%。在所有的偏误中，不该用'被'字句而误用的（即留学生把凡是主语是受事的句子一律加上'被'）占57%"[②]。因此如何开展这两个句式的教学，并把它们区别开来是被动句教学的关键所在。

由于被动句的教学内容和安排多年来变化不大，我们以目前正在使用的《汉语教程》为例，观察一下这两种句式的教学状况。该教材在一年级第45课介绍了意义被动句：

①什么是被动句；

②被动句的结构形式：受事主语+动词+其他成分。

第52课出现"被"字句，语法解释包括以下内容：

①什么是"被"字句；

②"被"字句的结构形式：主语+被（叫、让）+宾语+动词+其他成分；

③"被"字句的宾语可省略；

④可用"叫""让""给"替代"被"；

⑤否定副词或能愿动词在"被"的前面。

我们还发现，在"被"字句语法解释中举的四个例句，"被"不是必须出现的，不用"被"句子也都能成立，而且表达的基本意义未变。

[①] 李大忠《外国人学汉语语法偏误分析》，北京语言文化大学出版社，1996年。

[②] 金善熙《韩国留学生使用汉语"被"字句的情况考察》，北京语言大学硕士学位论文，2005年。

(1) 我的钱包被小偷儿偷走了。——我的钱包小偷儿偷走了。
(2) 我的自行车叫麦克骑走了。——我的自行车麦克骑走了。
(3) 我的照相机让弟弟摔坏了。——我的照相机弟弟摔坏了。
(4) 她的骨头没有被撞伤。——她的骨头没有撞伤。

这无疑给学生在区别意义上的被动句和"被"字句上埋下了隐患。

从教材中不难看出，两种被动句的教学完全局限在形式结构方面，而对两种句式的句法条件和语用功能则完全没有涉及。因此学生只能从形式上发现两种句式的区别只是"被"字的有无，完全不知道什么情况下该用"被"字句，什么情况下该用意义被动句。

被动概念是语言中存在的普遍现象，由于许多语言如英、俄、韩等语言中的被动句都有形式标志，汉语"被"字句就很容易被接受，而意义被动句则因与其他一些语言不对应，存在着语言差异，学生会感到表达被动时用上"被"则更踏实、更有依据，造成了"被"字句泛用的倾向。而我们在教学中，没有针对这一情况把两种句式在使用条件、表达功能等方面区别开来，只着重结构形式的教学，结果强化了学生泛用"被"字句的倾向，酿成了出现大量偏误的不良后果，这是被动句教学中不容回避、亟待解决的问题。本节针对上述问题，就两种句式的教学提出以下构想。

一 选择典型的句式

汉语是缺乏严格意义形态标志的语言，所以汉语中的形态标志并不具有强制性。"被"作为被动句的标志也不具有强制性，

第二节 "被"字句和意义被动句的教学研究

在实际语言中,有的被动句必须用"被",有的可用可不用"被",有的不能用"被"。其中可用可不用"被"都能成立的被动句,是造成两种被动句难以区别、容易混淆的因素之一。

被动句又是汉语中结构比较复杂的句式,在教学中"被"字句和意义被动句从结构上一般可划分为以下几种:

① N_1+ 被(叫、让)+N_2+V+C

② N_1+ 被(叫、让)+V+C

③ "被……给……"

④ "被……所……"或"被……为……"

⑤ "被……把……"

⑥ N_1+V+C(N_1是非生命体)

⑦ N_1+V+C(N_1是生命体)

以上句式是实际语言中存在的,也是教材中不可回避的,应分布在不同的教学阶段。对入门的初学者,教学内容的选择至关重要,必须简明易学,难度不大,利于接受,便于运用。所以要精心筛选典型句式,而被动句的教学尤其要选择能区别开"被"字句和意义被动句的典型形式。参照被动句考察研究的成果,[①]我们认为适合初级阶段教学的被动句的典型句式如下:

"被"字句典型句式的结构形式是"N_1+ 被(叫、让)+N_2+V+C"。例如:

(5)a.小王被汽车撞伤了。 b.我被老师批评了一顿。

在语法解释中应指出:(1)用介词"被""叫""让"等

---

① 吕文华《对外汉语教学语法探索》(增订本),北京语言大学出版社,2008年。

表示被动关系的句子叫"被"字句。(2)"被"字句的结构形式中，N_1一般是能发出动作的生命体，须用"被"（"叫""让"）标示是动作的对象；N_2是动作的发出者；V+C 表示动作产生的结果。(3)句子有遭受义，常有不如意、不愉快的色彩。(4)介词"被"可以直接用在动词前（"叫""让"不可以）。

意义被动句典型句式的结构形式是"N_1+V+C"。例如：

(6) a. 钱都用完了。　b. 他的愿望实现了。

在语法解释中应指出：(1)主语是动作的对象，是没有被动标志的被动句。(2)N_1一般是非生命体，N_2一般不出现。(3)句子叙述某个事物发生的变化，没有不如意的色彩，句子的被动意味较弱。

以上两种被动句的典型形式都是不可替代的，"被"字句的典型句式（简称句式1）是必须用"被"的句式，而意义被动句的典型形式（简称句式2）是不能用"被"的句式。两种句式在句法条件和表达上有明显区别：

其一，在句法条件上，句式1的主语是能发出动作的人，必须用"被"标志，和动词是受动关系（不用"被"就成了主动句），而且常用"被"引出施事者，所以N_2一般出现。句式2的主语是不能发出动作的事物，施事一般不出现，由于主语是受事，自然构成被动句，不必也不能用"被"。因此在句法条件上，句式1和句式2能鲜明地区别开来。

其二，句式1有遭受义，有不如意的负面色彩，而句式2则是中性的，没有遭受义和不如意的色彩，这样在语义和语用上也把两种句式区别开来了。

如前所述，在实际语言中，被动句的语义和形式是复杂而多样的。有的"被"字句的主语也可以是非生命体，有的"被"字句中的"被"不用时，仍然表示被动，有的"被"字句没有负面色彩，甚至是褒义的；有的意义被动句的主语可以是生命体，有的意义被动句用"被"时也是合法的，等等。在入门阶段，须筛选汉语被动句中最基本、最常见的典型形式，这两种典型句式在形式上和表达功能上差异明显，学生能初步把握什么时候使用"被"字句，什么时候使用意义上的被动句，不会产生混淆，从而为正确运用"被"字句打下良好的基础。

二 凸显"被"字句的遭受义和不如意的色彩

"被"字句表示遭受义，有不愉快、不如意的感情色彩，这是选择"被"字句还是选择意义上被动句的一个重要因素。但长期以来在对外汉语"被"字句的教学中却对此避而不谈，究其原因，主要是这一提法受到不断出现的、语言事实中存在的中性或褒义"被"字句的挑战。尽管诸多论著依据不同的语料统计的结果，结论都是"被"字句仍以表示不愉快、不如意等贬义色彩为多。[①]但对表示中性或褒义的"被"字句除了认为是欧化影响外，迄今没有一个合理的解释。因此教材采取不介入争议的回避策略。

---

① 据笔者统计《论联合政府》（《毛泽东选集》（合订本），人民出版社，1969年）中30个"被"字句有29个表示不如意；《蒲柳人家》（《刘绍棠中篇小说选》，湖南人民出版社，1981年）中25个"被"字句有23个表示不如意；《骆驼祥子》（《老舍选集》，上海开明书店，1951年）中68个"被"字句有47个表示不如意。参见吕文华《对外汉语教学语法探索》（增订本），北京语言大学出版社，2008年。

如何看待"被"字句表示不愉快、不如意的感情色彩呢？王还（1987）①说是指动词所代表的动作："我们可以说所谓不愉快、不如意指的是后面的动词所代表的动作是这样的。"王力（1985）②说，"被"字句表达的不如意是"对主语而言"。李临定（1980）③说"不是针对主语的，也不是针对句子里其他成分的，而是对说话人（未进入句子的人）说来是这样的"。

杉村博文（1998）④还提出有一类"难事实现"的"被"字句，"被"字句中的一些很不容易实现的难事，出乎意料地做成了……带来了自豪感和庆幸感。

"被"字句表示不如意的感情色彩究竟应站在什么立场，以怎样的视角去看待呢？沈家煊（2002）⑤曾谈及"移情现象"。"移情"是"说话人将自己认同于……他所描写的事件或状态的一个参与者"，并说"张洪明从历时的角度证明汉语的'被'字是'移情'过程的产物"。

就"被"字句而言，说话人移情于一个被动事件的参与者，在说话人心目中，施事是责任者，受事是受损者。

沈家煊（2002）⑥还指出："移情的对象主要是说话人'同情'的对象。此外，还可以是'钟情'的对象、厌恶的对象"，"同情""钟

---

① 王还《"把"字句和"被"字句》，上海教育出版社，1987年。
② 王力《中国现代语法》，商务印书馆，1985年。
③ 李临定《"被"字句》，《中国语文》1980年第6期。
④ 杉村博文《论现代汉语表"难事实现"的被动句》，《世界汉语教学》1998年第4期。
⑤ 沈家煊《如何处置"处置式"？——论把字句的主观性》，《中国语文》2002年第5期。
⑥ 同⑤。

情""厌恶"这三种情感都跟处置对象"受损"有关:同情于×,是说话人认为×已经受损,钟情于×是说话人不愿意×受损,厌恶×是说话人愿意×受损。

因此可以认为"被"字句是以说话人的立场和视角来感受的。"被"字句是叙述一件被动的、不由自主的、任意发生的事件,所以其核心语义是"遭受",其结果是负面的、不如意的、受损的。

而对"受损""不如意"的理解,也可以如沈家煊所论述的,是宽泛的、多角度的。如:

(7) a. 六妹被一块石头砸伤了脑袋。
    b. 孩子被人绑架了。

例(7)的两个句子表达的显然有受损的、不如意的感情色彩。

(8) a. 好的(姑娘)都让人挑完了。(李临定例句)
    b. 哥哥说的那些话都被嫂子听见了。

例(8)的两个句子都隐含着不愉快的情绪。

(9) a. 那面鲜艳的卫生流动红旗终于被我们夺回来了。(杉村博文例句)
    b. 主意到底被她想出来了。(同上)

例(9)是杉村博文(1998)[①]所说的"难事实现""被"字句。这类句子是说话人希望发生的情况,由于难事实现而产生一种自豪感、庆幸感。尽管如此,作者在文章的结论中这样分析:"难事实现会有语义特征[偶然]或[例外],'偶然''意外'是'被动'

---

① 杉村博文《论现代汉语表"难事实现"的被动句》,《世界汉语教学》1998年第4期。

义的主要组成部分之一。"沈家煊（2002）①指出："'出乎意外'和'不如意'经常是联系在一起的。"

可见，"被"字句表达的负面的、受损的、不如意的感情色彩是由其被动行为所产生的感情、情绪所决定的。"被"的语用意义在目前流行的"被××"的用法中反映得尤为鲜明。据《北京晚报》（2009年12月9日）报道：新华社记者搜集的2009年度流行的关键热词中，"被××"入选其中，"被增长""被就业""被捐款""被代言"等"被"字词屡屡出现，表现出的是公众对个体权利的无奈诉求，应当引起有关部门的高度关注。"被××"的流行及其表达的不由自主、被动无奈的情绪是"被"字句所表达的不如意、不愉快的感情色彩非常有力的佐证。

邢福义（2009）②举出一类基本表义趋向为称心的承赐型"被"字句（S被（X）授予Y等）。他认为这是"'被'字句中相对独立的一个类型"，"承赐型'被'字句与古代用法存在渊源关系……跟现代翻译印欧语言没有必然关系"。他还指出："除了承赐型，在一般'被'字句中，表示称心的为数已经很少，但不是绝对没有。"

从以上论述中我们可以认为"被"字句所表示的基本义是遭受义，而绝大多数的"被"字句具有不如意的色彩，虽然有些"被"字句从字面上看是中性的或称心的，我们完全可以把它们看作是"被"字句中的一个小类，而且是为数不多的一类。正如历来对外汉语教材中确定了"把"字句的基本义是处置义（表示动作对

---

① 沈家煊《如何处置"处置式"？——论把字句的主观性》，《中国语文》2002年第5期。

② 邢福义《语法问题献疑集》，商务印书馆，2009年。

"把"的宾语产生影响或发生结果),而"把"字句在实际语言中也存在不表示处置义的若干个小类。我们在初级阶段只应选择基本的、主要的、典型的句式,以先满足学生基本表达的需要,避繁就简降低教学难度,从而提高学习效率。更何况凸显"被"字句的遭受义和不如意的色彩,可以使"被"字句和意义被动句在表达上泾渭分明,不易混淆,这是改进被动句教学的关键,值得我们去尝试。

为此我们设想,在初级阶段教材中除了语法解释、例句设置应明确"被"字句的遭受义和不如意的色彩外,在句型训练、课文以及练习中也可体现。

句型训练的关键是选择带有遭遇性质和贬损意义的动词,并连带练习动词后表结果的成分。

操练"被+V"以使学生记忆、掌握用于"被"字句的表贬义的动词。例如:

(10) 被欺骗　被抛弃　被开除　被批评　被消灭
　　　被打败　被折磨　被杀害　被逮捕

操练"被+VP",帮助学生熟悉、积累用于"被"字句中的谓语词组,并在熟巧的基础上形成整体记忆,避免动词与其后带成分的搭配失当而产生的偏误。例如:

(11) 被关进监狱　被剪去了头发　被偷了钱包
　　　被骂了一顿　被打伤了鼻子　被撕得粉碎

操练"被"字句,通过大量带负面色彩"被"字句的练习,使学生对"被"字句表达的负面色彩印象深刻。例如:

(12) a. 他被汽车撞伤了。　b. 小王被他吓得发抖。

c. 我被雨淋湿了。　　d. 他被人推倒了。

通过大量的词组和单句替换的熟巧练习，使学生对"被"字句表达不如意、不愉快的色彩建立起深刻印象，同时有意识地让学生熟悉、理解和储备可用的动词、动词词组和句子，为自由表达和交际打下基础。

课文的编写或题材的选择应与"被"字句的语用功能协调一致。会话、复述的练习应选择有遭遇性的话题，如：钱包被偷了、车祸、一次不愉快的经历、邻居打架等。由老师编写带有负面色彩、被动遭遇的会话或小短文组织学生练习、复述，也可布置学生自己组织会话或叙述，使学生充分体会"被"字句使用的必要情境。

三　开展被动句的语篇教学

语篇教学是对外汉语教学有待开发的新领域。当我们苦苦思索怎样让外国学生理解为什么要用"把"字句或"被"字句而不得要领时，却忽略了"把"字句、"被"字句的使用常常是语篇连接的需要。话题是篇章连接的手段，处于句首的话题常常把前后句子连接起来，使前后句的表达顺畅、连贯。一般来说，在同一个句群的几个句子之间，各个句子的话题应该保持一致，不然句群之间就会不连贯。当话题是受事时，使用被动句可以因话题一致将前后句子连接起来。

例如：

（13）她运气不好，去了不到一年，就出了事故，被公司解雇了。

在这个句群中，四个句子都是以"她"作为话题；前三句都是主动句，第四句只有"她"作为受事主语，才能前后一致，因此用了"被"字句。如果用主动句："公司解雇了她。"显然句意不顺畅。"被"字句的选择在上下文中常常是保持话题一致的需要。

邢福义（2009）[①]曾指出承赐型"被"字句的使用受到"主语规约"句法机制的管束。"所谓主语规约，是说：作为起词的主语，管控着后续语句的配置。表述者针对表述主脑进行叙写，形成顺势而下的语流。"他举例如下：

（14）阎达五1929年1月14日生于山东祁县。1949年3月肄业于……。1954年毕业于……。1990年被吸收为日本国际会计研究会荣誉会员。

邢先生解释说："编者介绍阎达五教授，从出生时间写起，顺叙下来，最后用了一个'被'字句。这一句，如果不用'被'，说成'1990年吸收为日本国际会计研究会荣誉会员'，意思不怎么完整；如果改用主动句，说成'1990年日本国际会计研究会吸收他为荣誉会员'，又好像拐了一个弯子，不那么顺畅。"[②]

可见被动句的使用在语篇或语流中，是话题连接的需要或是受到主语规约的管束，这是在语言表达中选择被动句的主要原因，应该在教学中有所体现，在适当的教学阶段开展被动句的语篇教学，以提高被动句的教学质量。

被动句的语篇教学可以体现在语法解释、课文情景的利用和

[①] 邢福义《语法问题献疑集》，商务印书馆，2009年。
[②] 同①。

练习设计等方面。在教材中应设立此项语法条目，指出选择主语是受事常常是在语篇中保持话题一致的需要。在课堂教学中，教师应结合串讲课文利用情景，指出受事主语在语篇中的连接作用。练习设计，可以给几个句子，要求用同一个话题连贯起来；或者在一段话中要求选择恰当的句式完成句子；用指定的被动句说一段话等。

被动句的语篇教学不宜安排在初级阶段，可在中高级阶段进行。

四 被动句的教学分布

被动句的教学要涉及许多元素：句法结构和条件，语义、语用特征，语篇功能等。仅句法结构就包括典型的和非典型的结构、简单的和复杂的结构、口语和书面语结构等。因此，被动句教学应安排在初中高级各个阶段。

虽然《汉语水平等级标准与语法等级大纲》（国家对外汉语教学领导小组办公室汉语水平考试部，高等教育出版社，1996年）和《高等学校外国留学生汉语言专业教学大纲》（国家对外汉语教学领导小组办公室，北京语言大学出版社，2002年）在语法项目中已分别将"被"字句的教学安排到丁级和三、四年级，但仅限于结构形式的复杂化以及书面语的介绍。我们拟在参照两部大纲的同时，结合被动句的语义、语用和篇章功能的教学，分别就被动句在初级、中级、高级各阶段在教材中的教学分布提出如下建议：

（一）初级阶段被动句的教学

1. 教学内容包括以下部分：

（1）意义被动句的典型形式：N_1+V+C。

其中 N_1 是非生命体，动作的对象，V+C 是叙述或描写 N_1 发生的变化或结果，没有贬损义。

（2）"被"字句的典型形式：N_1+被（叫、让）+N_2+V+C。

其中 N_1 是生命体，用"被"标示是动作的对象，N_2 是动作的施事，V+C 是动作及其结果，有贬损义。

以上内容安排在语法教学时，是初学被动句的内容。在初级阶段的短文教学时，再安排下列非典型被动句的常见形式：

（3）意义被动句的常见形式：N_1+V+C。

（15）a. 病人救活了。　b. 姐姐分配到山区当教师。

N_1 是生命体，但不会被认为是动作的发出者，V+C 是叙述或描写 N_1 发生的变化或结果。

（4）"被"字句的常见形式：N_1+ 被 +V+C。

（16）a. 钱包被偷了。　b. 他被开除了。

N_2 不出现，N_1 既可是生命体也可是非生命体，V+C 是动作及其结果，有贬损义。

2. 凸显"被"字句的遭受义和不如意的色彩，指出意义被动句是中性的，没有遭受义和不如意的色彩。

3. 两种被动句的教学次序，长期以来是意义被动句先于"被"字句。其实从习得上考察，意义被动句难度大于"被"字句，因此应先教"被"字句再教意义被动句。

（二）中级阶段被动句的教学

中级阶段主要是"被"字句教学的延伸阶段，结构形式上由简及繁，由典型句式延伸到非典型句式。由于中级阶段的课文由初级阶段的对话体为主，转为以叙述体为主，篇幅也加大了，适合开展由篇章功能的需要选择"被"字句的教学内容。

1. 教学内容包括以下部分：

（1）"被……给……"和"被……把……"。

口语中常见"被"字与"给"或"被"字与"把"连用。例如：

（17）a. 他被狗给咬了。
　　　b. 我深深地被他的感人事迹给打动了。

结构助词"给"并无意义，只是增添了句子的口语色彩。

（18）a. 我被绳子把腿绊住了。
　　　b. 那孩子让人把腿打断了。

"被"与"把"字句连用的句子，以"被"前"把"后为多见，其中"被"的宾语必须出现，否则句子不能成立。

（2）不含负面色彩的"被"字句。

（19）a. 老王被派到国外工作了。
　　　b. 她被大家评为先进工作者。

指出"被"字句中有一小类动词不含贬损义，整个句子没有明显的表示不如意、不愉快的感情色彩。这类句子不是典型的"被"字句，它们或许表示事件的偶然及出乎意外，或许为了引出施事者，或许是在上下文中选择话题的需要，让受事处于句首，句子没有负面色彩。

2. 介绍被动句在语篇中的连接功能。

指出"被"字句的使用常常是语篇连接的需要。话题是篇章连接的手段,处于句首的话题常常把前后句子连接起来,使前后句的表达顺畅、连贯。如果话题主语是受事时,就往往选择被动句。

(三) 高级阶段被动句的教学

高级阶段的教学应培养学生的书面语能力及表达的准确性和得体性。这一阶段被动句的教学应安排带有书面语色彩的"被"字句,及"被"字句中施事有无的表达意向,以指导学生准确运用"被"字句。

1. 教学内容包括以下部分:

"被……所……"或"被……为……"。

(20) a. 任何敌人也不能压倒我们,而只会被我们所压倒。
  b. 他从不为名利所动。

这类"被"字句出现在书面语中,"被"后宾语必须出现,动词后一般不带其他成分。

2. 介绍"被"字宾语有无的表达意向。

"被"字宾语是施事者,典型的"被"字句中施事是出现的,但受说话人表达意向的影响,"被"字宾语也可不出现。

当需要指明事件的责任者或致因时,当施事是特定的人或事物时,"被"字的宾语必须出现。例如:

(21) a. 李凤卿是在小时候被叔父拐卖到四川的。
  b. 这件事要是吵嚷开,被刘四知道呢?

例(21)a 中"叔父"是责任者,是说话人要引出的 N_2,必须出现;例(21)b 中"刘四"是特定的人,也必须出现。

从事理上可以推知的施事或致因,不必出现。例如:

(22) a. 她的全身都被淋湿了。
　　　b. 违章吸烟,一青工当场被烧死。
　　　c. 他的话立刻就被翻成了维语。

例(22)中的 N_2 分别为"雨水""火""翻译",都是不言而喻的,不必说出。

当说话人需要隐讳或不愿说出施事者时,N_2 不出现。例如:

(23) a. 她被欺骗了,痛不欲生。
　　　b. 一梅曾经被诱拐、被侮辱,受尽折磨。

当说话人并不知道施事者是谁时,N_2 也就无从说起。例如:

(24) a. 他被检举受过贿,正在接受调查。
　　　b. 他爸爸被害那年,他才三岁。

当施事者为某人时,也可以用"人""人家"等泛指,表示不愿意说出或无从说出的具体人。如例(23)a、例(24)a、例(22)c 可分别被改写为:

(25) a. 她被人欺骗了。(不愿说出的 N_2)
　　　b. 他被人家检举受过贿。(无从说出的 N_2)
　　　c. 他的话立刻被人翻译成了维语。(不必说出的 N_2)

在高级阶段,这种表达意向上的细微之处,可向学生介绍,以使他们在理解和表达上更加准确、到位。

对外汉语语法教学和教材中长期存在的重结构轻语义、语用的倾向至今还在影响着我们,如何在语法教学中将句法、语义和语用结合起来,并走出单句训练的固有模式,结合语篇开展句式教学,是语法教学研究中值得探索的课题。本节对被动句教学的思考和建议是这项研究的初步尝试，希望得到同行们的批评和指正。

第三节　话语标记语的教学研究[①]

"来""起来"是动词的趋向补语。"起来"有"向上、合拢、完成、进入状态"等义项；"来"的义项是"向近处、获得"。[②]当"看来""看起来"作为话语标记语时，马国荣（1990）、胡裕树（1992）、应雨田等（1993）、黄伯荣和廖序东（1997）、吕叔湘（1999）、孟琮等（1999）、张斌（2002）、刘月华等（2005）表示估计、推测，交际中出现率较高。[③]姚婷（2008）、王晓平和陈红艳（2009）、胡清国（2011）等已有研究发现，[④]"看来""看

[①]　本节摘自孙雁雁《从教学角度观察话语标记在语篇中的使用——以话语标记语"看来""看起来"为例》，《北京邮电大学学报》（社会科学版）2014年第4期。

[②]　孟琮等《汉语动词用法词典》，商务印书馆，1999年。

[③]　马国荣主编《现代汉语》，北京师范大学出版社，1990年；胡裕树主编《现代汉语》，上海教育出版社，1992年；应雨田、宋仲鑫、陈庆武《现代汉语新编》，福建人民出版社，1993年；黄伯荣、廖序东主编《现代汉语》（增订二版），高等教育出版社，1997年；吕叔湘主编《现代汉语八百词》（增订本），商务印书馆，1999年；孟琮等《汉语动词用法词典》，商务印书馆，1999年；张斌主编《新编现代汉语》，复旦大学出版社，2002年；刘月华等《实用现代汉语语法》（增订本），商务印书馆，2005年。

[④]　姚婷《衔接语"看起来"的语义功能分析》，《宜春学院学报》2008年第3期；王晓平、陈红艳《现代汉语"看来"及其相关格式研究综论》，《合肥学院学报》2009年第1期；胡清国《"依X看"与"在X看来"》，《汉语学报》2011年第3期。

起来"在句法、语义、语用方面存在细微差别,且基本认为出现差别的原因是语用不同,"看来"更倾向于通过非视觉的推测和判断,[①]两者的词义由实到虚的演变机制是语法化,且语法化的程度不同。[②]

遗憾的是,已有的研究成果还需要进一步细化,目前的结论并不能满足汉语国际教学的需要。以下是在目前研究成果基础上进行教学后,留学生生成的偏误句子:

* [8:00上课,宋若梅8:40推门进来,宋的同桌骆琳开他的玩笑] 看起来宋若梅迟到了。(B班[③]　骆琳　女　澳大利亚)

* 北京的交通很拥挤,看来会买车的人越来越多。(B班　戴德　男　刚果金)

* 昨天我看了我的朋友和他的女朋友吵架,今天看来,他们分手了。(E班　亚当　男　美国)

观察以上不同汉语水平等级留学生生成的句子,认为目前的研究结论还不能帮助留学生有效避免偏误。鉴于此,首先应该找出"看来""看起来"在形式上的特征,然后再与意义对应。因此,文章将从两者在以汉语为母语的文学语篇中的分布类型及特点入手,细化两者在形式上的区别特征,以便于更有针对性地指导汉语国际教学中的相关教学环节。

[①] 王晓平、陈红艳《现代汉语"看来"及其相关格式研究综论》,《合肥学院学报》2009年第1期。

[②] 张谊生《"看起来"与"看上去"——兼论动趋式短语词汇化的机制与动因》,《世界汉语教学》2006年第3期;刘楚群《"看起来"与"看上去""看来"差异浅析——兼论趋向短语的语法化》,《江西师范大学学报》2009年第4期;刘琉《从视觉性差异看"看来""看似"与"看样子"的异同》,《汉语学习》2011年第1期;廖开敏《试析近义词群"看来""看起来""看样子""看上去"》,《社会科学家》2006年增刊。

[③] B班汉语学习时间为第二学期,E班汉语学习时间为第五学期。

一 "看来""看起来"在语篇中的分布类型

文章借助北京大学 CCL 语料库，并随机抽取当代作家王蒙、王朔、阿城、池莉、余秋雨、邓云乡等 27 篇文学作品，共 2 246 144 字语料，将其做成一个小型语料库。观察两个语料库中提取的语料，归纳出两者在语篇中主要有以下分布类型。

（一）"看来"在语篇中的分布类型

"看来"在语篇中的分布类型主要有独立使用、进入固定结构、未入固定结构三大类。

1. "看来"独立使用。

"看来"独立使用时，在语篇中有两种位置。一种在段落之间的衔接处，如：

（1）……就是年代较早一点的白居易，也把自己写成是苏小小的钦仰者："若解多情寻小小，绿杨深处是苏家"；"苏家小女旧知名，杨柳风前别有情"。

如此看来，诗人袁子才镌一小章曰："钱塘苏小是乡亲"，虽为鲁迅所不悦，却也颇可理解的了。（余秋雨《文化苦旅》）

另一种在两个句子之间的衔接处。如：

（2）星子那时说他太多虑，说他优柔寡断，还说他见小利而忘大事，他当时不服，同星子好争了一场，而现在看来，星子说得何其正确。（方方《桃花灿烂》）

以上两例中，尽管"看来"前有修饰语，但都不影响其在语篇中独立使用的地位。

2. "看来"进入固定结构。

所谓的固定结构，是指介词结构，即"介词+A+看来"。语料中能进入这一固定结构的介词有"在""由""据""对""从"。能进入这一固定结构中 A 位置的,可以是人称代词、亲属称谓、人名、一般名词、词组。另外我们还发现,"介词+A+看来"作为一个语法单位,还与关联词等其他语法成分共现。

(Ⅰ)(关联词等)介词+A+看来,__。

语料中,这种固定结构的特点是以逗号与后文的内容隔开,在形式上形成一个独立的语言单位。如:

(3)公元前一千多年前,周人自西而来,这个"西"是多远的西呢?由文字史看来,从那时起,被规定为亚洲的被称为中国的这块土地上,文化一直是混杂的,也因此而有生气。(阿城《威尼斯日记》)

有时,介词结构前还有关联词,共同构成一个语法单位整体共现。语料中出现的关联词主要有转折连词和因果连词,除此以外,还有零星表示让步关系、并列关系的连词。如:

(4)书院实行"山长负责制",山长这个称呼听起来野趣十足,正恰与书院所在的环境相对应,但据我看来,这个称呼还包含着对朝廷级别的不在意,显现着幽默和自在。(余秋雨《山居笔记》)

(5)我们这些人,在生命本质上无疑属于现代文化的创造者,但从遗传因子上考察又无可逃遁地是民族传统文化的孑遗,因此或多或少也是天一阁传代系统的繁衍者,尽管在范氏家族看来,只属于"他姓"。(余秋雨《文化苦旅》)

(Ⅱ)介词+A+看来+Vp__。

以介词短语形式作为小句的开头,"看来"后面没有停顿,直接与后面的内容衔接。如:

(6)生活格局的开放,书报市场的开拓,使各色社会情绪有了宣泄的机会和场所,从总体看来不是坏事。(余秋雨《文化苦旅》)

上例中的"介词+A+看来"结构,如果替换为"这",在语篇中所表达的意思似乎没有多少变化。

(Ⅲ) Np+介词+A+看来+Np'/Vp__。

这种结构形式中,"介词+A+看来"结构进入句子内部,直接充当了句中的句法构成成分。如:

(7) 她说她不知道什么叫作幸福,她又说她该有的都有了,丈夫,儿子,一个在别人眼里看来美满的小家庭,丈夫是个电脑工程师,你知道这一行现今有多吃香,他又年轻有为,人都说他只要弄到一个专利,就能挣上大钱。(高行健《灵山》)

上例中的"介词+A+看来"结构,与前面的"一个"、后面的"美满"一起,共同作为"小家庭"的修饰成分。

3. "看来"未入固定结构。

"看来"未入固定结构,是指"看来"在语篇中与其他成分自由组合共现,即"看来"与其结合共现的成分并不紧密,可以自由替换。根据"看来"在语篇中的出现形式,将语料中具备这种特点的句子,再分为在语篇中与单句或复句组合同现、作为小句成分出现两小类。

(Ⅰ) __,看来+单句/复句,__。

"看来"后接的可以是句子成分完整的单句,如:

(8) 我听说国际标准ISO-10646已达成各种文字都能接受的第二版协议,其中中文、日文、韩文里的中文部分都使用同种类的编码,看来问题将要解决了。(阿城《威尼斯日记》)

也可以是复句形式,如:

(9) 吃完已夜里十点多钟,又上来了四个青年,一人要了一大碗

白酒,叫了一桌的菜,看来不喝到半夜,不会罢休。(高行健《灵山》)

例(9)中的"不喝到半夜,不会罢休",是"如果不喝到半夜就不会罢休"的省略形式。

(Ⅱ) __,Np+看来+Vp / Np',__。

作为小句成分形式出现的"看来",以状语的身份,或直接修饰句子的谓语,或修饰句子中的复杂定语。如:

(10)我当时也忝列"保守派"行列,回想起来,一方面是对"造反派"同学的种种强硬行动看着不顺眼,一方面又暗暗觉得自己太窝囊,优柔寡断,赶不上潮流,后来发觉已被"造反派"同学所鄙视,无以自救,也就心灰意懒了。这一切当时看来很像一回事,其实都是胡闹,几年以后老同学相见,只知一片亲热,连彼此原来是什么派也都忘了。(余秋雨《山居笔记》)

(11)白杨树的新叶像碧绿的缎子一样,在令人发困的阳光下闪烁。那是一节数学课。快快递给我一道习题。这是一道看来似乎非常简单的几何题。(高行健《有只鸽子叫红唇儿》)

例(10)中,"看来"同"很"一起,直接做状语修饰"像一回事";例(11)中,"看来"先修饰"似乎非常简单",然后一起修饰中心语"几何题"。

(二)"看起来"在语篇中的分布类型

"看起来"相对于"看来",在语料中的数量很少,我们将其在语篇中的分布类型归纳为以下三类。

1. __,看起来+小句,__。

(12)幸亏曹千里不是骑马的生手了,他马上把身体的重心移到左面,用左脚踩住镫,把右脚微微抬起,做成一个偏坠和侧悬的姿势。这样,看起来曹千里随着马扭得更厉害了,大摇大摆起来了。(王蒙《杂色》)

例（12）中，"看起来"出现在句子的开头，在实际交际中，它也可以出现在"曹千里"的后面，以状语的身份修饰"扭"这一动作。

2. ＿，Np＋看起来＋Vp，＿。

（13）她拆拆缝缝给凤霞和有庆都做了件衣服，两个孩子穿上后看起来还很新。（余华《活着》）

例（13）中的"看起来"，在语篇中出现在句子的中间，尽管句子省略了"衣服"，但并不影响理解。"看起来"以状语的身份修饰"新"这一状态词。

3. ＿，Np＋看起来＋Np'，＿。

（14）既然大树上没有一片叶子敢于面对风的吹拂、露的浸润、霜的飘洒，整个树林也便成了没有风声鸟声的死林。朝廷需要的就是这样一片表面上看起来碧绿葱茏的死林，"株连"的目的正在这里。（余秋雨《山居笔记》）

例（14）中的"看起来"，在语篇中出现在句子的中间，首先同"表面上""碧绿葱茏"一起构成小句，然后一起修饰中心语"死林"。

二 "看来""看起来"使用频率及原因分析

文章主要观察了以文学作品为体裁的自建语料库，在这个封闭的语料库内，穷尽提取5条"看起来"语料，151条"看来"语料。其出现频率统计为表1。

表1 "看来""看起来"在语料库中出现频率统计

	形式		数量/条	各占比率/%	类占比率/%	总比率/%
看来	独立使用	__，（修饰成分）看来，__	19	12.2	12.2	100
看来	进入固定结构	（关联词等）介词+A+看来，__	49	31.4	39.7	100
看来	进入固定结构	介词+A+看来+Vp__	6	3.8	39.7	100
看来	进入固定结构	Np+介词+A+看来+Np'/Vp__	7	4.5	39.7	100
看来	未入固定结构	__，看来+单句/复句，__	46	29.5	44.9	100
看来	未入固定结构	__，Np+看来+Vp/Np'，__	24	15.4	44.9	100
看起来		__，看起来+小句，__	1	0.6	3.2	100
看起来		__，Np+看起来+Vp，__	3	2	3.2	100
看起来		__，Np+看起来+Np'，__	1	0.6	3.2	100

从表1中可以明显看出，文学作品中，"看来"的使用频率远远高于"看起来"；"看来"中，进入固定结构中的"（关联词等）介词+A+看来，__"和未入固定结构中的"__，看来+单句/复句，__"，出现频率最高，独立使用、未入固定结构中的"__，Np+看来+Vp／Np'，__"两类，出现频率较高，而其他小类的出现频率均在5%以下。

究其原因，我们可以借助认知语言学的隐喻理论。认知语言学认为，空间隐喻对人类的概念形成具有特殊重要的意义。Lakoff 和 Turner 认为空间隐喻是一种意象图式隐喻（Image Schema Metaphor），它将作为始原域（Source Domain）的空间概念投射到抽象的目标域（Target Domain）上。[①]"来""起来"在空间概念范围内分别表现出"自远而近"和"自下而上"，在这一层

---

① Lakoff G., & Turner M., *More than Cool Reason: A Field Guide to Poetic Metaphor*. The University of Chicago Press, 1989.

面上，两者的视觉范围孰大孰小较难分辨；不过，我们还可借助其所蕴含的时间隐喻。张燕（2004）、Ning Yu（1998）等研究①认为，"起来"比"来"蕴含时间意义的范围少了"未来"这一时段。因而我们认为"看来"比"看起来"空间视野更宽阔，因而其感觉更容易随之走向空灵，视觉所不能及"来"的"由近到远"的未来的部分，就只能凭自己的主观经验而加以推断、估价，由此插入语"看来"的主观性更强。

根据 Traugot"主观化是语法化的一个重要机制"的观点，我们可以推断"看来"虚化的程度高于"看起来"。沈家煊（1994）和吴福祥（2004）②在介绍语法化的研究时涉及到"频率"原则，即"实词的使用频率越高，就越容易虚化，虚化的结果又提高了使用频率"。根据这一语法化规律，我们就不难理解"看来"在文学语篇中出现的频率远远高于"看起来"的原因了。

而"看来"中出现率高的四小类，基本都是句法成分相对简单的结构类型。以交流信息为主要目的的交际中，在从简原则指导下，句法成分相对简单的句子结构成为首选便不难理解。

三 "看来""看起来"是否能互换使用的形式特征

已有研究已经从语用角度关注到"看来""看起来"的细微

---

① 张燕《汉语语言形式中的民族时空观——汉语时间表达中的空间隐喻》，《连云港师范高等专科学校学报》2004 年第 2 期；Ning Yu., *The Contemporary Theory of Metaphor: A Perspective from Chinese*. John Benjamin Publishing Company, 1998.

② 沈家煊《"语法化"研究综观》，《外语教学与研究》1994 年第 4 期；吴福祥《近年来语法化研究的进展》，《外语教学与研究》2004 年第 1 期。

差别,并发现某些场合两者可以互换,而某些场合两者并不能互换。那么从留学生学习汉语的角度再度考虑这个问题,我们发现两者在形式上的某些特征,可以提高留学生在使用过程中的准确度。

(一) "看来"不能换为"看起来"

在以下两种情况下,"看来"一定不能换为"看起来"。

当"看来"指向未然,不能换为"看起来",如前例(8)。

当"看来"进入固定结构,无论以哪种类型出现,都不能换为"看起来"。如前例(3)—例(7)。

当"看来"未入固定结构,且其出现的语段中有"听来""想来""说来"等包含"来"的双音节词时,为保证语篇形式上的统一,韵律的一致,不能换为"看起来"。如:

(15) 这里说的很概括,把出身考试和差事考试并在一起说,看来也很简单,实际上则不然,清代的法定考试制度,说来则是很复杂的。(邓云乡《清代八股文》)

(二) "看来"可以换为"看起来"

这包括两种情况。一种是"看来"前面的情形是通过在场的显性参与者的视觉感觉到的,如:

(16) 李慧泉觉得这个警察挺逗,抠抠缩缩的,可一点儿也不让人腻歪。皮鞋没擦,裤子上有油点子,指甲缝儿也不干净,看来不是个讲究人。(刘恒《黑的雪》)

例(16)中,裤子上的"油点子"、指甲缝儿的"不干净",都是通过在场的"李慧泉"的眼睛看到的。

一种是"看来"前面的情形是通过隐性参与者的视觉感到的,如前例(9)。

例(9)中,"来了四个青年""一大碗白酒""一桌子的菜",并不是在场的这四个青年看到的。或者可能是服务员,或者可能是在场的其他顾客。

四 结束语

本节借助语料库,首先观察话语标记"看来""看起来"在语篇中的分布,将"看起来"在语篇中的分布类型归纳为"＿,看起来+小句,＿""＿,Np+看起来+Np',＿""＿,Np+看起来+Vp,＿"三类;将"看来"首先分为"独立使用""进入固定结构""未入固定结构"三类,"进入固定结构"又分为"(关联词等)介词+A+看来,＿""介词+A+看来+Vp＿""Np+介词+A+看来+Np'/Vp＿"三小类,"未入固定结构"再分为"＿,看来+单句/复句,＿""＿,Np+看来+Vp/Np',＿"两小类。对语料进行封闭式穷尽统计的结果表明,文学作品中,"看来"的使用频率远远高于"看起来";"看来"中,进入固定结构中的"(关联词等)介词+A+看来,＿"和未入固定结构中的"＿,看来+单句/复句,＿"两类,出现频率最高,独立使用、未入固定结构中的"＿,Np+看来+Vp/Np',＿"两类,出现频率较高。文章借助相关理论,认为"看来"的主观性更强、语法化程度更高,因而其出现率高;文章又依据形式特征对"看来""看起来"的出现环境进行界定,细化两者能否互换的条件,明晰两者的使用原则,认为当"看来"指向未然、进入固定结构、与其共现的有"听来""说来"等双音节词时,一定不能换为"看起来";而当"看来"前面的情形是通过在场的显性参与者或隐性参与者的视觉感觉到的,"看来"可以换为"看起来"。以上研究结论,在汉语国际教育中,有助于非汉语母语学习者准确掌握并正确输出话语标记"看来""看起来"。

第四节 "了"的语法化及语言点的安排[①]

对外汉语教学中,语言点的安排或者说语法项目的排序是否得当直接影响教材的教学效率。语言点的安排首先要考虑的就是语言自身的规律。汉语缺乏严格意义的形态变化,功能词都和语法化有关,因此对外汉语教材语言点的安排应该充分考虑到语法化的因素。

所谓语法化,在汉语里主要表现为动词虚化为介词、副词、助词等表示一定语法功能的词。汉语动词的虚化存在着程度的差异,有的动词虚化程度较低,动词的使用频率还比较高,虚化后意义和用法也比较简单,在教学安排时应先教动词用法,然后再教虚化后的用法。而有的动词虚化程度较高,动词的使用频率已经很低,先教动词用法在实际教学安排和教材编写中不太现实,另外,这些动词虚化后的意义不止一个,用法也十分复杂。这些不同意义和用法在教学中如何安排是一个值得研究的问题。

由同一个动词虚化而来的虚词的各个意义之间存在着有机的

---

① 本节摘自高顺全《从语法化的角度看语言点的安排——以"了"为例》,《语言教学与研究》2006 年第 5 期。

关联。对外汉语教材编写和语法教学如果能够在正确解释的基础上合理利用这一规律，将有助于学生理解和掌握这些虚词的意义和用法。由于目前对汉语虚词的语法化研究还比较薄弱，因此本节从"了"这一个案研究出发，希望能在这一方面发现一些有价值的规律。

一 语法化和语法化顺序

（一）语法化

语法化指语言演变中意义实在的实词演变为意义空灵的虚词或词缀等语法成分，也指已经虚化的成分进一步虚化。语法化学说认为，语义演变是渐变的，语法化的连续渐变性质可以用 A＞A/B＞B 表示，在新的意义和形式出现后，旧的意义和形式不一定马上消失，因此在由 A 虚化为 B 的过程中，总是存在一个 A 和 B 共存的阶段。汉语的"了"就是比较典型的一个。

"了"本来是一个动词，意思是"完毕""结束"。例如：

（1）人远则难绥，事总则难了。（《后汉书·仲长统传》）

伴随着语言的使用，动词"了"逐渐虚化，衍生出结果、时体、语气和话语标记等多种意义和用法。例如：

（2）明天卖了那只鸡。（用在动词后，表示结果意义）

（3）我们只有三个人，吃不了这么多菜。（用在可能式中，表示结果意义）

（4）我吃了饭了。（用在动词后面，表示时体意义，兼表结果意义）

（5）我吃过饭了。（用在句子末尾，表示时体意义，兼表语气意义）

（6）您的汉语说得太棒了。（用在句子末尾，表示主观语气）

(7) 得了，我还不了解你。（附着在别的词素后，共同作为话语标记）

从意义上看，语法化总的方向是语义虚化，实在的词汇意义减弱，比较抽象的语法意义、跟说话人的主观态度有关的语用意义得到加强。而虚化的极致则是作为一个词缀或者说类构词成分（如"好了""得了"中的"了"）。

（二）语法化顺序

语法化顺序既可以从历时的角度去研究，也可以在历时的基础上从共时的角度去构拟。我们感兴趣的是一个语言形式（在汉语里表现为同一个汉字）在共时平面的各种意义包括虚化前后的实词意义、语法意义以及语用意义之间的语义关联性。我们把这种语义关联顺序也看作是语法化顺序。

实词语法化后产生的多种意义并不都是由动词意义单向虚化而来的。动词"了"虚化后主要有两种分布：句中（动词+了+宾语）和句末（动词+宾语+了）。这两种格式中的"了"一般被分别称为"了$_1$"和"了$_2$"。"了"的多种意义都是分别从这两个格式虚化而来的。

先看"动词+了+宾语"。动作完成后必然会产生一定的结果，因此人对动作的完成和结果的关注同等重要。早期汉语中动作结果是依靠实词表达的，"动词+了+宾语"中的"了"本来是表示完成意义的动词，在语言的使用中先虚化为结果补语，后再虚化为完成体标记。

在"动词+了+宾语"格式中，从结果补语到完成体有其认知上的理据，也是语义演变的必然。不过"了"的虚化并没有到此结束。例如：

（8）a. 墙上挂着一幅画。　　b. 墙上挂了一幅画。

很多学者都注意到，表示静态持续的存在句中的"着"可以用"了"替换，高顺全指出，"了"的这种意义在认知上是可以解释的：动作完成之后，如果没有新的动作，"了"就可以表示由这种动作所引起的状态的持续或延续。①

一般认为"V 得／不了（O）"是可能补语，我们认为其中"了"的意义仍然是表示结果。从结果补语到可能补语是由转喻这种认知方式造成的：说话人对动作可能实现的结果和不可能实现的结果的预测。

再看"动词＋宾语＋了"。汉语事件或状态的完成、实现最初是由"动词＋宾语＋完成动词"这一格式表达的。曹广顺的研究表明，"动词＋宾语＋完成动词"格式大约出现在汉代以后，在唐五代前后，"了"字作为完成动词逐渐在这个格式中占据了主导地位，并逐渐语法化为表示完成体的助词。到了宋代，"动词＋宾语＋了"格式逐渐普及，"了"的功能也逐渐从附加在一个动词或动词词组之后变为依附在全句之后，表示完成体意义。②

"动词＋了＋宾语"中的"了"只是表示对客观事实的描述，"动词＋宾语＋了"中的"了"却开始向主观化方向发展。说话人在对事件或状态完成或实现做出客观描述的同时，会很自然地对完成或实现后的变化或新状态加上自己的主观认识和态度：肯定、提醒和祈使等，这样"了$_2$"就不再单纯表示完成体意义，而是兼表一定的主观语气。例如：

---

① 高顺全《对外汉语教学探新》，北京大学出版社，2005 年。
② 曹广顺《近代汉语助词》，语文出版社，1995 年。

(9) 下雨了。（肯定、提醒）

(10) 上课了！（肯定、提醒、祈使）

事件或状态变化主要是由动作引起的，但有些形容词和名词短语也有一个内在的变化过程，因此"了$_2$"很自然地移用到这类形容词和名词短语后面，这是类推的结果。例如：

(11) 天黑了。

(12) 他今年三十五岁了。

形容词加上程度副词以后的基本功能是表示评议，因此"了$_2$"的主观化又有了进一步的发展：时体意义完全消失，只表示纯粹的主观意义（评议或感叹）。例如：

(13) 这件衣服太大了。

(14) 这件衣服太漂亮了。

如果说例（13）中的"了"还有表示偏离预期标准这样一个心理变化过程，那么例（14）中的"了"则基本上完全变成了一个语气词。

"了$_1$"和"了$_2$"的语义虚化链分别是：

了$_1$：动词 → 结果补语 → 完成体标记

了$_2$：动词 → 完成体标记 → 语气词 → 类构词成分（话语标记）

把两者综合起来，"了"的语法化顺序可能是：

了：动词→结果补语→完成体标记→语气词→类构词成分（话语标记）

上文指出，语义演变是连续渐变的，在由 A 到 B 的演变过程中存在一个 AB 共存的阶段，这是"了$_1$"可以兼表完成体和结果补语意义、"了₂"可以兼表完成体意义和语气意义的原因（"了₁"和"了₂"也存在着相兼的情况）。

尽管语法化程度和机制不同，但"了₁"和"了₂"语义演变的基础是相同的，那就是表示"结束"。"了₂"的语气意义和结句功能都建立在表示"结束"这一语义基础之上："结束"之后必然有结果，由结果可以联想到变化和新情况的出现，由表达动作、事件和状态变化的结束到传递信息的结束等等。甚至"了₂"的词缀化也是"结束"这一核心语义引起的："好/算/得/罢/行了"开始的时候都用在句末，后来才单独使用。彭伶楠（2005）[①]的研究表明，话语标记"好了"就是从在 VP 后做结果补语的用法虚化而来的。

上部分讨论的是"了"的语法化过程和顺序。"着""过"和"得"等也存在着类似的语法化过程、程度和机制，它们的多种意义和用法也都建立在动词意义的基础之上。

二 语法化顺序与习得顺序

第二语言习得理论认为，学习者在习得目的语的不同语言项目时可能存在一个内在的自然顺序，即有些语言项目一定在另外一些项目之前习得。这些语言项目之间在形式或意义上可能有也可能没有联系。与此相关的研究是，同一个语言项目特别是比较复杂的语言项目，由于内部存在着意义、结构和用法上的差异，不同的用法之间也存在着习得顺序。

[①] 彭伶楠《"好了"的词化、分化和虚化》，《语言科学》2005 年第 3 期。

习得顺序被认为是客观存在的,它基本上是一种难度顺序。习得顺序和语法化顺序都跟认知有密切的关系,但是这两者之间有无关系?如果有,是什么样的关系?到目前为止,这方面的研究还比较薄弱。

高顺全(2002)[1]认为,词语的习得应该遵守下面的顺序:(1)实词的意义比虚词的意义容易习得;(2)具体的意义比抽象的意义容易习得;(3)词汇意义比语法意义容易习得。也就是说,动词的意义比由该动词虚化后的意义更容易习得。这就意味着,习得顺序和语法化顺序有一定的关联。我们的基本假设是:在不考虑使用频率的情况下,习得顺序和语法化程度成正比,语法化程度较低的语言成分比语法化程度较高的语言成分容易习得。

仍然以"了"为例。单从意义方面考虑,动词"了"比助词"了"容易习得。就"了$_1$"来说,结果补语意义比完成体意义容易习得,完成体意义比静态延续意义(可以替换存现句中"着"的"了$_1$")更容易习得。就"了$_2$"来说,完成体意义比语气意义和话语标记意义容易习得。但是,"了$_1$"和"了$_2$"哪个更容易习得?已有的相关研究令我们感到困惑。

孙德坤(1993)[2]对两名母语为英语的留学生"了"的习得情况进行了跟踪调查,结果表明"了"的习得过程存在着个体差异,一个学习者先习得"了$_1$"(受课堂教学影响较大),另一个则相反(受课堂教学的影响较小)。Teng(1999)[3]的研究表明,

---

[1] 高顺全《动词虚化与对外汉语教学》,《语言教学与研究》2002年第2期。

[2] 孙德坤《外国学生现代汉语"了le"的习得过程初步分析》,《语言教学与研究》1993年第2期。

[3] Teng, Shou-hsin 《The Acquisition of "了 le" in L2 Chinese》,《世界汉语教学》1999年第2期。

母语为英语的汉语学习者"了₂"较早习得,"了₁"则要经过数年伴随一定错误比率的学习过程才能被习得。但是同样是对母语为英语的汉语学习者习得"了"的情况进行的研究,余又兰(2000)[①]的结论却正好相反。

我们认为,"了₁"和"了₂"的意义分别由动词"了"的不同分布形式虚化而来。从历时角度看,两者完成体意义定型的时代都是在宋代,但"了₂"的语气意义却是宋代以后才产生的。从语法化角度看,结果补语的意义比完成体意义容易习得,完成体意义比语气意义容易习得,因此我们推测,"了₁"要比"了₂"容易习得。孙德坤(1993)[②]也证明了这一点:先习得"了₂"的学习者在"了₂"的使用中表现出语法功能的窄化(有限制地使用"了₂")和成句作用的泛化(较多使用"了₂")。Teng(1999)[③]所引用的儿童母语习得者先习得"了₂"同样也存在这样的问题。

"了₁"和"了₂"习得的问题都是过度泛化。[④]"了₁"泛化的原因主要来自语际干扰:把"了₁"和英语的过去时和完成体相对应。事实上,"了₁"的完成体意义是由结果补语虚化而来的,因此"了₁"的使用不是强制性的,只要动词后面有结果补语或者跟表示结果有关的成分,"了₁"都可以自由隐现。李兴亚比较全面地总结了"了₁"自由隐现的规律,认为"了₁"自由隐现的情

[①] 余又兰《汉语"了"的习得及其中介语调查与分析》,载《第六届国际汉语教学讨论会论文选》,北京大学出版社,2000年。

[②] 孙德坤《外国学生现代汉语"了 le"的习得过程初步分析》,《语言教学与研究》1993年第2期。

[③] Teng, Shou-hsin 《The Acquisition of "了 le" in L2 Chinese》,《世界汉语教学》1999年第2期。

[④] 赵立江《外国留学生使用"了"的情况调查与分析》,载王建勤主编《汉语作为第二语言的习得研究》,北京语言文化大学出版社,1997年。

况有八种,其中四种情况都有结果补语,三种情况有"已经",四种情况有数量短语,四种情况有"了$_2$"。① 我们认为,其中关键的因素是结果补语:在"了$_1$"和"了$_2$"共现的情况下,完成体的意义主要是由"了$_2$"表达的(如"我吃了饭了"),"了$_1$"在很大程度上表示结果补语意义(过/完/掉);"已经"表达的是和"了$_2$"基本相同的意义。至于数量短语为什么是促成"了$_1$"自由隐现的因素,其实也不难理解:"了"表示动作完成,从质的方面来说,完成之后会出现一种新的结果,从量的方面来说,完成的可以是动作对象的数量,也可以是跟动作有关的量:时量或动量。可以认为,量本身也是一种结果。这样看来,对"了$_1$"的结果补语意义和用法理解不够很可能是造成习得者"了$_1$"过度使用的一个重要原因。

"了$_2$"的泛化首先表现为语法功能的窄化,即大量使用"单音节动词/形容词+了"这种固定格式,然后推而广之,过度泛化。② 这也是可以解释的:"了$_2$"用在句末,表示事件状态的完成或实现。事件或状态的基本表述单位是句子,句子是传递信息的基本单位,因此"了$_2$"可以表示信息传递的结束,这就是一般所说的"结句作用"。但这只是就简单句而言的(即使在简单句中,"了$_2$"的使用也不具备强制性),连续句中的情况并非如此。第二语言习得者在开始阶段主要是在对话中学习简单句(儿童母语习得也是如此),因此"了$_2$"的这一用法容易习得。但是一旦到了复杂的语段或篇章中,就会出现过度使用的倾向,而且这种偏

---

① 李兴亚《试说动态助词"了"的自由隐现》,《中国语文》1989年第5期。
② 孙德坤《外国学生现代汉语"了 le"的习得过程初步分析》,《语言教学与研究》1993年第2期。

误很容易化石化。例如:

(15)(昨天)我先去西单了,在那儿吃饭了,买了一些东西,还去书店了,然后就去国贸大厦了。

值得注意的是,学习者"了$_2$"单一功能的过度使用仍表明这样一种倾向:语法化程度低的意义和用法比语法化程度高的意义和用法更容易习得。前面说过,"了$_2$"的语法化顺序是"完成体标记→完成体标记兼语气意义→纯粹语气意义",很显然,被习得者泛化的还只是表示完成体意义的"了$_2$",最多是兼表语气意义的"了$_2$"。

至于话语标记"好/得/行/算/罢/对了"等,外国学生较少使用("好了"的使用相对较多,可能是因为有对应的 well 或 ok),这也跟它们的语法化程度更高有关。当然,如果考虑到"行了"等已经词汇化,作为一个整体来说,其习得难度并不高。但由于它们的出现频率比较低,口语色彩比较浓,教学训练频度也不够,因此也较难习得。

三 语法化顺序与语言点的安排

教材的语言点安排或者说语法项目的排序应该尽可能和学习者的习得顺序一致。但习得顺序目前还处于假说阶段,相关的研究成果还不多,结论也不相同。在这种情况下,语法化顺序就显得特别具有参考价值。

汉语的许多语法功能词都是由动词语法化而来的,而且动词和虚化而来的功能词在共时平面共存,二者在教学中存在先后顺序。根据语法化顺序,应该先教虚化前的意义和用法(即动词的意义和用法),然后教虚化后的意义和用法;先教虚化程度较低的意义和用法,然后教虚化程度较高的意义和用法,这样有助于学生正确理解和掌握虚化后词语的意义和用法。但这只是理想的顺序,在教材编写中很难做到,因为必须考虑词语的使用频率问题。有些词的动词用法和虚化后用法的使用频率差不多,如动词"给"和介词"给";有些词的动词用法要比虚化后的使用频率低得多,如动词"把"和介词"把",动词"了"和助词"了";有些词虚化后的各个用法之间的使用频率也不相同,如"了$_1$"的结果补语用法和完成体用法。

使用频率是教材编写必须考虑的一个重要因素。一般来说,使用频率高的语言成分总是先于使用频率低的成分。从语法化的角度看,使用频率高的语言成分,语法化程度一般也较高,习得难度一般也较高。但使用频率较低的语言成分语法化程度不一定就低,如可以替换"着"的"了"。这说明,使用频率的高低和语法化顺序、习得顺序之间没有必然的对应。

鉴于此,教材中跟我们讨论的语法化顺序相关的语言点项目安排可以有以下四种思路:(1)完全按照语言点的使用频率高低,使用频率高的先出现;(2)完全按照语法化顺序或习得顺序,没有语法化的或语法化程度低的先出现;(3)在使用频率的基础上,充分考虑语法化顺序;(4)在语法化顺序的基础上,充分考虑使用频率。

现有的教材相关语言点的安排基本采取的是第一种思路,只不过有些教材更重视语法结构的全面性或代表性(例如有的教材较早而且重点介绍"V了O了",即所谓的"双了结构",尽管这一结构的使用频率不高)。基本没有教材采取第二种思路,很少有教材采取第三和第四种思路。

我们认为,外国学生学习汉语的目的是为了使用汉语,在学习时间有限的情况下,首先应该接触那些使用频率高的语言项目。但是,按照语法化顺序安排语言点项目,将会有助于学习者正确理解相关语言点项目之间的意义关系,从而更容易地习得那些语法化程度较高的语言点。因此我们更倾向上述第三种思路:对于那些跟语法化相关的语言点的排序,应该在使用频率的基础上,充分考虑到语法化的顺序。具体来说,如果虚化前后的语言成分或者虚化链中相邻语言成分的使用频率差别很大,则按照使用频率的高低排序;如果使用频率差别不太明显,则按照语法化顺序安排语言点项目。

现代汉语中,动词"了"的使用频率很低,因此没有必要先教。但是,"了$_1$"和"了$_2$"的使用频率差别不大,先教"了$_1$"还是先教"了$_2$"单从使用频率上很难判断。可能也正因为如此,有的教材先教"了$_1$",如《新实用汉语课本》[①],有的先教"了$_2$",如《当代中文》[②]。从语法化顺序看,先教"了$_1$"似乎更为合理,因为"了$_2$"的语法化程度比"了$_1$"要高。

就"了$_1$"内部来说,使用频率依次是完成体用法、可能式(V得/不了)中的结果补语用法、减类动词(含"去除"意义的动词)后的结果补语用法和持续体用法(存在句中可以替换"着"的"了");语法化顺序大概是:可能式中的结果补语/减类动

---

① 刘珣主编《新实用汉语课本》,北京语言大学出版社,2002年。
② 吴中伟主编《当代中文》,华语教学出版社,2003年。

词后的结果补语、完成体和持续体。综合两种因素考虑，我们认为较合理的用法教学顺序应是（">"表示"先于"。下同）：

可能式结果补语 > 完成体 > 减类动词后结果补语 > 持续体

就"了$_2$"内部来说，如果考虑到大部分句末"了"都兼表一定的语气意义，只有"太/最+形容词+了"中的"了"表示纯粹的语气意义，则使用频率依次是：完成体兼表语气用法、纯粹语气用法和话语标记用法。语法化顺序同此。比较合理的用法教学顺序可能是：

完成体（兼表语气）> 纯粹语气 > 话语标记

兼表完成体和语气意义的"了$_2$"可以表示多种语气意义：肯定、提醒和祈使。其中"肯定"的意义是基本的，应该先于"提醒"和"祈使"语气。

需要说明的是，"了$_2$"纯粹语气用法（"太/最 A 了"中的"了"）的语法化程度虽然较高，但从功能（表示评价或感叹）的角度出发，可以安排在初级阶段进行教学。而"了"的话语标记用法也可以不纳入上述序列，因为"好了"等已经词汇化，可以作为一个个词语单独教学。

关于"了$_1$"和"了$_2$"共现的情况（即"V 了 O 了"），我们基本倾向于把"了$_1$"和"了$_2$"分开教学，这样一方面可以降低学习的难度，另一方面因为该结构的使用频率较低。Teng（1999）[①]的研究表明，几乎没有学习者试图使用所谓的"双了"结构。因此，这种结构的教学应该安排在中级阶段以后。

---

① Teng, Shou-hsin 《The Acquisition of "了 le" in L2 Chinese》，《世界汉语教学》1999 年第 2 期。

在先教"了₁"还是先教"了₂"这个大问题上，我们倾向于先教"了₁"，但这并不是说要在教完"了₁"的各种用法之后再教"了₂"。相反，"了₁"和"了₂"的教学应该分阶段交错进行。上文的分析表明，虽然"了₁"和"了₂"都由动词"了"语法化而来，但它们又产生了不同的意义和用法，这些意义和用法很难用来推断语法化的顺序。可以参考的因素主要是使用频率和相关句法结构的复杂度，比如表示纯粹语气意义的"了₂"使用频率就比减类动词后表示"结果"的"了₁"的使用频率高，相关句法结构也比较简单，完全可以先教。

综合上面的因素，我们认为语法化后"了"的各种用法的比较合理的教学顺序可能是：

可能式结果补语（V得/不了）>动词后完成体>句末完成体（兼表语气意义）>纯语气意义>减类动词后结果补语>持续体

我们认为应该先教可能式结果补语的理由是，一方面，"了₁"的教学应该先于"了₂"的教学，而可能式结果补语的教学应该先于"了₁"的教学；另一方面，"了"语法化的语义基础就是表示"结束"和"结果"。另外，可能式结果补语的标记比较明显，句法复杂度也不高。

四 结语

如果以上关于"了"的语法化顺序、习得顺序以及相关语言点教学安排的看法能够成立，那么其他由动词虚化而来的助词也存在着类似的规律。

我们的基本观点是，语言点的安排应该在考虑习得顺序、使用频率的基础上充分考虑语法化因素。语法化程度比较高、已经成为语法标记的，可以优先考虑使用频率，不需要或者至少在初级阶段的教学中不需要考虑语法化顺序，但最好能在中高级阶段的教学中告诉学生同一虚词不同意义和用法之间的语义关系。语法化程度比较低、尚未成为语法标记的，应该优先考虑语法化顺序，按照语法化顺序安排教学顺序。

需要指出的是，语言点的安排跟教材的性质有很大的关系。本节主要讨论的是长期性质的系统教学，而在短期速成或者以功能为纲的教材里，语言点的安排有自身的规律，语法化顺序也许就不是那么重要。

第五章

服务于二语教学的汉语语法本体研究

第一节 "组块"与语言结构难度①

一 引言：逻辑和量化

对于科学理论来说，逻辑推理和数量化都是至关重要的。我们可以用浮力定律的发现来说明这一点。

中国古代有"曹冲称象"的故事，但是中国古代智者没有能通过深思而建立起浮力定律（浮力等于所排除的水的重量）。其原因，一是不重视逻辑推理，二是不重视定量化。浮力定律完全可以根据常识和逻辑推理出来：向船上不断增添重物，到一定程度，船就沉下去。根据逻辑，不难假设，船在水中受到一个浮力，当这个浮力小于船重时船下沉，反之则漂浮水上。接下来，假设将一个水球抛到水中，它在水中必然保持平衡，说明浮力等于其重量，而这个水球的重量也就是其所排除的水的重量。结论就是：浮力等于物体所排除水的重量。浮力定律的实质是把浮力精确量化了，并由此而普遍化了。在没有得出浮力定律前，人们只知道

---

① 本节摘自陆丙甫、蔡振光《"组块"与语言结构难度》，《世界汉语教学》2009年第1期。选入本书时，原作者做了适当的修改。

同样的船，只要吃水深度一样，船所载物体的重量也相同。得到浮力定律后，就进一步知道这些物体的重量都等于所排除的水的重量减去船身自重，得到了一个共同的比较标准——"所排除的水的重量"这个常量。

根据两个简单的心理学常量，即短时记忆和注意力的限度为"7"左右，注意力所关注的焦点不能超过4个，尽可能地运用推理，对一些语言现象从量化的角度加以解释。本节在 Lu（1991）[①] 和陆丙甫（1993）[②] "同步组块"设想的基础上，做进一步的发挥。

二 短时记忆限度对语言结构的普遍限制

（一）短时记忆限度作为一个常量

科学研究的主要目的是发现普遍规律，即发现共性。事物的个性、特性不过是共性规律的具体落实形式而已。只有现象才有个性、特性。规律、原理都以普遍适用为本质。发现共性的一个困难之处是，正因为它们普遍存在，无时不有，无处不在，我们反而往往"习焉不察"，如同空气和重力，反而显得比较隐蔽，需要一定的洞察力和比较详细的分析才能发现。

人类语言有许多共性，其中有一个不易觉察但实际上最基本的共性就是结构难度有一定的数量限制。但是，这个结构难度应该如何数量化呢？

---

① Lu, Bingfu, A comparison between English and Chinese parsing. *Proceedings of 1991 International Conference on Computer Processing of Chinese and Oriental Languages*: 270-275, Taipei, Taiwan, 1991.

② 陆丙甫《核心推导语法》，上海教育出版社，1993年。

第一节 "组块"与语言结构难度

根据认知心理学的研究，人类处理信息的基本计量单位是信息"板块"（Chunk），信息处理的过程是"组块"（Chunking）的过程。所谓一个"板块"，就是一个内部有组织的结构整体。但是，提出短时记忆和注意力限度理论及组块理论的 Miller（1956）[①] 在强调"板块"是人类信息处理基本单位的同时，也指出板块是个具有极大主观性的、不稳定的单位："我们通常能够把一个 20 个词组成的句子听过一遍之后加以复述。这句子包含多少单位？100 个字母？30 个音节？20 个词？6 个短语？2 个分句？抑或 1 个句子？我们可以知道它包含了大约 120 比特的信息，因为比特的定义独立于我们对句子的主观组织。但是板块的本质是它是人为的。例如，一个除了字母外对英语一无所知的人会认为这句子里有 100 个单位；但一个英语很好的人会认为这句子里只有 6 个单位。我们不能离开了听者去定义组织的单位。"Miller 正确地指出了板块的主观性，但夸大了这种主观性而完全忽视了板块的客观基础。事实上，研究语法通常以操本族语者的语感为基础。而英语的操本族语者对不需专门知识去理解的日常英语句子，处理方式应该是相当一致的，遵循一些共同的基本规律。这种一致性即蕴含着某种必然性，而必然性又蕴含着客观性。诚如 Miller 所指出的，一个英语很好的人会把上述句子处理成由 6 个短语构成的结构体。但是他没有细谈这些成分是如何得到、如何定义的。下面我们就来考虑这个问题。

[①] Miller, G. A., The magical number seven, plus or minus two: some limits on our capacity for processing Information. *The Psycological Review*, 1956, 63.

（二）组合过程中离散块的限度

我们平时理解句子的过程，并不是听完一个句子后再去进行分析，而是边听边组合的"组块"的过程。例如一个汉语母语者，处理下面这个句子时，脑子中每听到一个音节时脑子中要记住的"块数"如下这样地变化着：

(1) 我 们 今 天 下 午 讨 论 语 法 问 题。
     1 1 2 2 3 2 3 3 4 4 5 1

听到"下"时，脑子里需要记住三离散块："我们""今天"和"下"（接下去也可能是"下雨""下饺子"等）。听到"午"时，由于"今天"和"下午"可组成一个单位"今天下午"，脑子中要记住的离散块又变成了两块："我们"和"今天下午"。

这种边听边组块的过程中，脑子中记住的离散板块或高或低地不断变化，但是离散块数不会超过7块左右。我们的经验告诉我们这一点，并且这种经验也完全符合"短时记忆和注意力分配的限度""7左右"（7±2）。[①]

处理句子的过程中每时每刻脑子中记住的离散结构块不会超过7块左右，也就是说，如果超过了7块左右，那么一定要及时组块以减少块数。而所谓组块就是按照结构模式把一些（通常是连续的）离散块组成一个大块。由此可推知，语流中出现的结构

---

① "7左右"在我们认知中的特殊作用有许多表现。参见 Miller, G. A., The magical number seven, plus or minus two: some limits on our capacity for processing Information. *The Psychological Review*, 1956, 63。我们最近注意到的一个有关事实是：某些语言在语法范畴单数 singular、多数 plural 之外还有一个"少数 paucal"，而"少数"的含义是从2—6个。参见 Corbett, Greville G., *Number*. Cambridge: Cambridge University Press, 2000, p.22。

模式都不会超过 7 项左右的成分。①

当然,(1)所反映的处理语言信息的过程是最基本最简单的,实际过程比这要复杂得多。但是我们可以以这个基本过程为起点,不断去接近实际过程。在讨论如何接近实际过程之前,我们下面先进一步阐明这种处理过程中短时记忆所起的作用。

(三)切分结果的限度

以上是从"组合"的角度去分析的。现在我们换一个角度,从"切分"分析的角度去看。采用向心切分的方法可以保证任何结构体的"直属成分"都不会超过 7 块左右。

(2)向心切分:每层切分都在上一次切分得出的两个直接成分中的"核心部分"进行,以小句和短语为分析对象,切分到"词"为止。这个词就是小句、短语的核心(词)。切分所得出的成分,就是小句、短语的基本成分,即"直属成分"。

下面是传统的直接成分分析法和向心切分的区别。

(3)a. 直接成分分析法

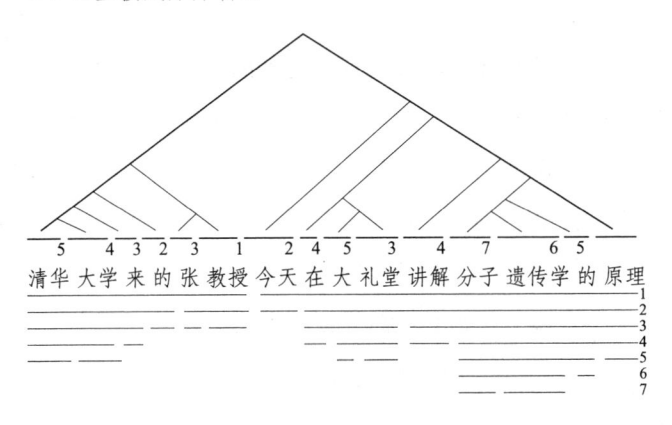

```
       5   4  3  2   1    2  4  5   3   4   7    6  5
      清华 大学 来 的 张 教授 今天 在 大 礼堂 讲解 分子 遗传学 的 原理
                                                              ——1
      ————————————————————————————————————————————————————————2
      ——————————————————————                                  ——3
      ———————                                                 ——4
                        ————                                  ——5
                                         —————————————————   ——6
                                                  ————————   ——7
```

---

① 陆丙甫《语句理解的同步组块过程及其数量描述》,《中国语文》1986 年第 2 期。

b. 向心层次分析法

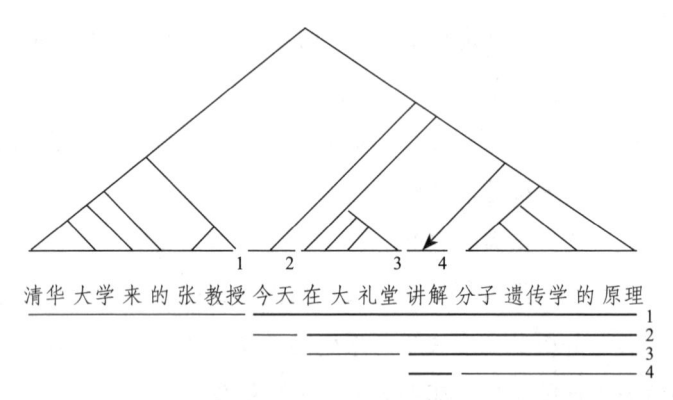

清华 大学 来 的 张 教授 今天 在 大 礼堂 讲解 分子 遗传学 的 原理

　　向着一个确定的核心切分，结构得到的成分必然是有限的，理由如下：

　　第一，短语和句子之所以能无限延长，是因为其中的核心在不断更换，如"……老师的老师的老师"和"张三告诉我李四认为王五说过赵六主张……"。既然无限扩展的条件是不断更换核心，因此，向着一个固定的核心部分单向深入的切分也必然是有限的。①

　　第二，不难发现，向心切分所得到的成分、所得到的单位，除一些语用功能性（虚词性）的单位外，都跟最后切出的核心词有直接的语义联系，②如施事—动词关系"清华大学来的张教授—讲解"，时间—动作关系"今天—讲解"，动词—受事关系"讲解—分子遗传学的原理"。在一个确定的核心词上不断添加直属从属语，后来的直属从属语必然离开核心词越来越远，但不可能无限

---

① 陆丙甫《核心推导语法》，上海教育出版社，1993年。
② 陆丙甫《直系成分分析法——论结构分析中确保成分完整性的问题》，《中国语文》2008年第2期。

远，因为距离越大，建立联系越困难。因此，虽然短语和句子可以无限延长，但是其直属成分的数目仍然是有限的。

事实上，我们发现使用这种向心切分，任何一个结构体的组成成分都不会超过 7 个左右。[①] 不仅句子结构是如此，名词短语也是如此：一个名词短语中跟核心名词语义上直接有关的定语也不会超过 7 个左右。7 个左右，这正好跟人类短时记忆和注意力的限度一致。可以说，这样切分所得到的结构模式反映了人类语言结构既严格受制于又充分利用人类认知机制的特点。

可以说，向心切分所得到的直属成分，就是语言结构中的板块。因此，语序现象既不宜用"词序"（Word Order）去命名，也不宜用"短语序"（Phrase Order）去命名，而用"成分序"（Constituent Order）去命名又失之空洞，最好的名称就是"块序"（Chunk Order），它至少告诉我们：任何一个语序结构体，内部的直接下属单位不会超过 7 个左右。

据董振东（1980）[②] 介绍，他在研发英中机译系统（即后来的译星）时，遇到一个问题，每个父节点下的子节点可以有多少。当时他随机地规定了不得超过 6 个，加上父节点自身共 7 个。董振东后来发现（个人交流），该系统在近 10 年的考核中，测试了真实文本中的上万的句子，从来没有遇到子节点有溢出 6 个的，除非是分析出错了。

（四）动态组合限度和静态切分限度的相关性

组块反映的语言处理的"动态"过程，而切分所得到的结构

---

① 陆丙甫《主干成分分析法》，《语文研究》1981 年第 1 期。
② 董振东《逻辑语义及其在机器翻译中的应用》，《信息科学》1980 年第 2 期。

模式反映了我们脑子中关于语法结构的"静态"存在形式。动态组块是跟信息的获取同步进行的,而静态分析是在听完整个结构后再回过头去进行的。两种处理虽然本质不同,但有密切联系。

静态切分的限度其实可以由动态组合的限度推导出来,因为动态组块过程要运用到静态的结构模式:只有那些符合结构模式的离散块排列才能组成一块。

两者都受到短时记忆限度的制约,但是具体内容不同。在静态的分析过程中,分出来的必然是直属成分。在动态的组合过程中,进入计算的单位不必都是直属成分,而是广义的离散块。直属成分都是离散块,而离散块不一定是直属成分。因此,我们能从离散块不能超过7块左右,即所有组合的瞬间都不能超过7块左右,推理出静态的结构成分也不能超过7块左右。换言之,可以从离散块不能超过7块左右,推导出直属成分也不能超过7块左右,既然直属成分都是离散块。

也可以换一个角度说,静态的结构模式又是对动态过程提炼的结果,或者说,是短时记忆限度对动态处理的限制的语法化。

短时记忆限度对人类的语言结构模式的影响,除了刚才所说的结构成分的最大数量限制外,还有一些其他方面的表现。下面逐一讨论。

三 语言单位结构难度的具体计算

(一)同步组块和结构难度

我们不妨采用"瞬时块数"和"平均块数"两个指标去衡量

句子结构体的"结构难度",即处理难度或感知难度。[①]

"瞬时块数"(Instant Chunk Number,ICN),指某一瞬间脑子中记住的离散句法单位(不包括暂时没有赋予意义的音节)的块数。瞬时块数不会超过 7 块左右。

"平均块数"(Mean Chunk Number,MCN),是平均每一时刻(每处理一个新单位时)脑子中记住的离散句法块数。我们认为 MCN 是衡量句子结构难度的最基本标准。

下面(1)a 是一个以语素为基本单位去计算瞬时块数和平均块数的例子。

(1)a. 我 们 今 天 下 午 讨 论 语 法 问 题。
ICN: 1 1 2 2 3 2 3 3 4 4 5 1
MCN=(1+1+2+2+3+2+3+3+4+4+5+1)/12=2.58
　　b. 我们 今天 下午 讨论 语法 问题。
ICN: 1 2 2 3 4 1
MCN=(1+2+2+3+4+1)/6=2.17

事实上,上面(1)a 所描述的那种组块过程还可以简化。我们并不是听完一个音节就处理的,也不是听完一个语素就处理的,实际理解过程很可能是每听完一个"韵律词"[②]才进行组块的。也就是说,听到"下"的时候我们通常不会去考虑它的意义,而只是把它当作一个暂时没有赋予意义的音节去记忆的(所谓"回声记忆")。根据"选择性干扰"(Selective Interference)的道理,可以把对音节的处理跟句法成分的处理分开来。所谓"选择性干扰",就是说同时执行两项任务时,两项任务的性质越相似,互

---

① 陆丙甫《核心推导语法》,上海教育出版社,1993 年。
② 冯胜利《论汉语"词"的多维性》,《当代语言学》2001 年第 3 期。

相干扰越大。而执行不同的任务,则干扰比较小。如我们可以一边做作业一边听歌曲,但是同时听两个歌曲或做两门功课就很困难。同样,处理音节内部、词内部的结构时,对处理句法结构干扰不大。因此我们可以用"词"为基本单位去计算脑子中记住的板块数目。

在句子理解领域,一般都认为我们大脑里有一个语音—词汇处理机制,还有句子处理机制;[①] 当我们读到一个字(如"下"),我们一般把它放在语音—词汇处理器里面,然后继续读下面的字(如"午"),并在词汇处理器里把这两个字组成一个词,提交到句子处理器里进行组块。当然,将一部分组块工作放到语音—词汇处理机制去处理,不是说词汇处理对整个处理过程的负担没有影响。事实上,两个过程肯定是互动的,而表达这种互动关系的方法之一是数量转换,如计算出词汇处理难度对句子处理难度的影响大小。由于我们暂时不知道短时记忆跟语音—词汇处理的关系,可以暂时把词汇处理过程忽略不计。

(1) b 就是以"韵律词"为基本单位的计量。这样,原来听到"下"时的数字 3 就可以跳过不算了。如果以建立在"音步"基础上的"韵律词"为基本句法组块单位,即使把"讨论"改为"讨论了"或者"不讨论",也不会影响句法组块:因为"讨论了"或"不讨论"仍然是一个音步。汉语音步有三种,单音节的"弱音步",双音节的典型音步和三音节的"超音步"。"讨论了"和"不讨论"都是超音步。当然,"看不起"这样的形式也毫无

[①] Frazier, L., Flores D' Arcais, G. B., & Coolen, R., Processing discontinuous words: On the interface between lexical and syntactic processing. *Cognition*, 1993, 47: 219-249.

疑问应看作一个韵律词。

语法学界一般认为"白的狗"是一个短语而"白狗"是一个复合词。前者更强调了"白"这个性质,具有新信息或对比信息的作用。可以设想,交际中处理由两个韵律词组成的短语"白的狗"比处理一个韵律词组成的复合词"白狗"困难,需要投入的脑力资源比较多。而这可以从组块计算上明确显示。"白狗"可以整个作为一块处理,而"白的狗"则是两块。我们不说"白狗"而选择说"白的狗"时,通常是强调"白的"这一性质,会念得比较重,因此,再加上其他的原因,"白的狗"不宜处理成一个韵律词,而宜处理成由两个韵律词"白的"和"狗"组成的短语。

又如,"喜欢不喜欢""担心不担心"等格式。由于汉语中2+2形式的四音节结构的优势作用,往往会省略成"喜不喜欢""担不担心"。比起其他省略后可能的四音节形式如"喜欢不喜""喜欢不欢""欢不喜欢"等,"喜不喜欢"这种格式有两个好处:一是保持了首尾不变而跟原来的五音节完整形式保持了最大的一致;二是由于"喜不喜"无法分析而可以放到语音—词汇处理机制里去处理,从而减少语法处理机制的负担。[①]也就是说,可以把整个"喜不喜欢"看作一个句法组块单位。

人脑语言处理机制显然分成不同的层次和部门,语言处理是

---

① 刘丹青《谓词重叠式疑问句的语言共性及其解释》(2008年,文稿)指出,汉语某些方言中有把"高不高兴"进一步简化为"高高兴"的。这里又提出一个问题,为什么不进一步简化为其他三个可能的三音节形式:"不喜欢""喜不欢"和"喜不喜"呢?这些形式被排除的理由都是很明显的。拿"喜不喜"来说,"喜"作为动词在现代汉语中不是独立的。另一方面,即使像"高不高兴"中的"高不高"是合格形式,但是同"高不高兴"意义完全不同。刘文对这种省略机制进行了更详细的说明。

个各部门机制协调合作的结果。这个过程中,各机制的分工必然有某种比较理想的均衡的比例。

(二)不同组块方式对结构难度的影响

下面例子说明对于同样的语段,不同切分和组块会影响到处理时感受的结构难度(也可称"感知难度")。

(4) a.【鲁镇 的 酒店】的 格局
　　　　1　1　1　　1　　1
MCN=5/5=1.00

b. 鲁镇 的 【酒店 的　格局】
　　1　1　 2　2　　1
MCN=7/5=1.40

(4)两个切分虽然有歧义,但两个歧义差别不大,不影响表达的逻辑真值。像"爱上了老板的秘书",不同切分导致的歧义就大了。实验证明,①人们更多地把它理解为一个名词短语[[爱上老板的]秘书],而不是动词[爱上[老板的秘书]]。从组块的角度来说,名词短语[[爱上1老板1的1]秘书1]的MCN=(1+1+1+1)/4=1,而动词短语[爱上1[老板2的2秘书1]]的MCN=(1+2+2+1)/4=1.5。正是由于这里分析成动词短语的难度大于分析成名词短语的难度,所以人们更倾向于把这种歧义结构理解为名词短语。

再看一个复杂一些的例子。用两分法分析,下面这个偏正结构有三种第一层次的基本切分。

(5) 南昌大学 中文系 语言专业丨研究生

---

① 张亚旭、张厚粲、舒华《汉语偏正/述宾歧义短语加工初探》,《心理学报》2000年第1期。

第一节 "组块"与语言结构难度

（6）南昌大学 中文系 | 语言专业 研究生
（7）南昌大学 | 中文系 语言专业 研究生

这些基本切分的下位层次上还存在多种切分的可能，因此，"南昌大学中文系语言专业研究生"可切分出五种结构层次：

（5）a. 南昌 大学 中文系 语言 专业 | 研究生

MCN=（ 1　 1　 1　 2　 1　 1）/6=7/6=1.17

b. 南昌 大学 中文系 语言 专业 | 研究生

MCN=（ 1　 1　 2　 3　 1　 1）/6=9/6=1.50

（6）南昌 大学 中文系 | 语言 专业 研究生

MCN=（1　 1　 1　 2　 2　 1）/6=8/6=1.33

（7）a. 南昌 大学 | 中文系 语言 专业 研究生

MCN=（ 1　 1　 2　 3　 2　 1）/6=10/6=1.67

b. 南昌 大学 | 中文系 语言 专业 研究生

MCN=（ 1　 1　 2　 3　 3　 1）/6=11/6=1.83

根据层次分析法,这五种切分都是符合要求的。根据组块计算,不同的切分所得到的平均块数 MCN 是不同的。可以看出(5) a 的感知难度最低,[①] 其组块形式的特点是只要能组块的地方就"及时组块"。也就是说,对于语句中既能同其前置成分直接结合又能同其后置成分结合的中间单位,降低处理难度的一个基本原则是先同其前置成分结合起来。及时组块反映了人类语言理解的即增性(Incrementality),即当一个词语被读到时,会立刻被合并到句子中去。[②]

事实上,及时组块可以解释人类语言处理的很多现象。例如在英语的很多特殊疑问句中,疑问词会被提前到句首,如 Who did John hit? 实验表明,前置的疑问词会被尽快地整合到句子中去,例如,尽快地把例句中的 who 理解为 hit 的宾语。[③] 从组块的角度来说,这是因为尽快地整合疑问词能够减少记忆中需要保留的块数。另外,人们为了能及时组块,有时可以违反语言的其他制约。

[①] 静态切分的选择,也许跟动态的切分选择不同。并且静态切分的选择,各人语感不同,很可能选择(6)的人最多。这里也许第一次切分所得到两部分的长短匀称,也是因素之一。节律匀称也是句法处理的一个因素。根据 Fbdor, J. D. 内隐韵律假设(Implicit Prosody Hypothesis),人们在进行韵律组合时,会把词语组合成长度相似的韵律组。参阅 Fbdor, J. D., Learning to Parse? *Journoal of Psycholinguistic Research*, 1998, 27: 285-319. 静态切分跟动态组块对层次结构的选择不同,这个差异本身值得研究。

[②] Clifton, C., Traxler, M. J., Mohamed, M. T., Williams, R. S., Morris, R. K., & Rayner, K., The use of thematic role information in parsing: Syntactic processing autonomy revisited. *Journal of Memory and Language*, 2003, 49: 317-334.

[③] Stowe, L., Parsing wh-constructions: evidence for on-line gap location. *Language and Cognitive Processes*, 1986, 1: 227-46; Frazier, Lyn, & Giovanni B. Flores D' Arcais, Filler-driven parsing: a study of gap filling in Dutch. *Journal of Memory of Language*, 1989, 28: 331-44.

第一节 "组块"与语言结构难度

例如，研究发现，在像 After the child sneezed the doctor prescribed a course of injections. 里，虽然 sneeze 是一个不及物动词，但是句子理解机制为了及时组块，会把 the doctor 理解为 sneezed 的宾语。[①]

及时组块的效果，打个比方，如同日常生活中"不要拖拉"的策略一样，把能够及时处理掉的事情尽快处理掉，就可以减少记住它的心理负担。

根据傅思泉（2005）[②]，一个 N 项的连续偏正结构，如"我国 南方 各省 丘陵 地区 粮食 产量 概况"等，最多的组合可能是：

(8) $P_n = \dfrac{2^{n-1}(2n-3)!!}{n!}$ （n>1）

其中 P 为排列，n 为词语数。当只有两个词语时，排列只可能有一种，而：

$P_3 = \dfrac{2^{3-1}(2*3-3)!!}{3!} = \dfrac{2^2(3)!!}{3!} = \dfrac{4(3*1)}{3*2*1} = 2$

$P_4 = \dfrac{2^{4-1}(2*4-3)!!}{4!} = \dfrac{2^3(5)!!}{4!} = \dfrac{8(5*3*1)}{4*3*2*1} = 5$

$P_5 = \dfrac{2^{5-1}(2*5-3)!!}{5!} = \dfrac{2^4(7)!!}{5!} = \dfrac{16(7*5*3*1)}{5*4*3*2*1} = 14$

$P_6 = \dfrac{2^6*(9)!!}{6!} = \dfrac{32(9*7*5*3*1)}{6*5*4*3*2*1} = 42$

$P_7 = \wedge\wedge = 132$ $P_8 = \wedge\wedge = 429$ $P_9 = \wedge\wedge = 1430$ ……

[①] Mitchell, D. C., Lexical guidance in human parsing: Locus and processing characteristics. In Coltheart, M. (Ed.), *Attention and Performance XII: The Psychology of Reading*. Hillsdale, NJ: Erlbaum, 1987, pp.601–618; Van Gompel, R. P. G., & Pickering, M. J., Lexical guidance in sentence comprehension: A reply to Adams, Clifton, and Mitchell (1998). *Psychonomic Bulletin & Review*, 2001, 8: 851–857.

[②] 傅思泉《语句感知难度的层次分析佐证》，《南昌大学学报》（人文社会科学版）2005 年第 1 期。

当有9个名词组合成偏正结构时,居然有1430种可能潜在层次。并且,第一层的切分中,似乎没有充足的理由排除多分,如"南昌大学丨中文系语言专业丨研究生"这样的切分。如果把这种多分也算进去,可能的切分就更多了。组块计算为选择理想的切分提供了一个比较客观的标准。由此也可见及时组块具有减少我们处理选择的巨大功能。

（三）语序变换对结构难度的影响

我们以下面的例子来说明语序变换对结构难度的影响。

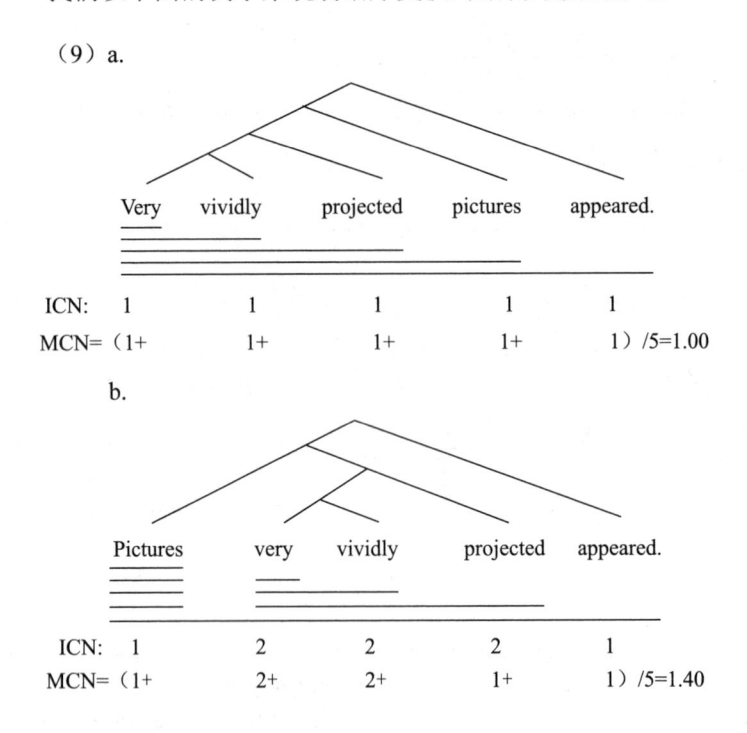

（9）a.

Very vividly projected pictures appeared.

ICN: 1　　1　　1　　1　　1
MCN=（1+　1+　1+　1+　1）/5=1.00

b.

Pictures very vividly projected appeared.

ICN: 1　　2　　2　　2　　1
MCN=（1+　2+　2+　1+　1）/5=1.40

c.

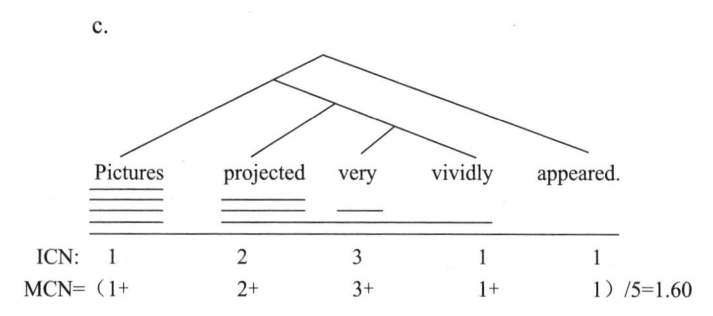

```
                    Pictures  projected  very  vividly  appeared.
           ICN:        1          2       3       1        1
           MCN=      (1+         2+      3+      1+       1)/5=1.60
```

既然同样的内容用不同语序表达,处理的难度不同,那么,在其他一切相同的情况下,自然语言应该选择比较容易处理的语序。其实,这就是以清通为目的的"消极修辞"的一个动因。组块计算为消极修辞的分析提供了一种量化形式。

下面进一步用组块计算来分析自然语言中普遍存在的一些语序调整策略。

(四)自然语言中"大块置前"的语序策略

下例我们用一个排除具体语义干扰的抽象计算,显示将体积大的板块前移也能降低平均难度。

(10) a. 他 为了 解决 机器 翻译 问题 努力地 研究 语言学
　　　 1   2   3   4   4   2   3   4   1
　　MCN = 24 / 9=2.67

　　b. 为了 解决 机器 翻译 问题,他 努力地 研究 语言学
　　　 1   2   3   3   1   2   3   4   1
　　MCN = 20 / 9=2.22

我们可以用抽象的方式来表明大块前移降低平均难度的一般原理:

(11) a.(ABC)　(DE)　(F)……
　　　 1 2 1　 2 2　 3　　MCN=11 / 6=1.83

b.（DE）　（ABC）　（F）……
　1 1　　2 3 2　　3　　　MCN=12 / 6=2.00
c.（F）　（DE）　（ABC）……
　1　　　2 2　　3 4 3　　MCN=15 / 6=2.5

由三个直属板块构成的语句片段，如像（11）a那样将最大的三词块置于句首，并将最小的一词块置于最后，则可获得最低的平均难度。相反，像（11）c那样将三词大块置于最后而将一词小块置于最前，平均难度最高。这个结果跟前面"南昌大学中文系语言专业研究生"的最佳切分结果是一致的，都是把最大一块置于最前面。

以上对抽象语段的计算是一种尽可能排除其他因素干扰而加以理想化、单纯化语义的处理。这也是科学研究中常用的手段。

（五）超前残缺组块

原则上一个上位块的所有直属下位块都出现后才能组成这个上位块，但这个规则其实是无法贯彻到底的。如下面这个语句的宾语可以无限扩展下去，由于宾语一直没完全结束，所以它的组块一直不能完成，即宾语这一块始终得不到封闭。下图（12）a所代表的数字就反映了瞬时块数很快超过10块并可无限上升的情况。

(12) 张三 昨天 悄悄 说 李四 确实 知道 王五 认为 赵六 曾经 主张……
　a.　1　2　3　4　5　6　7　8　9　10　11　12
　b.　1　2　3　4
　　　　　　→[1] 2　3　4
　　　　　　　　　　→[1] 2　3
　　　　　　　　　　　　　→[1] 2　3　4

但实际上,处理这种句子的宾语时,听者不必等宾语出现就可以先行组块,这个过程可以用(12)b中调整后的瞬时难度数字表示。(12)b表示,听到"说"时,听者就会根据语境或者读音的细微迹象,① 知道后面会出现一个宾语从句,于是把前面不完整的句子组成一块,接下去可以全力投入后面从句的处理。

并且,这个提早组成的、宾语残缺的主句,在进入处理后面从句的时候可以不必在停留的短时记忆中(至少不在短时记忆的同一个层面中)。也就是说,听者不必记住前面所有的词语,是允许边听边忘的,忘记前面的部分内容并不影响后面部分的理解。我们可以把这种边听析边遗忘的过程用(12)b中调整后的瞬时难度数字表示。

听析者听到"李四"时,即进入宾语子句时,他意识到母句由"张三""昨天""悄悄""说"和宾语"李四……"组成,于是他可以在宾语尚未完成的情况下将母句组成一块加以封闭,这用箭头后的[1]表示。此时他需记住两块:基本完成但未完全结束的母句"张三昨天悄悄说"和子句内的"李四"。也就是说,一个结构块的内部成分可以在"基本结束"的情况下得以"超前"组成一个有所残缺的板块。在语流节奏上,说话者会在"说"和"李四"之间做相当于复句中分句间那么大的停顿,让听者有充分的时间将"张三昨天悄悄说"组成一块而把"李四"纳入下一个组块过程。当进入再下一层子句的"王五"时,可以只记住直接母句"李四确实知道"和"王五"两块,而把更上层的母句"张

---

① "说"后的停顿是重要的线索。如果"说"的宾语是个名词短语,停顿很小;停顿稍微大些,就预示后面有个比较复杂的宾语,不是长名词短语就是宾语从句。

三昨天悄悄说"从短时记忆中退出，化解融合进语境意义之中。再下去的过程也是如此。

当然，在超前组块的转折点处，我们把瞬时块数安排为[1]，只是一种假设。重要的是这些转折点处的瞬时块数应该是一样的，即为一个常数 C，因为我们听到这些转折点处时，记忆负担是基本相同的。我们也可以假设这个常数是 0；重要的是要在语料分析中保持一致，这样才能互相比较。转折点处的瞬时块数究竟是多少，也许需要用一些心理学实验才能得到比较可靠的数字。

因此，虽然语法上的静态切分应将上面的例句分成"张三""昨天""悄悄""说"和"李四确实知道王五认为赵六曾经主张……"5块，这反映了某种普遍、稳定的结构模式"主语·时间状语·方式状语·动词·宾语"；但一般人直觉的切分显然是分成"张三昨天悄悄说""李四确实知道""王五认为"和"赵六曾经主张"4块，这反映了动态的信息处理过程。

超前组块现象可用心理学中的"完形理论"（Gestalt Theory）加以解释。根据完形理论，想象力能够根据各个组成部分推测出一个大于各部分之和的整体，即根据各个部分想象出整体中残缺的部分。如根据连续接近的一个个小点，很容易被想象成串在一根线上的点，这实际并不存在的"虚线"就是想象中添补出来的。又如多边形中少掉的一条边也是很容易被想象出来的。同样，少掉一个下位块的语言结构也是容易通过想象组成一块的。如同我们的想象通常只能给残缺多边形增添一条虚边一样，我们通常也只能在多项式残缺一个下位块的情况下去提前组块。

但也可能超前组块不限于发生在"残缺一块"的情况中。上文说到，语法结构体由一个核心词加上不超过 7 个左右的从属成分构成。其中真正重要的是核心和各从属语的关系。如（3）这个句子中的施事—动词关系"清华大学来的张教授—讲解"，时间—动作关系"今天—讲解"，动词—受事关系"讲解—分子遗传学的原理"。那些中间过渡性的层次如"谓语"（今天在大礼堂讲解分子遗传学的原理"，比谓语小的"在大礼堂讲解分子遗传学"等并不重要。① 也许只要有核心出现，就能跟从属语，特别是论元从属语组块。证据之一是主语和谓语动词在语义不一致在动词这里就可以被意识到，如"书本吃了……"。尽管如此，"残缺一块"条件下更容易超前组块，或者说组成的是整合程度最高的"非完整块"。

（六）滞后超载组块

跟超前残缺组块相反，还有一种值得研究的情况是后一块的成分提前组合到前一块中。"每天看本书"，语法切分是"每天｜看｜本书"，节律切分是"每天｜看本｜书"，后者可以说反映了一种"表层节律组块"。理想的状况当然是两种组块互相一致，但是不一致总有其规律和动因，也需要分析研究。

"看"如果跟"本"组成一块，从"看"来看，本来是独立的一块现在要等后面的"本"出来才组块，组块的结果是拖进了语法上跟它无直接关系的"本"，可以说是滞后超载组块。

王洪君（2002）② 注意到，语法上跟其后置单位结合的轻读成分，即轻读前置单位，往往要在韵律上"跨界"而跟其前置单

---

① 陆丙甫《直系成分分析法——论结构分析中确保成分完整性的问题》，《中国语文》2008 年第 2 期。

② 王洪君《普通话中节律边界与节律模式、语法、语用的关联》，载《语言学论丛》第 26 辑，商务印书馆，2002 年。

位组成一个韵律单位,但是如果这些轻读单位因强调而重读的话,跨界就不会发生而出现"重前设界"的情况,如:

(13) a. 通常弱读跨界:(我把)(那辆)|(飞鸽车)|(放车棚)了。
   b. 重读不跨界:(我把)|(**那辆**)(飞鸽车)|(放车棚)了。
(14) a. 通常弱读跨界:(走出来)(一位)|(科学院)(院士)。
   b. 重读不跨界:(走出来)|(**一位**)(科学院)(院士)。

其中圆括号表示基本韵律单位"音步",竖线表示上一级韵律单位"停延段"(其他论著中也称为"韵律短语""意群""呼吸群"等,是介于音步和语调短语之间的一个节律单位)的边界。我们注意到,这些跨界向前归并的情况中,跨界成分大多是能够代表整个后置单位句法特征的成分。如"把"预示了整个"把"字结构,"那辆"和"一位"也都明显告诉后面是个名词短语。

根据(13)a,"我把"可以组成一块,"那辆"也可以组成一块,并且"那辆"轻读时,这两块在一起可以组成"我把那辆"组成一个大块。这可能跟信息量有关。假设一个板块需要足够的信息量才具有足够的独立性,轻读单位因为信息量少而容易归并到其他板块中。但是下面这个现象还有待于进一步解释。

王文强调了跨界都是前置的轻读单位,如"我把"中的"把"。但王文没有明确说后置成分不可能有跨界的情况。根据我们的观察,后置单位不会因为节律环境向后归并而跟其前置单位脱离,这是一条语言共性。如"是 X"这个动宾结构中"是"是前置单位,这个"是"可能因为节律环境向前归并而跟其宾语脱离,"都是""凡是""就是""还是"本来是"状语 + 是"结构,其中"是"原本是后面成分的前置系词,在现代汉语中都已经归并到前面的副词构成一个单位了。又如"在 X 中"的"在"是前置单位,"中"是后置单位,所以"在"可能归并到前面去,如"战斗在丨敌人心脏中",而"中"绝对不会发生跟"X"分离的情况。这在人类语言中是条普遍规律:前置虚语素跟其后置部分关系松散,常可分离;而后置虚语素跟其前置部分关系紧密,无法分离。例如前置词可以跟其宾语脱离而形成"前置词悬空"现象(如 What are you looking for 中的 for),但是后置词绝对不会出现悬空现象。现代汉语修饰关系标志"的"是后置性的,因此不会跟其前置成分分离,但是古汉语修饰关系标志"之"是前置性的,所以容易跟其后置成分分离,如"马之丨日行千里者"(比较"北国丨之春"或"北国丨之春天")。"的"似乎有个例外,"的话"中的"的"似乎已经跟其前置单位分离而跟"话"结合了。但是整个"的话"仍然跟其前置单位结合紧密。这种情况,与其说"的"跟其前置单位分离,还不如说"话"因为缺乏独立性而往前靠跟"的"组成了一个单位。因此,"战斗在敌方心脏中的特工人员",只能是"战斗在丨敌人丨心脏中的丨同志",而不大可能是"战斗丨在敌人丨心脏丨中的同志"。

吴为善(2006)[①]从大量节律不对称现象中注意到"前松后紧"的倾向:处在"重音"之前的成分具有相对的独立性,处在"重音"之后的成分具有极强的粘附性。也就是说,"轻读成分"前置时跟后置成分结构松散而后置跟前置部分结构紧密。这里的所谓前置、后置是以"重读"的成分为定位标准的。前置成分的跨界现象,也是"前松后紧"的一个引申。轻读前置单位在组块中向前归并,

---

① 吴为善《汉语韵律句法探索》,学林出版社,2006年。

就形成了其前面成分的滞后超载组块现象。

端木三（2000）[①]也在以后研究的基础上，进一步论证了所有语言的音步都应该分析成重拍起首的。柯航（2007）[②]注意到乐曲中节奏的划分都建立在"强弱"或"强弱弱"等强拍起首的节拍的基础上，强拍起首的段落才有较大的完整性。韵律上"强弱"节奏的完整性，可能是轻读单位的跨界都是向前归并的解释。

可能还有另一个动因，那就是通过归并后一语法块的一个能代表整块语义、语法特点的前置成分，向听话者预告了后面板块的性质。

（七）自然语言中"大块置末"的语序策略

根据可以残缺一个下位块而超前组合上位块的现象，那么，很自然地，将最大的下位块移到语句末端就能使上位块尽早地在"基本完成"的情况下提前组合，从而减少语句听析的感知难度，这正是（15）中所显示的情况。因此可说超前组块的具体落实形式是"大块置末"。

(15) 他 昨天 下午 在 图书馆 里 给了 我 这 两本 很 有趣的、
 a. 1 2 2 3 4 3 4 5 6 7 7 8 8 8
  关于 猩猩 学习 语言 的 书。
    9 10 11 9 9 1
 MCN = 117 / 20 = 5.85
 b. 1 2 2 3 4 3 4→［1］2 3 3 4 4 4
   5 6 7 5 5 1

[①] Duanmu, San, *Phonology of Standard Chinese*. Oxford: Oxford University Press, 2000.

[②] 柯航《现代汉语单双音节搭配研究》，中国社会科学院研究生院博士学位论文，2007 年。

MCN = 73 / 20 = 3.65

通过残缺一块的超前组块,平均难度从 5.85 降为 3.65,没有超过 4 这个敏感点。

在汉语句子格局中,最复杂的成分,如直接宾语和补语,往往居于句末,这种安排显然是便于句子的超前封闭、组块的。英语对于这种大块置末的策略使用得更多,这就是所谓"重名词移位"(Heavy NP Shift)。在汉语中大块置末主要落在基本句型中,而在英语中,它还可以进一步运用于语序的临时变换。英语句子的宾语后还能出现种种状语,不像汉语的后置宾语那样严格地限于出现在句末,但是,如果宾语是个句子形式,则这个子句宾语后很难再跟直属母句的状语。并且,英语还广泛地使用 that、which 这类指示子句的标记,它们能够明确地提示听析者对母句做超前封闭。所以,英语中对超前组块的运用比汉语更广泛。

当然,名词短语做宾语和句子形式做宾语,运用超前组块的情况有所不同。句子形式做宾语时,尤其是核心动词为必带子句宾语的动词如"认为""主张"等,超前组块的启动是自动的,不论这个子句是长是短。而名词短语做宾语时,超前组块的运用不是自动的和必然的。一般来说,宾语不是很长就不必超前组块。名词宾语句中超前组块的运用,在口语中,同这个宾语前的停顿大小有密切联系;在书面阅读时,很可能同宾语跟核心动词是否落在同一个"注视域"(Fixation)有关,宾语如果长到不能跟核心动词落在同一注视域,就要自成一组块过程而将前面部分超前封闭。此外,还跟具体句子的结构难度有关。

"大块置末"和"大块置前"似乎仅仅是对称的镜像关系,

其实不然。除了前后位置不同外，还有一个重要的区别，"前"不限于起首位置；虽然把大块放到起首位置效果最明显。"大块置前"和"大块置末"除了在组块上的效果外，还有减少核心跟其他从属成分之间的干扰。① 此外，两头位置都因为没有前面材料或后面材料的干扰而便于处理。②

四 从"7"到"4"

近年来的心理学研究证明"4"左右（4±1）是一个敏感点：③当脑子里记住的离散块超过了4块时，处理后面的材料时难度就急速增加。④ 如人们在分段记忆电话数码时每段不能超过3—4个数字，例如10位数目可能分成344或443三段，绝对不会分成表面上对称的55两段结构。⑤ 当人们记住五位一段数码时，处理后面数码的能力就大大降低。我们注意到，4左右的确也是反映

---

① 陆丙甫《核心推导语法》，上海教育出版社，1993年。

② 还可以从另一个角度去观察。语言作为人类行为的微观行为，跟人类宏观行为有许多相似之处，例如语法化就可以看作一种"礼仪化"等。"大块置首"和"大块置末"也犹如我们把一天中最难做的事情安排在第一时间或者最后去做。前者的好处是处理时精力充沛；后者的好处是在其他工作都完成后，可以在没有后顾之忧、不需要保留体力脑力资源的条件下去全心全意集中精力做。

③ Cowan, Nelson, The magical number 4 in short-term memory: A reconsideration of mental storage capacity, *Behavioral and Brain Sciences*, 2000, 24: 87–185.

④ 不妨打个比喻。一个人的正常食量是4个馒头，吃2个、3个感到差别不大，但过了4个，再多吃1个就很困难。这个正常食量就是敏感点。

⑤ 周韧先生向笔者指出"4"的一个有趣现象：现代汉语的概数表达方式可以是1—10之间的任何两个连续的数字连用，如"一两个人""七八个人"，但唯一可以跨越的连续数目是3和5，如"三五个人"，其中被跨越的中间值是4。

句子结构难度的一个敏感点：平均结构难度不到 4 和超过 4 的语段，在难度感觉上会有明显的差别，如下面例子所示。

（16）a. 他 是 我 中学 里 就 认识 的，后来 和 我 一块儿 在 农村
　　　　 1 2 3   4   4 5   3   3   4   5   5   5   6 6
　　　　插队，现在 又 在 同一个 大学 教书 的 朋友。
　　　　 4   5 6 7 8   7   5 5 1

MCN ＝（1+2+3+4+4+5+3+3+4+5+5+5+6+6+4+5+6+7+8+7+5+5+1）/ 23=104 / 23=4.33

　　　b. 他 是 我 中学 里 就 认识 的 朋友，后来 和 我 一块儿 在
　　　　 1 2 3   4   4 5   3 3   1   2   3 4   3   4
　　　　农村 插队，现在 又 在 同一个 大学 教书。
　　　　 4   2   3 4 5   6   5 1

MCN＝（1+2+3+4+4+5+3+3+1+2+3+4+3+4+4+2+3+4+5+6+5+1）/ 22=72 / 22=3.27

范继淹（1984）[①] 认为多项 NP 句的项目限度是 4，"大于 4 在句法上很难安排"。该文中他所收集的多项 NP 句中，的确也没有动词前有超过 4 项的。

王洪君（2002）[②] 也指出，汉语基本节律单位"音步"和由音步组成的"停延段"的长度限制都是"二常规，三可容，一四受限"。也就是说，常规音步是 2 个音节组成的，常规停延段是由 2 个音步组成的；最大的音步是 4 个音节，最大的停延段是 4 个音步。初敏等（2004）[③] 也通过对 1000 个句子的多遍发音的语

[①] 范继淹《多项 NP 句》，《中国语文》1984 年第 1 期。

[②] 王洪君《普通话中节律边界与节律模式、语法、语用的关联》，《语言学论丛》第 26 辑，商务印书馆，2002 年。

[③] 初敏、王韫佳、包明真《普通话节律组织中的局部语法约束和长度约束》，载《语言学论丛》第 30 辑，商务印书馆，2004 年。

料的分析，证实了这一点。这个现象跟记忆电话号码时每段不超过四位数字，也许有很大的相关性。

最后，"4"对语言结构的普遍影响也表现在，人类各种语言的句子结构中，组成句型的"句型成分"（不可缺少的成分），都不会超过4个。人类多数语言都有由主语、动词、宾语再加上一个间接宾语或补语（如SVOO或SVOC）组成的基本句型。句子主要成分保持在4块之下，我们才能比较游刃有余地处理其他附加成分如状语等。

Pesetsky（1995）[①] 指出，所有语言中，一个动词可以带的论元不会超过4个。他举的带4个论元的例子是：

（17）Sue bet [John] [$500] [that the world end on Tuesday].
（18）Bill wagered [me] [a day's pay] [that the world would end on Wednesday].
（19）Mary sold [her car] [to John] [for $500].

至少带有4个论元是非常罕见的，在英语中也限于"打赌""买卖"类动词中的少数，在汉语中就不容许，上述句子在汉语中从结构上很难直译。（17）意译成汉语就是"苏跟约翰打赌500元，说世界将在星期二结束"或者"苏认为世界将在星期二结束而跟苏打赌500元"等，都要变成两个句子才行。（19）意译成汉语可以是"玛丽以500元把自己的车卖给约翰"或者"玛丽以500元向约翰卖了自己的车"，其中的"以500元"一般认为是状语。

类似的例子还有，包饺子的事件牵涉到的名词成分，除施事

---

① Pesetsky, David M., *Zero Syntax: Experiencers and Cascades*. Cambridge, MA: MIT Press, 1995.

外,还有原料"外包物"饺子皮、"内容物"肉馅和"结果"饺子等。四类成分可以组成各种句型,[①]如"精白皮子包羊肉馅""精白皮子包饺子"等,但是,当这四类成分共现时,只能落实为三类,把外包物和内容物合并为"工具、原料",以状语而不是论元的句法身份出现,如"我用精白皮子和羊肉馅包饺子"。

论元和非论元的区别,显然有心理现实性。Speer 和 Clifton（1998）[②]发现识别做论元的介词短语快于识别做状语的介词短语。当一个介词短语既可理解为论元又可理解分析为状语时,处理者倾向于把它作为论元理解。[③]如果把论元看作能够最快速、有效处理的成分,那么以上现象至少能够说明句子中能够最快速、有效处理的成分不能超过 4 个。

关于"4"和"7"在人脑信息处理中的特殊地位,有许多表现,如刘云（2003）[④]统计了《人民日报》1993—1996 年及 1998 年上刊登的 23 042 篇文章的篇名,发现三音节的很少（120）,但四音节的突然非常多（1131）,五音节的又少下去（688）,六音节的也少（730）,但七音节的又非常多（1984）,八音节又少下去（1553）。其中的机制也许很复杂,但看来跟 4 和 7 这两个数目的特殊性或多或少有些联系。

就组块来说,"4"左右对语言结构的限制表现在,在一些可以组合也可以不组合的场合,如果当瞬时块数超过 4,听话者

---

① 史有为《包装义动词及其有关句型》,《语言教学与研究》1986 年第 4 期。
② Speer, S. R. & Clifton, C. J., Plausibility and argument structure in sentence comprehension. *Memory and Cognition*, 1998, 26: 965-978.
③ Schutze, C. & Gibson, E., Argumenthood and English prepositional phrase attachment. *Journal of Memory and Language*, 1999, 40: 409-431.
④ 刘云《汉语的七音节篇名》,《语言文字应用》2003 年第 2 期。

就倾向于组合以减少急速上升的记忆负担。脑子中块数很少,可组可不组时,即没有把握时,不妨暂时不组块,到4块后,可组可不组的临时性歧义结构就倾向于组合。

说到底,语言自然理解的根本问题就是及时组合和延迟组合之间的平衡。及时组合减少负担,但是也就忘记了组合内部的细节;延迟组合有更大的把握得到正确组合,但是会增加记忆负担。两个策略的平衡,跟"4"这个临界敏感点有关:将到这个临界点时就优先考虑组合,离4很远时就优先采用延迟组合。

前面说过"南昌大学中文系语言专业研究生"这个结构,组块最轻松的切分是"南昌⁴大学³中文系²语言³专业¹研究生",平均难度为1.17;而组块最难的切分是"南昌²大学¹中文系²语言⁴专业³研究生",平均难度为1.83。不过,实际上由于离开4都很远,处理者对其差别可能并不敏感。同样,Very vividly projected pictures appeared 等三个变体,结构难度都离4很远,因此可能在感觉上不明显。但是,放到更大的语境中,如前文的平均难度已经快到4,则它们之间细微的差别也可能对实际所感知到的难度产生明显的影响。

下列现象也许跟4有一定相关性。下面这条语言共性都跟数量限制有关:[1]

(20)语法计数不可能超过"二",也就是说,不可能有一种形态—句法操作会用"第三个位置""第四个位置"等表达去定义。

迄今所指的语言现象,都支持这条共性。如汉语中话题通常

---

[1] Newmeyer, Frederick, *Possible and Probable Languages: A Generative Perspective on Linguistic Typology*. Oxford: Oxford University Press, 2005.

居于句首第一个位置。在所谓的动词第二（Verb-second）语言中，如德语，限定动词总在第二个句法位置。在 SVO 语言中，直接宾语在动词后第一个位置，间接宾语在动词之后第二个位置，并列连词 and 和"和"通常在并列名词短语内的倒数第二个位置……

如果以句首和句末为定位参照点的话，那么就有 4 个比较敏感的位置：句首位置、句首第二位置、句末和句末倒数第二位置。加起来正好是 4 个。

当然，如果把核心成分也看作一个参照点，在 SVO 语言中，根据上述共性就有 9 个在操作中能够轻松定位的句法位置：除靠句首、靠句末 4 个位置外，还有核心动词，动词前、后各有第一、第二位置。在 SOV、VSO 等语言中，这样的位置当然有 6 个。这方面又显示了跟"7 左右"的某种联系。

五　结语：组块作为普遍适用的起点

上述关于控制结构难度的处理，实际上也就是消极修辞的量化问题，即句子清通程度的计算问题。

当然，组块计算中有许多细节有待进一步具体化和精确化，下面列举一些跟语句处理难度有关的其他因素。这些有关因素如何量化，是改进组块计算的重要途径。

首先一个问题是怎样对虚词和实词做不同的处理？虚词作为语法标记，一般都有降低处理难度的功能。只要把它们的增加的块数看作 0，但是在计算平均块数时作为 1 算进除数，就能降低平均难度。① 但虚词实际上降低难度的效果恐怕还超过这种算法。比较：

(21) a.我们 明年 五月 第二个 星期 要 举行 一个 有关的 会议。
ICN： 1　　2　　2　　 3　　 2　 3　4　 5　　6　　 1
MCN=29 / 10=2.90

　　b.我们 在 明年 五月 第二个 星期 要 举行 一个 有关的 会议。
ICN： 1　 2　 3　　3　　 3　　 2　 3　4　 5　　6　　 1
MCN=33 / 11=3.00

语感告诉我们，(21) b 由于增加了一个"在"字，听话者听到"在"就明确知道进入了一个状语，这便于后面的处理，应该能减少结构难度。但是计算的结果跟我们的语感不符合。通过何种计算方式来反映我们的这种语感，既是一个理论分析的问题，也是一个需要通过实验来研究的问题。很可能虚词和实词在大脑中是由不同的部位处理的，那就要寻找另外的计量办法。

其次，"非连续成分"如何处理？如在"今天我们下午……"这个语段中，按照常规听到"下午"时的瞬时块数是 3。但"今天"和"下午"毕竟有潜在的整体—部分关系，这多少会减少一点儿难度。例如，我们可以假设此时的难度是 2.5 等。当然，最终应该通过实验找到具体减少的程度。很多虚词（虚语素）都有"非连续成分"的性质，如动词一致，语义上跟可能离动词很远的主语发生关系。

进一步看，所有句法上的非连续成分，虽然彼此没有直接联系，可各自看作一个离散块，但毕竟都处在同一个语境下，或者

---

① 陆丙甫《核心推导语法》，上海教育出版社，1993 年。

说语义场中，因此必然有某种松散的联系。这种联系是如何减少记忆负担的？是否有精确化的可能？换言之，可以设想整合程度不同、不同层面的块，再进一步研究它们之间的关系。当然，句法块是最基本的，事实上也是最容易明确的和研究最多的，可以以此为参照点去处理其他组块形式的量化问题。

此外，所谓歧义结构或包含临时性歧义的"花园路径"（Garden Path）结构，当然会增加处理难度。关于这类结构的处理有大量的研究。把有关研究的成果量化成具体的结构难度，也是一个很有意义的课题。

心理学的研究证明，处理否定句比处理肯定句难，处理被动句更难。这种结构因素如何量化？其量化方式肯定跟仅仅增加一个否定词或者被动标志的组块方式是不同的。

语义、句法和韵律的关系对组块过程肯定也有影响。例如，所谓"词"，可以分词汇词、语法词和韵律词。很可能当三者一致时，组块比较容易，而三者不一致时，组块就稍微难一些。如何把这个因素量化成处理难度，又是另一个可做的课题。

不管细节如何不成熟，就语言结构的结构难度是可以量化的这一点，应该是没有问题的。并且，我们可以把组块所反映的结构难度当作计算全部结构难度的一个基础和起点。因为它最容易量化，并且具有普遍性。有许多影响到结构难度的因素并不具有普遍性，如歧义结构或"花园路径"句子，就没有普遍性，因为一般句子在处理过程并没有歧义。

并且，基于组块的结构难度计算仅仅是语句实际处理难度的一部分。具体语句的处理难度，还牵涉到许多因素，但是这里描写的结构难度可以作为一个普遍适用的起点。在这个基础上，可以不断增加对其他因素的考虑。例如，一个人对所处理语料的熟悉程度当然会影响到实际的处理难度。但是熟悉程度在很大程度上也能通过组块表现出来。例如"南昌大学中文系语言专业研究生"这个例子，在一定的语境下，如讨论各地大学语言专业研究生的培养问题，听者可能听到"南昌"就知道后面是"大学语言专业研究生"，也就是听了个头就知道尾，那么，所有中间这些组块过程就可以省略，可以直接把整个复合长词组当作一个词去处理，处理整个句子的组块构成中平均块数就可以因此而减少。至于听到一个词就知道后面整个句子的情况，整个句子的结构难度也就成了 1。抽象地说，一个语言单位 [N……M]，如果听到 N 时有 n 个离散块，在 M 没有出现之前，很可能要经历比 n 大的阶段。如果能够直接预见到从 N 到 M 的内容，那么，比 n 大的阶段都可以跳过了，这当然能够降低瞬时结构难度以及平均结构难度了。事实上，熟悉程度和预测能力，很大程度上就反映在处理单位的扩大上。总之，听话者对所听内容的熟悉程度和预测能力能够降低处理难度这一事实，也能通过组块计算得到明确的表达。

认知心理学研究表明，人们可以根据已有句子片段预测将要出现的词语。[1]如 DeLong、Urbach 和 Kutas（2005）[2]发现，在英语中，当人们读到 The day was breezy so the boy went outside to fly...，会根据常识预测后面的词语为 a kite；而当实际上后面的

---

[1] Pickering, M. J., & Garrod, S., Do people use language production to make predictions during comprehension? *Trends in Cognitive Sciences*, 2007, 11: 105-110.

[2] DeLong, K.A. *et al.*, Probabilistic word pre-activation during language comprehension inferred from electrical brain activity. *Nature Neuroscience*, 2005, 8: 1117-1121.

词语为 an airplane 时,他们发现实验受试在 an(跟他们所预测的 kite 的冠词 a 不一样)的时候就发现了句子的异常(出现 N400 脑电波)。这表明语义起着重大的作用。某些语义关系的分析被吸收进了句法(如论元关系等)而可以直接通过组块反映出来。问题是即使无法句法化的语义关系,都不同程度影响到组块。关键是如何量化的问题。

因此,前面我们介绍的组块方法基本上是一个中性的、理想化、单纯化的听者的组块过程,这个单纯化的听者是对语境不敏感的,只是按部就班地组块。在这个中性的初步计算基础上,我们可以不断增加其他因素而调整具体计算,不断精确化。

当然,影响到实际感知难度的因素很多。MCN 的计算只是诸种因素之一,不是唯一因素。不过,它是个始终存在的因素,因此我们可以以它为起点,在它的基础上再逐渐加进其他因素。更精确地说,它提供了一个极大值作为起点,即"7 左右"的限制。实际处理中会有种种因素把这个极大值缩小以接近实际处理难度。重要的问题是如何把其他因素的作用量化并且跟组块难度进行换算。

"万事开头难",有一个明确的起点,对于理论的发展至关重要。好比现代菜谱中说"加糖 5 克",你第一次加了 5 克糖后,下次就可以根据自己的口味在 5 克的基础上做增减。相反,像传统菜谱那样只是笼统说"加糖适量",虽然不错,但要改进就很困难。

近年来语言的认知研究有很大的发展。短时记忆和注意力限度是认知科学中研究很多的一个部门,可惜语言学界对于把短时记忆和注意力的限度用于语言研究做得很不够。

从某种角度看，语言的自然理解过程是对语言本质的实质性研究。语法研究很多内容，往往带有很强的"名词术语之争"的性质，如语法中一个热门题目是如何定义和判断"主语"等语法成分，但是一个完全不懂语法成分术语的普通人也能理解句子。看来，"主语"等概念是否是研究语言所必需的也值得打个问号。

第二节 "连"字句的序位框架及其对条件成分的映现[①]

汉语"连"字句研究一直受到学术界的重视。20世纪80年代以来的相关研究，大体上可以概括为10个方面："连"字的词性；"也/都"的异同；肯定与否定的关系；歧义；比较研究；语义研究；语用分析；认知解释；量范畴的研究；语法化的研究。为篇幅所限，这里不一一展开叙述。

大量文献表明，汉语"连"字句的研究空间很大，可以挖掘的东西很多。我们认为：对其也有必要在上述研究的基础上进行整合，提出概括而统一的理论解释。而这正是本节的基点。本节将从隐性量的角度切入，探讨"连"字句纷繁复杂现象背后统一的语义基础。我们特别重视前人对"连"字句的语义和语用的种种理解，尤其是"语用分级""强调""递进/递降""标举极端""典型

---

① 本节摘自张旺熹《"连"字句的序位框架及其对条件成分的映现》，《汉语学习》2005年第2期。

事件""隐含比较""范围与否定"等解说；同时我们也特别看重从认知的角度，尤其是从"量"的角度切入"连"字句的研究。

本节的语料来源于《人民日报》和《当代北京口语语料》。我们通过人机互动的检索方法，共收集、整理得到含有"连"字句的用例1275例。

本节假设：汉语"连"字句是用来表现人们对外部事物或事件进行序位化操作的一种句法手段，其认知语义基础是通过激活一个以量级序列为基础的情理值序列，并使某一成员序位化。这种序位化首先通过激活或建构名词的空间序位来实现。在此基础上，人们通过空间序位对时间序位的映现，来形成对条件成分的表达。这样，我们就能够在一个统一的语义基础上，对"连"字句的种种语义做出统一的解释。

一 *"连"字句形成的语义基础*

（一）理想化的认知模型：观察和把握外部世界的基本尺度

认知语言学认为，语义理解的基础是一个涉及背景知识的复杂认知结构。这种复杂的认知结构反映着特定社会各种相关认知域里的文化环境中的说话人对某个或某些领域里的经验具有统一的、典型的、理想化的理解。这种经验结构，普遍反映在某一社团的人们的思维、认知行为之中，并在其语言系统之中表现出来。这就是所谓的"理想化的认知模型"（ICM），[1] 可以说，这种

---

[1] 张敏《认知语言学与汉语名词短语》，中国社会科学出版社，1998年；沈家煊《不对称和标记论》，江西教育出版社，1999年。

理想化的认知模型，普遍制约着我们的认知和言语行为，是我们观察和把握外部世界的基本尺度。比如，对中国人而言，过春节要回家、女孩子爱哭、老师比学生懂得多，如此等等，都反映着汉民族社会对种种事物或事件理想化的认知模型。根据这个理想化的认知模型，我们就能够很好地理解汉语中诸如"他连春节也不回家""连女孩子都没哭""这个问题连老师都不会"这样的一些句子。

（二）情理值：事物或事件内在关联性的大小

以"理想化的认知模型"为基点，我们便有了观察和把握外部世界事物或事件内在关联性的基本尺度。我们把这种外部世界事物或事件内在关联性的大小叫作"情理值"，它是指"连"后名词与"都／也"后动词之间的比值。即符合人们"理想化的认知模型"的事物或事件具有较高的情理值；反之，则具有较低的情理值。比如，一般而言，小学生没有中学生认字多，这个"理想化的认知模型"反映在如下的情理关联中："中学生"与"认字多"之间具有高情理值，"中学生"与"认字少"之间具有低情理值；反之，"小学生"与"认字少"之间具有高情理值，"小学生"与"认字多"之间具有低情理值。

需要特别指出的是，这种情理值的计量可以有不同层次的标准。这正如崔希亮（1990）所指出的：这个集合存在于说话人的知识库里，它是心理的，也是社会的。[①] 说话人对集合中的每一个成员以及它们之间的关系都有定评，这种定评在说话人看来是

---

① 崔希亮《试论关联形式"连……也／都……"的多重语言信息》，《世界汉语教学》1990年第3期。

无争议的,它属于预设的内容。一般来说,是以人类普遍共有的认知经验为基础的,比如男大当婚,女大当嫁;有时候,却是以某一个民族、社会的认知经验为基础的,比如汉民族社会普遍以春节为最隆重的节日;有时候,甚至也可以以某一特定的个人认知经验为基础,比如对杨利伟来讲,遨游太空具有高情理值,而对于绝大多数的中国人而言,遨游太空只能具有低情理值。

(三)序位化:事物或事件关联的心理机制

人们根据"理想化的认知模型"来衡量事物或事件内在关联性(即情理值)的大小,便有了把事物或事件进行序位化的内在依据。所谓"序位化"主要包含这样两层含义:第一,以某一情理为关联线索的一组(至少两个)成员所构成的序列,因为任何一个"值"都必须存在于一个量级序列之中;第二,把其中的某一成员确定为该序列的端点(起点/终点)。有了若干成员所构成的序列,并确立了其中某一成员的端点地位,序位化也就实现了。情理值的大小,是在"理想化的认知模型"观照下由事物或事件的内在特性所决定的。

(四)情理逆反:序位化的两种方式

对外部事物或事件进行序位化的心理操作,是人们用连续的方式把握外部事物或事件的一种极为普遍的、基本的认知行为。当我们通过情理关联建立起事物或事件的关联序列之后,便要确立这个序位的端点(起点/终点)。如果我们把情理关联构成的序列看作是一个量级序列的话,那么,这个量级序列上的每一个成员都有可能成为人们认知上的端点,关键是看人们对这个量级取肯定还是否定的观察角度。人们对量级序列的基本把握方式是:通过对一个小量的肯定来对全量进行肯定;通过对一个大量的否定来对全量进行否定。如果我们把情理小值看作量级序列的起点，而把情理大值看作量级序列的终点的话，那么，我们就会很自然地通过对情理小值的肯定表达来实现对整个量级序列的肯定；通过对情理大值的否定表达来实现对整个量级序列的否定。反过来说，如果我们对一个量级序列取全量肯定，那么，实际上我们是在把某个端点当作小量（起点）；如果我们对一个量级序列取全量否定，那么，实际上我们是在把某个端点当作大量（终点）。这就是人们常说的情理逆反。汉语的"连"字句恰恰表现的就是这种情理逆反的认知规律。比如，就拿打篮球来说，1.8米的身高可以看作是情理小值，说成"连1.8米的都要了"，这个表述肯定的是以1.8米为起点的序列；相反，1.8米也可以看作是情理大值，说成"连1.8米的都没要"，这个表述否定的是以1.8米为终点的序列。可见，端点的选择，是说话者的一种主观认识行为。需要指出的是，就实际言语使用情况来说，大部分"连"字句都是用来进行全量否定表述的，也就是说，其序位化的端点大部分都是被当作情理大值（终点）来看待的。[①]

（五）有序名词与无序名词

在进入正式的讨论之前，我们有必要先来理解"有序名词"和"无序名词"这对概念。所谓有序名词，就是在语义层面自然处于一个由等级、顺序义素特征制约的语义场中的名词，它让我们自然联想起一组相关的、具有量级差异的名词。相反，不自然处于这个语义场中的名词，就是无序名词，没有特定语境的提示，

[①] 汉语"连"字句的否定形式有："连……都/也+没+VP""连……都/也+不+VP""连……都/也+V不C"三种形式，还有一种语义否定的形式"连……都/也+VP"，而肯定形式只有"连……都/也+VP"一种。

它不能指示我们确定的语义关联方向,我们也就不能进行明确的语义联想。这与马庆株(1991)讨论的顺序义名词、崔希亮(1990,1994)提出的词汇的义场关联是密切相关的。① 有序名词、无序名词虽然是一组相对的、不可截然分开的概念,但是它们之间的差别仍然是很清楚的。比如,"春天""处长""中年人""小学""亚军""省政府""孙子"等,都是比较典型的有序名词;而"鸟""能力""电影""土地""门"等,则都是比较典型的无序名词。这种差别在"连"字句中的表现是非常明确的,在我们看来,"连"字句序位框架的建立,首先依赖于对有序名词的激活。

(六)小结

我们认为,从"理想化的认知模型"到"情理值"再到"序位化"的认知过程,是汉语"连"字句形成的语义基础。这种认知上的序位化不仅仅体现在我们的认知层面,还要通过汉语句法结构层面实实在在的言语形式来表现。本文的主旨,并不仅仅在于揭示"序位化"的操作过程,我们的兴趣更在于考察、描写和分析汉语"连"字句的序位框架赖以形成的言语手段。汉语"连"字句的序位化,对有序名词和无序名词采取了两种不同的方式。这两种不同的方式,事实上对"连"字句的句法、语义和语篇格局,都产生了重要影响。下面,我们就从序位框架的激活、序位框架的建构和条件成分的映现这三个层面,来描述和分析"连"字句

---

① 马庆株《顺序义对体词语法功能的影响》,载《中国语言学报》第 4 期,商务印书馆,1991 年;崔希亮《试论关联形式"连……也/都……"的多重语言信息》,《世界汉语教学》1990 年第 3 期;崔希亮《从"连……也/都……"结构看语言中的关联》,载《九十年代的语法思考》,北京语言学院出版社,1994 年。

的序位化过程。

二 有序名词的序位激活

我们知道,"连"字句的基本句法形式是"连 NP 都／也（不）VP",其序位框架如何形成,关键是要看其中的 NP 是有序名词还是无序名词。当 NP 是有序名词时,"连"字句会通过这个有序名词来自然激活该名词所在语义场中的一组相关成员,并以该有序名词为端点,从而实现对外部事物的序位化。语料考察表明,出现在"连"字句中的有序名词主要有这样 8 类：行政名词,时间名词,学历名词,社会角色和社会关系名词,数量名短语,对义名词,[+底层]意义名词,表示[基本事情]的动词短语或小句。下面分别举例并简单说明。

（1）去年 9 月,法国举办了自愿"无车日",连政府部长都要骑自行车去内阁开会。

（2）他们 1 月 24 日就上山施工了,每天四班倒,连春节也没休息,不能因为我们工作的滞后,而影响了春季造林。

（3）实际上不可能人人都上大学,但现在社会上各行各业招聘时,都要求高文凭,在北京甚至连本科生找工作都困难。

（4）血浓于水！刘波不应该举报自己的父亲。连父亲都可以出卖的人,可以出卖任何人,不值得信任。

（5）去年,国内轿车销量仅为 59 万辆,连预测的一半都未达到,为何会出现如此让人失望的市场表现？

（6）吴寿章指出,尽管我们有些新手实力比较强,但心理上不可能不紧张,这样的大赛,连教练都会紧张。

（7）有的演员（含主持人）竟连这些常识都不知道,真不知他们是怎么"淘"出来的。

（8）她多次访问中国，在离大城市不远的一些农村，就连<u>上厕所</u>都是个问题。

上述 8 个例句，分别代表了"连"字句中有序名词使用的不同情况。尽管它们在进入"连"字句时所表现出来的序位化的途径和方式并不完全相同，但是它们所具有的共同特征是 [+ 有序性]。这种 [+ 有序性] 是内化在词义结构当中的。通过这种内化的 [+ 有序性]，我们就能够自然地在语义层面进行序位化。因此，由这些有序名词所激活的序位框架，不需要借助于特定的语篇和语境来实现。

我们把这种由有序名词激活的序位框架看作是"连"字句序位框架建立的最基本和最典型的形式，它们在人们的认知上具有原型效应，是理解整个"连"字句语义的关键所在。

三 无序名词的序位建构

我们把"连"字句对有序名词的选择，看作是"连"字句建立序位框架的原型，这就意味着我们也同时承认无序名词进入"连"字句的现实。先让我们来比较两个句子：

（9）如今，连<u>乡镇医院</u>都可以做白内障手术。
（10）连<u>巧克力和茶叶盒</u>上也有莎士比亚的名字。

这两个句子的最大区别在于：例（9）不需要语境提示，我们就能够建立"乡镇医院""县医院""市医院""省医院"的序位，因为"乡镇医院"作为有序名词，已经规定了情理关联的方向；而例（10）中的"巧克力"和"茶叶盒"则不能给我们指明情理关联的方向，在没有具体语境的帮助下，我们不能建立相应的情理关联，也就不能自然激活另一些名词成分与它们构成某种序位，因为在词汇层面，"巧克力"和"茶叶盒"都属于无序名词，或者说它们所具有的情理关联的方向不确定。那么，无序名词就需要我们用某种言语手段来建构其相应的序位。

（一）语境手段对专有名词和代词的序位建构

从进入"连"字句来讲，专有名词和代词所具有的共同特征是，对其语义的理解需要特定的语境提示。所以只有在语境的帮助下，我们才能确定其语义关联的方向，从而使其序位化。

从语料来看，专有名词进入"连"字句的机会是比较多的。我们认为，专有名词代表的是一个特定的个体，而每一特定的个体在特定的交际情境中，都会呈现出某方面的鲜明的个性特征。这种个性特征的突出，实际上也就指示了其具有的某种情理值，因而就具有了被序位化的条件。这些专有名词，主要有人名、国名、地名、单位名、事物名和"广州人"一类的名词。例如：

（11）告诉您去吧，您这么大岁数儿，连北戴河都没去过。

北戴河作为旅游胜地代表的是具有被游览的突出个性特征，这就使我们建立起旅游地关联的方向，从而实现其序位化。

代词是在语境中指代名词的词。它所指代的名词，一般在具体语境中也是某一个特定的事物，因此从这个角度看，代词进入"连"字句与专有名词进入"连"字句，具有相同的认知理据：它代表着一个有突出个性特点的事物，在具体语境下规约着情理关联的方向。例如：

第二节 "连"字句的序位框架及其对条件成分的映现

(12) 你看你看,多好的稻谷,不仔细看,连<u>我自己</u>也容易把它和晚稻搞混了。

(13) 政府官员在一方任职,胸中应有全局,连<u>这个</u>都不明白,自然不是一个够格的地方官。

例(12)中的人称代词"我自己"在具体语境中可能代表的是一个很有经验的老农民,我们便能够以此为端点,建构起某种序位框架来。例(13)中的指示代词"这个"指示了语境中特定的事物对象(胸中应有全局),这就给这一事物确定了情理关联的等级。

专有名词和代词,无论在词汇层面还是在句法层面,都是很特别的一类,它们在语义理解上要特别依赖具体语境的帮助。"连"字句中的专有名词和代词,也正是通过具体语境的帮助而确立了情理关联的方向,从而得以序位化。

(二)句法手段对一般名词的序位建构

一般的名词可以通过添加修饰语这一句法手段来建立名词短语的量级,从而形成名词的序位框架,这是"连"字句 NP 位置上名词短语的一个突出特征。而其名词的修饰语,往往在词义内部包含有一种量级特征。例如:

(14) 当时中华民族处在生死存亡的关头,劳苦大众连<u>起码</u>的生存都没有保障,所以不得不起来革命。

(15) 就连福州市<u>最宝贵</u>的地下温泉也已遭到了不同程度的污染。

从这两例添加修饰语的句法手段来看,修饰语"起码""最宝贵"具有[基本性]或[等级性]的语义特征,这样就能够对一般名词进行序位建构,从而实现对中心名词的序位化。这个现象说明,"连"字句序位框架的建立与相应的词汇选择之间是一种相互制约而又相辅相成的关系。

（三）语篇手段对无序名词的序位建构

"连"字句中更大量的无序名词，既非专有名词或代词，也非具有[量级]修饰语的名词短语。那么，这些"连"字句中的无序名词是怎样实现序位化的呢？当我们在词汇层面和句法层面都找不到相应的依据时，我们只能把目光转向语篇。下面，我们从有标记和无标记两个侧面来论述语篇手段对无序名词的序位建构。

所谓有关联标记的序位建构，是指在"连"字句的前后上下文中，出现诸如"甚至""不仅""不但""不光""不单""别说""甭说"等表示递进关系的关联成分或者反问句"哪里"等形式。这些语句形式与"连"字句共现，就为"连"字句中的名词建立情理关联指示了方向，使我们有了把无序名词有序化的可能。例如：

（16）您说没水成不成？<u>甭说工业</u>，人<u>也</u>活不了，<u>连</u>鸟儿都活不了。

例（16）中的"鸟儿"在静态的语义层面当是无序名词，但人们通过"甭说""也"与"连"字句的连用，建立起"工业""人"和"鸟儿"之间对水的需求量的等级序列。由此我们看到，即使对无序名词来说，人们也可以通过一些有标记的关联手段，在具体的语境中确立无序名词的情理关联并使之有序化，从而建构起"连"字句的序位框架来。

所谓无关联标记的序位建构，是指在与"连"字句共现的前后语句中，并未出现像"甚至""不但"一类的关联标记，但是这些语句中却出现了与"连"字句中的NP相关联的另外一些名词性语义成分，它们与"连"后NP构成某种情理关联，从而实现"连"字句的序位框架。它们或通过多重相关事物的列举，如例（17），或通过概念间显性或隐含的相互对照，如例（18）、例（19），来建立 NP 的序位。例如：

(17) 我儿子结婚，哎，就买了点儿糖，买点儿烟，连酒都没有。

(18) 嗯，原来就是连三轮儿车都走不了，现在也可以走汽车了。

(19) 我的宝贝心肝，八十年代的年轻人，还神经兮兮的，小李一向待你不错，不成夫妻难道连跳舞都不行吗？

我们看到，对于无序名词，人们往往会通过语篇手段，利用有标记的关联词语或语句的列举、对照方式，来把 NP 置于某种情理关联的序列当中，从而实现序位化。反过来说，序位化不是一个抽象的概念，而是以实实在在的言语表达形式为基础的。

（四）序位化的变异：标举极端

从语义上讲，"连"字句表示极端性的意义是很多学者[①]都注意到的现象。我们认为，"连"字句所表达的这种极端性的语义，从根本上讲也是来自其序位化的认知结构。因为在序位化的认知结构当中，"连"字句的 NP 总是作为序列的端点（无论是起点还是终点）出现的，这就为把 NP 推向极端提供了内在的逻辑根据。标举极端是"连"字句序位化的一种重要语义变体，它主要有四种情形：NP 为"一量名"结构；"结论 + '连'字句"的语段结构；"'连'字句 + 结论"的语段结构；"形容词 + 得 + '连'字句"结构。例如：

(20) 孙兆群自己更是清贫度日，连一件便服也没买过。

(21) 一时间这里成了欢乐的海洋，连官内乐队演奏的声音都几乎被淹没掉了。

---

① 如邢福义《反逆句式》，《中国语文》1986 年第 1 期。

（22）如果一切商品化，甚至连微笑都要支付货币，人类社会该是多么可悲。

（23）职工3个月没有领到工资，厂办公室穷得连支圆珠笔都买不起。

例（20）"连一件便服也没买过"不是说"没买两件便服"，更不是说"没买一件便服"等等，而是用来作为清贫度日的一种极端表现来称说的；例（21）用"乐队演奏的声音被淹没掉"来证明"这里成了欢乐的海洋"；例（22）先假设"微笑要支付货币"这一极端性的情形出现，然后推论"人类社会该是多么可悲"；例（23）用"圆珠笔都买不起"极言厂子之"穷"。

"连"字句用于标举极端是其非常重要的表达功能之一。上述四种标举极端的手段虽然不尽相同，但是它们的内在语义结构却非常相似。标举极端是"连"字句序位化核心功能的一种重要变异形式，它往往具有虚拟、夸张的语用色彩，在相当程度上已经形成了较为稳定的语段结构模式。认识和把握这种语段的结构模式，对于对外汉语语法教学尤其具有实用价值。

（五）小结

语言中大量存在的是无序名词，那么要把无序名词建立起序位框架，就要依靠或语境或句法或语篇等不同的手段。"连"字句序位框架的建构也正是在此基础上完成的。在这个过程中，"连"字句的序位化出现了变异形式——标举极端。这样一个纷繁复杂的系统，正好反映出"连"字句序位化的认知模式从典型范畴到次范畴再到脱范畴的语义演变过程。在这个渐进的语义演变过程中，我们始终可以看到序位化所起的核心制约作用。

四 序位框架对条件成分的映现

(一) 从空间序位到时间序位

"连"字句无论是对有序名词的序位激活还是对无序名词的序位建构,都是在建立名词与名词之间的情理关联,而这种情理关联,本质上体现为一种空间序位,这是由名词的空间性特征所决定的。因此我们说,基于名词的序位框架,体现的是一种空间序位的关联模式。

然而,对于"连"字句来说,除了这些名词空间关系的序位框架之外,还有相当一部分的"连"字句,它们不再用来建构名词的空间序位,而是用来建构前后相互关联的两个动作行为,这些动作行为之间具有时间顺序关系。这样,"连"字句就此发生了重大的语义转折:由表现空间序位转而表现时间序位。让我们比较以下两个句子:

(24) 乌鸦和喜鹊很难看到了,连繁殖力非常强的麻雀和兔子也很难见到了。这都是谁造的孽呢?

(25) 特别是中国的,因为包装不好,运输时又马虎,纸袋压得尽是裂缝,卸起来粉末飞扬,不要说卸,工人连手都不摸……

例(24)通过多重相关事物并举来建立"乌鸦""喜鹊""麻雀""兔子"这些动物的生存状态等级序列,它们之间只有空间序位关系而没有时间序位关系。与此相反的,例(25)的"连手都不摸"显然不是要建立"手"与"脚"等肢体之间的序位关系,而是要建立与另一行为动作"卸"之间的序位关系:用手触摸某物是装卸某物的前提条件,显然这两个动作行为之间具有时间顺序关系。因此我们认为,相当一部分"连"字句不再激活以 NP

为端点的空间序位,而是转而以"连 NP 都(也)VP"为整体,激活与此动作行为相关联的另外一组动作行为,这些动作行为之间无疑是以时间顺序为基础的。我们把这种"连"字句看作是用来表现时间序位框架的结构形式。"连"字句这种从空间序位到时间序位的转变,也符合人类从空间域投射到时间域的基本认知规律。这样的理解,有助于我们对"连"字句的句法语义做整体的把握。

(二)对三种条件成分的映现

从时间序位的关联模式来理解"连"字句,我们可以对许多现象得到重新解释。我们认为,"连"字句的时间关联模式,其最突出的语义作用是用来表现前后关联的一组动作行为之间的条件成分。并且,序位化与条件成分之间具有天然的契合关系,条件成分无疑都具有先时性,这相当于空间序位中的起点。条件成分的映现,可以从微观、中观和宏观三个层次来理解。

1. 微观条件成分的映现。

所谓微观条件成分的映现,是指人们对某一具体的动作行为的执行进行表达时,把这一动作行为做了内部分解,或分解出动作行为的意念与动作行为的实际执行这样两部分,或分解出动作行为执行的先决条件与动作行为的实际执行这两部分。"连"字句就用来表达意念的部分或先决条件的部分。微观条件映现的这两种形式,都有各自独特的句法表达形式。

第一种:"连 V 都不 VP"。这是"连"字句中非常特殊的一种句法形式。我们认为,这种句法形式是用来表现人们对某一动作行为先进行意念与实际执行的内部分解,然后通过否定意念进而否定动作的实际执行这样一种认知方式的。显然,在这一认

知方式中,动作行为的意念存在是被看作动作行为实际执行的起点,也就成为一种先决条件。例如:

(26)"病人也能选医生,这在以前可<u>连想都没想过</u>!"

例(26)"连想都没想过"通过否定"想"的意念来否定"想"的实际行动,进而否定"做"的可能,可以后续"甭说做了"一类的句子。

第二种:"连〔先决条件〕都〔没有〕"。当 NP 位置出现具有〔先决条件〕意义的名词短语时,这个"连"字句实际上也是在对一个动作行为的执行做内部分解的表述,通过否定先决条件来否定动作行为的实际执行。例如:

(27)原来担任系学生会主席的他,因为犯错,<u>连参加评优的资格也没有</u>。

例(27)通过否定"参加评优的资格"来否定"参加评优"的实际行动。

与上述两种情形密切相关但又有所不同的"连影子也没有"一类的表达形式,我们认为也是说话人采取了内部分解动作行为并有所夸张的认知方式。例如:

(28)我在街口站了半天,<u>连个老马的影子都没有</u>。

人们会把一个人的"影子"与这个人本身从认知层面分解开来,并认为"影子"要先于人本身被认知。因而,否定"影子"也就否定了人本身,进而否定与这个人相关的动作行为。从这点来理解,"连影子也没有"一类的说法,我们是否也可以看作是一种对微观条件成分的表达形式呢?

2. 中观条件成分的映现。

我们把实际进入具体时间流的并由前后相关的一组动作行为构成的事件,看作是一个中观事件结构。在这个中观事件结构中,前一动作行为的执行,往往会构成后一动作行为执行的条件成分。语料观察显示,"连"字句的时间序位框架也常用来映现中观条件成分,我们可以从四个侧面来观察:程序性条件,工具、材料等物质条件,因果关系条件,无标记条件。例如:

(29) 试想,若<u>连相应的法律法规都没有</u>,或者虽然有却模糊不清、界定不明,让消费者怎么明白得起来?

显然,"有法律法规可依"应是消费者"明白消费权利"的先决条件。

(30) 现在,世界的发展一日千里,每天都在变化,把自己封闭起来,<u>连信息都不灵</u>,只能越来越落后。

"信息"是现代社会人们生存、发展的重要物质基础。"信息不灵"必然阻碍生存发展的空间,"越来越落后"就势所必然。"信息"的条件性是再清楚不过的了。

(31) 如果<u>连群众的呼声都听不进去</u>,哪里还谈得上走群众路线。

显然,"听进群众呼声"被看作是"走群众路线"的必要条件。

(32) (吐痰)喉——嘿,<u>连个痰盂都没有</u>?

这个例子清楚地表明,"有痰盂"是"吐痰"应有的基本条件。语料表明,汉语中"连 NP 都没有"往往自然地用来表达一种条件成分。

3. 宏观条件成分的映现。

微观条件成分和中观条件成分，都是人们在对某一个或某一组比较具体的动作行为进行分解并使其中某一部分条件化的结果。与此不同的是，宏观条件成分是指"连"字句所表现的动作行为，是一种不与具体的时间流程相关联，与上下文所出现的其他动作行为之间并不具有明确、具体的顺序关系的动作行为。它之所以成为条件成分，是基于人们的认知经验结构中往往被规约化了的泛条件关系的普遍认识。这样的条件成分，往往属于人们的基本生活行为层次范畴，并在语言表达中具有较高的词汇化倾向。例如：

（33）每天，工作，那真是<u>连撒尿工夫儿都没有</u>，一天很忙。

例（33）讲的是一种泛时空性条件，不是一个具体的行为动作。时间和空间是人类从事一切动作行为最基本的先决条件，没有时间和空间条件，任何动作行为的发生都是不可想象的。这种观念深藏在我们的意识之中，因而用"连"字句对这种泛时空性条件的否定，往往也就具有了明显的夸张色彩。这种泛时空性条件的否定，一般都采用"连［时间］／［地方］都没有"的形式，具有很高的词汇化倾向。再如：

（34）那时的城关村可是穷得叮当响，全村4000多口人<u>连温饱问题都难以解决</u>。

例（34）讲的是一种基本的生存、生活条件。人类生活在这个世界上，首先遇到的是自身的生存、生活问题。生命的存在、温饱饮食的解决、生活来源的获得、生活费用的支出，如此等等，都是人们需要优先考虑的生存和生活的基本条件。因此，"连"

字句往往用来在一种宏观的层次上对这些问题进行序位化，并使之成为条件成分。例如：

（35）你连面都不露，我真想骂你几句难听的！

例（35）讲的是一种基本的社交行为规范。人类生活的重要组成部分之一就是社会交际活动。在我们的经验世界里，正常的社会交际活动是需要以诸如知道姓名、见面打招呼和得体的穿着等行为为前提条件的。用"连"字句突出对这些行为进行表达，也就意味着这些行为在一定的社会交际活动过程具有先决条件的作用，因而我们把这种基本社交行为当作一种宏观的条件成分来看待。需要特别指出的是，这种基本社交行为条件化的表达具有很高的词汇化倾向，比如"连姓名都不知道""连招呼都不打""连句话也没说""连面都不露""连头也不抬""连脸也没洗""连衣服都没穿"等，往往都出现在社交活动的叙述中。

（三）小结

"连"字句对条件成分的映现，是其序位化认知框架从空间域投射到时间域，进而形成时间关联模式的结果，这是"连"字句在语义表达上的重大转折。"连"字句时间关联模式形成的序位框架，集中体现为对不同层次条件成分的映现。无论是微观条件成分、中观条件成分还是宏观条件成分，它们都以时间序位框架为基础，这一点是非常明确的。就三层次条件成分的作用而言，由于微观条件成分和中观条件成分一般与具体的时间流程相关联，因而会对某一具体的事件进程产生制约作用，而宏观条件成分一般不进入具体的时间流程，而只是在基本生活层次范畴上对人们一般的动作行为起到参照而非制约的作用。"连"字句引导的宏观条件成分后面常常接转折性的语义成分就是很好的证明。[①]

五 结语

(一)"连"字句的类型分布

限于篇幅,本节只对"连"字句进行了简要的分类说明。为了解"连"字句使用的概貌,这里对"连"字句的分布情况做一个统计(表1):[②]

表1

	语义类别	用例数/个	所占比例/%
空间序位	有序名词序位激活	285	22.35
	无序名词序位建构	692	54.27
时间序位	条件成分映现	298	23.37
合计		1275	100

从统计不难看出,汉语"连"字句的句法语义类别大致形成三分天下的格局:作为序位化的典型成员,有序名词的序位激活大致占四分之一;作为次典型成员,无序名词的序位建构大致占四分之二;而作为在时间序位基础上所形成的条件成分大致也占四分之一。作为序位化的典型成员和次典型成员,共计占四分之三的比例,应该说,这也是比较理想的分布状态,而且,它们之

---

① 例如:(1)在一些地方,许多人连温饱问题都未解决,职工长期发不出工资,领导干部却小车一换再换,互相攀比。(2)1月23日早7点15分,中国人民大学党史系91级学生李永强连早饭也没顾上吃,就跳上汽车,与50名同学一起开赴北京火车站,参加志愿服务活动。

② 需要说明的是,由于对每个用例的归类存在一定的主观性,因此每个类别的数量统计会有一些误差。但是,这三大类之间的语义差别肯定是存在的,而且它们各自所占的比例总体上也当是可靠的。

间的语义分野还是比较清晰的。

（二）语义制约机制：隐性量

以往人们对"连"字句的研究，从各自的角度观察问题，得到的语义解说纷繁复杂、莫衷一是："语用分级""强调""递进/递降""标举极端""典型事件""隐含比较""范围与否定"等，让我们难以对"连"字句做出概括而统一的解说。这不利于对外汉语的语法教学。

我们认为，深藏在"连"字句序位化这一核心概念背后的是人类认知范畴中一个极为重要的概念——量范畴。"连"字句表达的正是一个以量范畴（量级）为基础的语义范畴系统。人们在量级概念的基础上，根据情理值的大小来对外部事物进行序位化。这种序位化，首先通过对有序名词的序位激活和无序名词的序位建构来实现对名词的空间序位化。在空间序位框架中，端点作为一个突显的语义因素，有时会被用来当作极端性的成员而得到标举。在建立起了一种稳定的名词空间序位框架之后，人们再通过隐喻来实现对动词时间序位的映现。动词的时间序位，则集中体现为对条件成分的表达。这样，以序位化为核心，我们就能够把"连"字句的各种语义脉络整理清楚，进而能够对"连"字句的语义做出概括而统一的解释。图示如下：

量级→序位化→空间序位（有序名词→无序名词）
　　　　　　　　↓
　　　　时间序位（条件成分）

隐性的量范畴，不行于语言形式之外，但深深影响于语义系统之中,它体现了人们的认知范畴系统之间的内在联系性。①从量范畴演变成为条件关系,在汉语中并不仅仅是一个"连"字句。汉语的许多关联格式,都包含着由量的关系演变成为条件关系的痕迹。比如"一……就……""越……越……""再……就……"等。因此我们认为,从量的观念出发,深入挖掘句法语义系统背后的深层次的制约因素,应当是一件十分有意义的工作。

第三节 汉语中的非话题主语②

一 引言:汉语话题优先论与汉语主语—话题等同说的区别

Li 和 Thompson(1976)③提出主语—话题类型学,将世界上的语言分为主语优先、话题优先、主语优先和话题优先并存、主语优先和话题优先都不明显四种类型。这一学说当受到了赵元任(1948/1954;1968)和霍凯特(1958/1986)等的汉语主谓观的

---

① 本杰明·李·沃尔夫《论语言、思维和现实——沃尔夫文集》,高一虹等译,湖南教育出版社,2001年。
② 本节摘自刘丹青《汉语中的非话题主语》,《中国语文》2016年第3期。
③ Li, Charles N., & Sandra Thompson, Subject and topic: a new typology of language. In Li, Charles N. (Ed.), *Subject and Topic*. New York: Academic Press, 1976.

启发,即视汉语主谓结构为话题述题结构。①但在一个关键问题上,主语—话题类型学及其包含的汉语话题优先论,与前辈们的相关观点是判然有别的。赵元任和霍凯特都认为汉语的主语就是(语用上的)话题,在汉语这类语言中主语和话题是等同的(本节称为汉语主语—话题等同说)。而 Li 和 Thompson 的学说从分类系统和理论前提上就将话题和主语分开,话题优先和主语优先是对立的类型。具体到汉语中,他们认为这类语言被凸显的恰恰不是主语,而是话题。这一观点的前提仍是主语和话题不等同。Li 和 Thompson 明确指出,并非话题优先语言就没有主语,或主语优先语言就没有话题。事实上在他们的考察范围内,所有语言都有话题结构;同时,虽然并非所有语言都有主语,但是多数话题优先语言都有某些方式可以用来识别出主语。

以上的类型比较,是在语言之间进行的。在单一语言内部,话题和主语的关系是怎样的呢?在话题优先论者看来,汉语作为话题优先语言的主要特点是话题比主语在语法系统中更凸显,句法地位比主语更确定,有更明确的语法标记,语法化程度比主语更高。②这些定性和表述的前提,是汉语中话题和主语为不同的句法成分。Li 和 Thompson 还指出,虽然他们将汉语普通话描写为话题优先语言,但主语概念确实在某些句子类型中起着作用,

---

① 赵元任《北京口语语法》,中国青年出版社,李荣编译,1954 年,英文原著 1948 年;Chao, Yuen Ren, *A Grammar of Spoken Chinese*. Berkeley: University of California Press, 1968;霍凯特(Charles Hockett)《现代语言学教程》,索振羽、叶蜚声译,北京大学出版社,1986 年,英文原著 1958 年。

② Li, Charles N., & Sandra Thompson, Subject and topic: a new typology of language. In Li, Charles N. (Ed.), *Subject and Topic*. New York: Academic Press, 1976;徐烈炯、刘丹青《话题的结构与功能》,上海教育出版社,1998 年。

他们还将汉语定位于话题优先语言中略偏主语优先一点的语言，这表明了主语—话题类型学的提出者认定，话题和主语在汉语中并存而有别。陈国华和王建国（2010）[①]为了说明汉语话题优先的特点并不明显，专门考察过汉语非主语话题。不管此文质疑是否有效，但其标题列明的考察对象"非主语话题"已经默认话题可以不是主语。不过这并未明示主语是否都是话题。

对主语—话题等同说的学者来说，汉语的主语就是语用上的话题。此说早已有之，还是主语—话题类型学的理论源泉之一，Li 和 Thompson（1976）[②]就引述了赵元任的观点。在主语—话题类型学问世之后，汉语话题—主语等同说仍然盛行。如朱德熙（1982）[③]认为，"说话的人选来做主语的是他最感兴趣的话题，谓语则是对于选定了的话题的陈述。通常说主语是话题，就是从表达的角度说的。至于说主语是施事、受事或与事，那是从语义的角度说的，二者也不能混同"。根据朱德熙的看法，主语在语义层面有施事、受事、与事等不同的表现，而在表达层面就是话题。这样，实际上已承认句法上的主语在表达层面就是话题，而在语义层面则无法归结为一种语义。这是一种主语—话题等同说。

逻辑上，仅仅"主语都是话题"说还不足以构成主语—话题等同说，因为并未排除话题非主语的可能性。事实上，有些等同说学者们不仅认为所有主语都是话题，也认为所有话题都可以分

[①] 陈国华、王建国《汉语的无标记非主语话题》，《世界汉语教学》2010 年第 3 期。

[②] Li, Charles N., & Sandra Thompson, Subject and topic: a new typology of language. In Li, Charles N. (Ed.), *Subject and Topic*. New York: Academic Press, 1976.

[③] 朱德熙《语法讲义》，商务印书馆，1982 年。

析为(汉语特色的)主语(这与上引陈国华和王建国看法不同)。凡是动词前的名词性成分,包括时间处所等外围成分,甚至一些不做谓语的动词性成分,句法上都被分析为主语。[1]

这一派学者还有一种更强势的观点,大致可称为话题覆盖主语说,以罗仁地(詹卫东译,2004)[2]为代表。他认为在汉语这样的语言中,只有语用上的话题,还根本没有句法上的主语,因为主语达不到一个句法成分所需的语法化程度。沈家煊(2007)[3]赞同赵元任和罗仁地的看法。他把主谓关系和话题结构放在句子和语段的大背景下来论述。首先认为英语的sentence(句子)和utterance(话段)是实现的关系,而汉语的句子和话段是构成的关系,汉语里"句子"的构成就是"话段"。相应的,汉语的主语和话题也是构成的关系,"在讲汉语语法时我们还是可以采用'主语'和'谓语'这两个惯用的名称,但是得时刻记着,它们的语法化程度是不高的,它们的语法意义是话题和说明"。

在主语—话题类型学提出后,很多学者持有与此说理论前提相同的观点,即主语和话题在一定程度上分离,如曹逢甫(谢天蔚译,1995)、陆俭明(1986)。[4] 曹著、陆文都提出了一些识

---

[1] Chao, Yuen Ren, *A Grammar of Spoken Chinese*. Berkeley: University of California Press, 1968.

[2] 罗仁地(Randy LaPolla)《语用关系与汉语的词序》,詹卫东译,载《语言学论丛》第30辑,商务印书馆,2004年。

[3] 沈家煊《汉语里的名词和动词》,载《汉藏语学报》第1期,商务印书馆,2007年。

[4] 曹逢甫《主题在汉语中的功能研究——迈向语段分析的第一步》,谢天蔚译,语文出版社,1995年。英文原著:*A Functional Study of Topic in Chinese: The First Step Towards Discourse Analysis*. 1979。陆俭明《周遍性主语及其他》,《中国语文》1986年第3期。

别话题的标准,至今仍有参考价值(见下)。但是,主语即话题的观点很少面对系统性的质疑,尤其是在汉语语法学界,其影响依然很大。

主语—话题等同说也并非独盛于汉语学界,而有更深远的理论背景。正如 Shibatani(1991)[①]所指出的,西方的语法学传统一直试图将主语的两个侧面——语义上的施事和语用上的话题统一起来,科姆里(1981/1989)[②]对主语的原型论的定义也近于这种努力:"典型的主语是施事和话题的重合"。尤有甚者,西方语法传统在主语的界定上更倾向于突出话题这一面。经典的主语定义——主语是句子的谓语部分谈论的对象——说的恰恰是话题的本质属性。Shibatani(1991)[③]通过对日语等的研究,指出这一定义其实更适合日语这类语言中的话题而不是主语。但是这一界定给主语—话题等同说提供了语法传统的观念支撑。Comrie(1988)[④]也举过另一种主语—话题等同说的样本:在 Givón 的句法学体系中,主语就是小句内的首要话题,直接宾语则是次要话题。这些都是主语—话题等同说的一般语言学基础。

主张话题主语可以分离的著述,如徐烈炯和刘丹青(1998)[⑤],

[①] Shibatani, Masayosh, Grammaticalization of topic into subject. In Traugott & Heine (Eds.), *Approaches to Grammaticalization*, Vol.II:93-133. Amsterdan & Philadelphia: John Benjamins, 1991.

[②] 科姆里(Bernard Comrie)《语言共性和语言类型》,沈家煊译,华夏出版社,1989 年。英文原著 1981 年。

[③] 同①。

[④] Comrie, Bernard, Topics, grammaticalized topics, and subjects. *Berkeley Linguistic Society*, 1988, 14:265-280; Givón, Talmy, *Syntax: A Functional-Typological Introduction*. Amsterdan & Philadelphia: John Benjamins, 1984.

[⑤] 徐烈炯、刘丹青《话题的结构与功能》,上海教育出版社,1998 年。

也遇到在具体汉语句子中如何区分两者的难题,可此可彼的现象并不少见。对日语、韩国语这样的话题和主语有不同语法标记的语言,这一问题很好办。可是汉语中主语没有标记、话题有标记但并不强制性使用,这一问题要棘手得多。对此难点,杨成凯(2003)[①]有过较详细的分析。实际情况是,假如脱离语境,汉语中大量句子的句首名词语分析为主语或话题都是合理的,如"<u>小明</u>做完了作业""<u>他的书法</u>很漂亮"。这一现象似乎成为主语—话题等同说的有力论据和主语—话题分离说的难题。但是,倘若句法上的主语真的都是语用上的话题,那么这两个术语就没有必要并存,应用奥卡姆剃刀裁去其一。Lambrecht(1994)[②]也就英语的情况指出过,假如话题可以跟某个句法成分等同,就不需要另设话题这个概念了。

本节的主旨,是想以具体实例的分析指出,主语—话题等同说(包括话题覆盖主语说)即使在汉语这样的话题优先语言里也是不成立的。虽然划清主语和话题的界限仍有一些理论和实践难度,还难以明确划定<u>哪些</u>主语同时兼属话题,但是,我们可以明确地划出<u>哪些</u>主语肯定不是话题,因为对一系列语言事实的观察和分析,已经可以从句法、语义和语用上清楚地排除若干类主语的话题属性。两类成分即使共享诸多属性,只要在若干情况下相斥,也足以证明两者是不同的范畴。例如,副词和形容词共享状语的功能,介词和动词共享"X+NP+VP"中 X 的句法槽位,但

[①] 杨成凯《汉语句子的主语和话题》,载徐烈炯、刘丹青主编《话题与焦点新论》,上海教育出版社,2003 年。

[②] Lambrecht, Knud, *Information Structure and Sentence Form: Topics, Focus, and the Mental Representations of Discourse Referents*. Cambridge University Press, 1994.

是这些词类间都有相互区别的功能,如形容词的定语功能,动词的谓语功能,这些就足以将它们划为不同的词类。

节末将从跨语言角度进一步探讨主语和话题的本质区别及其理论意义,以此完善主语—话题类型学,为之提供更坚实的理论和事实基础,同时也为汉语这种话题优先语言中主语和话题的关系提供更加合理的定位和解释。

二 区分主语和话题的若干可行性标准

(一)话题概念来自话语。它是否属于句法成分,是因语言而异的,但它必然具备固有的话语属性。跨语言的话题考察显示话题的主要话语属性有:已知信息、有定或类指成分(类指被 Li 和 Thompson,归在有定范畴中)、可以被听说双方共同认知、是注意的中心(Center of Attention)或后面成分的陈述对象、常常是已经激活的信息,但不是必然激活。[1]而主语是一个句法概念,根据 Li 和 Thompson(1976)、Shibatani(1991)等分析,它的语义属性更加明确,与谓语动词有论元关系和词汇选择关系,大致与施事(Agent,对于事件命题来说),或者属性主体(对于形容词谓语和名词表语来说)有密切的关系。[2] 主语虽然也常带

---

[1] Gundel, Jeanette, Universals of topic-comment structure. In Hammond, Michael, Edith Moravacsik & Jessica Wirth (Eds.), *Studies in Syntactic Typology*. John Benjamins Publishing Company, 1988.

[2] Li, Charles N., & Sandra Thompson, Subject and topic: a new typology of language. In Li, Charles N. (Ed.), *Subject and Topic*. New York: Academic Press, 1976; Shibatani, Masayoshi, Grammaticalization of topic into subject. In Traugott & Heine (Eds.) *Approaches to Grammaticalization*, Vol.II: 93-133. Amsterdam & Philadelphia: John Benjamins, 1991.

话题的话语属性,但这不是必然的要求。

汉语虽然缺少日、韩语言那种主语和话题的刚性形态句法标记,但是我们还是可以找到若干帮助辨别主语是不是话题的标准,有语用的、虚词的、句法的、韵律的,其中有些参考了上引曹逢甫、陆俭明等文献已经提到的标准。这些标准基本上是可以相互印证和支持而不是彼此矛盾的,这强化了这些标准的适用性和可靠性。

(二)语用上,看这些主语是否有与话题属性相违的信息结构地位。如本身是对比焦点的主语,主语没有话题性。全句都是焦点的句子,主语也没有话题性。[1]

(三)汉语的所谓句中语气词(又称提顿词,见徐烈炯和刘丹青,1998[2]),即"啊""么(麽、嘛、嚜)""呢""吧"等,带有话题标记的属性。虽然汉语提顿词不是强制性的话题标记,但其实呈现出一种负面刚性规则——话题不是都需要带话题标记,但是,话题都可以带话题标记(若不考虑文体制约),而没有话题性的成分则不能带话题标记。曹逢甫(谢天蔚译,1995)[3]指出"啊、呀、呢、嘛、吧"等语气词"在有困难的情况下,这是判定汉语主题的可靠方法。要是名词组允许某个语气词插在它和

---

[1] Lambrecht, Knud, *Information Structure and Sentence Form: Topics, Focus, and the Mental Representations of Discourse Referents*. Cambridge University Press, 1994.

[2] 徐烈炯、刘丹青《话题的结构与功能》,上海教育出版社,1998 年。

[3] 曹逢甫《主题在汉语中的功能研究——迈向语段分析的第一步》,谢天蔚译,语文出版社,1995 年。英文原著:*A Functional Study of Topic in Chinese: The First Step Towards Discourse Analysis*, 1979。

句子其余部分之间，那么这个名词组就是主题"①。下列句子中带星号的提顿词都因为主语不具有话题性而受到强制排斥：

（1）孩子们都喝（*啊）牛奶。
（2）a. 这些孩子们（*啊）的家长都来了。
　　　b. 这些孩子们的（*啊）家长都来了。
　　　c. 这些孩子们（啊），家长都来了。
（3）a. 小陈啊，刚刚买了水果。
　　　b. 小陈（*啊,）刚刚买的水果很新鲜。

例（1）显示谓语动词不能带提顿词，因为谓语动词是述题的核心成分，述题是跟话题相对的。例（2）显示定语不能带提顿词，不管用在定语标记前还是后。这是因为定语在句子层面没有独立的信息地位，而是一个NP内部的从属成分，无由取得话题属性。但是语义上的领属成分在话题优先语言中可以提升为话题，句法上与被领属的名词分离（可插入停顿），此时它不再是句法上的定语，而成为有领属义的话题，并且是一种常见的汉语式话题，如"这棵树，叶子大"。这时，领属成分后就可以带提顿词了。例（3）显示主语虽然很容易带上提顿词成为显性话题，但是在关系从句中，整个小句降格为定语，从句主语没有主句主语那样的信息地位，无法成为句子的话题，就

―――――――
① 屈承熹《话题的表达形式和语用关系》（载徐烈炯、刘丹青主编《话题与焦点新论》，上海教育出版社，2005年）认为"啊/呀""吧""呢""嘛"中"啊/呀"只是停顿词，不是有话题标记功能的提顿词，其他三个都有话题标记功能。本节同意曹逢甫的处理，视"啊"为话题标记，因为它也排斥非话题成分。本节并以"啊"为主要测试词，因为它语义上最中立，适用面最广，没有其他几个话题标记的特定语用限制。

不能带提顿词了。①

据此，提顿词可以成为测试话题性句法的有效手段。带有话题性的主语都可以带上提顿词成为显性话题，而不具有话题性的主语，刚性地排斥话题标记。

（四）非话题主语重读，而话题主语不带焦点重音。重读与否，与话题的信息属性有关。有定、已知信息一般不重读，而焦点、新信息等需要重读。陆俭明（1986）②已提出话题非句子的自然重音所在。此外，话题也不能是焦点重音所在。重读的主语，不管承载自然重音还是焦点重音，都与话题属性相悖，只能是非话题主语。

（五）日语、韩国语等语言具有区别于主格标记（日语が ga，韩语이 i/가 ka）的话题标记（日语为は wa，韩语는［nin］），这为我们识别汉语中的话题和主语提供了有益参照。

（六）罗曼语的主语在没有话题属性时，会有一些特殊的去话题化的句法处理，如意大利语的主语后置、法语的断裂结构等。这类主语所对应的汉语主语，通常是非话题主语。

下面我们根据这些标准，来识别汉语中的非话题主语。

---

① 本节主要讨论主句中的主语是否属于话题。话题—述题结构基本上是一种主句现象，因而在从句中天然更受排斥。例（3）b 就反映关系从句排斥提顿词的情况。总体上嵌入型从句都不能容纳带提顿词标记的话题结构，因而主语—话题等同说在从句中更难成立。不过，徐烈炯、刘丹青《话题的结构与功能》（上海教育出版社，1998 年）也分析到若干话题结构出现在从句中的现象。这实际上是话题结构在汉语中的显赫性所造成的范畴扩张。

② 陆俭明《周遍性主语及其他》，《中国语文》1986 年第 3 期。

三 汉语中的若干非话题主语类别

（一）当主语是对比焦点时，不是话题

对比焦点是焦点属性最强的焦点（相比于一般的信息焦点、话题焦点等），它是句子中仅有的被凸显的新信息，句子的其余部分都是预设。按 Lambrecht（1994）[1]，焦点以外命题所预设的已知信息，才是句子的话题，不管它们位于什么句法位置。我们虽然不必认为主语作为对比焦点时，谓语部分反而是话题，但是至少这种谓语不是话题—述题理论中作为新信息的述题，也不是主位—述位中的述位。看例（'号加黑体表示重读。井号#代表句子在此语境中不成立）：

(4) A. 小张去了上海。
　　B1. 不，小张没去上海，（是）'小王去了上海。
　　B2. 不，（是）'小王。
　　B3.（不，小张没去上海，）#小王啊，去了上海。
(5) A. 小王去广州了吗？
　　B. 小王啊，去了上海。

上面的对话例（4），A 陈述了一个事件，以"小张"为施事主语；B 指出该陈述为假，施事不是小张而是小王，主语"小王"成为对比焦点，跟 A 中的"小张"构成对比，"小王"所在小句中的其余成分都是预设，是已知信息，"小王"是仅有的新信息。对陈述 A 的纠正，繁简可以不同，但基本的句法、韵律属性是一致

---

[1] Lambrecht, Knud, *Information Structure and Sentence Form: Topics, Focus, and the Mental Representations of Discourse Referents*. Cambridge University Press, 1994.

的。下面试做分析。

作为对比焦点和唯一新信息,答句中的"小王"必须重读,以施强调和纠正功能。"小王"前还可以带上焦点强调词"是",但也可以不用"是",单用重读来彰显焦点。作为答句信息结构中唯一的新信息,"小王"是不能省略的,而句子的其余部分都是预设信息(即Lambrecht所说的"话题"),均可省略,造成例(4)B2那样的简短回答。在简答中,"是"也可加可不加,"小王"仍须重读,这些属性没变,而谓语的省略则更清楚地揭示这里的谓语不是述题或述位,它们所对应的主语也不是话题或主位。

例(4)B3在此不成立,原因是主语带上了话题标记"啊"。例(4)B3在孤立语境或另一些语境中是可以成立的句子,见例(5),只是在对话例(4)中刚性地不成立,所以此处标以井号#而非星号*。例(4)B3中"啊"的标记话题的功能,跟"小王"的信息属性——对比焦点、非话题相冲突,因此看似在汉语中隐现颇为自由的提顿词,在这里被强制性地排斥。

例(4)中的答句,在日语、韩国语的相应句子中都要加主格标记,而不能带话题标记。

但是,在任何语法分析体系中,答句中不带"是"的"小王"在句法上都是主语,它的主语身份不受其话语功能——非话题性——的影响。这表明,汉语中完全存在非话题的主语,主语并不是天然的话题,主语也未必一定由话题直接构成。

(二)主语是信息焦点时不是话题

陆俭明(1986)[①]已指出疑问代词主语不是话题。疑问代词

---

① 陆俭明《周遍性主语及其他》,《中国语文》1986年第3期。

是信息焦点的一类，这个命题可以泛化为信息焦点主语不是话题。所谓信息焦点，就是并不与话语中的一个成分对比，而是以一个无界集合为背景而凸显的成分，虽然对比性不显著，但它仍然是所在句子中信息强度最大的成分。问句中的疑问代词主语或答句中回答疑问代词的主语都是典型的信息焦点，其非话题的表现与对比焦点主语相似。看例：

（6）A.'谁是张明？
　　　B.*谁啊，是张明？
（7）A.'谁是张明？
　　　B.'我是张明。
　　　C.（是）'我。
　　　D.#我啊，是张明。

例（6）A 是一个由疑问代词充当主语的特指问句，疑问代词是特指问句的默认信息焦点。当"谁"作为疑问焦点时，它以整个人类的集合为背景，在这个集合中寻找符合条件（"是张明"）的特定个体。作为疑问信息焦点，"谁"要重读。假如不是"是"字判断句，这个"谁"还可以带焦点标记"是"，如"是谁骂了小张？"①。例（6）B 显示，这个信息焦点是不能带提顿词的，因为焦点属性与话题标记的功能是相冲突的。

例（7）关注例（6）这类主语焦点特指疑问句的答句的表现。在特指疑问句的答句中，回答疑问代词的成分是信息焦点，即答

---

① 正是因为疑问代词做主语经常带"是"，所以《祖堂集》等近代文献中出现在句首的疑问代词常以带"是"的形式出现，用多了便被视为词缀，如"是谁如此解会？"。蒋绍愚、曹广顺主编《近代汉语语法史研究综述》，商务印书馆，2005 年。

句中的"我"。句子的其余部分都是预设的旧信息。例（7）B显示，作为信息焦点的主语"我"要重读。例（7）C显示，在主语为信息焦点的答句中，句子的其余部分（此句中即谓语部分）都是可以省略的，这是预设的旧信息的正常句法表现。也说明例（7）B的谓语不是述题或述位成分，它所对应的主语也就不是话题或主位。例（7）D显示，信息焦点落在主语上时，主语失去了话题性，因此答句的主语是不允许带提顿词的。而同样的句子在其他语境中，是可以带提顿词来标注其话题身份的。如：

（8）A. 您是哪一位啊？
　　B. 我啊，是张明。

总之，在信息结构中，信息焦点和对比焦点的焦点强度有所区别，但两者都是所在句子中信息强度最大的成分，它们在性质上共同与话题构成对立。因此，主语一旦作为对比焦点或信息焦点，就不再是话题。句法、虚词、韵律表现等一致证明了这一点。此外，徐烈炯和刘丹青（1998）[1]还提到了一类"话题焦点"，它们又被称为对比性话题（Contrastive Topic）[2]。这类成分本身兼有话题和焦点的属性，做主语时不属于非话题主语。

（三）整句焦点句的主语不是话题

整句焦点句（Sentence-focus Structure）[3]是可以用来回答

---

[1] 徐烈炯、刘丹青《话题的结构与功能》，上海教育出版社，1998年。

[2] Chu, Chauncey, Please, let topic and focus co-exist peacefully! 徐烈炯、刘丹青主编《话题与焦点新论》，上海教育出版社，2005年。

[3] Lambrecht, Knud, *Information Structure and Sentence Form: Topics, Focus, and the Mental Representations of Discourse Referents*. Cambridge University Press, 1994.

第三节 汉语中的非话题主语

"发生了什么"（What happened?）、"怎么回事"（What's the matter?）这类问题的句子，亦称"事件报道句"（Event-reporting），归属"非主题判断"（Thetic Judgement）①。它们以整个事件为焦点，全句都是新信息，因而主语不是已知信息和预设内容，句子不构成话题—述题结构，主语作为焦点的一部分也就无法成为话题。我们先来看看其他语言中这类句子和普通的主题判断（Categorical Judgement）的区别。

在英语中，孤立地看，同一个句子，例如表达"我的脖子疼"，既可以是以整句为焦点的事件报道句，属非主题判断，也可以是普通的主题判断句。两者的区别可以由简单的语境来展示，句子本身则主要在重音模式上有不同。Lambrecht（1994）② 通过跨语言材料证明，人类语言除了重音外还有多种形态句法手段来区分这两者，例如（小型大写字母代表重读）：

(9) A. What's the matter? "怎么回事？"
      a. MY NECK hurts. "我的脖子疼。"
      b. My fa male il COLLO.
      c. J'ai mon cou qui me fait MAL.
      d. Kubi ga itai.
   B. How's your neck? "你的脖子怎么啦？"
      a. My neck HURTS. "我的脖子疼。"
      b. Il collo mi fa MALE.

---

① 沈园《逻辑判断基本类型及其在语言中的反映》，《当代语言学》2000 年第 3 期。

② Lambrecht, Knud, *Information Structure and Sentence Form: Topics, Focus, and the Mental Representations of Discourse Referents*. Cambridge University Press, 1994.

c. Mon cou il mi a mal.

d. Kubi wa itai.

例（9）A-a 是由"怎么回事"这类提问引出的答句，因此整句都是新信息，属于非主题判断，其中的主语核心名词会重读。例（9）B-a 是"你的脖子怎么啦"引出的答句，问句中已有话题"你的脖子"，答句则是主题判断，重读不能在话题上，而在谓语动词 hurts 上。再来看其他各语言表现。

b 答句是意大利语。例（9）A-b 为整句焦点句，主语 il collo（脖子）作为焦点信息的一部分不居句首而居句末，并且重读。这是意大利语的句法所要求的语序调整，实为主语的非话题化。而例（9）B-b 是主题判断句，主语 il collo 位于句首并且不再重读，具有话题的属性，而让表示新信息的谓语 male（疼）位于句末并重读，实际充当信息焦点。简言之，对于整句焦点，意大利语通过语序后移和重读实现主语的去话题化。

c 答句是法语，例（9）A-c 为了取消当事主语的非话题性，采用了分裂句，近似于英语 It is my neck that I feel hurt，主语以显性对比焦点的面貌出现，虽然并不是独立担任焦点，而是整句焦点的一部分。例（9）B-c 是常规主谓句，主语 mon cou（我的脖子）作为预设的已知信息具有完全的话题性，位于正常的句首位置。换言之，法语是通过分裂式焦点化来实现主语的去话题化的。

d 答句是日语。例（9）A-d 和 B-d 语序无别。例（9）A-d 以整句为焦点，答句施事带主格标记 ga 而不是话题标记 wa，以此实现去话题化。而例（9）B-d 的施事是已知预设信息，带话题标记。可见，在整句焦点句中，日语以主格标记来实现主语的去话题化。野田尚史（张麟声译，2003）[①]对下句的分析实际上也体现了日语整句焦点句主语带主格标记的策略，如：

（10）そのとが八木がホームランだ打った
　　　sono toga ... ga ...
　　　那时候　八木　本垒打　打了

对此，野田尚史分析道："这里句子不是向希望了解关于八木的信息的听话人讲述八木的情况，也不是告诉希望了解本垒打的信息的听话人是谁打了本垒打。它仅仅标出了听话人所不知道的某种事态的发生"。野田的解释表明这里的句子既不是以八木为话题，也不是以八木为信息焦点，而是听话人所不知道的"某种事态"的发生，即整句都是新信息，"八木"带了主格标记。在这点上，韩国语采用与日语相同的策略，例略。

下面我们来看汉语的情况。一般情况下，汉语整句焦点句与话题性主语句，在语序上没有区别，表面上可以完全同形，但是重音模式不同。这点跟英语相近而与意、法、日、韩语言都不同。如：

（11）A. 什么事儿？／怎么啦？／怎么回事？
　　　B. 我的 '**脖子**疼。
（12）A. 你的脖子怎么啦？
　　　B. 我的脖子 '**疼**。

例（11）B 句和例（12）B 句结构看似完全相同，但是例（11）B 句重音在"脖子"上，例（12）B 句重音在"疼"上。前者通过重音实现了主语的去话题化，后者主语"我的脖子"有话题性，

[①] 野田尚史《日语主题助词は与主格助词が》，张麟声译，人民教育出版社，2003年。

属已知信息，不但不能重读，而且可以整个删除，只答一个"疼"字。

另一方面，汉语也可以有略近日、韩语的模式，在有话题性的主语上带上提顿词，而整句焦点句中主语不能带提顿词。比较：

(13) A. 什么事儿？／怎么啦？／怎么回事？
　　　B. 我的脖子（*啊，）疼。
(14) A. 你的脖子怎么啦？
　　　B. 我的脖子（啊，）疼。

整句焦点不限于对"怎么啦？""怎么回事"这一类固定问句的回答。凡是要求提供整句新信息的问题，包括要求解释原因的问句，都能引出整句焦点句。而各种整句焦点句都排斥主语后的提顿词。如：

(15) A. 发生什么事儿了？
　　　B. 哥哥（*啊）打我。
(16) 她问陆："听说您十五岁就到这里来做工了，为什么？"
　　　"日本军队抓了我。……"（邓友梅《别了，濑户内海！》）

例（15）A 是询问整句性的新信息，答句也是整句焦点，主语"哥哥"后不能带提顿词。例（16）"她"的话是问原因的，陆以整句焦点做解释。这里，"日本军队"是整句焦点的一部分，不是话题，不能带提顿词。

整句焦点并非只出现在口语对话中。我们注意到，日文媒体的句子型新闻标题，即使主语是有定成分（如指公众熟知人名地名），也常带主格标记而不是话题标记。消息正文也不乏这类句子。这是因为，新闻标题都是没有上文的陈述，而且新闻以提供新的信息为己任（"新闻"、news 在词形上都突出了"新"意），因此，整个标题都是新信息，是整句焦点，主语则是这个整句焦点的一部分，因此不管有定无定都不宜带话题标记。相应的，汉语媒体的句子型新闻标题命题也属于整句焦点。当然，在正规书面语言中，汉语一般不用提顿词，这是语体限制。但是，媒体的句子型标题，即使不考虑语体因素，给主语强加上提顿词，在语法上也是不成立的，因为与标题的信息结构不符。如以下真实标题都插不进提顿词，主语也倾向于重读：

（17）《福建首虎徐钢（*啊）落马前主动谈及被举报》
（18）《北京（*啊）今年将实施海外游客离境退税政策》
（19）《西科大"励志保安哥"（*啊）自学十年考研成功》

整句焦点属于主题判断（Categorical Judgement）/ 非主题判断（Thetic Judgement）理论中的非主题判断,[①] 又译为简单判断;[②] 按沈园（2000）[③] 所引的久野璋（Kuno）的说法，是没有预设的中性句，区别于话题—述题结构。关于主题判断和非主题判断，沈园有如下介绍：

（20）Brentano 和 Marty 进一步提出逻辑判断具有两种而不是通常认为的一种基本形式。这两种逻辑判断的基本形式分别是主题判断（Categorical Judgement）和非主题判断（Thetic Judgement）。其中前者对应于传统意义上的主—谓两分式逻辑判断类型。从认知角度来看，前者包含两个不同的认知行为，即先对一个实体进行命名然后再对它进行描述；后者则只是将一个事件或状态作为整体来描述，是对作为/视为

[①] Lambrecht, Knud, *Information Structure and Sentence Form: Topics, Focus, and the Mental Representations of Discourse Referents*. Cambridge University Press, 1994.

[②] 陆烁、潘海华《汉语无定主语的语义允准分析》，《中国语文》2009年第6期。

[③] 沈园《逻辑判断基本类型及其在语言中的反映》，《当代语言学》2000年第3期。

整体的判断内容的简单肯定或否定，是一种单一的认知行为。因此人们经常也将前者称为双重判断（Double Judgement），将后者称为简单判断（Simple Judgement）。

从上述介绍可以看出，主题判断和非主题判断的根本区别在于两分式的双重判断和浑然不分的简单判断。非主题判断虽然语法上可能有主有谓，但逻辑上却是一个紧密的整体。

在日语中，主题判断和非主题判断分别对应于话题助词は wa 和主格助词が ga，这不是偶然的。虽然主题判断被认为更符合传统的主—谓二分的逻辑结构，但日语的材料启发我们，从某种意义上说，内部二分的主题判断更对应于句法上较松散的话题结构，而浑然一体的非主题判断更对应于句法上较紧密的主谓结构。这在汉语中可以得到进一步证明。汉语的主谓结构没有语法标记，而话题结构可以带话题标记。带话题标记的成分总是伴随着停顿，停顿显性表征了主题判断的二分属性。我们把话题标记叫提顿词，也是因为它有提示、提取的作用，即将话题从整个判断中提取出来，从而跟谓语/述题部分分离。而没有话题性的主谓结构，插不进话题标记，表征了它浑然一体的简单判断的属性。Shibatani（1991）[①] 指出，传统日本语法学认为话题标记は wa 的重要功能是分离作用（Separation），就是将带は wa 的成分与句子其余部分分开，这更对应于西方传统逻辑中命题主—谓二分的观念；而带主格标记が ga 的成分与句子后部的成分更加紧密，不可分离。印欧语言无法像日语那样在形态上区分话题和主语，

---

① Shibatani, Masayosh, Grammaticalization of topic into subject. In Traugott & Heine (Eds.), *Approaches to Grammaticalization*, Vol.II: 93-133. Amsterdam & Philadelphia: John Benjamins, 1991.

于是都用"主谓关系"来概括,其中其实包含了两类判断。日语的は wa 类话题句更对应于主谓二分的传统逻辑命题——现代所说的主题判断,而日语的が ga 类主格句更对应于浑然一体的非主题判断(简单判断)这一传统逻辑所忽略的判断。

汉语的话题结构句虽然表面上可以跟非主题判断的主谓句一样,但是潜在地都可以在主语后加上提顿词(及停顿)变成显性话题句,跟日语は wa 类话题句一样彰显其主题判断的本性;而没有话题性的主语不能带提顿词,跟日语が ga 类主格句一样只能与谓语部分一起构成结构更紧的主谓句。日语主语作为对比焦点和信息焦点都要带主格标记が ga,而が ga 在整句焦点句中则不是用来标记窄焦点,而是用来去话题化,表明非主题判断句主语的身份。汉语没有主格标记,但可以通过添加话题标记来测试是话题性主语还是非话题性主语,能加标记的是主谓分离的话题结构;不能加的则是非话题主语,是跟谓语浑然一体的、非主题判断的主语。

(四)无定主语句不是话题句

无定成分在本性上就与话题的一系列固有属性相冲突,如有定,[①] 已知信息,能为随后的命题提供适用的框架[②] 等话题属性。因此,无定成分不能充当话题是很自然的。但是,以往汉语研究所认为的对无定成分的限制,不仅指向话题,也指向主语。赵元

[①] Li, Charles N., & Sandra Thompson, Subject and topic: a new typology of language. In Li, Charles N. (Ed.), *Subject and Topic*. New York: Academic Press, 1976.

[②] Chafe, Wallace, Givenness, contrastiveness, definiteness, subjects, topics and point of view. In Li, Charles N. (Ed.), *Subject and Topic*. New York: Academic Press, 1976.

任(1968)[①]早就指出汉语主语强烈倾向于有定成分。这一倾向确实存在，总体上汉语主语与话题也确实有对应的一面。但是，自范继淹(1985)[②]以来，汉语学者普遍认识到无定主语句确实存在，在某些文体中还为数不少，如新闻体语言。至今已有很多文献探讨解释无定主语句的成因，如徐烈炯(1997)、王灿龙(2003)、陆烁和潘海华(2009)等。[③]那这些无定主语是不是话题呢？这正是本文重点关注的问题。

无定主语句大都属于非主题判断，跟上面的整句焦点句有较大的交叉。作为非主题判断的一种，无定主语本质上就不是话题。由于非主题判断的主语可以无定也可以有定，因此无定主语句值得单独提出来一说。下面是上引范文中所列举的无定主语例句，无定主语都排斥提顿词（除非做类指解），见括号中带星号的提顿词：

(21)一位中年妇女(*啊)匆匆走来。她也是专程来给14号投票的。(《北京日报》)

(22)一位来自哈尔滨的顾客(*啊)在本市买了一台钢琴，由于没有包装，铁路不予托运。（同上）

(23)三个素不相识的男青年(*啊)闯进女学生的家……(《北京晚报》)

---

① Chao, Yuen Ren, *A Grammar of Spoken Chinese*. Berkeley: University of California Press, 1968.

② 范继淹《无定NP主语句》，《中国语文》1985年第5期。

③ Xu, Liejiong, Limitation on subjecthood of numerically quantified noun phrases: a pragmatic approach. In Xu, Liejiong (Ed.), *The Referential Properties of Chinese Noun Phrases*. Paris: EHESS, 1997；王灿龙《制约无定主语句使用的若干因素》，载《语法研究和探索》（十二），商务印书馆，2003年；陆烁、潘海华《汉语无定主语的语义允准分析》，《中国语文》2009年第6期。

经过对大量无定主语例句的初步分析,范文在结尾处总结道:"无定 NP 主语句的主语由数量名短语(包括其他修饰成分)构成,是说话人发出的'新传信息',对听话人而言是'未知信息'。"既然无定主语具有"新传信息""未知信息"的属性,它们显然与话题属性是相对立的。它排斥提顿词也就很好理解。

陆烁和潘海华(2009)①对无定主语句的信息地位有进一步的分析。他们指出,无定主语句要尽可能减少预设等听说双方的"共同背景",是难以从共同背景推出的"新情况"(事件匹配新情况;而属性则是恒久的,不匹配新情况)。"越是异于共同背景的'新情况',越能构成明确的简单判断谓语"。陆、潘文认为无定主语句在新闻语体中最容易出现,就因为新闻语体受众面极广,共同背景少,最适合表述新情况,这正是无定主语句的用武之地,而这些都与话题的有定性、已知性是对立的。

此外,范继淹(1985)②已注意到无定主语句主语之前如有其他成分、无定主语作为后续成分出现更自由。陆、潘文也引述了李行德、朱晓农等的同类观察,即前面有"主题"的句子更容易出现无定主语句,如以下两例:

(24) 昨天一个工人从窗口掉了下来。
(25) 快来看,俩猫打架了。

陆、潘文认为这是因为有主题的句子更容易出现简单判断。本文的解读是:因为句子已另有语用话题,所以主语不带话题性

---

① 陆烁、潘海华《汉语无定主语的语义允准分析》,《中国语文》2009年第 6 期。
② 范继淹《无定 NP 主语句》,《中国语文》1985 年第 5 期。

也更加自由。这从又一个角度显示无定主语句的非话题性。

此外,无定形式在汉语中还可以表类指。类指主语的指称、信息属性迥异于真正的无定主语。根据陆烁和潘海华（2009）[①],无定的类指解读需要有通称算子（即类指算子）约束,主要是要求属性谓语。陆、潘文引述相关文献,对通指句主语的话题性做了清楚的解释:"根据 Chierchia（1995）等人的分析,通指句的谓语都属于个体性谓语,所描述的性状作用于主语已经确定的话题上面。也就是说,通指句中的无定主语实际上是话题。Kratzer（1995）、Diesing（1992）等也认为通指句的主语是 VP 外主语,即处于 IP, Spec 的位置;Lambrecht（1987）则直接将其称作'话题—述题句'（Topic-comment Sentence）。汉语还有一个明显的证据,即通指句一般都可以加上话题标记",下面是陆、潘文的例句:

(26) 书,是智慧的宝库。
(27) 一个年轻人啊,应当有志气。[②]
(28) 三个步兵呢,可以带九份口粮。

同样是无定形式,真正表无定时与话题性不相容,因此排斥提顿词;表示类指时,则话题性很强,因此就可以带提顿词了。可见,话题性排斥的不是无定成分的结构形式,而是无定语义的指称属性和信息地位。

---

① 陆烁、潘海华《汉语无定主语的语义允准分析》,《中国语文》2009年第6期。

② 用无定形式表示类指,实际上不是直接表达,而是一种转喻,用个体转指类,参看刘丹青《汉语类指成分的语义属性和句法属性》,《中国语文》2002年第5期。这种转喻需要一定的语境条件。比例(27)更自然的、对语境依赖更小的类指用例是讲述更一般道理的句子,如"一个人啊,要讲良心"。

此外,"一量名"短语还能在一定构式中表示最小量,也没有话题性。

(五)受焦点敏感算子约束的主语不是话题句

焦点敏感算子是能在句子中关联焦点的成分,其中很多是副词性成分,它们总是与句子的一个焦点成分相关联。与焦点敏感算子相关联的焦点成分称为语义焦点。语义焦点是一类特殊的对比焦点,同一个焦点敏感算子关联不同的焦点会带来真值语义的不同,因此被称为语义焦点,[①] 如(原文粗体此处改为小型大写字母):

(29) a. John only introduced Bill to Sue. 'John 只介绍 Bill 给 Sue'
　　　b. John only introduced Bill to Sue. 'John 只介绍 Bill 给 Sue'

例(29)两例的构成完全相同,都含有焦点敏感算子 only(只),但是重音不同,就导致焦点位置不同,只有重读的那个音节才是焦点。a 句 only 只关联 Bill,John 只介绍了 Bill 一个人给 Sue(不排除他也介绍 Bill 给其他人)。b 句关联 Sue,John 只给 Sue 一个人介绍了 John(不排除他也给 Sue 介绍了其他人)。

英语的 only 和汉语的"只"都是右向关联的。有些焦点敏感算子则是左向关联的,包括关联主语,使主语成为语义焦点。做语义焦点的主语也像做其他对比焦点的主语一样,不再带有话题属性,也就不再能带提顿词。如《现代汉语八百词》"就"条的一个义项是"就+动/形。主语重读,'就'轻读,表示主语已符合谓语所提的条件,无须另外寻找",举的例子是(此处重新

[①] 徐烈炯《几个不同的焦点概念》,载徐烈炯、潘海华主编《焦点结构和意义的研究》,外语教学与研究出版社,2005年。

编号,并插入提顿词测试):

(30) a. 老ʹ赵(*啊)就学过法语,你可以问他
b. 你要的材料(啊),ʹ我(*啊)手头就有
c. ʹ这个花色(*啊)就好
d. ʹ这儿(*啊)就很安静
e. ʹ那种规格(*啊)就合适

这种句子中的"就"是指向主语的焦点敏感算子,所以主语作为焦点总是重读,如《现代汉语八百词》所指出的,而且主语后插不进提顿词或插入后会改变原有重音模式和语义模式。此外,这类句子主语前可以有真正的话题,如例(30)b句的"你要的材料",这种话题后可以带话题标记。

副词"才"也有左向关联功能,其所关联的主语(也要重读)是作为必要条件的焦点,而"就"所关联的主语是作为充分条件的焦点。"才"字句主语后也很难带提顿词。如:

(31)吃过苦的人(?啊)才会更加珍惜幸福生活。(《刘汉洪快乐学》)
(32)"你(?啊)才是我真正的朋友!"毕加索的这句话,在他耳旁一遍遍地响起。(李良旭《你才是我真正的朋友》,《读书》2011年第13期)

(六)新信息主语句不是话题句

以上小类都有比较明确的测试方式可以确定主语是焦点本身或成为整句焦点的一部分。本小类句子的主语,包括一些抽象名词短语,既不是无定形式的NP,也不是典型的类指,有些甚至还有一定的有定性(如专有名词或带领属定语),没有很直接的测试方式判定它们是不是焦点,但是,语境显示它们是句子中的新信息,并带有焦点的属性。我们对韩国学者朴正九教授的征询

也表明同样语境中这类句子的主语在韩国语中要带主格标记이 i/가 ka 而非话题标记는 nin 的。这类主语在汉语中都排斥提顿词，显示其非话题性质，如：

(33) 身边谁说他都没用；有时候，<u>陌生人的严厉斥责</u>（*啊）能让他惊醒。

(34) 如若课前布置学生收集有关作者杏林子的生平资料，阅读她的有关文章，<u>作者不平凡的经历</u>（*啊）会给学生以震撼，从而产生强烈的阅读期待。（鹏程万里的新浪博客）

例（33）主语"陌生人的严厉斥责"是一个领属结构，在这儿跟上句"身边谁"相对，是一个新信息，也是作者强调的内容，带有焦点属性，因此，不适合当话题，排斥提顿词。例（34）"作者不平凡的经历"也是领属结构，其中领属语"作者"属已知信息，但加了修饰语"不平凡的"后，名词短语整体属于新信息，并且是作者强调的方面，因而就不再带有话题性，并排斥提顿词。假如去掉提供新信息的"不平凡的"，则"作者的经历"在此句中可以带提顿词：

(35) 如若课前布置学生收集有关作者杏林子的生平资料，阅读她的有关文章，<u>作者的经历</u>（啊）会给学生以震撼，从而产生强烈的阅读期待。

再假如"不平凡的经历"与"平凡的经历"构成对比性话题，分别引出不同的话题，也可以带提顿词成为显性话题（对比性话题适合用"麼"），如：

(36) 有人说，生命如同故事。<u>不平凡的经历</u>（麼）会有不平凡的故事；<u>平凡的经历</u>（麼）也同样会有不平凡的故事。（语文教材《微笑着承受一切》网上备课材料）

再看下例:

(37)"市财政局有个乔安平,刚提拔不久的副局长,今天下午在市委大院跳楼自杀了。"

向天亮故作惊讶,"乔安平?我认识啊,一起在市党校待过……哎,他怎么想不开了?"

余中豪说,"蹊跷,许厅长(*啊)让我跑一趟清河。"

……

向天亮索性装傻到底,"这个乔安平很重要吗?还要省厅派人下去确认?"

余中豪轻声一叹,"这么说吧,咱们清河市藏龙卧虎,我也是刚知道的,这个乔安平来头不小,听许厅长说,省委书记李文瑞(*啊)亲自下了命令。"(网络小说《官道》第0966章)

例中的"许厅长"和"省委书记李文瑞"都是专有名词,对听说者来说都是有定成分,但是在此语境中是新信息,虽然不像前文有关的例句那样可以通过疑问句的问答来确定其信息焦点的地位,但在这里的语境中也能认定其具有焦点的属性。这两处有定成分都不能带提顿词变成显性话题。可见,主语的话题性根本上来自话语中的信息地位而不是指称的有定性。

(七)主语为极小量词语的全量否定句不是话题句

这一小类属于周遍性主语,陆俭明(1986)[①]认为周遍性主语不是话题,包含了这一小类。

张斌(2010)[②]指出,"'一+量$_名$+动'结构一般是否定形

[①] 陆俭明《周遍性主语及其他》,《中国语文》1986年第3期。陆文说的周遍性主语句包括"什么人都不知道这件事""一个人都不知道这件事""人人都不知道这件事"三小类。本节暂不讨论"什么人""人人"这类句首成分的话题性问题。

[②] 张斌主编《现代汉语描写语法》,商务印书馆,2010年。

式,受副词影响,结构中的'一'不是基数用法而是强调周遍性,是全量用法,如'车子一辆也没有、一个都不敢动'"。该书所举的"车子一辆也没有","车子"是全句话题,全量主语是"一辆"。此句也可以说成"一辆车子也没有",那就是纯粹的全量否定句主语了。

这里说的"受副词影响",应指在构成这种全量否定构式时有副词"都／也"参与。这类句子的主语可以是施事(一个人都不敢动、一个人也没来),也可以是受事(车子一辆也没有、一口饭都没吃)。这里的"一"有时也可以换成"半",如"半点便宜也没捞着","一"和"半"在此均非实数,而做极小量的代表。值得注意的是,极小量词语在全量否定句的主语位置上都要重读,这与其他焦点性主语是一致的。所以,即使是受事,也不宜分析为话题,而当视为受事主语。由于这类主语的非话题性,它们也都不能带提顿词。如"*一个啊也不敢动""*一口饭啊都没吃"。值得注意的是,假如名词部分放在极小量词语之前,就可以带提顿词,极小量词语仍不能带提顿词;假如名词放在极小量词语之后,则该 NP 整体不能带提顿词,如:

(38) a. 车子(啊)一辆都没有。
　　　b. 一辆车子(*啊)都没有。

可见,与提顿词排斥的是表示全量的极小量词语,而与实义名词本身无关。

上面我们从不同角度讨论了汉语中的 7 小类情况,有些小类之间有交叉关系,都不完全等同。在这 7 小类情况的条件下,汉语句子的主语都不是话题性成分,属于本文所说的非话题主语,这可以得到句法（提顿词的使用）、语义、重音、语用等方面的证实。

以上7小类仍是很粗略的列举，只涉及了主句中的主语。假如将讨论范围扩大到从句，则非话题主语远比主句中更常见，如前文例（3）b关系从句的情况。假如我们参考野田（张麟声译，2003）对日语主格助词が ga类句子的分析，能找出汉语中更多与话题性相排斥的句法和语义条件，它们会造成主语的非话题属性。粗略对比可以发现，日语中带主格标记が的句子在汉语中要么属于需要重读、不能带提顿词的非话题主语，要么在汉语中不适合做主语。

四 话题与主语再议

上文的讨论初步显示，汉语中确实存在不具有话题性、只能分析为主语的句法成分。将汉语主语简单地等同于话题，或认为句法主语都是语用上的话题，或认为汉语主语直接由话题构成，都是片面的看法。对此问题的全面认识，还得回到话题和主语各自属性的问题。

西方语法传统中对主语的定义（"主语是谓语陈述的对象"之类）和逻辑学上命题的主谓二分，都将主语的功能指向话题，然而，正如Shibatani（1991）[①]所指出的，主语的原型其实是行为事件的施事（Agent）。他发现，对于有主语的语言来说，该

[①] Shibatani, Masayosh, Grammaticalization of topic into subject. In Traugott & Heine (Eds.), *Approaches to Grammaticalization*, Vol.II: 93-133. Amsterdam & Philadelphia: John Benjamins, 1991.

成分的语义泛化程度因语言而异,其中英语是主语泛化最厉害的,但是施事肯定都在各语言主语的语义角色之内,区别只在于其他主语还可以离施事这个原型多远。Shibatani 认为,扩展得越远,代表主语的语法化程度越高。很多语言中带话题性的成分就因为施事性不够而不做主语,只以其他格位的身份出现,比较(Shibatani 原例无释义,译文及分析为本节所加):

(39) a. 英语 I like beer.
   b. 西班牙语 Me gusta la cerveza."我喜欢啤酒。"
(40) a. 英语 I am hungry.
   b. 德语 Mich hungert."我饿了。"
(41) a. 英语 I am freezing.
   b. 德语 Mich friert."我冻坏了。"

诸 a 句的英语都以经验者角色(或中文文献中的"当事")I 为主语,取第一人称单数主格。但西班牙语例(39)b 却用第一人称单数的与格 me 表示喜欢的主体,因为"喜欢"不是动作动词,主体没有施事性,所以西班牙语不用主格代词,全句没有主语。德语例(40)b、例(41)b 都用宾格来表示饿和冻的主体／感受者,也因为饿和冻的主体是被动感受者而不是主动施事者,因此宁可没有主语也不用主格形式。这几句的属性主体或状态主体的话题性是没有疑问的,但是话题性并不能支持它们在西班牙和德语中以主语的身份出现,因为施事性不够。

科姆里(沈家煊译,1989)[①]提出的典型的主语是施事和话题的重合的观点,基本符合实际,但无法覆盖非典型的主语。从

[①] 科姆里(Bernard Comrie)《语言共性和语言类型》,沈家煊译,华夏出版社,1989 年。英文原著 1981 年。

跨语言来看，施事对主语的制约比话题对主语的制约更加刚性。没有话题性的施事完全可以充当句法主语，包括像意大利语等罗曼语那样放到句末（见例（9）A-b），仍是主语。虽然施事也可以出于语用考虑而去主语化——如动词被动化，施事降级为旁格（英语的by短语），但这不是刚性制约。另一方面，不少语言的主体性论元因施事性不够就无法充当主语，只能取旁格而让主语位置空缺，这倒是刚性句法规则。因此，主语的原型只能是施事而不是话题。换言之，非典型主语，经常是非话题的施事，但不能是非施事的话题，除非该角色在该语言中已在主语语义扩展的规约域内。

对Shibatani的看法，只需要做一点小补充。主语不仅面向动词／事件性谓语，也面向形容词谓语和（系词+）名词表语。对于后两者来说，"施事"作为主语的语义标签就过分狭窄。因此，我们认为主语的原型语义角色是（事件的）施事，有时也包括（属性、身份的）主体，三者加起来即较广义的"主体"。不同语言的主语，可以围绕着这一原型语义做不同程度的扩展，但无论怎样扩展，肯定是语义上越接近施事的成分越能成为主语。

那么，话题在主语中又扮演着何种角色呢？我们同意上引科姆里的看法，典型的主语确实包含了施事和话题的重合。施事有更高的生命度和指称性，更容易成为注意的中心。在多数情况下，这些因素足以同时满足对主语的施事性和话题性的要求，因此让主语兼话题的策略经常能同时满足语句的语义和语用要求。但是，当有话题性的成分不符合施事的要求时，它就常常被编码为主语以外的句法成分，而只是靠语序等手段成为语用上的话题；没有话题性的施事，例如属于非话题判断的各类事件的施事，则仍然

第三节 汉语中的非话题主语

可以成为主语,有些语言会另用些语用手段表征其信息地位。可见在主语的要素中,施事的地位超过话题。

汉语在这一问题上表现如何、特点何在呢?汉语主语的语义要求可能没有西班牙语、德语那么严格,像例(39)—例(41)那样的句子,汉语都可以表达为主谓结构。但是,汉语并不像人们所想的,做主语的成分在语义上非常没有限制。例如,Shibatani 所举的一些在英语中被编码为主语的偏离施事的成分,有些在汉语中很难成为主语,如:

(42) a. The recent earthquake killed 150 people.
b.^{??}最近这场地震杀了 150 人。

(43) a. The 1930's saw the world at the brink of disaster.
b.* 1930 年代看见了世界在灾难的边缘。

当然,汉语似乎也存在语义偏离施事更远的主语,比如赵元任(1968)举的那些"奇怪例句"。[①] 这又怎么理解呢?这是因为,汉语在主语之外,还存在一个话题的句法位置,这个位置的存在有许多表征,[②] 这是跟英语完全不同的。这个话题位置不像日语、韩国语那样是由话题标记的刚性使用界定的。汉语的话题可以由提顿词表示,但这不是刚性要求,事实上大部分有话题性的主语也未必带提顿词,尤其在正规书面语中。不带提顿词时,除了非话题主语,主语都是一种隐性的话题;当主语带上提顿词时,就成为"显性的话题"——前文已多次提过这个术语,在此补做一

---

① Chao, Yuen Ren, *A Grammar of Spoken Chinese*. Berkeley: University of California Press, 1968.

② 刘丹青《话题理论与汉语句法研究》,载沈阳、冯胜利主编《当代语言学理论汉语研究》,商务印书馆,2008 年;刘丹青《话题优先的句法后果》,载程工、刘丹青主编《汉语的形式与功能研究》,商务印书馆,2009 年。

个交代。

我们回头再看赵元任(1968)的举例,可以发现,偏离主语的施事要求的成分,往往在主语—话题测试中符合话题要求而不符合主语要求。① 例如:

(44) a. 他是个日本女人。(意为:他的用人是个日本女人)②
　　　b. 他呀,是个日本女人。
　　　c.*' **他**是个日本女人。

(45) a. 他是一个美国丈夫。(意为她嫁了一个美国丈夫。该处"他"的英文是女性的 she)
　　　b. 她呀,是一个美国丈夫。
　　　c.*' **她**是一个美国丈夫。

(46) a. 你(的小松树)要死了找我。(括号里是没有说出来的意义)
　　　b. 你呀,(小松树)要死了找我。
　　　c.*' **你**(的小松树)要死了找我。

可见,赵著举的表面语义怪异的主谓关系,其"主语"其实都是话题,不符合主语可以重读的特性,也都可以加进提顿词变成显性话题。放在适当的语境下,加了话题标记和停顿的例句会很自然,而上举主语带重音的各例靠语境也无法救活。话题的语义可以偏离施事当事很远,而主语的语义偏离的幅度就小得多。因此,话题的表现并不代表主语的表现。

---

① Chao, Yuen Ren, *A Grammar of Spoken Chinese*. Berkeley: University of California Press, 1968.

② 张和友、邓思颖《与空语类相关的特异型"是"字句的句法、语义》(《当代语言学》2010 年第 1 期)认为汉语中很多语义关系特殊的"特异型'是'字句"是主语空缺的话题句,其中包括这里引用的赵著"他是个日本女人"这一小类。尽管本节的论证方式与张、邓文不同,但是我们赞同他们对这一小类"是"字句的定性,"他"是话题,不是主语。

基于以上认识，汉语作为话题优先语言的特点何在呢？我们现在可以归纳为下面几点，这几点也可以视为对徐烈炯和刘丹青（1998）[①]观点的进一步补充和推进。

（1）在现代汉语中，主语不是一种语法化程度很高或者说句法属性很强的成分。它不具备人类语言主语常有的关键句法属性：主格形态（或虚词）、一致关系。它在语序上和信息地位上都跟话题有交叠，句法界限不清。多数主语可以视为隐性的话题。这些也基本符合上引赵元任、罗仁地、沈家煊的看法。但是，汉语确实存在没有话题性的主语，如本节所列举的7类主语。这些主语以重读为形式特征，而话题不重读。

（2）话题在汉语中是比主语语法化程度更高的成分，这是汉语划归话题优先语言的依据。虽然话题也常常没有标记、只靠语序在前作为形式特征，但是话题可以带提顿词构成显性话题，而主语中只有带话题性的那些才能带提顿词转化为显性话题；没有话题性的主语，主要属于非主题判断，不能带提顿词。

（3）汉语的主语和隐性话题在很多情况下是叠合的，可以进行两可的分析。但是，主语是以施事为原型、以跟谓语的论元关系／词汇选择关系为纽带组成主谓结构，主谓结构可以出现在话题结构所不能出现的许多场合，包括本文所分析的7类（基本上属于非主题判断），这些是主句的情况。到从句中，主语更容易丢失话题性，非话题主语更多（须另文详析）。话题以已知、有定、类指、注意中心等信息、认知地位为特征跟述题组成话题结构，话题结构内部的语义关系松紧不一，可以完全没有词汇选

[①] 徐烈炯、刘丹青《话题的结构与功能》，上海教育出版社，1998年。

择关系。因此，虽然有较大叠合，汉语语法库藏中仍须包括主语和话题两种句法位置，不能相互包含或取代。这是汉语区别于英语之类主语优先语言的重要方面。

（4）话题和主语既然是两个既交叉又有不同的句法成分，那么在谓语前的位置上就可能发生既共生又竞争的关系。汉语的情况是话题优先，其表现之一就是具有话题性的成分更容易占据谓语前的位置。由属于隐性话题的主语位于谓语之前，是最周全的策略，既满足了话题性需求，又实现了话题和主语的合一，避免了冲突。这是最无标记的句子。但遇到话题性最强的成分属于非施事非当事成分，汉语就倾向于让话题性更强的位置占据一个话题位置，主语占据另一个话题位置或非话题的主语位置（如"这棵树叶子大"）。汉语的主语虽然确有非话题的类别，但是对非话题主语的排斥还是比日、韩语等大一些。如野田尚史（张麟声译，2003）[①]一书中的が ga 类主语，有些可以对应汉语的非话题主语，但还有很多小类在汉语中不宜前置于动词，而要改造结构，让非话题的施事当事充当谓语中的成分。无定主语句之前加"有"也是一种去主语化操作。再比较野田尚史的下列例句及其汉译：

（47）何か音が使こえるわ。耳んを澄ませて
　　～　好像有什么声音？你好好听！
（48）「このボタンを押すと波長の違う音が出てくるんです」と僕は言った。
　　～　我说："只要你按这个按钮，就会发出不同波长的声音来。"

例（47）疑问代词短语"何か音"（什么声音）是信息焦点，

---

① 野田尚史《日语主题助词は与主格助词が》，张麟声译，人民教育出版社，2003 年。

位于句首且带主格标记が ga，充当主语；中文译为"有"的宾语，因为此短语既没有话题性，也不是施事，在汉语中被主语位置排斥。例（48），"波長の違う音"（不同波长的声音）也是带が的主语，中文译为"发出"的宾语，理由同上。正是在这方面，汉语作为话题优先语言又区别于作为话题优先和主语优先并重的日语、韩国语等语言。

五 小结

Li 和 Thompson（1976）[①] 的主语—话题类型学，确立了汉语的话题优先类型，同时设定了主语和话题的区别。而由于汉语主语没有明确的句法标志，主语又常常具有的话题的语用功能，使汉语主语跟话题的界限更加模糊，以致很多学者都持有汉语主语和话题等同的观念。

本节参考已有研究，进一步确定了区分话题和主语的几条可操作的测试标准，包括信息地位（是否焦点）、话题标记能否出现、能否重读、与日韩等语言的话题标记还是主格标记对应、在一些罗曼语种有无对应的去话题化操作。据此，识别出至少在 7 种情况下，汉语的主语不是话题。这些主要涉及主句中的主语，很多属于非话题判断（Thetic Judgement = 简单判断）类型。假如延伸到从句的研究，非话题的主语类型会更多。基于这个研究结果，本节否定了主语话题等同说的合理性。

参考主题判断与非主题判断（简单判断）学说和 Shibatani 对

[①] Li, Charles N., & Sandra Thompson, Subject and topic: A new typology of language. In Li, Charles N. (Ed.), *Subject and Topic*. New York: Academic Press, 1976.

主语、话题的类型学分析，本节认同话题概念基于话语信息结构，而主语作为一个句法成分则以施事为原型语义。由于主语常常（但并不总是）带有话题性，因此两者可以在很多情况下叠合，但仍然不能等同。在不同的语言类型中，话题和主语在句法上的关系有所差异。汉语主语没有形式特征；话题可以没有标记，也可以带提顿词做标记；而没有话题性的主语无法带提顿词。因此，汉语在一定程度上能区分出话题和主语，至少能识别出非话题主语，从而在类型上区别于只有主语有句法地位、话题没有句法地位的主语优先语言如英语。另一方面，汉语作为话题优先语言，对主语有一定的信息结构限制，日韩语言用主格标记的大量非话题主语，有一部分在汉语中可以实现为非话题主语，还有一些日韩语的主语要改在汉语谓语部分表达，从而使汉语在类型上又区别于话题优先和主语优先并存的日语、韩国语。

第四节 频率副词与概率副词研究 ①

一 时间副词和频率副词

近义词的辨析向来是对外汉语教学中的难点，也是相关研究的重点。近义副词的辨析因为难度大，应用范围广而更加引人注

---

① 本节摘自石定栩、孙嘉铭《频率副词与概率副词——从"常常"与"往往"说起》，《世界汉语教学》2016 年第 3 期。

目。① 本节以近年来的研究成果为基础，试图引进一些新的分析视角，切入点是常见的近义副词"往往"和"常常"。

这两个副词都与动作或事件的次数相关，通常都处理为时间副词，② 或者归纳为时间副词的小类频率副词，③ 甚至再进一步明确为"中频副词"。④ 吕叔湘（1999）⑤ 对"常常"的解释是"表示行为、动作发生的次数多"；对"往往"的解释是"表示某种情况经常出现"，张斌（2001）⑥ 说"（常常）表示事情屡次发生，而且时间间隔短"；而"（往往）1.表示经常出现某种情况。2.表示某种情况出现的规律性"。也就是说，他们认为"往往"和"常常"的意义十分接近，都表示事件发生的次数多、间隔短，表现出"中频副词"的基本特征。无独有偶的是，一般的汉外词典也是这样去描述这两个副词的。姚小平（2010）⑦ 给"常常"的注释是 frequently，often，usually，而给"往往"的注释是 often，frequently，more often than not，实际上就是将两者视为等同了。黄建华（2014）⑧ 给"常常"的解释是 fréquemment，souvent，généralement，给"往往"的解释是 fréquemment，souvent，constamment，基本上也是同一个思路。

当然，文献中的共识是两者之间还有一定的差别。吕叔湘

---

① 彭小川、李守纪、王红《对外汉语教学语法释疑201例》，商务印书馆，2004年。
② 陆俭明、马真《现代汉语虚词散论》，北京大学出版社，1985年。
③ 张斌主编《现代汉语描写语法》，商务印书馆，2010年。
④ 张谊生《现代汉语副词探索》，学林出版社，2004年。
⑤ 吕叔湘主编《现代汉语八百词》（增订本），商务印书馆，1999年。
⑥ 张斌主编《现代汉语虚词词典》，商务印书馆，2001年。
⑦ 姚小平主编《汉英词典》（第三版），外语教学与研究出版社，2010年。
⑧ 黄建华主编《汉法大词典》，外语教学与研究出版社，2014年。

（1999）①说"'往往'是对于目前为止出现的情况的总结，有一定的规律性，不用于主观愿望。'常常'单纯指动作的重复，不一定有规律性，可以用于主观愿望。因此，'常常'可用于将来的事情，'往往'不能"。正因为如此，例（1）可以说，但例（2）不能说；例（3）能说，但例（4）不能说。吕先生还指出，"用'往往'的句子要指明与动作有关的情况、条件或结果，'常常'没有这种限制"，所以会有例（5）a、b以及例（6）a、b之间的对立。文献中关于"常常"与"往往"区别的讨论，大致都基于这两条规则，所引用的例句，也大多用来证明这两种情况。②

（1）请你常常来。
（2）*请你往往来。
（3）我会常常来看你。
（4）*我会往往来看你。
（5）a. 小刘往往一个人上街。
　　b.* 小刘往往上街。
（6）a. 每逢节日或星期天，我们往往到厂矿去演出。
　　b.* 我们往往演出。

马真（2004）③的观察更为仔细，她明确指出："'往往'只用来说明根据以往的经验所总结出的带规律性的情况（多用于

---

① 吕叔湘主编《现代汉语八百词》（增订本），商务印书馆，1999年。
② 寿永明《"常常"与"往往"的语义语法特征》，《浙江师范大学学报》（社会科学版）2002年第2期；沈桂丽《"常常"和"往往"》，《湘南学院学报》2006年第6期；李琳《从三个平面看"常常"与"往往"的异同》，《海外华文教育》2007年第2期；岳中奇、庄艳《"常常"与"往往"在中介语中的偏误诱因及其纠正策略》，《南昌大学学报》（人文社会科学版）2014年第5期。
③ 马真《现代汉语虚词研究方法论》，商务印书馆，2004年。

过去或经常性的事情),'常常'不受此限。"周韧(2015)[①]则进一步将这种区别归结为"往往"只用来表示"现实性事件",而"常常"还可以表示"非现实事件"。

这些观察符合汉语的基本事实,所举的例子大多能够成立,而且给出的解释对于说汉语的人来说也基本够用了。不过,应用到对外汉语教学的时候,特别是在纠正学生所犯错误时,就会发现对于事实的描述还要更加全面细致,规律的总结还可以更加准确,帮学生解惑时才能更加游刃有余。

二 "常常"和"往往"的本质

吕叔湘先生的两条规则确实反映了汉语的事实,而且相关的例子也的确都能成立。不过,只要再深入挖掘一下,就会发现这两条规则只能解决一部分问题。尽管例(5)、例(6)的对立确实存在,但并不是所有的"往往"句都需要"指明与动作有关的情况、条件或结果",例(7)、例(8)(由马真提供)之类的简单句都是能说的,并不需要任何额外的条件。很显然,只考察某一类型的少量语料,得出来的结论就很容易出现偏差。另一方面,例(1)、例(2)以及例(3)、例(4)之间的对立又的确存在,这种差异显示实际情况相当复杂,很可能要依靠大规模语料才能得出真正的规律,进而找到可靠的答案。

(7)高房子往往比较凉快。

[①] 周韧《现实性和非现实性范畴下的汉语副词研究》,《世界汉语教学》2015年第2期。

(8) 胖子往往猝死。

我们从 CCL 语料库和 BCC 语料库里找到了 28 000 多条"常常"语料,以及 34 000 多条"往往"语料,然后随机从中各抽取了 2000 条进行比对,有了一些非常有意思的新发现。尽管大部分的"常常"句和"往往"句大致上符合文献中的描述,但也有相当一部分句子"不太听话"。比如例(9),描述的事情顶多一年发生一次,显然算不上"屡次发生,而且时间间隔短",但用"常常"却非常自然。像例(10)、例(11)那样的句子,尽管也"指明[了]与动作有关的情况、条件或结果",但里面的"常常"却并不能用"往往"代替。反过来也一样,我们找到了 300 多句像例(12)—例(16)那样的句子,里面的"往往"不一定能用"常常"替代。

(9) 这几年生意做大了,常常要赶在圣诞节之前去一次美国。
(10) 参加省人大七届五次会议的许多代表,住进梅峰宾馆后发现换下来未擦的皮鞋和未洗的衣服常常"不翼而飞"。
(11) 前几年山体常常发生塌方,这条公路一堵就是十天半个月的。
(12) 有自闭症的孩子往往智商很高,只是无法发挥自己的能力而已。
(13) 随着海水深度的增加,生物种类往往会逐渐减少,食物链会变得更加简单。
(14) 有些在外横行霸道的特务,他们的级别往往只是一些尉级。
(15) 男人的长相往往和他的才华成反比。
(16) 经济落后的地区往往又是文化落后的地区。

通过分析这些新语料,找到了一些内在的分布规律,再用其余的语料进行验证,最后就得到了比较可靠的结论。简单地说,"常常"和"往往"都表示事件与参照系的比例关系,因此通常可以用在类似的语境里。不过,两个副词所参照的体系不同,计算的方式不同,得出的结果其实属于不同的范畴。

"常常"是说单位时间里事件发生的次数比较多，即事件的频率较高。文献中所说的"常常"表示"高频"[①]或"中频"[②]，说的都是这个意思。不过，从例（9）可以看到，所谓的频率较高，除了与公认的客观标准比较之外，还可以与说话人心目中的标准相比较而言。一年去一次美国，改革开放初期就算是高频了。同样地，例（11）所说的山体塌方，最多也就是一年两三次，但对于公路交通来说，频率却的确是太高了。

"往往"则是说事件发生的概率高于说话人心目中的标准值。文献中将"往往"归入"中频"甚至"高频"副词之列，虽然不准确，但在某种程度上是反映了客观事实的。两个副词还有一个重要的区别。"常常"描述的是客观事实，表示事件在较长的时间里相对稳定地频频出现；而"往往"表示的是一种主观认知，即说话人对小句所描述的事件或动作做出判断，认为其出现的概率超出了预期的常态值。频率和概率都是科学概念，但相近的说法在日常语言中并不少见，口语中的"每日三次""每月多次""一年数次"甚至"百年一遇"，说的就是频率；而"十有八九""十有三四""大多""多半"说的就是概率了。

常见的概率有几种，都是对几个事件的集合进行比较而计算出来的。集合（Set）是概率计算中常用的概念，由具有某种特定性质的对象汇总而成。一个集合可以只有一个成员，即所谓的单成员集合，也可以由多个成员组成，即所谓的多成员

[①] 周小兵《频度副词的划类与使用规则》，《华东师范大学学报》（哲学社会科学版）1999年第4期。

[②] 史金生《现代汉语副词的语义功能研究》，南开大学博士学位论文，2002年；邹海清《现代汉语频率副词研究》，上海师范大学硕士学位论文，2005年。

集合。如果一个集合里只有两个子集，这两个子集便互为补集（Complementary Sets）。多成员集合里的成员可以再进一步形成内部集合，也就是所谓的子集（Subset）。如果一个集合中的某些成员同时也属于另一个集合，那么这些成员就构成这两个集合的交集（Intersection）。

把一个硬币往上扔，落地时朝上的不是正面就是反面。扔的总数形成一个集合，得到正面或反面的次数形成两个互补的子集。正面次数的子集和总数集合之比，就是出现正面的相对概率。扔硬币的次数越多，这一相对概率就越接近 0.5。如果掷一个六面的骰子，得到点数三的相对概率就小得多，正常情况下会是 0.1666。如果说话人觉得某个骰子的质量不均匀，得到三点的概率要高于正常值，就会说"掷这个骰子往往会得到三点"。另一种比较常见的概率是条件概率。如果 1 路公共汽车的行驶路线在南北走向的西藏路上，2 路公共汽车的行驶路线在东西走向的北京路上，1 路车和 2 路车就有可能在北京路西藏路路口交会。两路车交会的次数与 1 路车或 2 路车每天行驶总次数之比就是交会的条件概率，如果 1 路车每天行驶 150 次，交会了 30 次，那么交会的条件概率就是 0.2；如果 1 路车每天只行驶一次，正好与 2 路车交会了，那么交会的条件概率对于 1 路车来说就是 1.0。

"往往"所表示的，可以是相对概率，也可以是条件概率，其基本意义是说此概率大于一个公认的或主观认定的常态值，即所谓的基值（Baseline）。例（7）的命题是"高房子比较凉快"。在一般人的眼中，高房子大致上可以分为凉快的和不凉快的两种，也就是高房子这个集合有两个子集。"往往"是说凉快的子集要大于不凉快的子集，或者说凉快的子集和高房子集合之比大于

0.5,即高房子凉快的相对概率大于0.5。例（8）讨论胖子死亡的方式，最普通的理解是将"猝死胖子"的子集与胖子的集合相比，得出胖子"猝死"的相对概率。死亡方式可能多种多样，各种方式都有自己的相对概率，"猝死"只是其中的一种，其相对概率不会很高。"往往"是说"猝死"的相对概率在各种死亡方式中是较高的，或者说高出了一个大家公认的基值。

例（6）a包含了两组广义的事件，一组是"节日或星期天"，另一组是"我们到厂矿去演出"。两组事件的交集是"节日或星期天到厂矿去演出"，此交集可以和"节日或星期天"比较，也可以同"到厂矿演出"比较，两种比较得出的都是条件概率。例（6）a用了"往往"，是说此条件概率大于一个常见的基值。

一个显而易见的问题是，如果"常常"和"往往"的本质不同，似乎就不应该可以互换了，但像例（5）a之类的句子，又的确可以用"常常"去替换"往往"，而且得到的例（17）还是可以说的。这里的关键在于，互换之后句子的意思发生了改变。例（5）a的意思是小刘一个人上街的次数和他上街的所有次数相比，相对概率大于一个基值；而例（17）说的是小刘一个人上街这种事情，每个单位时间里都有较多的次数，即频率大于一个基值。两句话说的不是同一件事情。

（17）小刘<u>常常</u>一个人上街。

三 "常常"和"往往"的差别及其原因

文献中关于"常常"和"往往"之间差别的讨论，大部分基于吕叔湘（1999）①提出的两条规律："用'往往'的句子要指明与动作有关的情况、条件或结果，'常常'没有这种限制"；以及"'常常'可用于将来的事情，'往往'不能"。

第一条规律可以用概率计算的基本要求来解释。无论是哪一种概率，计算时都至少需要两组事件，或者说事件的两个集合。

例（6）a 中"我们去厂矿演出"是一个事件集合，而"节日或星期天"可以视为另一个集合，两者可以有个交集，即"演出"在"节日或星期天"发生。该交集和"节日或星期天"的总数之比，或者与"我们去厂矿演出"的总数之比，便是"我们节日或星期天到厂矿演出"的条件概率。如果将时间、地点都去掉，剩下的例（6）b 中只能找到"我们演出"这样一个集合，而无法直接找到另一个集合，因而无法计算条件概率。另一方面，"我们演出"又很难想象为哪一个集合的子集，因而也很难计算相对概率。实在要进行计算，就要从较大的范围或语境中去寻找另一个事件集合，进行关联理论所说的深化工作（Enrichment）。②如果听话人觉得要花费的心思太大，就会放弃努力，转而断定句子不可接受。

例（16）中"经济落后的地区"形成一个集合，而"文化落后的地区"是其中的子集，子集与集合之比便是"经济、文化都落后的地区"的相对概率。例（7）、例（8）同样涉及相对概率

---

① 吕叔湘主编《现代汉语八百词》（增订本），商务印书馆，1999年。
② Sperber, Dan & Deirdre Wilson, *Relevance: Communication and Cognition*. 2nd edn. Malden, Blackwell Publishers, 1995; Sperber, Dan & Deirdre Wilson, Relevance theory. In Gergory Ward & Laurence Horn (Eds.), *Handbook of pragmatics*. Blackwell, 2004.

的计算,即牵涉到子集与集合之比。一个显而易见的问题是,与例(7)、例(8)类似的例(5)b、例(6)b似乎也可以理解为对一个子集的描述,然后将其与总集相比,从而计算出相应的相对概率。例(5)b的"小刘上街"当然构成一个事件集合,但这是一组十分普通的事件,可以是任何事件集合的子集,也可能与许多其他的事件集合共现,在没有上下文的情况下很难确定这是哪个集合的子集,也很难确定与其共现的另一个集合,所以缺乏计算相对概率或条件概率的条件,一般人也就很难接受这个句子。如果有个上文"周末不回家",构成一个更大的事件集合,可以包容"小刘上街"成为其子集,就可以计算出"小刘上街"的相对概率,让例(5)b变得容易理解;如果有其他上文,或者在句子里加入一个分句"女朋友出差去国外",表示与例(5)b命题共现的情况,让条件概率的计算成为可能,例(5)b也会变得容易理解。例(6)b的情形也大致如此。

影响句子可接受程度的因素很多,就"往往"句而言,概率计算所需的集合数量是个必要条件,但并不是充分条件。尽管例(7)是能说的,但类似的例(18)、例(19)却很难接受,因为例(18)的命题违反常识,而例(19)的命题有点不知所云。如果将例(19)改为例(20),大家就会接受了。日常生活的百科知识显然在这里起了一定的作用。

(18)^{??}铁皮房子<u>往往</u>比较凉快。
(19)^{??}房子<u>往往</u>比较凉快。
(20)房子<u>往往</u>是方形的。

四 现实性、非现实性及"常常""往往"

马真(2004)[①]认为"'往往'只用来说明根据以往的经验所总结出的带规律性的情况(多用于过去或经常性的事情),'常常'不受此限",这和吕叔湘(1999)[②]的第二条规律大致吻合。周韧(2015)[③]则从现实和非现实的对立来演绎这一差异,认为"'往往'是一种基于现实性表达而使用的副词",因而与将来、主观意愿、祈使、否定和疑问等非现实性的下位概念不兼容,不用在假设、条件、报导、让步、可能、义务、猜测和能力等语境,而"常常"不受此限制。

周韧关于"往往"与事件现实性之间联系的描述相当准确,关于"往往"与祈使、能力、意愿以及将来事件之间关系的解释也符合逻辑。不过,将"往往"归入现实副词之列,似乎并不能完全解释"往往"的基本特性,反而与"往往"的基本义有冲突;关于非现实事件下位概念的论述似乎不够精准,关于非现实语境的范围也有扩大化的嫌疑。这些理论解释上的问题,一方面源自对非现实事件句类型学特性的类推,另一方面则是源自他所使用的语料。例(21)(周韧的例(17)a)被用来说明"往往"不能用于假设句,但"去年冬天每个周末我往往去跑步"本身就不能说,与是否用作假设分句并没有关系;像例(22)那样的假设句,由"往往"小句充当假设分句并不会造成任何问题。

---

① 马真《现代汉语虚词研究方法论》,商务印书馆,2004年。
② 吕叔湘主编《现代汉语八百词》(增订本),商务印书馆,1999年。
③ 周韧《现实性和非现实性范畴下的汉语副词研究》,《世界汉语教学》2015年第2期。

(21) 如果去年冬天每个周末我常常 / *往往去跑步的话,身体就不会这么差了。

(22) 如果大胆行使权利往往得不到好的结果,那么我们就不可能指望广大党员都能起来行使权利。

同样地,周韧用例(23)(他的例(17)c)来证明"往往"不能用于让步从句,用例(25)(他的例(17)l)来证明"往往"不能用于条件句,但这两种情况都源自分句之间的逻辑矛盾。"往往"说的是事物或事件出现的概率,如果出现在假设小句或条件小句里,由此而导出的结论通常也是关于事物的概率或规律,所以例(24)、例(26)都是能说的。如果"常常"出现在假设小句或条件小句里,一般会描述活动或事件的发生状况,由此而导出的结论通常也是关于活动或事件发生状况的。例(23)、例(25)的主句描述的是活动,因而容易与描述活动的分句匹配,而描述活动的分句更适合用"常常"。简单地以例(21)、例(23)、例(25)来证明"往往"不能用于假设句、让步复句和条件句,恐怕有以偏概全之嫌。

(23) 就算我们去年周末常常 / *往往加班,这个工作还是完不成。
(24) 就算好心往往得不到好报,我还是会继续帮助有需要的人。
(25) 只要晚上下班后他常常 / *往往去逛逛街,就会发现市容的巨大变化。
(26) 只要梅雨季节往往拖到六月底才结束,抽湿机的销路就不会太差。

例(27)(周韧的例(17)b)被用来说明报导性语境不能使用"往往",但同样属于报导性的例(28)应该没有问题。周韧引用例(29)(周韧的例(17)e)来说明"往往"不能用于疑问句,但是非问句例(30)、例(31)和特指问句例(32)显然都是能说的。例(27)、例(29)应该无法证明周韧的立论。例(29)用"往往"的确不太好,但与是否出现在疑问句里无关,只要变成例(30)就没问题了。具体的原因以后另文讨论。

(27) 听舅舅说,星期天姥姥常常/[?]往往带你去看京戏。
(28) 书上说胖子往往会猝死。
(29) 你上星期在家里每到晚上九点常常/*往往接到匿名电话吗?
(30) 你往往每到晚上九点就接到匿名电话吗?
(31) 好人往往不得好死吗?
(32) 什么样的男人往往小肚鸡肠?

周韧以例(33)(他的例(17)j)为根据,认为"往往"不能用于表猜测的句子。不过,同样表示猜测的例(34)、例(35)显然是能说的。这两句的区别在于"估摸"和"猜""猜想"对于猜测内容的不同要求,具体的分析另文处理。

(33) 老师估摸他早上常常/[?]往往不吃早饭。
(34) 我猜他往往不吃早饭。
(35) 我猜想最初的恋情往往始于单独相处。

现实(Realis)和非现实(Irrealis)是一组对立的概念,在语言学研究中通常用于情态(Modality)或语态(Mood)的描述,相关的副词也有用这一组概念来描述的。比如英语的 fortunately 和汉语的"幸亏"就可以归入表示现实情态的副词,而 hopefully 和"但愿"则可以算作表示非现实的副词。[①] "幸亏"表示说话

[①] Crystal, David, *A Dictionary of Linguistics and Phonetics*. Malden, Blackwell publishers, 1997. 中译本《现代语言学词典》,沈家煊译,商务印书馆;Huddleston, Rodney & Geoffrey K. Pullum, *The Cambridge Grammar of the English Language*. Cambridge University Press, 2002.

人对于小句命题的判断，认为小句描述的是与原来设想相反的、值得庆幸的好结果，自然表示一个他认为已经实现了的事件。"往往"也表示说话人对于小句命题的判断，但却不是对于命题内容的肯定，而是根据以往经验总结出的规律；① 或者根据自己的想象，认定小句命题为真的概率大于一个基值。也就是说，尽管说话人认为命题为真的概率不小，却并没有认定这是已经出现了的事情，并不必然就是现实性的。

另一方面，假设复句、让步复句、条件复句中的前句并不一定排斥现实性。从语义的角度看，这些句子和现实性的关系其实形成了一个连续统，一头是所谓的违实条件句（Counterfactual Conditional），另一头是所谓的真实条件句。② 如果是违实条件句，条件小句中的事件自然会设定为假，也就不会是现实性的；但如果是真实条件句，条件小句中的事件就可以为真，也就不应该和现实性有冲突。例（22）、例（24）、例（26）中条件小句里出现"往往"，也就不足为奇了。

说话人在使用报导句、猜想句或疑问句时，可以像例（36）那样将句子命题设定为现实情况，可以像例（37）那样将命题设定为非现实情况，但也同样可以像例（38）那样设定命题是介于两者之间。也就是说，这些句型对于命题的现实性其实没有固定的要求。例（38）的基本命题是"好拳手后出拳"，说话人用"往往"

---

① 马真《现代汉语虚词研究方法论》，商务印书馆，2004年。
② Comrie, Bernard, Conditionals: A typology. In Traugott Elizabeth, Alice ter Meulen, Judy Snitzer Reilly, & Charles Ferguson (Eds.), *On Conditionals*. Cambridge University Press, 1986; 王春辉《"假设性等级"与汉语条件句》，《汉语学报》2010年第4期。

表明这种情况出现的概率要高于基值，既不是现实又不是非现实，然后再用"吗"来征询听话人对此的意见，这些用法在语义上都不造成矛盾。

（36）政府发言人证实袭击者确实属于基地组织的也门分支。
（37）估计2030年才有可能实现劳动力增加和就业吸收的动态平衡。
（38）好拳手往往后出拳吗？

当然，由于"往往"多半用来表示根据已然事实计算出来的概率，因而通常与表示现实的命题相匹配。说话人在表示非现实的命题时，习惯上会使用"大多""多半""十有八九"，以表示对于未然事件概率的预测。不过，这并不意味着"往往"不能同表示非现实的命题匹配使用，例（39）中几个句子讨论的恐怕都不是严格意义上的现实性现象，但都是规律性的事情，因而可以同"往往"匹配。

（39）a. 你设计制作得成功，<u>往往</u>可以一举成名。
　　　b. 今天涨的个股<u>往往</u>明天会跌。
　　　c. 一个小孩子<u>往往</u>能一句话说出事情的真相。
　　　d. 科技创新的成果<u>往往</u>可能会危害人类。

五　概率计算与频率计算的条件

概率计算中还有一个十分重要的因素，是所使用集合的大小。集合越大，概率就越有统计学上的意义，或者说误差就会越小。这种统计学的要求在"往往"的使用过程中同样会起作用。例（14）说的是历史事实，牵涉到的集合是当年"在外横行霸道"的军统特务,而涉及的子集是"尉级"的特务,这两个集合都足够大,所以可以用"往往"来表示这种特务为"尉级"的相对概率较高。例(15)说的是常识,其中的"男人"可以理解为所有的男人,是个足够大的集合,"长相和才华成反比"的是其中的一个子集,例(15)因此可以支持"往往"的存在。

概率计算对于集合大小的要求,还可以用来解释其他现象。例(10)、例(11)中都包含了与命题相关的情况、条件或结果,但却同吕叔湘(1999)的预测相反,[①] 只能用"常常"而不能改用"往往"。例(10)中牵涉到两个集合,一个是"皮鞋和衣服不翼而飞(这类事件)",另一个是"参加省人大七届五次会议的许多代表住进梅峰宾馆后(这段时间)",两个集合的交集,或者说这类事件在这段时间中发生的次数,与其中一个集合之比,就是"皮鞋和衣服在代表们住进梅峰宾馆后不翼而飞"的条件概率。这里的关键在于"代表住进梅峰宾馆后"到省人大会结束是一整段时间,形成一个单一成员集合。单一成员一旦和另一个集合产生交集,就必然将这唯一的一个成员包括进去。这就意味着交集和时间集合之比一定是1.0,也就是条件概率为1.0。用通俗的语言来描述,就是所有"皮鞋和衣服不翼而飞"的事件,都发生在"省人大代表住进梅峰宾馆后"这一段时间里,没有例外。再用"往往"对这一命题加以判断,说这种情况出现的概率只是较高、可能有些例外,就会出现语义冲突。如果改用允许条件概率为1.0的概率副词"总是",形成例(40),就不会出现语义冲突了。

(40)参加省人大七届五次会议的许多代表,住进梅峰宾馆后发现

---

① 吕叔湘主编《现代汉语八百词》(增订本),商务印书馆,1999年。

换下来未擦的皮鞋和未洗的衣服总是"不翼而飞"。

同样地，例（11）中"前几年"是一段时间，也形成一个单一成员集合，在计算条件概率时会得到1.0，因此同"往往"发生语义冲突。如果将例（11）中的句首时间状语换一下，用一个可以形成多成员集合的短语，就可以避免这个问题。例（41）的"雨季"可以是某个"雨季"，但也可以表示所有的"雨季"。后者形成一个多成员的集合，因而可以同"塌方"事件的集合形成合适的交集，满足条件概率计算的要求，就可以将"常常"改为"往往"了。

（41）雨季山体常常/往往发生塌方，这条公路一堵就是十天半个月的。

频率计算需要的是事件或动作的次数和时间，通常情况下对于事件集合的大小和时间的长短要求不高，因而会导致"常常"与"往往"的差别。例（42）、例（43）说的都是一段时间里发生的事情，①但两句话的可接受程度不同。例（42）说的是去年夏天这段时间里，"我和姥姥一起去看京剧"发生了多次，按单位时间计算出来的频率较高，所以可以用"常常"。例（43）用了"往往"，相关的计算就成了与概率相关了。"去年夏天我去北京住在姥姥家"是一整段时间，形成一个单一事件集合，一旦与"和她老人家一起去看京剧"产生交集，就必然全部包括在交集里。也就是说，"和她老人家一起看京剧"都发生在"去年夏天"，其条件概率为1.0，再用"往往"来表示条件概率小于1.0，并非整个夏天都在看京剧，就产生矛盾了。

---

① 马真《现代汉语虚词研究方法论》，商务印书馆，2004年。

(42) 去年夏天我去北京住在姥姥家,常常和她老人家一起去看京剧。

(43) *去年夏天我去北京住在姥姥家,往往和她老人家一起去看京剧。

一个显而易见的问题是,虽然"去年夏天"是一整段时间,但里面包含了许多较小的时间单位,比如星期、天、小时等,似乎可以形成一个多成员集合,从而允许使用"往往"。这种可能性当然是存在的,只不过需要听话人在脑子里转好几个弯,进行关联理论所说的深化工作,[①] 从"夏天"联想到其中的月、周、天或小时,再从中选取一个合适的单位去构建一个多成员集合。对于研究句法的学者来说,这种可能性是存在的,只要努力去推导,就有可能找出可以接受的意思;而对于一般人来说,需要转的弯子太多,深化工作的成本太高,多半会选择放弃。从说话人的角度看,如果真的想表示这种意思,就应该清楚地说出来,像例(44)那样,将相关的时间变成"(去年夏天的)周末",这就允许有多个"周末"的解读,得到一个多成员集合,和"看京剧"形成一个多成员的交集,交集和"看京剧"或"周末"之比会大于基值而小于1.0,也就是条件概率在基值和1.0之间,用"往往"就不会有问题了。

(44) 去年夏天我去北京住在姥姥家,往往周末和她老人家一起去看京剧。

例(45)的情况与例(44)相似。"去年冬天"有许多个"周末",这些"周末"加在一起构成一个多成员集合,可以同"我去滑雪"的事件集合形成交集,交集和任何一个集合之比便是"周末去滑雪"的条件概率。只要此概率比期望值大,就可以像例(45)

---

① 吕叔湘主编《现代汉语八百词》(增订本),商务印书馆,1999年。

那样加入"往往"。例（46）来自周韧的例（17）a，和例（45）只有一字之差，但却不能说。"每个周末"是所谓的全称量化短语（Universal Quantifier），即表示一个已知集合里的所有成员。① 由于全称量化短语囊括集合中的所有成员，不允许有遗漏，其中的所有成员就必须在小句中有一致的表现。"每个周末"因此相当于一个单一成员的集合，一旦与其他集合产生交集，就必然将所有的"周末"都包括进去，不会有例外。例（46）的情况也就与例（10）、例（11）和例（43）相似，不允许出现"往往"。

（45）去年冬天每逢周末我<u>往往</u>去滑雪。
（46）*去年冬天每个周末我<u>往往</u>去滑雪。

这里有个显而易见的问题。例（45）中的"每逢"和例（46）的"每个"都含有语素"每"，意思又有些相近，出现不同的分布特点好像有些出乎意料。这里的关键在于两个"每"的句法地位不同，语义内容也不尽相同。"每个周末"里的"每"传统语法归结为"指代词"或其小类"指别词"；② 形式句法则将其分析为指示词，③ 将"每个周末"视为所谓的指示词短语。两种说法殊途同归，都将"每个周末"看作名词性成分，"用来代表全

---

① 潘海华《焦点、三分结构与汉语"都"的语义解释》，载《语法研究和探索》（十三），商务印书馆，2006年；黄瓒辉、石定栩《"都"的逻辑语义与"都"字句的信息结构》，载《语法研究和探索》（十四），商务印书馆，2008年；黄瓒辉、石定栩《"都"字关系结构中心语的宽域解读及相关问题》，《当代语言学》2011年第4期。

② 吕叔湘主编《现代汉语八百词》（增订本），商务印书馆，1999年；张斌主编《现代汉语描写语法》，商务印书馆，2010年。

③ Huang, C.-T James, Y.-H Audrey Li, & Yafei Li, *The Syntax of Chinese*. Cambridge University Press, 2009.

体。强调个体的共同点"。[①] 至于"每逢周末"中的"每",一般分析为副词,[②] "表示同一动作有规律地反复出现","'每'后是'当、逢、到'等动词时,后面不带数量"。[③] 也就是说,"每到、每逢、每当"之类的成分,严格地说是复合动词,"每逢周末"是动宾短语,其中的"每"表示一种反复出现的规律性,因而并不强制要求无一例外的全称解读,例(45)、例(47)中可以用"往往",表示这种规律性表现为 0.5 以上的概率。

(47) 去年冬天每到周末我<u>往往</u>去滑雪。
(48) *去年冬天每个周末我<u>往往</u>去滑雪。

另一方面,事物反复出现的下限是接近零,而上限则是百分之百,即在所有可能的机会里都出现。"每逢、每到、每当"在实际运用中并不排除这种可能。为了确保不被误解,说话人通常会在句子里用上全称量化副词"都",形成例(49)那样的句子,让"每到周末"落入"都"的辖域而得到全称解读,产生相当于"到了每个周末"的意思。当然,一旦"每到周末"得到了全称解读,"往往"就不再能够与之共现了,所以例(50)a 和例(50)b 都是不能说的。

(49) 去年冬天每到周末我<u>都</u>去滑雪。
(50) a.*去年冬天每到周末我<u>往往都</u>去滑雪。
  b.*去年冬天每到周末我<u>都往往</u>去滑雪。

[①] 吕叔湘主编《现代汉语八百词》(增订本),商务印书馆,1999 年。
[②] 张斌主编《现代汉语描写语法》,商务印书馆,2010 年。
[③] 同①。

六 主观副词和客观副词

"常常"和"往往"不能互换的例子中,有相当一部分牵涉到这两个副词与否定成分、情态动词以及其他状语成分的相对线性位置。也就是说,二者的分布其实有很大的差别。如果将考察的范围再扩大一些,还可以发现"常常"只能跟在"往往"后面,而"往往"不能出现在"常常"后面。这就提示除了意义上的差别之外,这两个副词的句法地位与结构位置很可能也有不小的差异。

从已有的证据来分析,"常常"是时间副词或者其小类频率副词,是描述客观事实的客观副词,在小句中充当修饰谓语的状语,对小句的真值有直接贡献,是小句命题不可分割的一部分。"往往"在语义上是概率副词,在句法上却是表达说话人对命题所做判断的主观副词。主观副词又称言者副词(Speaker-oriented Adverb)[①]或立场副词(Stance Adverb)[②],虽然通常算作小句的状语,但对于小句命题的真值并没有贡献,实际功能是对小句命题加以评价,充当所谓的"高谓语",[③]和原来的小句共同形成一个新的命题。从形式句法的角度看,"往往"的结构位置要高于一般的谓语,或者说处于分层式 VP 的最外层,[④]辖域包括了整

[①] Ernst, Thomas, *The Syntax of Adjuncts*. Cambridge University Press, 2002.

[②] Biber, Douglas, Stig Johansson, Geoffrey Leech, Susan Conrad, & Edward Finegan, *Longman Grammar of Spoken and Written English*. Pearson Education Limited, 1999.

[③] 张谊生《现代汉语副词研究》,学林出版社,2000 年;王宏《"实在"类情态副词的句法语义研究》,香港理工大学博士学位论文,2013 年。

[④] 蔡维天《重温"为什么问怎么样,怎么样问为什么"——谈汉语疑问句和反身句中的内、外状语》,《中国语文》2007 年第 3 期。

个 VP 以及原始位置在 VP 里的主语，而不受小句内部成分的统辖。

这些分析牵涉到很多具体语料，还有不少理论方面的探讨，细节会另文讨论。

七 余论

本节讨论"常常"和"往往"的基本语义和功能。尽管它们都表示动作或事件在次数方面的性质，但"常常"表示频率，"往往"表示概率，两者的基本语义并不相同。文献中经常说两个副词可以互换，实际语料中也的确可以找到很多能够互换的。不过，只要仔细观察一下就可以发现，能互换的多半是只出现一个副词性状语的句子，如果有多个状语，出现了否定成分或能愿动词，有了排序的要求，往往就不能互换了。

还需要指出的是，除了句法、语义因素之外，人们的百科知识也会对句子的可接受程度有影响。例（51）和例（52）十分相似，只是将时间状语"去年夏天"改成了"上周末"。这一改动不牵涉小句结构，照理不会影响小句的可接受程度，但例（51）的可接受程度却明显劣于例（52）。最直接的解释是周末一共只有两天，而看一次京剧往往需要两三个小时，非要用"常常"，说两天中看京剧的频率很高，就有些不符常理，不太容易接受了。例（52）中的"去年夏天"是个较长的时间段，足以让看京剧这件事高频发生，所以不会有问题。

（51）??上周末我去北京住在姥姥家，常常和她老人家一起去看京剧。

（52）去年夏天我去北京住在姥姥家，常常和她老人家一起去看京剧。

近义词的辨识是个相当复杂的过程，本节以"常常"和"往往"为切入点，以大规模语料作为支撑，试图提出一些新的分析方法和手段，希望能够起到抛砖引玉的作用。

第五节　现实性和非现实性范畴下的汉语副词研究[①]

一　从"常常"和"往往"讲起

陆俭明和马真（2003）[②]、马真（2004）[③]非常细致地研究了"常常"和"往往"这对现代汉语中表时间频率的近义副词。为了便于行文，下面统一以马真（2004）[④]的研究作为回顾的对象。

首先，"常常"和"往往"在很多情况下是可以互换的，这是因为它们都表示某种事情或行为动作经常出现或发生。例如（例句摘自马真，2004[⑤]）：

（1）a. 星期天他<u>常常</u>去姥姥家玩。
　　　b. 星期天他<u>往往</u>去姥姥家玩。
（2）a. 北方冬季<u>常常</u>会有一些人不注意煤气而不幸身亡。

---

① 本节摘自周韧《现实性和非现实性范畴下的汉语副词研究》，《世界汉语教学》2015年第2期。
② 陆俭明、马真《现代汉语虚词散论》（修订版），语文出版社，2003年。
③ 马真《现代汉语虚词研究方法论》，商务印书馆，2004年。
④ 同③。
⑤ 同③。

b. 北方冬季往往会有一些人不注意煤气而不幸身亡。

（3）a. 每当跳高运动员越过横杆时候，观看的人常常会下意识地抬一下腿。

b. 每当跳高运动员越过横杆时候，观看的人往往会下意识地抬一下腿。

但是，两者在用法上显然也是有差异的，比如说以下例子（例句摘自马真，2004[①]）：

（4）a. 他呀，常常开夜车。
　　　b.* 他呀，往往开夜车。
（5）a. 听说他常常赌博。
　　　b.* 听说他往往赌博。
（6）a. 以后周末，你要是没事儿，常常去看看姥姥。
　　　b.* 以后周末，你要是没事儿，往往去看看姥姥。
（7）a. 明年回上海，你得常常去看看她。
　　　b.* 明年回上海，你得往往去看看她。
（8）a. 去年冬天我常常去滑雪。
　　　b.* 去年冬天我往往去滑雪。
（9）a. 上个星期我常常接到匿名电话。
　　　b.* 上个星期我往往接到匿名电话。
（10）a. 今年夏天我住在北京姥姥家，姥姥常常带我去看京戏。
　　　 b.* 今年夏天我住在北京姥姥家，姥姥往往带我去看京戏。

马真老师指出：例（4）、例（5）说明"往往"的出现需要提出某种前提条件；例（6）、例（7）说明"往往"一般用来说过去的事情，而不能用来说将来的事情；而例（8）—例（10）说明"往往"一般说明带规律性的事情，因为在例（8）b、例（9）b 和例

[①] 马真《现代汉语虚词研究方法论》，商务印书馆，2004 年。

（10）b 中加上某些表规律性的词语，这些不合格的句子又合格了（例句摘自马真，2004[①]）。

(11) a. 去年冬天每到周末我<u>往往</u>去滑雪。
b. 上个星期晚上9点我<u>往往</u>接到匿名电话。
c. 今年夏天我住在北京姥姥家，星期天姥姥<u>往往</u>带我去看京戏。

根据以上情况，马真老师总结："'往往'只用来说明根据以往的经验所总结出的带规律性的情况（多用于过去或经常性的事情），'常常'不受此限。"马真老师的总结精辟得当，很好地说明了"常常"和"往往"的差异，不仅推进相关研究，更有助于对外汉语虚词教学。而本节思考的问题是："常常"和"往往"所表现出来的句法语义差异，其背后是否代表着更宏观的某种普通语言学理论上的分野？是否折射了更深层次的语言学理论光芒？

二 现实性与非现实性范畴

马真老师对于"往往"语法意义的总结，其中关键有两条：第一，"往往"说明的是过去的事情；第二，"往往"说明的是根据经验带规律性的事情。这两条恰好和普通语言学中的两个重要的语法范畴有重要关联。第一个语法范畴为"过去时"（Past Tense），第二个语法范畴为"惯常体"（Habitual Aspect）。

"过去时"无须多言，一般是指先于说话时刻的动作时间。而根据 Comrie，"惯常体"描述的是某段时间内的一种情状，这

[①] 马真《现代汉语虚词研究方法论》，商务印书馆，2004年。

种情状不能被看成是偶然发生一次或几次的状态，而要被当作贯穿整个时段的特有性质。① 英语中惯常体的典型代表就是 used to 句型。例如：

（12）The policeman used to stand at the corner for two hours each day.

我们很清楚，"往往"句和 used to 句还是有很大分别的，比如"往往"倚重自己的经验，并且常常表示一种反复的情状，而 used to 并没有这些限制。但毋庸置疑，带有"往往"的句子在很大程度上也表述了"惯常"的意义。

不过，"过去时"与"惯常体"让我们想起了一对情态（Modality）研究上经常使用的概念，即：现实性（Realis）和非现实性（Irrealis）。而了解、掌握和运用现实性和非现实性，是我们更好地解读"常常"和"往往"这对近义副词的关键，进而能帮助我们辨析和把握现代汉语中更多的副词性近义词对。

根据 Comrie（1985）、Chafe（1995）和 Mithun（1999）等论著，② 现实性主要用来描述已经或正在发生和实现的情境，指的是现实世界已经或正在发生的事情，并且一般与直接的感知关联。相反，非现实性主要用来描述只在想象中出现和感知的情境，一般指的是可能世界中可能发生或假设发生的事情。在 Palmer（2001）③

---

① Comrie, Bernard, *Aspect*. Cambridge University Press, 1976.

② Comrie, Bernard, *Tense*. Cambridge University Press, 1985; Chafe, Wallace L., The realis-irrealis distinction in Caddo, the North Iroquoian languages, and English. In John Bybee & Suzanne Fleischman (Eds.), *Modality and Grammar in Discourse*, John Benjamins, 1995; Mithun, Marianne, *The Language of Native North America*. Cambridge University Press, 1999.

③ Palmer, F. R., *Mood and Modality*. Second Edition. Cambridge University Press, 2001.

的论述当中，现实性和非现实性的概念非常重要，是非情态与情态的重要分野。（注意，是非现实性和情态关联。）

情态不同于时和体，它不是用来刻画事件的具体特征，而是用来表述命题的状态。① 而最早使用现实性和非现实性这对范畴的，是一些以美洲印第安语和太平洋语言（尤其是巴布亚新几内亚）为工作对象的语言学家。②

在一些美洲印第安语和巴布亚新几内亚语言当中，常常有标记来表示现实性和非现实性范畴。Manam 语（一种巴布亚新几内亚语言）中，每个限定动词都有现实性形式和非现实性形式。例（13）为表述现实性的例子，现实性标记被用在表过去、表进行和表惯常事件的句子当中（例句摘自 Palmer，2001③，REAL 指现实性标记）：

---

① 《世界汉语教学》匿名审稿专家指出，情态并非表述命题的状态，而指的是命题状态之外的成分。本文说情态是表述命题的状态，这句话是转自 Palmer（2001），其中讲到 "Modality differs from tense and aspect in that it does not refer directly to any characteristic of the event, but simply to the status of the proposition"（*Mood and Modality*. Second Edition. Cambridge University Press, 2001）。但笔者想，匿名审稿专家的观点也是有道理的，造成分歧的原因大概是大家对"状态"（status）这个词理解的不同，如果将其理解为命题本身行为和参与者的状态，这当然不在情态所涵盖的范围内；但如果"状态"是指命题在说话人心目中的状态，涉及到真伪、意愿和态度等诸多方面的话，那么这个"状态"正契合了情态的所指。感谢匿名审稿专家的宝贵意见。

② 根据 Bybee *et al.*（1994），现实性与非现实性这对术语最早见于 Capell 和 Hinch（1970）。Bybee, John L., Revere D. Perkins & William Pagliuca, *The Evolution of Grammar: Tense, Aspect and Modality in the Languages of the World*. Chicago: University of Chicago Press, 1994; Capell, Arthur & Hinch, H. E., *Maung Grammar: Texts and Vocabulary*. The Hague: Mouton, 1970.

③ Palmer, F. R., *Mood and Modality*. Second Edition. Cambridge University Press, 2001.

（13）a. u–noʔu   b. úra i–pura–púra
　　　 1SG+REAL-JUMP   rain 3SG+REAL-come-RED
　　　 'I jumped'   'It is raining'
　　　 c. ʔi–zen–zéŋ
　　　 1PL. EXC. REAL-chew betel-RED
　　　 'We (habitually) chew betel-nuts'

注意，在例（13）中，句子中并没有表示过去时、进行时和惯常体的标记，这些语法意义都是由现实性标记来承担。Palmer（2001）[①]将这种标记看作是非联用（Non-joint）型标记。

与非联用型标记相比，还有一种联用型标记，指的是非现实性标记常常伴随其他一些特定的语法标记出现。例如，Chafe（1995）[②]指出 Caddo 语（一种美洲印第安语）中，非现实标记常常和其他一些语法标记同现，这些标记包括否定（Negative）、禁止（Prohibition）、义务（Obligation）、条件（Condition）、模拟（Simulative）、低频（Infrequentative）、赞叹（Admirative）。例如（"IRR"指非现实性标记）：

（14）a. kúy–t'a–yibahw   b. ka š–sahʔ–yibahw
　　　 NEG–1+AG+IRR-see   PROH–2+AG+IRR-see
　　　 'I don't see him'   'Don't look at it'
　　　 c. kas–sa–náyʔaw   d. hi–t'a–yibahw
　　　 OBL–3+AG+IRR-sing   COND–1+AG+IRR-see
　　　 'He should / is obliged to sing'   'If I see it'

[①] Palmer, F. R., *Mood and Modality*. Second Edition. Cambridge University Press, 2001.

[②] Chafe, Wallace L., The realis-irrealis distinction in Caddo, the North Iroquoian languages, and English. In John Bybee & Suzanne Fleischman (Eds.), *Modality and Grammar in Discourse*. John Benjamins, 1995.

e. dúy–t'a–yibahw
　　SIMULAT–1+AG+IRR–see
　　'As if I saw it'

f. wás–t'a–yibahw
　　INFREQ–1+AG+IRR–see
　　'I seldom see it'

g. hús–ba–ʔasa–yik'awih–sa?
　　ADM–1+BEN+IRR–name–know–PROG
　　'My goodness he knows my name'

从20世纪末开始，国内的学者们也注意到了现实性与非现实性和语法现象之间的一些关联。张伯江（1997）[1]较早从传信范畴入手，介绍了现实性、时体、语气、情态以及传信范畴之间的关联；郭锐（1997）[2]利用现实性和非现实性这对术语对汉语句子的时间特征进行过讨论；沈家煊（1999）[3]和石毓智（2001）[4]在研究汉语否定概念的时候，利用了非现实性的概念；王红旗（2001）[5]则讨论了现实性和非现实性对名词指称的影响；而王晓凌（2009）[6]和张雪平（2009、2012）[7]等专门讨论了汉语语法中的现实性和非现实性。

在上述研究当中，还鲜有将现实性与非现实性范畴运用到汉语副词研究上来的。不过，很多学者都指出：副词是汉语中表示

---

[1] 张伯江《认识观的语法表现》，《国外语言学》1997年第2期。

[2] 郭锐《过程和非过程——汉语谓词性成分的两种外在时间类型》，《中国语文》1997年第3期。

[3] 沈家煊《不对称和标记论》，江西教育出版社，1999年。

[4] 石毓智《肯定和否定的对称与不对称》（增订本），北京语言文化大学出版社，2001年。

[5] 王红旗《指称论》，南开大学博士学位论文，2001年。

[6] 王晓凌《非现实语义研究》，学林出版社，2009年。

[7] 张雪平《非现实句和现实句的句法差异》，《语言教学与研究》2009年第6期；张雪平《现代汉语非现实句的语义系统》，《世界汉语教学》2012年第4期。

情态的一种重要手段。例如,张伯江(1997)①就指出汉语常常利用副词成分来表示传信范畴,如"显然、准保"等;而张谊生(2000)②就单列了一类评注性副词,并且明确表示:"使用评注性副词无疑是表示汉语情态的一条重要的途径。"

一方面,现实性与非现实性的区分是观察和研究情态的一个重要角度;另一方面,副词是汉语表达情态的一种重要手段。结合这两点,我们相信,现实性和非现实性范畴对于汉语副词研究一定大有帮助。

三 再论"常常"和"往往"

回顾马真老师对"常常"和"往往"的研究,再结合前面讨论到的现实性和非现实性的概念。本节认为,"往往"是基于现实性而使用的副词,它一般不出现在非现实性的情境中。

前面讲过,"往往"只表示过去的事情,毫无疑问是现实性的范畴。而从类型学的角度来看,在那些有语法标记表示现实性和非现实性范畴的语言当中,不少是将惯常动作处理为现实性的。③那么,我们凭什么认为"往往"所描述的惯常事件是一种现实性的表达呢?这是因为,"往往"所描述的事件十分注重与说话人本身直接的感知,这也就是马真老师所强调的"根据以往

---

① 张伯江《认识观的语法表现》,《国外语言学》1997年第2期。
② 张谊生《现代汉语副词研究》,学林出版社,2000年。
③ 当然,也有不少语言将惯常动作处理为非现实性。所以,Givón认为惯常体是一种"混合情态"(hybrid modality)。Givón, Talmy, Irrealis and the subjunctive. *Studies in Language*, 1994, 18: 265-337.

经验"。

仔细考察就会发现，在马真老师的举例当中，像例（8）a、例（9）a 和例（10）a 这种合格的例子，都使用了第一人称"我"，而像例（4）b、例（5）b、例（6）b 和例（7）b 这种不合格例子，却使用了第二人称或第三人称。从获得经验感知的角度来讲，自身经验显然比他人经验更为直接，那么，用第一人称的句子具备的现实性是高于用第二人称或第三人称的句子的。

此外，马真老师举出的不合格例子当中，还有几个地方特别值得注意，例句重复如下：

（15）a.* <u>听说</u>他往往赌博。
　　　b.* 明年回上海，你<u>得</u>往往去<u>看看</u>她。
　　　c.* 以后周末，你要是没事儿，往往去<u>看看</u>姥姥。

根据 Palmer（2001）[①] 对情态的分类，情态可分为命题情态（Proposition Modality）和事件情态（Event Modality），前者表现说话人对命题真伪的考量，后者表达说话人对潜在事件存在或执行的一种态度，事件情态往往都是非真实性的。命题情态当中有一类涉及到"传信"（Evidentiality）证据，主要关系到命题的信息来源，其中常常要分清报导（Reported）型证据和感官（Sensory）型证据。在例（15）a 中，"听说"一词的出现，说明其中的信息来源为"报导型"。而在例（15）b 中，出现了一个表示"弱义务"的"得"字。表义务的句子在很多有形态的语言当中都使用非现实性标记，如例（14）c 中的 Caddo 语。汉语

---

① Palmer, F. R., *Mood and Modality*. Second Edition. Cambridge University Press, 2001.

中表示义务的有"必须""应该"和"得"等词,我们将"必须"看作是体现"强义务"的词语,而将"应该"和"得"看作是体现"弱义务"的词语。强义务和弱义务的具体情况,后面还要讲到。

"报导型"命题只是"道听途说",并非"眼见为实"。而"义务"只是说话人对听话人行为的主观愿望,事件还未实现。从情理上推,这两者都契合非现实性的语法意义。而且,在那些有形态区分现实性和非现实性的语言当中,不乏"报导型"句和"弱义务"句使用非现实性标记的例子。如例(16)a 中的 Hixkaryana 语(一种巴西亚马孙地区使用的语言)和例(16)b 中的 Central Pomo 语(一种美国加利福尼亚州北部使用的印第安语),前者在"报导"句中有一种类似于非现实性标记的"未确定"(Uncertain)标记,后者在弱义务句中要用非现实性标记(例子来自 Palmer, 2001[①]):

(16) a. nomokyan ha–tt
　　　　he. come+NONPAST+UNCERT INT–HSY
　　　　'He's coming (they say)'
　　 b. cá–w–htow　 ʔé y–yo–hi　 táwhal da–čé ʔle
　　　　house–LOC–from away–go–SAME+IRR work　handling–catch–
　　　　COND
　　　　'He should go home and get a job'

所以,例(15)a 中的"听说"和例(15)b 中的"得",其实也可以被看作是一种表示非现实性的词语。这些都是能够说明"往往"是一种排斥非现实性情境、注重现实性情境的副词。

[①] Palmer, F. R., *Mood and Modality*. Second Edition. Cambridge University Press, 2001.

而在例（15）b和例（15）c中，还出现了动词重叠式"看看"。张雪平（2009）[①]曾经指出，汉语不能讲"看看过书""昨天看看书"和"正在看看书"等格式，这些都说明动词重叠式是汉语中表示非现实情境的一种重要语法手段，放在例（15）b和例（15）c中，更加重了句子不合格的程度。

更为重要的是，非现实性和现实性的对立，提供给我们一些发现新语料的机会，而我们也正可以借此机会检验我们的论断。一种好的语言学理论，不光是能够解释现有的语料，而且能够在理论的指引下，帮助我们挖掘出更多的语料，由此将研究推向更深层次。

非现实性一般出现在下列语法环境当中：假设、报导、条件、让步、可能、疑问、否定、祈使、未来、义务、能力等。张雪平（2012）[②]曾经指出，这些语境代表了语法研究中不同层面的概念。比如，"让步"是复句概念，"报导"跟语用相关，"未来"跟时制相关，"祈使"是句类概念，等等。本节并不想在这个问题上做过多纠缠，因此将这些概念统统都看作是非现实性概念延伸出来的语义情境。而为了便于进行相应的句法测试，我们把这些语义情境的引发词语例举如下：

未来：将、以后、明天、下月　　条件：只要、无论
假设：如果、要是　　　　　　　让步：即使、就算
疑问：是不是、吗　　　　　　　否定：不、没、未

[①] 张雪平《非现实句和现实句的句法差异》，《语言教学与研究》2009年第6期。

[②] 张雪平《现代汉语非现实句的语义系统》，《世界汉语教学》2012年第4期。

第五节 现实性和非现实性范畴下的汉语副词研究

强义务：必须、非得……不可　　弱义务：得（děi）、该、应该
强祈使：禁止、严禁　　　　　　弱祈使：请、让、祝
可能：也许、可能、应该　　　　能力：可以、能、能够
意愿：希望、愿意、打算　　　　猜测：猜测、觉得、推测、估摸
低频：很少、偶尔　　　　　　　报导：听说、据说、有消息说

提出了这样一些非现实的语义情境分类和测试词语后，我们就可以对"常常""往往"进行更深入的研究。前面，我们认为"往往"是基于现实性而使用的副词，而且在已有论述中，我们利用现实性和非现实性范畴很好地说明和重新分析了已有研究中的既有例句语料。

不过，我们还不满足，因为上面提出的非现实性情境的引发词语正好可以让我们进行一种实验性的测试，帮助我们挖掘更多的新语料。也就是说，如果"往往"是一种注重现实性表达的副词，那么可以预见，它不能出现在非现实性的语义环境当中。请看以下例子：

（17）a. 如果去年冬天每个周末我常常/*往往去跑步的话，身体就不会这么差了。（假设）

b. 听舅舅说，星期天姥姥常常/?往往带你去看京戏。（报导）

c. 就算我们去年周末常常/*往往加班，这个工作还是完不成。（让步）

d. 小李不大懂事，也许以前办事的时候常常/*往往得罪了领导自己还不知道。（可能）

e. 你上星期在家里每到晚上九点常常/*往往接到匿名电话吗？（疑问）

f. 高楼并不是常常/*往往风很大。（否定）

g. 上个月午休的时候，他应该常常/*往往去医院看看生病

的小王。(弱义务)①

  h. 过去,我能够在困难的时候常常/ ⁇往往得到亲朋好友的帮助。(能力)

  i. 请一定常常/*往往去看看张老师!(弱祈使)

  j. 老师估摸他早上常常/ ⁇往往不吃早饭。(猜测)

  k. 我希望周末的时候他常常/*往往去看姥姥。(意愿)

  l. 只要晚上下班后他常常/*往往去逛逛街,就会发现市容的巨大变化。(条件)

  例(17)都是描述非现实情境的,而"往往"一般都不能出现。需要说明的有两点:

  第一,由于有些测试词(即非现实性语境的引入词)和作为被考察对象的词在语义上有冲突,因此无法进行某些测试。比如,作为被考察对象的"往往"与测试词"偶尔"语义冲突,就无法进行"低频"语境的非现实性考察。

  第二,所谓"非现实性"语境,确切地说,应该是指测试词的辖域(这种辖域的计算也许可以利用生成语法中的 c-command 概念),而并非指含有测试词的整个句子。比如说,"往往会不高兴"和"往往能够得到他人帮助"确实是合格的形式,但要注意其中"不"和"能够"的辖域并不包括"往往",所以"往往"并不处于非现实性语境之中。反过来,在"不往往"和"能够往往"中,"往往"是处于"不"和"能够"所营造的非现实性语境中,而整个格式是不能成立的。

  现在,我们有把握说:"往往"就是一种基于现实性表达而

---

  ① 此处"应该"还有一种反事实(countfactual)的意味,加重了句子命题非现实性的解读。

使用的副词,而"常常"没有这种限制,因为上述"往往"不能出现的地方,"常常"都能出现。

在陆俭明和马真(2003)、马真(2004)之外,李晓琪(2005)、蔡红(2005)也谈到了"常常"和"往往"的差异。[①]李文归纳了"常常"和"往往"用法的差异,如表1所示:

表1

	强调规律性	指明有关的条件或情况	用于主观意愿	用于将来	否定式
常常	-	-	+	+	不常
往往	+	+	-	-	-

在陆、马文和马文研究的基础上,李文增加了"往往"不用于主观意愿和不用于否定式的结论;而蔡文也说明了"往往"用于过去时,不用于主观意愿和否定句中,还增加了"往往"不用于疑问句和祈使句的结论。

这里我们也要指出两点:

第一,尽管既往研究描写精细,但也纷繁杂乱。现在,我们只用非现实性这一点便可统统管住。因为将来、主观意愿、祈使、否定和疑问都是非现实性的下位概念。

第二,综合以上几位学者的研究,尽管他们描写精细,但还是遗漏了"往往"不用于假设、条件、报导、让步、可能、义务、猜测和能力等语境的情况。此时便体现了理论的好处,我们寻找例(17)中的语料,完全是在现实性和非现实性范畴的指引下进

---

① 陆俭明、马真《现代汉语虚词散论》(修订版),语文出版社,2003年;马真《现代汉语虚词研究方法论》,商务印书馆,2004年;李晓琪《现代汉语虚词讲义》,北京大学出版社,2005年;蔡红《"往往"与"常常"的多角度比较》,载金立鑫主编《对外汉语教学虚词辨析》,北京大学出版社,2005年。

行的。

　　有了上述这套测试手段，我们可以对现代汉语中更多近义副词词对进行分析和比较。我们发现，在副词研究的实践当中，引入非现实性和现实性范畴，有着非常好的研究成效。下面，我们再选取几对近义副词进行说明。

四　"赶紧、赶快"和"赶忙、连忙"

　　"赶紧、赶快""赶忙、连忙"是现代汉语中的一组表"紧迫"义的近义副词。马真（2004）[①]着重讨论了"赶紧"和"赶忙"的差异，她指出：两者的差异表现在对句类的选择上，"赶紧"既能用于祈使句，也能用于陈述句，而"赶忙"只能用于陈述句，不能用于祈使句。例如（例句引自马真，2004[②]）：

（18）a. 铁蛋儿看见姐姐来了，赶紧躲了起来。
　　　b. 你妈在到处找你呢，你赶紧回去！
（19）a. 铁蛋儿看见姐姐来了，赶忙躲了起来。
　　　b.* 你妈在到处找你呢，你赶忙回去！

　　吴旻瑜（2005）、沈敏和范开泰（2011）对"赶紧、赶快、赶忙、连忙"这几个词也进行过辨析。[③]吴文分析的是"连忙"和"赶紧"，形成表2的结论：

[①]　马真《现代汉语虚词研究方法论》，商务印书馆，2004年。
[②]　同①。
[③]　吴旻瑜《"连忙"与"赶紧"》，载金立鑫主编《对外汉语教学虚词辨析》，北京大学出版社，2005年；沈敏、范开泰《基于语料库的"赶紧、赶快、赶忙、连忙"的多角度辨析》，《语言研究》2011年第3期。

表2

	语义		句法		
	已然	未然	条件复句	前有"得、会"等助动词	祈使句
连忙	+	−	−	−	−
赶紧	+	+	+	+	+

吴文举出的例子有(吴文考察的是"连忙"和"赶紧",但此处我们将"赶忙"和"赶快"也放入例句中一并考察):

(20) a. 为了让他<u>赶紧/赶快/*赶忙/*连忙</u>完成作业,我不得不狠狠地教训了他一顿。

b. 汤阿英站了起来,说:"我得<u>赶紧/赶快/*赶忙/*连忙</u>通知她去。"

c. 去,把车放下,<u>赶紧/赶快/*赶忙/*连忙</u>回来,有话跟你说。

d. 如果还不行,就<u>赶紧/赶快/*赶忙/*连忙</u>送医院。

例(20)中各个句子在语义上都是一种未然的情况,"赶紧"和"赶快"可以出现,但是"赶忙"和"连忙"不行。

此外,刘丹青(2010)[①]也指出,"赶快"只能用于未然,而"连忙"只用于已然。而沈敏和范开泰(2011)[②]也指出:相对于"赶紧"和"赶快","赶忙"和"连忙"不用于未然句、假设条件句、祈使句和有助动词的句子,也不用于表示主观意愿的心理动词句。沈敏、范开泰举出的例子有:

---

① 刘丹青《普通话语法中的东南因子及其类型后果》,载《汉藏语学报》第4期,商务印书馆,2010年。

② 沈敏、范开泰《基于语料库的"赶紧、赶快、赶忙、连忙"的多角度辨析》,《语言研究》2011年第3期。

(21) a. 他青年时代醉心于"乱爱",及至壮年,几根白发引起恐慌,想赶紧／赶快／*赶忙／*连忙学点东西。

b. 她在屋里坐立不安,一心盼望着她的女儿赶紧／赶快／*赶忙／*连忙回来。

不难看出,马真(2004)、吴旻瑜(2005)、刘丹青(2010)、沈敏和范开泰(2011)所说的未然、祈使、假设、条件和主观意愿等语义情景,都属于非现实性的范畴。[①]

尤其值得注意的是,沈、范文完全是通过对真实语料进行考察,才得出上述结论的。我们要指出的是:基于大规模的真实语料的研究,可以帮助我们了解这些副词在什么样的句法语义环境下经常出现,这一点固然可靠,也很重要。但是,真实语料只能告诉我们这些副词能在什么语境下出现,[②]却并不会指明它们在什么语境下不能出现。如果研究者只是凭已有的合格语料做出判断,总结词语不能出现的句法语义禁区,就难免挂一漏万了。

现在,有了现实性和非现实性的视角,我们可以先大胆预测"连忙"和"赶忙"也是一种基于现实性的表达。这样,我们不仅可以将上述纷繁的描写概括为一条简单的规则,并且,在上述学者研究的基础上,在未然、祈使、假设、条件、助动词和主观意愿的语义情景之外,我们还能预测"连忙"和"赶忙"不能出

---

① 马真《现代汉语虚词研究方法论》,商务印书馆,2004年;吴旻瑜《"连忙"与"赶紧"》,载金立鑫主编《对外汉语教学虚词辨析》,北京大学出版社,2005年;刘丹青《普通话语法中的东南因子及其类型后果》,载《汉藏语学报》第4期,商务印书馆,2010年;沈敏、范开泰《基于语料库的"赶紧、赶快、赶忙、连忙"的多角度辨析》,《语言研究》2011年第3期。

② 生成语法学家就会认为:即使再大规模地通过语料搜集某一个成分的分布,这个成分也仍然存在语料中不曾体现的分布情况。

现在疑问、否定、能力和报导等情境之中。例如:

（22）a. 接到高考改革的消息后，高中部有没有<u>赶紧 / 赶快 / *赶忙 / *连忙</u>召开会议制定相应对策？（疑问）

b. 当城管的哨子响起时，小商贩们并未<u>赶紧 / 赶快 / *赶忙 / *连忙</u>散开，而是继续和客人讨价还价。（否定）

c. 护照终于发下来了，可以<u>赶紧 / 赶快 / *赶忙 / *连忙</u>去办签证了。（能力）

d. 幼儿园的小李老师讲，宸宸上午一见到陌生人，就<u>赶紧 / 赶快 / *赶忙 / *连忙</u>躲进教室里去了。（报导）

不过，马真也指出，"赶忙"和"连忙"也可以用来说未来的事情，但是要求前面另有一个动词性成分。马真老师举的例子是：

（23）a. 这个镜头得重拍，注意了，我一挥手，你们就<u>赶忙</u>冲过去，老李就开拍。

b. 你一会儿瞧吧，肖书记一掏出烟，那马屁精会<u>连忙</u>把打火机打着火给点上。

仔细考察例（23），有三点值得注意：第一，这里指的未来的事情实际上是即刻就要发生的事件，带有说话人较强的确定性；第二，其中有强调直接感知（或者说是一种"现场性"）的"注意了"和"瞧吧"；第三，"赶忙"和"连忙"修饰的动作和前面的动作基本同时发生，可看作是一种可表将来的进行体，类似于英语中的 going to。这些条件，都说明例（23）中的句子尽管尚未发生，但仍然具有较强的现实性，因此允准了"赶忙"和"连忙"的出现。

所以，简单说来，"赶忙"和"连忙"是一种基于现实性表达而使用的副词，而"赶紧"和"赶快"不受这种限制。

五 "很"和"挺","只"和"仅",还有"差不多"和"差点儿"

接下来讨论三对副词,分别是:"很"和"挺","只"和"仅",还有"差不多"和"差点儿",它们是汉语语法研究中的老牌副词,或者说,老牌难点副词。但我们发现,只要引入现实性和非现实性这对范畴,从这个角度切入进去考察,也会有一番新的收获。

首先来看程度副词"很"与"挺"。在过去的研究当中,一般认为"挺"口语色彩较浓,而"很"在书面语和口语中都适用。我们发现:"挺"的使用和现实性相关,它在非现实语境下出现会受到一定限制。例如:

(24) a. 如果宸宸今天表现<u>很 / *挺</u>好,爸爸就给你看动画片。(假设)
b. 下午会场上的听众情绪不是<u>很 / *挺</u>高。(否定)
c. 今天因为生病没来学校的同学<u>很 / *挺</u>多吗?(疑问)
d. 这个公园在周末黄昏的时候,偶尔人还<u>很 / ?挺</u>多。(低频)
e. 一个人要成大事,坚强的毅力自然必不可少,而相应的智商和情商也必须<u>很 / *挺</u>高。(强义务)
f. 我可以<u>很 / *挺</u>高兴地告诉你,我摇到号了。(能力)
g. 即使小刘训练时表现<u>很 / *挺</u>好,正式比赛时教练也不会派他上场。(让步)
h. 衷心希望大家生活都<u>很 / *挺</u>快乐,<u>很 / *挺</u>充实!(意愿)
i. 只要大家感觉<u>很 / ?挺</u>温暖,我们再辛苦也很值得!(条件)
j. 下级就是这样,领导批评了你,还得装作<u>很 / ?挺</u>高兴。(弱义务)
k. 明天我去宿舍看他,带<u>很 / *挺</u>多换洗的衣服去吧。(将来)

第五节 现实性和非现实性范畴下的汉语副词研究

从上面的例子可以看出,"很"没有这种限制,它既可以出现在现实性的语境当中,也可以出现在非现实性的语境当中。

再来讨论限定副词"只"和"仅"。过去对于这种副词的讨论,主要的方向是讨论它们的语义指向和焦点结构。其实,从现实性和非现实性角度,也能观察到很多有趣的现象。我们发现:"仅"的使用和现实性相关,而不大出现在非现实性的情境之中。例如:

(25) a. 如果这个镜头只/[?]仅出现了一次,那么剪辑时就已经删去了。(假设)

b. 明天一放假,单位里头就只/[?]仅剩下两三个人在值班了。(未来)

c. 到了半决赛阶段,中国选手只/[?]仅剩下一人吗?(疑问)

d. 就算这次他们只/*仅购买了两台新电脑,公司的财务也负担不起了。(让步)

e. 我希望大家来景区游玩,只/*仅带走你们最美的回忆,而不要破坏一草一木!(意愿)

f. 作为野战部队的士兵,随身应该只/*仅留下一些生活必备品。(弱义务)

g. 来到山区,老张并不是只/*仅看到了贫穷落后的面貌,而是看到了大量的商机。(否定)

h. 我估计他只/*仅吃了一个苹果。(猜测)

i. 千万记住,只/*仅邀请三位专家!(祈使)

这部分最后讨论的是"差不多"和"差点儿",它们是现代汉语语法中的一对难点副词。而如何预测和解释其中肯定和否定的解读是汉语语法学界的经典谜题之一,相关的研究有朱德熙

（1980）①、沈家煊（1987）②和袁毓林（2011）③等。而本节想指出的是："差点儿"是一个基于现实性表达的副词，它不能出现在非现实的情境之下。例如：

(26) a. 他可能差不多 / *差点儿跳过一米七。（可能）
　　　b. 需要的材料，明天差不多 / *差点儿就凑齐了。（未来）
　　　c. 如果他差不多 / *差点儿跳过一米七，你就把他召入校田径队吧。（假设）
　　　d. 只要我们差不多 / *差点儿把材料收齐了，上级也就没有什么意见了。（条件）
　　　e. 他可以差不多 / *差点儿将刚才看过的内容一字不落地复述一遍。（能力）
　　　f. 作业差不多 / *差点儿做完了吗？（疑问）

六　"稍微"和"多少"

吕叔湘（1965）④、马真（1985、2004）⑤论述了"稍微"和"多少"的差异，"稍微"和"多少"都是表示程度浅的程度副词，而且一般都要修饰谓词的复杂形式。马真对"稍微"和"多少"做了较为详尽的辨析，马真老师的分析可以总结为以下几点：第一，"多少"多与积极意义形容词或量大的形容词共现，不大

---

① 朱德熙《汉语句法中的歧义现象》，载《现代汉语语法研究》，商务印书馆，1980年。
② 沈家煊《"差不多"和"差点儿"》，《中国语文》1987年第6期。
③ 袁毓林《"差不多"和"差点儿"的意义同异之辨》，《语言教学与研究》2011年第6期。
④ 吕叔湘《"稍微"和"多少"》，《中国语文》1965年第4期。
⑤ 马真《"稍微"和"多少"》，《语言教学与研究》1985年第3期；马真《现代汉语虚词研究方法论》，商务印书馆，2004年。

与消极意义形容词或量小的形容词共现,"稍微"则不受限制,如例(27)a和例(27)b;第二,"稍微"可修饰一个否定形式,"多少"则不行,如例(27)c;第三,"稍微"和"多少"都可以和能愿动词"该""会"共现,但"稍微"只能出现在能愿动词之后,不能出现在能愿动词之前,如例(27)d和例(27)e;第四,"稍微"和"多少"都既能说已然的事情,如例(27)f;也能说未然的事情,如例(27)g。但是"多少"用于说未然的事情时,会受到一定限制,比如在例(27)h中,它就不能在未然语境下修饰形容词性成分。

相关的例句有(例子摘自马真,2004[①]):

(27) a. 相比之下,这个房间<u>稍微/多少</u>干净一点儿。
  b. 相比之下,这个房间<u>稍微/*多少</u>脏一点儿。
  c. 只要<u>稍微/*多少</u>不注意,就会弄错。
  d. 你就算不为自己想,也该<u>稍微/多少</u>为孩子想想。
  e. 你就算不为自己想,也<u>*稍微/多少</u>该为孩子想想。
  f. 去年暑假,我<u>稍微/多少</u>看了些书。
  g. 我看,还是<u>稍微/多少</u>说几句吧。
  h. 再<u>稍微/*多少</u>咸一点儿吧!

从上述例句来看,"稍微"应该既能出现在现实性语境,也能出现在非现实性语境中。此外,张谊生(2004)[②]在讨论"稍微"的时候,也指出"稍微"可以和重叠式连用,常构成祈使句和条件句。而例(27)中的例子也告诉我们:"多少"一般不出现在非现实性的语境下,应该是一个在现实性条件下使用的副词。

[①] 马真《现代汉语虚词研究方法论》,商务印书馆,2004年。
[②] 张谊生《现代汉语副词探索》,学林出版社,2004年。

(28) a. 哥哥也许稍微 / *多少高一点儿。（可能）
   b. 哥哥稍微 / *多少高一点儿吗？（疑问）
   c. 如果哥哥稍微 / *多少高一点儿的话，找女朋友就容易了。（假设）
   d. 即使哥哥稍微 / *多少高那么两公分，还是找不到女朋友。（让步）
   e. 你必须稍微 / *多少压缩一下你发言的时间！（强义务）
   f. 明年你稍微 / *多少锻炼一段时间。（未来）
   g. 听别人说,弟弟的成绩稍微 / *多少比哥哥好一点儿。（报导）
   h. 弟弟的成绩偶尔会稍微 / *多少比哥哥好一点儿。（低频）
   i. 千万要稍微 / *多少注意点儿！（强祈使）

不过，为什么例（27）d 中"多少"可以和表"弱义务"的"该"连用（其实，也可以和"得""会"等助动词连用）？同时，也应该回应一下为什么在例（27）g 中"多少"可以在表"未然"的"弱祈使"句中出现。

这里，我们就要承认事实和理论有时候并不是那么契合。很多时候，在现实性和非现实性范畴上，近义副词之间并不会出现整齐划一的对立，"多少"确实是能够出现在"弱义务""弱祈使"和一些表未然的非现实语境之中。

当然，首先要说明，尽管"多少"能够出现在"弱义务"和"弱祈使"句中，但它们依然不能出现在"强义务"和"强祈使"句中，如例（28）e 和例（28）i。[①] 同时，"多少"表示的未然也只是

---

① 顺便说一句，"多少"在分布上的表现，正是我们区分"弱义务"和"强义务"、"弱祈使"和"强祈使"的重要依据。区分强弱主要就是看语气，但有时候也可以依靠标记词判断，标记"弱义务"的有"得"和"应该"等词，而标记"强义务"的有"必须"和"务必"等词；"弱祈使"表达"请求"和"规劝"等意义，常见标记词为"请"和"让"等；"强祈使"表示"禁止"和"命令"等意义，常见标记词有"严禁"和"禁止"等。

紧接说话时间的短暂未来，当表示遥远未来时，"多少"就不能出现了，如例（28）f。

本节列出了16种表达非现实性的语境。我们认为，对于任意两个词来讲，只要在其中1种语境中体现了现实性的差别，那么在其他15种语境之中，也应该体现这种差别。至少，这两个近义副词在其他15种语境之中，这种现实性的强弱关系绝不会颠倒过来。

举例来说，如果我们发现"多少"不能出现在某个非现实语境下，而"稍微"可以出现在这个语境下，如例（28）b，"多少"不用于一般疑问句，而"稍微"可以。首先我们就可以推测，"多少"在其他非现实语境中可能也不能出现。可以确认，如果"多少"可以出现在某个非现实语境下，那么，"稍微"就一定可以出现在这个非现实语境下。用蕴涵关系来表述就是：

非现实语境中出现"多少" → 非现实语境中出现"稍微"①
（"→"表示蕴涵）

想表达的意思就是：尽管"多少"既可以出现在现实语境，也可以出现在非现实性语境，但总而言之，较"稍微"来讲，"多少"是现实性更强的副词。

至此，我们还没有解释马真老师总结"多少"用法的第一条，即"多少"不大与消极意义形容词或量小的形容词共现。当然，首先我们要承认，尽管很多对近义副词之间体现了现实性上的差

---

① 也就是说，在已知例（28）b 的情况下，我们就可以预测"多少"不大可能出现在非现实语境下，其现实性强于"稍微"。那么，倘若"多少"真的出现在非现实语境下，相对现实性弱的"稍微"更可以出现在这种语境下。

异，但它们之间可能还具备其他方面的差异，这些差异可能并不能从现实性和非现实性角度进行解释。不过，具体到"多少"不大与消极意义形容词或量小的形容词共现这一点，我们认为还是和现实性有一定关联的。只是限于篇幅，我们拟另文讨论。

七 "又"和"再"

前面我们看到的近义副词和现实性范畴之间大都是一种扭曲的对应关系，即其中一个副词基于现实性而使用，而另外一个副词既可用于现实性语境，也可用于非现实性语境。以"常常"和"往往"为例（图1）：

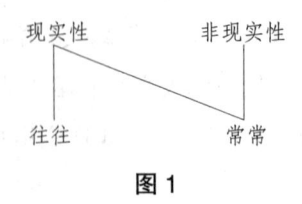

图 1

其他几组副词也是这样。不过，现代汉语中也有基于非现实性而使用的副词，这就是"再"。现代汉语中的副词"再"和"又"可以表示动作的重复、继续或追加。一般普遍认为，"再"用于修饰未然的事件，而"又"用于修饰已然的事件。例如《现代汉语八百词》[①]："在表示动作重复或继续时，'再'用于未实现的，'又'用于已实现的。"

而马真（2004）[②]比较"再"和"又"时，先将考察格局分为"说过去的事情"和"说未来的事情"两大方面，而在这两方面内部，

[①] 吕叔湘主编《现代汉语八百词》（增订本），商务印书馆，1999年。
[②] 马真《现代汉语虚词研究方法论》，商务印书馆，2004年。

第五节 现实性和非现实性范畴下的汉语副词研究

又按照是否为假设的事情再细分成两种情况。这样，就形成了"[+过去][-假设]""[+过去][+假设]""[+未来][-假设]"和"[+未来][+假设]"四种情况。而"再"并不是不能用来说过去的事情，它可以出现在"[+过去][+假设]"的语境当中。所有四种情况如下所示（例子摘自马真，2004①）：

(29) a. 这支圆珠笔很好用，用完后我*再/又买了一支。（[+过去][-假设]）

b. 刚才我买了一支笔，*再/又买了一个本儿。（[+过去][-假设]）

c. 那天我要是再/*又练一次就好了。（[+过去][+假设]）

d. 当时你买了上衣，再/*又买条裙子就好了。（[+过去][+假设]）

e. 明天我再/*又来看你。（[+未来][-假设]）

f. 你先回去吧，我再/*又到王大嫂家看看。（[+未来][-假设]）

g. 如果明天再/*又吃面条就好了。（[+未来][+假设]）

h. 如果买了上衣再/*又买一条裤子，可以享受八折优惠。（[+未来][+假设]）

这样大致形成了表3的格局：

表3

	说过去的事情		说未来的事情	
	非假设（即陈述事实）	假设	非假设	假设
又	+	−（有例外）	−（有例外）	−（有例外）
再	−（有例外）	+	+	+

---

① 马真《现代汉语虚词研究方法论》，商务印书馆，2004年。

尽管不乏例外，① 但马真老师研究"再"和"又"的两个角度，即"过去 vs 未来"和"假设 vs 非假设"，完全可以被整合成一个角度，即"现实性 vs 非现实性"。也就是说，例（29）中的四种情况其实可以简化为现实性和非现实性两种情况。其中，"［+过去］［-假设］"为现实性情境，其他三种情况为非现实性情境。这样，除去少数例外，整个大致的格局就更简单了（图2）：

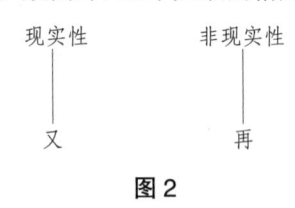

```
现实性            非现实性
  |                 |
  又                再
```

图 2

八　现实性、非现实性与状语位置

引入现实性和非现实性这个研究角度，不仅可以说明近义副词的差异，还可以对副词研究的其他方面有所帮助。

---

① 例外的情况（例句均摘自马真《现代汉语虚词研究方法论》，商务印书馆，2004年）：第一，"再"和"由于"搭配也能表示"过去陈述事实的事情"，例如："由于他自己平时的努力，再由于同志们的帮助，他在学习上取得了优异的成绩。"第二，"又"和"能"共现能虚拟假设如意的事情，例如："昨天上午如果我们请他们吃了饭又能请他们喝杯咖啡，就更好了。"第三，无论是否假设，在表示未来不如意的事情时候，可以用"又"，例如："明天值班又轮到我了。""他要是又病倒了就麻烦了。"而关于第一点，即"再"表过去陈述事实的情况，刘丹青《普通话语法中的东南因子及其类型后果》（载《汉藏语学报》第4期，商务印书馆，2010年）进一步举出了以下例子：据央视网刊登的一段视频显示，中央电视台早间新闻节目《朝闻天下》近日再添新人。（中新网新闻稿）｜东航再出返航事件　西安飞成都10小时（《重庆晚报》2008年7月28日标题）。

刘丹青认为，普通话中的"再"不仅受到了粤方言的影响，而且被某些人误解为"再次/再度"的缩减形式，并容易与古汉语"再"表"第二次"的意思相联系，所以表示过去事情的"再"已经开始在现代汉语书面语当中出现。

第五节 现实性和非现实性范畴下的汉语副词研究

关于副词的研究,其中有一个老大难问题是副词位置的问题,这指的是一些副词(或状语性成分)不但可以出现在句首的位置,也可能出现在句中主语和谓语之间。例如:

(30) a. 真的,他想再要个孩子。
　　b. 他真的想再要个孩子。

方梅(2013)[①]指出,使用句首副词是一种提高确信度的方式,比如对于例(30)来讲,如果加上降低确信度的表述,则一般不能使用句首副词。如例(31)所示(例句摘自方梅,2013[②]):

(31) a. 她真的想再要个孩子,我挺怀疑的。
　　b.* 真的,他想再要个孩子,我挺怀疑的。

这一点启发了我们对句首和句中副词语法功能的看法,因为我们认为,确信度就是现实性的一种体现。为了方便表述,以下我们不采用"句首副词"这个说法,而采用"句首状语"的名称来讨论问题。这样可以稍稍扩大我们的考察范围,因为副词以外的其他很多词类也可以充当状语,尤其是汉语中的状态形容词。

本节认为,使用句首状语是语法表达现实性的一种手段。我们用下面这对例子作为论述比较的对象:

(32) a. 这棵树<u>慢慢地</u>就枯死了。
　　b. <u>慢慢地</u>,这棵树就枯死了。

在例(32)a 和例(32)b 中,"慢慢地"分别为句中状语和句首状语。但例(32)b 比例(32)a 体现了较强的现实性,

---

① 方梅《饰句副词及其篇章基础》,第二届汉语副词会议论文,重庆师范大学,2013年10月。

② 同①。

试比较例（33）各句：

(33) a. 这棵树也许慢慢地就枯死了。
   *慢慢地，这棵树也许就枯死了。（可能）
   b. 这棵树是不是慢慢地就枯死了？
   ?慢慢地，这棵树是不是就枯死了？（疑问）
   c. 听老人说，这棵树慢慢地就枯死了。
   ?听老人说，慢慢地，这棵树就枯死了。（报导）
   d. 如果这棵树慢慢地就枯死了，谁来负这个责？
   *慢慢地，如果这棵树就枯死了，谁来负这个责？（假设）
   e. 这棵树将会慢慢地枯死。
   ?慢慢地，这棵树将会枯死。（未来）
   f. 就让这棵树慢慢地枯死吧！
   *慢慢地，就让这棵树枯死吧！（弱祈使）
   g. 即使这棵树慢慢地要枯死了，也不会有人管。
   *慢慢地，即使这棵树要枯死了，也不会有人管。（条件）

例（33）说明，在很多非现实语境当中，都不能出现句首状语。

我们还注意到，一些语义上和宾语相配的修饰成分也可出现在主谓之间或句首，如例（34）和例（35）。拿例（34）来讲，"香喷喷的"不但可以像例（34）c 那样直接修饰宾语核心"花生米"，也可出现在句首和主谓之间，如例（34）a 和例（34）b 所示：

(34) a. 香喷喷的，他炒了盘花生米。
   b. 他香喷喷的炒了盘花生米。
   c. 他炒了盘香喷喷的花生米。
(35) a. 圆圆的，小朋友们围了个圈。
   b. 小朋友们圆圆的围了个圈。
   c. 小朋友们围了个圆圆的圈。

而现实性和非现实性也为我们研究这类句子提供了一个良好

的角度。就例（34）、例（35）来讲，我们发现，修饰成分越处于语序前列，句子就越不能被非现实语境容纳。请比较：

(36) *香喷喷的，他想炒盘花生米。
　　 ?他想香喷喷的炒盘花生米。
　　 他想炒盘香喷喷的花生米。

(37) *圆圆的，小朋友们想围个圈。
　　 ?小朋友们想圆圆的围个圈。
　　 小朋友们想围个圆圆的圈。

(38) *香喷喷的，听说他炒了盘花生米。
　　 ?听说他香喷喷的炒了盘花生米。
　　 听说他炒了盘香喷喷的花生米。

(39) *圆圆的，听说小朋友们围了个圈。
　　 ?听说小朋友们圆圆的围了个圈。
　　 听说小朋友们围了个圆圆的圈。

(40) *香喷喷的，你炒盘花生米给我吧！
　　 ?你香喷喷的炒盘花生米给我吧！
　　 你炒盘香喷喷的花生米给我吧！

(41) *圆圆的，小朋友们围个圈吧！
　　 ?小朋友们圆圆的围个圈吧！
　　 小朋友们围个圆圆的圈吧！

(42) *香喷喷的，他是不是炒了盘花生米？
　　 ?你是不是香喷喷的炒了盘花生米？
　　 你是不是炒了盘香喷喷的花生米？

(43) *圆圆的，小朋友们是不是围了个圈？
　　 ?小朋友们是不是圆圆的围了个圈？
　　 小朋友们是不是围了个圆圆的圈？

从前面的例子可以看出，当修饰成分处在动宾之间的时候，是可以出现在非现实语境中的；而处于主谓之间时，句子就不大能被接受；而如果处于句首，则完全不合格。这些例子都说明，修饰语的位置和现实性非现实性范畴是高度关联的。

九 余论

本节通过大量实例，说明在汉语近义副词的使用当中，大量存在现实性和非现实性的对立。引入现实性和非现实性这对范畴，不仅能很好地说明和总结过去的既有研究，还能帮助我们挖掘更多新语料，将相关副词或虚词研究推向更深层次。我们还想指出的是，现实性和非现实性属于一种"意念特征"（Notional Feature），它本质上通俗易懂，不像"作格"（Ergative）和"非作格"（Unergative）这类概念难以理解。因此，在对外汉语教学中，现实性与非现实性范畴有着较为实际的应用价值。

最后，我们再讨论两个问题：

第一个问题是我们如何面对反例。我们意识到，本节通过现实性和非现实性范畴对近义副词的研究，也会出现一些例外，例如，我们在处理"稍微"和"多少"的时候，就指出尽管"多少"显示了较强的现实性，但也可以出现在一些非现实语境当中。

《世界汉语教学》匿名审稿专家也指出，前面本节判断为注重现实性语境的副词，语料中也不乏出现在非现实语境的实例。以"挺"为例，匿名审稿专家举例有：

(44) a. 你不是一直挺孝敬的吗？（毕淑敏《最晚的海报》）
　　 b. 诶，她一定挺费电的吧？（王朔《编辑部的故事》）
　　 c. 听说你的数理化也挺好……（池莉《有土地，就会有足迹》）
　　 d. 你是不是感到挺光荣，又挺委屈？（崔京生《纸项链》）

第五节 现实性和非现实性范畴下的汉语副词研究

e. 大小子在大学挺好的？（林元春《亲戚之间》）

f. 一个人，就算他挺无聊，也不见得就非得是个流氓。（王朔《浮出海面》）

g. 可能挺零碎，可能不准确。（王毅《对照检查五重奏》）

这值得深入研究，对于有些例子，其实较好解释，例（44）a和例（44）b中的"不是……吗"和"吧"问句，这两种问句事实上说话人心目中已经有了答案，一个是反问句，一个是高确定性的求证问句，它们现实性并不低。

另外，我们还有一个想法：非现实语境是有强弱等级序列之分的。比如说，"弱祈使""弱义务""低频""报导"等情况可以被看作是非现实性较弱的语境，而"强祈使""强义务""未来假设""未来疑问"等情境可以被看作非现实性较强的语境。一个注重现实性表达的词，可能不出现在所有的非现实语境中，也有可能只是不出现在强非现实语境中，但可能出现弱非现实语境中。以"挺"来说，是不是只能出现在弱非现实语境，而不能出现在强非现实语境中？这值得继续深入研究和详细论证。

对于这些反例，如果我们能够将已经解释的例子和反例一并考虑，再从中抽象出比现实性和非现实性更高层和抽象的规则，本节就起到了抛砖引玉的作用。

还有一个想说明的问题是：我们如何看待虚词在汉语语法中的地位。

目前通行的一些现代汉语教科书，例如胡裕树（1995）[①]、黄伯荣和廖序东（2011）[②]，在总结汉语语法特点的时候通常会

[①] 胡裕树主编《现代汉语》（重订本），上海教育出版社，1995年。

[②] 黄伯荣、廖序东主编《现代汉语》（增订5版），高等教育出版社，2011年。

认为：除了语序以外，虚词也是汉语表示语法意义的重要手段。这主要是因为，其他语言用形态变化表示的意义，汉语常常用虚词来表示，比如说，汉语用"了""着"表示时态，用"被"表示被动。

通过本节的研究，我们想说的是：汉语不仅可以用虚词来表示其他语言中用形态变化表示的范畴，汉语还可以用不同的虚词来表示不同的语法范畴。汉语中近义副词的对立很好地诠释了这一点，词汇意义基本相同的一对副词，却常常体现了现实性或非现实性范畴上的对立。我们要表达的就是：提出汉语用不同的虚词来表示不同的语法范畴，会更好地说明虚词是汉语表达语法意义的重要手段这一观点。

图书在版编目(CIP)数据

汉语作为第二语言教学的语法与语法教学研究/张旺熹主编.—北京:商务印书馆,2019
(商务馆对外汉语教学专题研究书系.第二辑)
ISBN 978-7-100-17914-0

Ⅰ.①汉… Ⅱ.①张… Ⅲ.①汉语—语法—对外汉语教学—教学研究 Ⅳ.①H195.3

中国版本图书馆 CIP 数据核字(2019)第246868号

权利保留,侵权必究。

汉语作为第二语言教学的语法与语法教学研究
张旺熹 主编

商 务 印 书 馆 出 版
(北京王府井大街36号 邮政编码100710)
商 务 印 书 馆 发 行
北京新华印刷有限公司印刷
ISBN 978-7-100-17914-0

2019年12月第1版　　开本 880×1230　1/32
2019年12月北京第1次印刷　印张 15¼
定价:49.00元